Länderprofile – Geographische Strukturen, Daten, Entwicklungen

Alfred Pletsch

Frankreich

Neubearbeitung

Ernst Klett Verlag

Länderprofile – Geographische Strukturen, Daten, Entwicklungen
Wissenschaftliche Beratung: Professor Dr. Gerhard Fuchs (Universität-Gesamthochschule Paderborn)

CIP-Kurztitelaufnahme der Deutschen Bibliothek
Pletsch, Alfred:
Frankreich / Alfred Pletsch. –
1. Aufl. – Stuttgart: Klett, 1987.
  (Länderprofile)
  ISBN 3-12-928732-9
NE: GT

Die in diesem Buch hinten eingelegte Frankreich-Karte ist entnommen:
Alexander Weltatlas, Ernst Klett Verlag GmbH u. Co. KG, Stuttgart

1. Auflage 1987
Alle Rechte vorbehalten
Fotomechanische Wiedergabe nur mit Genehmigung des Verlages
© Ernst Klett Verlag GmbH u. Co. KG, Stuttgart 1987
Printed Germany
Satz und Druck: Wilhelm Röck, Weinsberg
Graphiken und Karten: Günther Bosch
Einbandgestaltung: Heinz Edelmann

Inhalt

1.	Das Land Frankreich: Naturräumliche Vielfalt und heterogene Wirtschaftsstruktur	9
2.	Die Entstehung des Wirtschaftsraumes und des zentralistischen Verwaltungsprinzips	14
2.1.	Französische Revolution und napoleonische Ära als Ansatzpunkte für den Staatszentralismus	16
2.2.	Zentralismus und Dezentralisierungsbestrebungen nach dem Zweiten Weltkrieg	22
3.	Allgemeine Grundzüge der Bevölkerungsstruktur	29
3.1.	Stagnierende Bevölkerungszahlen seit Beginn des 19. Jahrhunderts	30
3.2.	Ungleiche Bevölkerungsverteilung und Bevölkerungsdichte, hohe Mobilität	36
3.3.	Rascher Wandel der Erwerbsstrukturen nach dem Zweiten Weltkrieg	45
4.	Frankreich: Gestern Agrarland, heute fünftgrößte Industrienation der Erde	50
4.1.	Allgemeine Merkmale der französischen Industriestruktur	51
4.2.	Paris und die Ile-de-France – wirtschaftliches und kulturelles Zentrum Frankreichs	57
4.2.1.	Haupstadt seit fast 1500 Jahren	57
4.2.2.	Entleerung der Innenstadt, Konzentration der Bevölkerung in den Außenbezirken, Konzeptionen der Raumplanung	59
4.2.3.	Das wirtschaftliche Übergewicht der Ile-de-France	65
4.2.4.	Paris und das untere Seine-Tal – Entwicklungsachse und Verbindung zum Meer	71
4.3.	Kohle und Textil – Grundpfeiler des nordfranzösischen Industrierreviers	74
4.3.1.	Nationale Grenzen durchschneiden einen wirtschaftlichen Aktivraum	74
4.3.2.	Der Großraum Lille – Roubaix – Tourcoing – Zentrum der Textilindustrie	76
4.3.3.	Die Wirtschaftsstruktur der PR Nord – Pas-de-Calais und die künftige Entwicklungsplanung	82
4.4.	Die Schwerindustrie Lothringens – Sorgenkind der französischen Planung	83
4.4.1.	Rascher Aufschwung im 19. Jahrhundert	83
4.4.2.	Standortnachteile als Ursache der heutigen Krise	87

4.5.	Lyon – Grenoble – Saint-Etienne: wirtschaftlicher Aktivraum im Südosten	90
4.5.1.	Traditionelle Industriestrukturen im Rhône-Isère-Gebiet: Seidenverarbeitung, Lederverarbeitung, Bergbau	90
4.5.2.	Kontraste in der heutigen Wirtschaftsstruktur	97
4.6.	Marseille, Wirtschaftsmetropole am Mittelmeer	101
4.6.1.	Die Provence – Alterssitz der Franzosen	101
4.6.2.	Marseille – wechselhafte Funktionen in der Geschichte	103
4.6.3.	Fos – Europort des Südens	106
4.7.	Industrialisierungsbestrebungen in ländlichen Räumen, Ausbau traditioneller Industriegebiete	112
4.7.1.	Toulouse und Lacq – Industriezentren im Südwesten	112
4.7.2.	Nantes – Saint Nazaire: Industriepol im Westen	113
4.7.3.	Industrielle Schwerpunktförderung in der Bretagne	116
4.7.4.	Reindustrialisierungsbestrebungen im Limousin	118
✓ 4.7.5.	Die Industrie im Oberelsaß und im französischen Jura	121
4.8.	Hat die „Décentralisation" versagt?	123

5.	**Frankreichs Landwirtschaft im Umbruch**	124
5.1.	Regionale Differenziertheit als Ausdruck natürlicher und historischer Einflußfaktoren	125
5.2.	Agrarische Intensivräume im Pariser Becken	140
5.2.1.	Die Beauce, Kornkammer des Landes	140
5.2.2.	Die Picardie, Zentrum des Zückerrübenanbaus	146
5.3.	Intensivierungsbestrebungen in der französischen Landwirtschaft	151
5.3.1.	Die Bretagne – Entwicklung zum agrarischen Intensivraum nach dem Zweiten Weltkrieg	151
5.3.2.	Das Niederlanguedoc – Rekultivierung und Intensivierung durch Bewässerung	157
5.3.3.	Meliorations- und Kolonisationsbemühungen auf Korsika	163
5.4.	Die Gebirgslandschaften – landwirtschaftliche Problemgebiete	169
5.4.1.	Bevölkerungsentleerung im Zentralmassiv, Intensivierung der Viehwirtschaft	169
5.4.2.	Die Transhumanz – typische Viehhaltungsform mediterraner Gebirgslandschaften	175
5.5.	Gebiete mit Sonderkulturen und Sonderformen der landwirtschaftlichen Nutzung	179
5.5.1.	Frankreich – größter Weingarten Europas	179
5.5.2.	Obst, Gemüse, Reis – Sonderkulturen im Rhônetal	188
5.5.3.	Sonderform der agrarischen Nutzung: die Teichwirtschaft	193
5.6.	Wandel und Beharrung im ländlichen Frankreich	197

6.	**Der Fremdenverkehr, wichtige Devisenquelle der Wirtschaft**	198
6.1.	Allgemeine Strukturmerkmale des Fremdenverkehrs in Frankreich	199
6.2.	Die klassischen Fremdenverkehrszentren	207
6.2.1.	Die Riviera – Treffpunkt des Großkapitals im 19. Jahrhundert	207
6.2.2.	Schwerpunktverlagerung in der Biscaya-Bucht	216
6.2.3.	Die normannische Küste – Badestrand von Paris	220
6.3.	Moderne Bestrebungen zur Aktivierung des Fremdenverkehrs	222
6.3.1.	Die Languedoc-Küste, Fremdenverkehrslandschaft aus der Retorte	222
6.3.2.	Zunehmende Bedeutung des Wintertourismus und des Wintersports	228
6.4.	Touristische Besonderheiten im ganzen Land	234
7.	**Die Stellung Frankreichs in der internationalen Wirtschaft**	238
8.	**Literaturverzeichnis**	246
9.	**Verzeichnis der Tabellen**	253
10.	**Verzeichnis der Abbildungen**	256

1. Das Land Frankreich: Naturräumliche Vielfalt und heterogene Wirtschaftsstruktur

Nur wenige Länder des europäischen Kontinents zeichnen sich durch eine vergleichbare Vielfalt aus, wie sie für Frankreich kennzeichnend ist. Diese Vielfalt begründet sich in dem Nebeneinander verschiedener Naturräume (Abb. 1), deren geologisches Skelett die alten paläozoischen Gebirgsrümpfe bilden. Vom Zentralmassiv aus lassen sich die eingerumpften Kettengebirge des armorikanischen Gebirges in nordwestlicher und des variskischen Gebirges in nordöstlicher Richtung verfolgen. Dazwischen liegen große Beckenlandschaften, die im Mesozoikum und im Tertiär Sedimentationströge darstellten. Durch Senkungsvorgänge innerhalb dieser Becken und durch die im Tertiär erfolgte Hebung der Randgebirge erfolgte die Schrägstellung der Sedimentpakete, so daß die Voraussetzung für die Ausbildung typischer Schichtstufenlandschaften gegeben war. Besonders deutlich hat sich diese Landschaftsstruktur im Pariser Becken herausgebildet. Kaum spürbar ist der Übergang vom Pariser Becken zum Aquitanischen Becken, das sich zwischen Zentralmassiv und Pyrenäen erstreckt.

Die tertiären Gebirgsbildungsvorgänge wurden in Frankreich vor allem im Süden und Osten wirksam. Aus dem großen Sedimentationstrog, der zwischen Zentralmassiv (Armorikanische Masse) und Iberischer Masse eingelagert war, wurden die Pyrenäen herausgehoben und teilweise gefaltet. Sie bilden heute die natürliche Begrenzung zur Iberischen Halbinsel. Das Zentralmassiv erfuhr während des Tertiärs eine erneute Hebung, wobei die erstarrten Gesteine in zahlreichen Verwerfungen zerbrachen und teilweise durch vulkanisches Gestein überlagert wurden. Die ebenfalls im Tertiär eingebrochene Rhônefurche, Bestandteil der großen Bruchzone, die sich über den Oberrheingraben hin fortsetzt und bis zur Ostsee reicht, trennt in markanter Weise das variskische Rumpfgebirge vom tertiären Faltengebirge der Alpen.

Die Küstenlandschaften Süd- und Südwestfrankreichs stellen die geologisch jüngsten Teile des Landes dar. Im Languedoc hat sich unter dem Einfluß von Meeresströmungen und Materialverschleppung ein bis zu 50 km breiter Küstensaum ausgebildet, der sich auch heute noch ausweitet. Wesentlich bedeutender in der flächenhaften Ausdehnung ist die marine Sandfläche der *Landes,* die im Spätpleistozän entstanden ist und die weit in das Aquitanische Becken hineinreicht. Über ausgesprochene Marschküsten verfügt das Land nur wenig. Sie beschränken sich auf die Kanalküste, wo sich in kleinen Buchten Marschablagerungen gebildet haben. Im äußersten Norden reicht Frankreich eben noch in den nordeuropäischen Marschengürtel hinein.

Neben den tertiären Faltengebirgen, die Frankreich nach Süden und Südosten hin abschließen, verfügt das Land über weitere natürliche Grenzen. Eine fast 1.500 km lange Küstenlinie erlaubt nach Westen und Nordwesten den Zugang zum Atlantischen Ozean und zur Nordsee. Im Süden öffnet sich das Land zwischen Perpignan und Menton zum Mittelmeer.

Die morphologische Struktur und die Lage

zum Meer sind auch für die klimatische Vielfalt des Landes ausschlaggebend. Von Westen her werden die atlantischen Einflüsse voll wirksam und bedingen ein extrem maritimes Klima im Nordwesten, besonders in der Bretagne. Diese atlantischen Einflüsse greifen aufgrund der geringen Reliefgestaltung bis weit nach Zentralfrankreich hinein, wenngleich sich naturgemäß der kontinentale Klimacharakter nach Osten hin allmählich verstärkt.

Bedingt durch die morphologische Struktur variiert auch die Niederschlagstätigkeit. Besonders in der extrem maritim beeinflußten Bretagne überwiegen die Sommerregen, meist in Form von Schwachregen fallend. Die Jahressumme der Niederschläge übersteigt dabei in diesem Gebiet teilweise 800 mm. In Zentralfrankreich, vor allem im Bereich der Beckenlandschaften, nehmen die Niederschläge zunächst ab und fallen auf Werte um 500 mm (Pariser Becken). Im Osten werden dann schließlich die feuchten atlantischen Luftmassen an den Gebirgen zum Aufsteigen gezwungen. Die damit verbundene Abkühlung der Luft bewirkt das Abregnen an den Luvseiten, wobei Werte bis zu 2.000 mm Jahresniederschlag erreicht werden.

Im Süden erfolgt die Beeinflussung der Klimaverhältnisse vom Mittelmeer her. Niederschlagsmaxima im Herbst und Frühjahr sind hier ebenso charakteristisch wie eine ausgeprägte sommerliche Trockenzeit, was jedoch nicht besagt, daß nicht auch im Sommer sehr starke Niederschläge – meistens als ergiebige Gewitterschauer – fallen können.

Somit liegt Frankreich im Überschneidungsbereich der atlantischen, kontinentalen und mediterranen Klimaeinflüsse, die auch das Vegetationsbild des Landes entscheidend prägen. Regional ineinander übergreifend treffen in Frankreich atlantische, eurosibirische und mediterrane Florenelemente aufeinander (Abb. 2)

Die Vielfalt der natürlichen Landschaftseinheiten, die sich aus dem Nebeneinander verschiedener physischer Faktoren begründet, spiegelt sich auch in der Kulturlandschaft wider. Als frühe Leitlinien der Besiedlung können die weit in das Land hineinreichenden Flüsse angesehen werden, die bis heute für die wirtschaftliche Entwicklung des Landes eine entscheidende Bedeutung haben. Für die Einbeziehung Frankreichs in den romanischen Kulturkreis spielte der leichte Zugang des Landes über die Rhônefurche die Schlüsselrolle. Bis heute haben sich hier die Kulturdenkmäler aus der römischen Antike erhalten und stellen neben dem landschaftlichen Reiz bedeutende Fremdenverkehrsattraktionen dar. Im Westen sind es die Täler der Garonne, der Loire und der Seine, die das Land bis weit ins Landesinnere mit dem Atlantik verbinden. Der weitaus größte Teil der französischen Großstädte über 200 000 Einwohner liegt an diesen vier Flüssen (fleuves), die damit sowohl in hydrographischer Hinsicht das Grundgerüst darstellen als auch als die eigentlichen Siedlungsachsen des Landes angesehen werden können. Erst im Zusammenhang mit der Industrialisierung im 19. Jahrhundert haben sich weitere Siedlungsagglomerationen im Norden (Gebiet Lille/Roubaix/Tourcoing) und Nordosten (Lothringisches Kohlenrevier) herausgebildet.

Neben diesen siedlungsgeographischen Leitlinien ist Frankreich durch große Areale gekennzeichnet, die ausgesprochen dünn besiedelt sind und in denen die landwirtschaftliche Nutzung auch heute noch eindeutiges Übergewicht besitzt. Dies betrifft sowohl die Flachlandschaften des atlantischen Frankreich als auch die Höhengebiete, in denen die Abwanderung der Bevölkerung seit dem vorigen Jahrhundert als direkte Auswirkung der wirtschaftlichen Ungunst zu verstehen ist.

Frankreich ist mit 551 695 km² größter Flächenstaat der Europäischen Gemeinschaft (und nach der Sowjetunion zweitgrößter Flächenstaat Europas). Auf dieser Fläche, die

Abb. 1: Die Oberflächenformen Frankreichs Quelle: Prévot, V., 1965

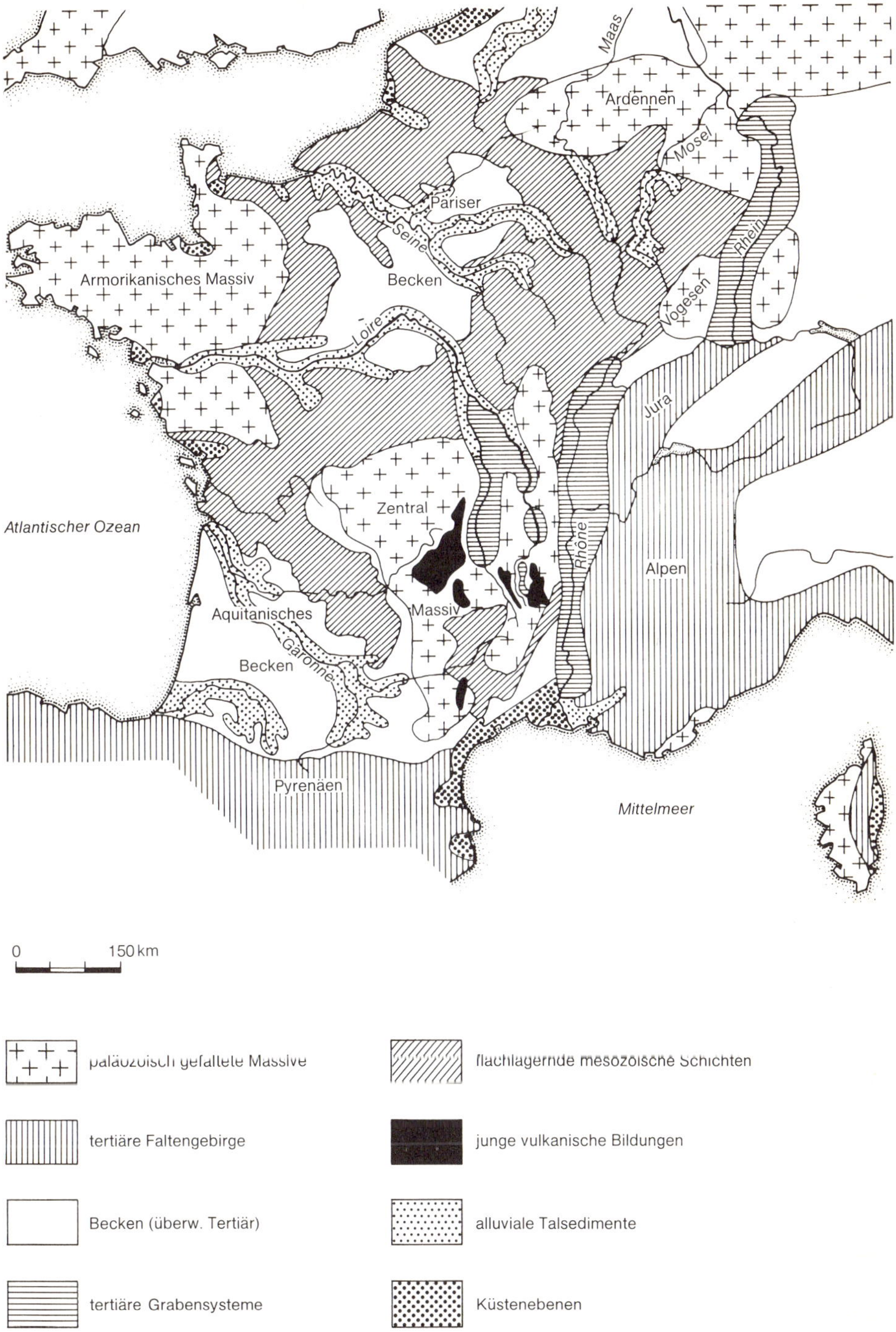

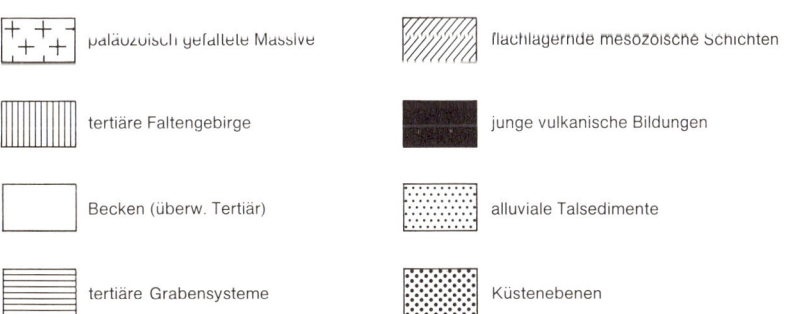

+ + +	paläozoisch gefaltete Massive	▨	flachlagernde mesozoische Schichten
‖‖‖	tertiäre Faltengebirge	■	junge vulkanische Bildungen
☐	Becken (überw. Tertiär)	⋯	alluviale Talsedimente
≡	tertiäre Grabensysteme	∴	Küstenebenen

11

Abb. 2: Florenregionen und Klimabereiche Frankreichs
Quelle: Atlas de France. Vegetationsdifferenzierung im Sinne Gaussens und Flahaults, Annales de Géographie 1938

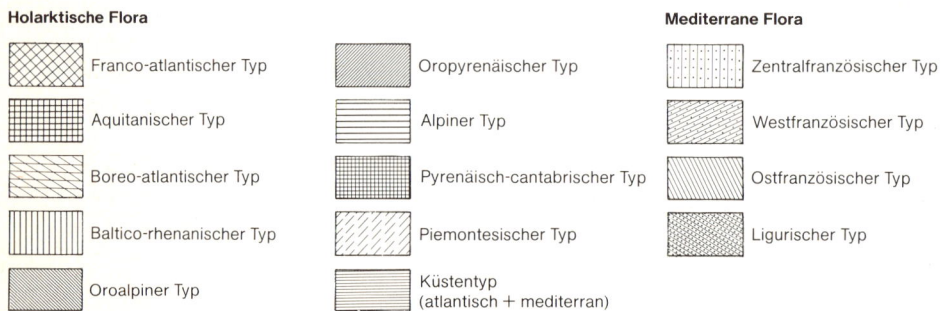

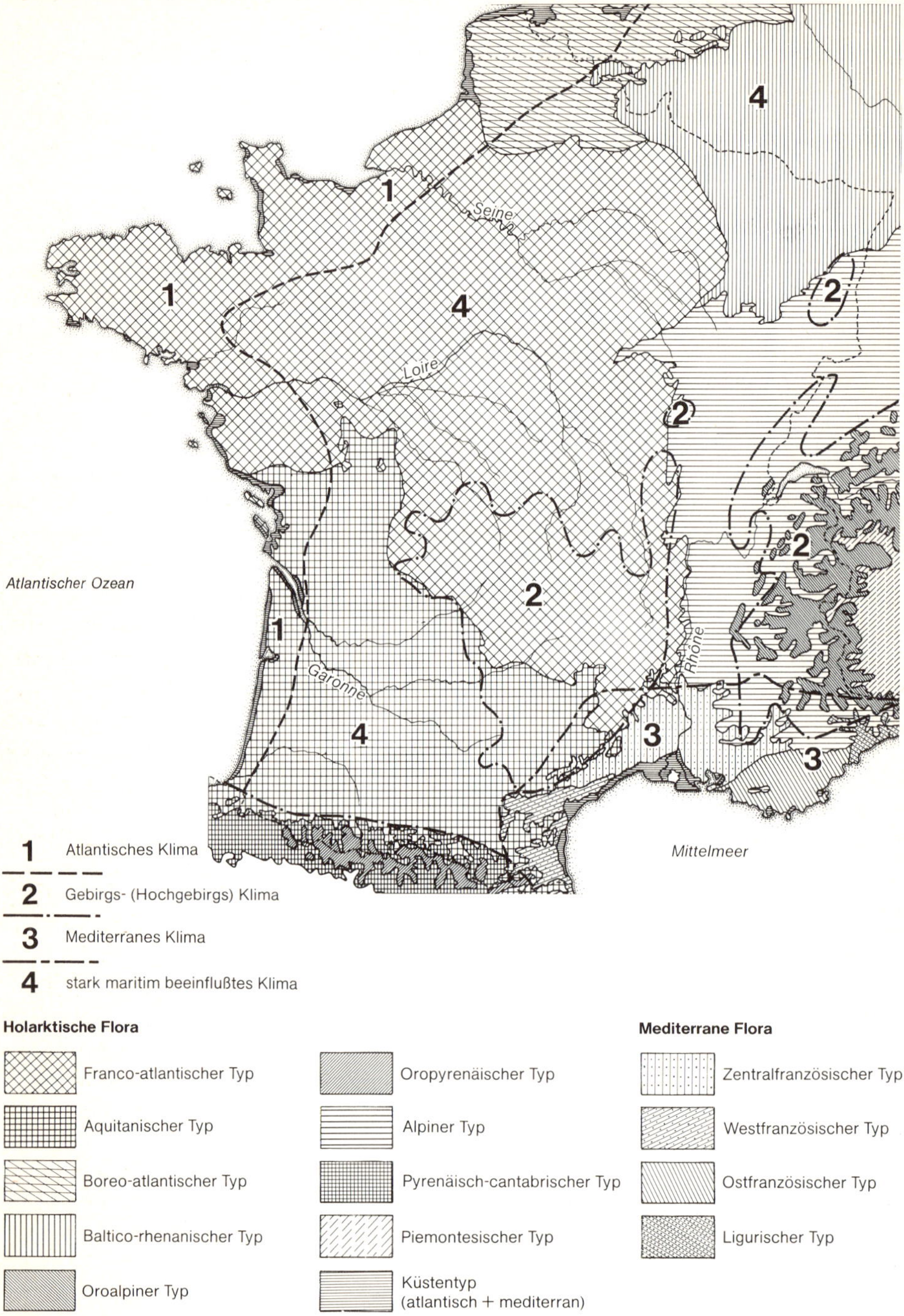

Seine
Loire
Garonne
Rhône
Atlantischer Ozean
Mittelmeer
1 Atlantisches Klima
2 Gebirgs- (Hochgebirgs) Klima
3 Mediterranes Klima
4 stark maritim beeinflußtes Klima
Holarktische Flora
Franco-atlantischer Typ
Aquitanischer Typ
Boreo-atlantischer Typ
Baltico-rhenanischer Typ
Oroalpiner Typ
Oropyrenäischer Typ
Alpiner Typ
Pyrenäisch-cantabrischer Typ
Piemontesischer Typ
Küstentyp (atlantisch + mediterran)
Mediterrane Flora
Zentralfranzösischer Typ
Westfranzösischer Typ
Ostfranzösischer Typ
Ligurischer Typ

mehr als doppelt so groß ist wie die der Bundesrepublik Deutschland, lebten 1982 jedoch nur 54,33 Mill. Menschen. Die Bevölkerungsdichte Frankreichs (100 Einw./km^2) wird im EG-Raum nur von Irland (44 Einw./km^2) unterschritten.

So unterschiedlich wie sich die Naturlandschaft gliedert, verteilt sich auch die Bevölkerung, wobei die starke Konzentration auf die Wirtschaftszentren besonders hervorsticht. Die drei größten Städte des Landes (Paris 8,7 Mill., Lyon 1,2 Mill., Marseille 1,1 Mill. Einw.) beherbergen rund 20% der Gesamtbevölkerung und damit genauso viel wie der gesamte Südwesten des Landes mit den Programmregionen Midi-Pyrénées (2,32 Mill.), Aquitaine (2,66 Mill.), Limousin (0,74 Mill.), Poitou-Charentes (1,57 Mill.), Auvergne (1,33 Mill.) und Languedoc-Roussillon (1,92 Mill. Einwohner). Zieht man den Vergleich weiter und unterteilt Frankreich längs einer Linie von der Seinemündung bis zur Rhônemündung in einen westlichen und einen östlichen Teil, so leben östlich dieser Linie rund 35,3 Millionen, westlich davon 19,0 Millionen Menschen.

Diese Angaben zur Bevölkerungsverteilung sind auch Zeichen für die unterschiedliche Wirtschaftsstruktur des Landes. Die seit Jahrhunderten bestehenden Disparitäten zwischen dem Norden und Süden haben sich vor allem nach dem Zweiten Weltkrieg durch die Investitionspolitik der französischen Regierung weiter verstärkt. In das Gebiet östlich der Linie Le Havre – Marseille flossen seit 1945 85% aller Investitionen im industriellen Sektor. Das mittlere Einkommen lag doppelt so hoch wie im Westen und Südwesten des Landes. Wenn einer der führenden französischen Wirtschaftsanalytiker, J. F. Gravier, bereits im Jahre 1947 mit seinem Buch: Paris et le désert français (Paris und die französische Wüste) auf die vor allem seit der industriellen Revolution entstandene wirtschaftliche Disparität des Landes hingewiesen hatte, so haben sich diese Gegensätze zumindest bis zum Beginn der 60er Jahre weiter verstärkt. Häufig wird vom industrialisierten Frankreich im Norden und dem agrarischen Frankreich im Süden gesprochen, wenngleich eine solche Charakterisierung nicht im eigentlichen Sinne zutrifft. Nordfrankreich verfügt neben den industriellen Schwerpunkten ganz zweifelsfrei auch über die agrarischen Kernräume in den lößüberwehten Beckenlandschaften mit intensivem Getreide- und Hackfruchtanbau. Der atlantische Grünlandgürtel des Nordwestens stellt ein Zentrum der Viehwirtschaft dar.

Im Süden ist es vor allem der Weinbau, der die Landwirtschaft prägt. Hier ist die Situation häufig durch strukturelle Ungunstmerkmale gekennzeichnet, die, verbunden mit ökologischen Nachteilen, schon seit Jahrhunderten der Problematik dieses Wirtschaftszweiges begründen. Traditionelle Elemente haben sich in starker Weise erhalten und stehen heute den Modernisierungsbestrebungen gegenüber.

Es wäre indessen falsch, den südlichen Teil Frankreichs als reinen Agrarraum zu kennzeichnen. Auch hier fehlt es nicht an industriellen Zentren, die sich aufgrund lokaler Standortfaktoren gebildet haben. Dynamische Wirtschaftszentren sind in der historischen Entwicklung immer die Hafenstädte der Atlantikküste gewesen. Doch blieb insgesamt die industrielle und gewerbliche Entwicklung in diesem Raum ebenso sporadisch wie die Ausbildung von Handelszentren. Unter der drückenden Überlegenheit des Nordens wurden die Erfolge in anderen Landesteilen oft wieder infrage gestellt. Für das Verständnis der heutigen Wirtschaftsstruktur ist somit die Kenntnis der historischen Entwicklung von entscheidender Bedeutung, da sich die heutigen Konstellationen teilweise nur aus der speziellen politischen Struktur des Landes mit der ausgeprägten zentralistischen Führung erklären lassen.

2. Die Entstehung des Wirtschaftsraumes und des zentralistischen Verwaltungsprinzips

Mehrere Faktoren haben die historische Entwicklung der heutigen Raumstrukturen in Frankreich gleichermaßen beeinflußt. Drei davon scheinen besonders charakteristisch und wirksam geworden zu sein:

a) Aus der römischen Antike heraus hat sich die Staatsidee in Frankreich entwickelt. In ihrer absoluten Form fand sie sich in der Monarchie Ludwigs XIV verwirklicht. Während der Großen Revolution von 1789 wurde sie vom Bewußtsein der Demokratie und der Nation getragen. Napoleon I rationalisierte und glorifizierte gleichermaßen die „Grande Nation". Gleich in welcher Form sich der französische Staat präsentierte, ihm kam von Anbeginn an eine verwaltende, kontrollierende, fördernde, hindernde, kurz „lenkende Funktion" zu. Die im Vergleich zu anderen europäischen Staaten für Frankreich erkennbare politische Frühreife hat schon früh zur Zentralisierung der Macht und damit zu jener Schwerfälligkeit der Verwaltung und der wirtschaftlichen Entwicklung geführt, die für Frankreich seit Jahrhunderten typisch ist.

b) In direkter Abhängigkeit von dieser Schlüsselstellung des Staates im wirtschaftlichen Entwicklungsprozeß ist als Charakteristikum für Frankreich die relativ langsame strukturelle Wandlung der Gesamtwirtschaft vor allem in der Phase der industriellen Revolution anzusehen. Rasche Fortschritte und Veränderungen, die für Großbritannien seit Ende des 18. Jahrhunderts, in Deutschland etwa ab Mitte des 19. Jahrhunderts erkennbar sind und die diese Länder innerhalb weniger Jahrzehnte umgewandelt haben, fehlen in Frankreich weitgehend. Bis zum Beginn des 20. Jahrhunderts überwiegt der ländliche Bevölkerungsanteil über den städtischen. Soweit die Industrialisierung einsetzte, führte sie zu einer mehr punkthaften Entwicklung, ohne das ganze Land in einen Umwandlungsprozeß mit einzubeziehen.

c) Drittes Kennzeichen ist die Besonderheit der demographischen Entwicklung, besonders seit Beginn des 19. Jahrhunderts. Der Rückgang der Geburtenziffern, der im Zuge der Industrialisierung fast alle europäischen Länder im vorigen Jahrhundert erfaßte, zeigte sich in Frankreich besonders kraß. Was zunächst aufgrund steigender Lebenserwartung und Wanderungsgewinnen (vor allem durch Italiener und Polen) noch nicht statistisch allzu negativ ausgewiesen wurde, zeigte sich doch zu Beginn des 20. Jahrhunderts in seiner ganzen Deutlichkeit: Frankreichs Bevölkerung stagnierte seit 1850. Die leichten Zunahmen bis 1900 lagen weit unter den Werten Großbritanniens, Deutschlands oder Italiens, und nachdem seit Beginn des Jahrhunderts die Zuwanderungen ebenfalls nachließen, waren die Bevölkerungszahlen insgesamt rückläufig. Im Jahre 1914 war Frankreich mit 14,6%o das Land mit der niedrigsten Geburtenziffer der Welt. Zwischen 1934 und 1938 war es das einzige Land der Erde mit sinkender Einwohnerzahl. Ganz zweifellos war die Bevölkerungsverminderung durch die zahlreichen Kriege, die Frankreich seit der napoleonischen Ära erschütterten, zusätzlich beeinflußt.

Für das vorrevolutionäre Frankreich war eine relative Eigenständigkeit der Provinzen kennzeichnend. Dabei muß berücksichtigt werden, daß die Herausbildung eines Territorialstaates erst allmählich durch die Angliederung verschiedener Provinzen seit dem 16. Jahrhundert erfolgte (Abb. 3). Mangelnde Verkehrsverbindungen ermöglichten jedoch noch keine tiefgreifende innere Verflechtung der Einzelprovinzen. Auch der Ausbau der Verkehrswege im 18. Jahrhundert trug weniger zur Verbindung der Einzelprovinzen untereinander als zur Anbindung dieser Gebiete an die Hauptstadt Paris

Abb. 3: Die historische Entwicklung des französischen Territoriums Quelle: Prévot, V. 1965

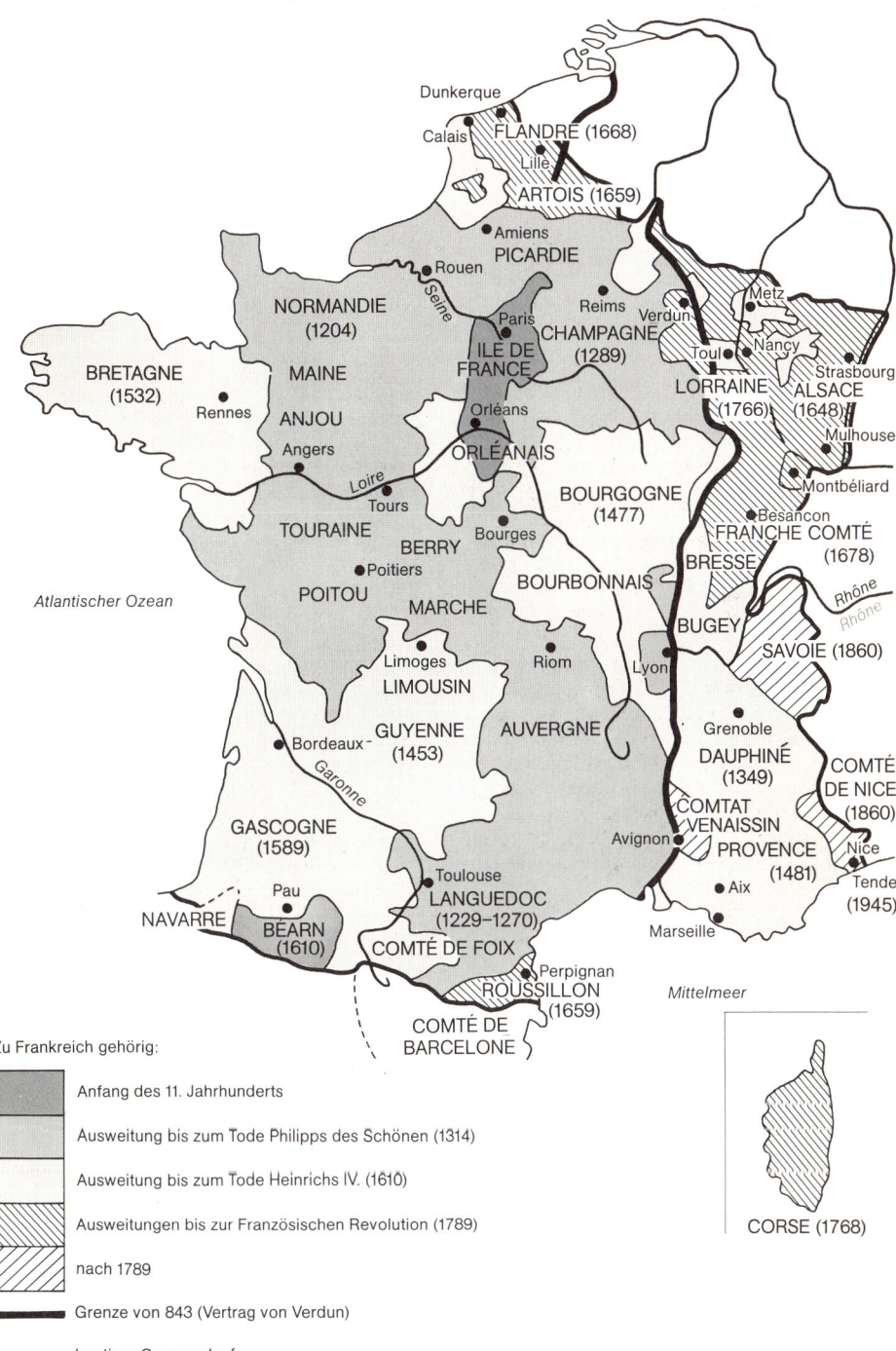

bei. Somit liegt in dieser Entwicklung bereits im Keim der später institutionalisierte Zentralismus Frankreichs begründet.

2.1. Französische Revolution und napoleonische Ära als Ansatzpunkte für den Staatszentralismus

Während des „ancien régime", der Zeit des vorrevolutionären Frankreichs, waren gravierende wirtschaftliche Probleme aufgetreten, die als ein wesentlicher Auslöser für den Aufstand von 1789 gelten müssen. Trotzdem kann die Revolution nicht als ein Aufbäumen gegen den Zentralismus und die daraus entstehenden Probleme verstanden werden. Sie richtete sich vielmehr gegen die Bevorzugung der Privilegierten, vor allem des Adels und der Geistlichkeit, und die damit verbundene Unterdrückung einer breiten bäuerlichen Bevölkerungsschicht.

Die Ereignisse der Revolution waren nicht nur politischer Art. Sie berührten Frankreich in allen Lebensbereichen und haben vor allem in wirtschaftlicher Hinsicht entscheidende Veränderungen herbeigeführt. Für die Landwirtschaft bedeutete die Revolution mit der Entmachtung des Adels das Ende der Feudalität, die Befreiung von der ländlichen Grundherrschaft und die Neuverteilung des ländlichen Grundbesitzes. Dies ist um so bedeutender, als die Revolution zunächst nicht von den Bauern, sondern vom Bürgertum entfacht worden war. Die Bauern waren jedoch schon vor dem eigentlichen Ausbruch der Revolution am 14. Juli 1789 durch die starre Haltung Ludwig XVI. bezüglich der Beibehaltung gewisser Feudalrechte auf den Plan gerufen worden, und unmittelbar nach dem Sturm auf die Bastille setzte auch auf dem Lande schlagartig der Aufstand gegen die ländliche Grundherrschaft ein. Die Grausamkeit, mit der dabei die Bauern vorgingen, stand in nichts den Vorgängen in der Hauptstadt nach. Sie war vielleicht noch schlimmer als in Paris selbst und führte zu jener legendären „Grande Peur" (Großen Angst), die das Land beherrschte. Die Bauernbefreiung, die in einer berühmt gewordenen Nachtsitzung der Nationalversammlung am 4. August 1789 beschlossen wurde, kann als das erste durchgreifende und nachhaltige Ergebnis der Revolution angesehen werden.

Mit der Auflösung des Grundherrschaftssystems im Jahre 1789 und der damit verbundenen rechtlichen Befreiung des Bauernstandes vollzog sich gleichzeitig eine Veränderung der Besitzverhältnisse. Entscheidend hierfür war der Verkauf der Nationalgüter, die im vorrevolutionären Frankreich einen beträchtlichen Anteil am Landbesitz ausgemacht hatten.

Die Bestimmungen über den Verkauf dieser Güter legten aber auch den Grundstein für die verworrenen Besitzverhältnisse, die Frankreichs Landwirtschaft teilweise bis heute kennzeichnen. Zwar wurden Adel und Klerus zunächst radikal als Landbesitzer ausgemerzt, allerdings ging gerade der Adel und besonders stark auch das städtische Bürgertum als Nutznießer dieser Verkäufe hervor. Die Bauern selbst, häufig völlig verarmt, hatten nur in geringem Maße die Möglichkeit, in diese größte Grundstückstransaktion der französischen Geschichte mit einzugreifen. Die Gegensätze im ländlichen Raum scheinen sich durch diese Vorgänge gegenüber dem „ancien regime" noch verstärkt zu haben. Vorher wohlhabende Bauern wurden zu Bürgern, neue Landbesitzer aus den Reihen der städtischen Bevölkerung kamen in großer Zahl hinzu, vor allem aber entstand ein hoher Anteil von Kleinbesitzungen, namentlich im Bereich der Städte.

Trotz der sozialen Befreiung und der Umverteilung des ländlichen Besitzes stagnierte die Landwirtschaft Frankreichs nach der Revolution noch mehrere Jahrzehnte. Auch die Abschaffung des Flurzwanges, die Allmendaufteilung, die Landesmeliorationen, die Bemühungen zur Intensivierung der Viehzucht durch Einführung neuer Viehrassen blieben lange Zeit ohne Erfolg. Erst ab 1820 kommt es unter dem Einfluß von ersten Erfolgen, die durch die Agrargesellschaften (sociétés d'agriculture) erreicht wurden, fast zu einer nationalen Bewegung von der Basis aus, um die Landwirtschaft neu zu orientieren und zu intensivieren.

Auch die nicht landwirtschaftlichen Wirtschaftsbereiche wurden durch die Revolution in ihrer weiteren Entwicklung entscheidend beeinflußt. Für das Gewerbe wurde die am 17. März 1791 durch die Constituante verfügte Beseitigung der Zünfte und die damit verbundene Gewerbefreiheit entscheidend. Diese Entwicklung war insofern nicht überraschend, als das Zunftwesen bereits im 18. Jahrhundert starke Auflösungstendenzen zeigte.

Stärker als das Gewerbe wurde die Industrie in eine Krise geworfen. Als die Revolution in unbarmherziger Weise mit dem reichen Bürgertum und dem Adel abrechnete, verloren zahlreiche Wirtschaftszweige, besonders die der Luxusindustrie, ihre Käuferschaft. Das Seidengewerbe in Lyon und Nimes, die Tuchindustrie im gesamten Land, die Goldschmiede, Juweliere und Glashütten wurden vom Strudel des Niederganges erfaßt. Auch die Baumwollindustrie in Rouen und die Leinenindustrie in der Bretagne litten unter dieser Depression, die durch die Seekriege mit England und den Arbeitermangel noch verstärkt wurde. Lediglich die Rüstungsindustrie erhielt durch die Erfordernisse der Landesverteidigung einen Auftrieb, der sich auch in das 19. Jahrhundert hinein fortsetzte.

Eine der wesentlichsten Schwierigkeiten, die auf der Industrie und auf dem Gewerbe lasteten, war der akute Arbeitskräftemangel. Durch die andauernden Kriege standen sehr viele Arbeiter unter den Fahnen und konnten somit auch nicht für die noch produzierenden Industriebetriebe eingesetzt werden. Dies hat Bestrebungen ausgelöst, die Mechanisierung und technische Ausrüstung weiter voran zu treiben. Von Bedeutung, und auch für die übrigen europäischen Länder richtungsweisend, wurde in diesem Zusammenhang der Erlassung des Patentgesetzes im Jahre 1791. Der Schutz des Erfinders wurde von nun an als allgemeines Menschenrecht deklariert und war nicht mehr abhängig vom Gnadenakt des Königs. Zahlreiche Initiativen, Gründungen von Kommissionen, Beratungen mit Gelehrten usw. wurden von Nationalversammlung, Constituante oder Konvent angeregt, um Industrie und Gewerbe neu zu beleben. Als nachhaltigstes Ergebnis dieser Bemühungen muß die Schaffung der französischen Eliteschulen angesehen werden. Die Ecole Polytechnique entstand im Jahre 1794 und zählte schlagartig zu den Schlüsselstationen für die Ausbildung der politisch und wirtschaftlich Verantwortlichen des Landes, eine Rolle, die sie bis heute erhalten hat.

Die Entwicklung des Handels wurde durch die Revolutionsereignisse in recht unterschiedlicher Weise getroffen. Für den im frühen 18. Jahrhundert aufblühenden Außenhandel bedeuteten sie eine empfindliche Zäsur. Für die Entwicklung des Binnenhandels jedoch wurden zahlreiche Maßnahmen getroffen, die sich ausgesprochen belebend auswirkten. Schon im Jahre 1790 wurde durch die Constituante die Aufhebung sämtlicher Mauten, Markt- und Messeabgaben grundherrlichen Ursprungs beschlossen. Das gleiche betraf die Verbraucherabgaben für Leder, Eisen, Seife und Stärke. Der Getreidehandel, der schon seit dem 17. Jahrhundert Restriktionen unterlag (Getreideausfuhr war verboten), wurde freigegeben. Weitere Fortschritte ergaben sich aus der Aufhebung sämtlicher Binnenzölle, die Frankreich zu einem einheitlichen Zollgebiet machte. Auch die Vereinheitlichung der Maße und Gewichte auf der Grundlage des Dezimalsystems wurde im Jahre 1791 beschlossen.

Eine der am weitesten reichenden Entscheidungen, die während der Revolution getroffen wurden, war die *administrative Neuordnung* des Landes. Durch Gesetz vom 15. Januar 1790 wurde die Aufteilung Frankreichs in 83 Departements verfügt. Damit war der örtlichen Adelsherrschaft ein Ende gesetzt. Die vorher mit umfangreichen Machtbefugnissen ausgestatteten Intendants, die den Provinzen vorgestanden hatten, wichen den Präfekten, die von Paris aus jedem einzelnen Departement vorgestellt wurden. Wesentlicher Grundgedanke der administrativen und politischen Neugliederung war, das Land von Paris aus straff und effektiv führen zu können. Jede der Präfekturen sollte von der Hauptstadt aus in spätestens zwei Tagen und innerhalb eines Departements sollten sämtliche Ortschaften zwischen Sonnenaufgang und Sonnenuntergang von der Präfektur aus erreichbar sein.

Während die Intendanten weitgehend eigene Entscheidungsbefugnisse hatten, waren die Präfekten nur als verlängerter Arm der Ministerien in Paris zu verstehen, deren Vertreter sie in den Departements darstellten. Sie waren – und sind bis zum heutigen Tag – Glieder innerhalb der Verwaltungsmaschinerie, die zentral von Paris aus in Gang gesetzt wird und die keinerlei Funktionen ausüben kann, wenn nicht die entsprechende Entscheidung von Paris aus gefällt wird.

Die Schaffung einer neuen administrativen Grundstruktur war ganz zweifellos der notwendigste Schritt, um die Verwirklichung der zahlreichen Entscheidungen zur Umstrukturierung von Politik und Wirtschaft im Lande zu ermöglichen. Der Abbau der autonomen Provinzrechte und die Beseitigung eines korrupten Beamtentums waren für die Verwirklichung der Ideen von Gleichheit, Freiheit und Brüderlichkeit ebenso unabdingbare Voraussetzungen wie die straffe Organisation dieses neu entstandenen Staatsgebildes, das mehr als nur „la France", sondern das die „Grande Nation" sein wollte, wie sie Napoleon verstand.

Napoleon ist es auch, der die neue Ordnung durch zahllose Entscheidungen weiter festigte, der durch den Ausbau des Verkehrsnetzes die Voraussetzungen für die Belebung des Handels und des Gewerbes schuf und der mit der Erarbeitung des Code civil zur Vereinheitlichung der Rechtsverhältnisse und zum Ausgleich der alten regionalen Unterschiede entscheidend beitrug.

Wichtige Verbesserungen durch Napoleon betrafen die Wasserstraßen, wobei die große Idee der Schaffung einer von England nicht beeinflußbaren Verbindung zwischen Nordsee und Mittelmeer im Mittelpunkt stand. Die Verstaatlichung der Post, Einrichtung von Maß- und Gewichtsämtern im ganzen Land, Aufbau eines vereinheitlichten Geldwesens waren nur einige Maßnahmen, die für die Wiederbelebung der Wirtschaft nach den Ereignissen der Revolution entscheidend werden sollten.

Die Landwirtschaft konnte zu Beginn des 19. Jahrhunderts unter dem Eindruck der wieder eingekehrten Ruhe und Sicherheit im Lande und den protektionistischen Verordnungen einen gewissen Aufschwung verzeichnen, wenngleich die Fortschritte noch sehr verhalten waren.

Im Gegensatz zu den Physiokraten, die einer großräumigen Landwirtschaft die alleinige Schrittmacherstellung für eine gesunde Volkswirtschaft einräumten, sah Napoleon die Möglichkeiten des Manufakturwesens bzw. der Industrie. Die Normalisierung der Lebensverhältnisse im ganzen Lande, aber auch die Erweiterung der Absatzgebiete auf den größten Teil des europäischen Kontinents waren für deren Aufschwung ebenso entscheidend wie die zunehmende Mechanisierung der Industrie durch ständig neue Erfindungen und Verbesserungen. Moderne Techniken wurden eingeführt und erlaubten sehr bald die Wiederbelebung von Industriezweigen, die während der Revolution praktisch völlig zum Erliegen gekommen waren. Hierzu gehörte in erster Linie die Baumwollverarbeitung, die sich von Holland her über ganz Nordfrankreich ausbreitete und in der Normandie aufgrund der günstigen Verkehrslage zum Meer ihren bedeutendsten Standort fand. Die Seidenindustrie belebte sich und verhalf Lyon in der ersten Hälfte des 19. Jahrhunderts zu einer hohen wirtschaftlichen Blüte. Durch die Auswirkungen der Kontinentalsperre, die Napoleon im Jahre 1806 gegen England verhängt hatte und die eine wirtschaftliche Vernichtung Englands herbeiführen sollte, wurden auf dem Festland neue Industriezweige entwickelt, vor allem die Schwerindustrie und die Maschinenherstellung.

Nach dem Sturz Napoleons und der Aufhebung der napoleonischen Schutzpolitik steuerte Frankreich dann aber schon sehr rasch wieder in eine neue Krise. Bei allen Bemühungen um die Ausweitung von Gewerbe und Industrie war Frankreich nach wie vor ein überwiegend durch die Landwirtschaft geprägtes Land. Im Jahre 1826 lebten bei einer Gesamtbevölkerung von 31,8 Mio etwa 26,6 Mio von der Landwirtschaft, im Jahre 1846 von 35,4 Mio immerhin noch über 25 Mio. Während der Restauration wurden die Reformgesetzgebungen der Revolution ebenso wenig ausgebaut wie dies unter Napoleon geschehen war. Frankreich wurde (wie die meisten europäischen Länder) in die Agrarkrise des frühen 19. Jahrhunderts hineingezogen. Innerhalb des Landes wurden durch die Freigabe der Getreideausfuhr erhebliche Versorgungsschwierigkeiten sichtbar, da die Politik im wesentlichen auf eine freie Ein- und Ausfuhr der Agrarprodukte gerichtet war. Der Versorgungsgedanke trat in den Hintergrund.

Bedrohlicher als für die Landwirtschaft wurde die postnapoleonische Ära für Gewerbe und Industrie. Die protektionistische Politik und die Handelssperren, die unter Napoleon wirksam waren, fielen nach dessen Sturz und führten zu einem nahezu ungehinderten Überfluten Frankreichs mit ausländischen Gewerbe- und Industrieprodukten, die häufig eher dem Konsum der Massen entsprachen als die nach der Revolution wieder erzeugten Produkte der Luxusindustrien. Auch die Technik hatte während der Blokkade in anderen Ländern größere Fortschritte als in Frankreich gemacht, so daß der Rückstand kaum aufholbar schien. Der Restauration blieb nichts anderes übrig, als die französische Industrie von außen her durch die Verpflichtung fremder Industrieller modernisieren zu lassen. Die dadurch entstehenden Abhängigkeiten belasteten die französische Industrie lange Jahrzehnte während des vorigen Jahrhunderts. Vor allem England lieferte Werkmeister und Arbeiter und trug zur Modernisierung der Industrie in Frankreich bei. Bis zur Mitte des 19. Jahrhunderts gelang es der französischen Eisenindustrie, an die zweite Stelle hinter England zu treten. Der eigentliche Schwerpunkt der Industrieentwicklung blieb jedoch die Textilindustrie, die sich über das ganze Land ausweitete und zu höchster Blüte gelangte.

Unter der Julimonarchie prägt sich ein weiterer, bereits von Napoleon vorgezeichneter Zentralismus aus: Die Konzentration des Geld- und Kreditwesens in Paris. Frankreichs Wirtschaft wurde von etwa 200 Privatbankiers, allen voran Rothschild, beeinflußt und gelenkt, Verhältnisse, die sich auch in den folgenden Jahrzehnten nicht wesentlich ändern sollten. Entscheidende politische Vorgänge wurden hier vorbereitet, so die Besetzung Algiers und die koloniale Erschließung Nordafrikas, die 1830 begann. Damit kam ein neues Kapitel in der politischen und wirtschaftlichen Geschichte Frankreichs im 19. Jahrhundert hinzu: *die Kolonialepoche*.

In mehrerlei Hinsicht erfolgte die Besetzung Algiers im rechten Augenblick. Dabei waren nicht die wirtschaftlichen Interessen von Vorrang, wenngleich die bis dahin bedeutendste Überseebesitzung, die Antillen, ihre ehemals große Bedeutung aufgrund der inländischen Zuckererzeugung eingebüßt hatte. Die Abschaffung der Sklaverei im Jahre 1848, die sich schon lange vorher durch das Verbot des Sklavenhandels angekündigt hatte, verursachte eine Reihe von Problemen auf den mittelamerikanischen Inseln. Unter dem Druck der Vereinigten Staaten und Englands mußte Frankreich schließlich auf seine koloniale Monopolstellung auf dem amerikanischen Kontinent vollends verzichten, so daß die Verlagerung auf den afrikanischen Kontinent eine fast logische Konsequenz darstellte.

Besonders die wirtschaftlichen Schwierigkeiten, vor allem in der Landwirtschaft, die Frankreich in den ersten Jahrzehnten des 19. Jahrhunderts charakterisiert hatten, konnten teilweise nur im Zusammenhang mit der kolonialen Erschließung Nordafrikas gelöst werden. Fallende Preise, Mißernten und Niedergang der Heimindustrie waren Ursachen dafür, daß die Landwirtschaft immer weniger Menschen ernähren konnte. Die Abwanderung in die Städte war die Folge, und da diese auch nur in beschränktem Maße Arbeits- und Lebensraum boten, stellte die koloniale Erschließung Nordafrikas eine neue Alternative dar.

Diese Erschließung erfolgte indessen nicht ohne Probleme. Anders als in den amerikanischen Kolonialgebieten stand in Nordafrika den Kolonisationsbestrebungen eine recht zahlreiche Eingeborenenbevölkerung gegenüber. Ihre Verdrängung war moralisch nicht zu rechtfertigen, ihre Europäisierung nicht minder problemlos, und die Integration in ein neu zu schaffendes Wirtschaftsgefüge stieß an eine Barriere, die sich zwischen zwei grundverschiedenen Zivilisationen befand.

Auch der wirtschaftliche Aspekt war nicht sehr verlockend, denn die von der europäischen Bevölkerung zunächst einzig besiedelbaren Küstengebiete eigneten sich auf Grund der ökologischen Ähnlichkeit zur Gegenküste im Mutterland nur für den Anbau von Produkten, die ohnehin im Lande ausreichend zur Verfügung standen.

Trotzdem wurde unter großem finanziellem Aufwand die Erschließung Algeriens vorgenommen. Die Nachfrage nach Grund und Boden in der neuen Kolonie war so groß, daß sich schon sehr schnell Preistreibereien und Spekulationen ergaben. Im Jahre 1840 waren bereits 30 000, 1847 100 000 Franzosen in Algerien angesiedelt. Sie kamen überwiegend aus dem mediterranen Frankreich, das besonders unter der Agrarkrise zu leiden hatte. Für diese Bevölkerung fiel allerdings die Umsiedlung nicht besonders schwer, da sowohl die klimatische Situation als auch die Anbaubedingungen denen im mediterranen Frankreich sehr ähnlich waren.

Frankreichs Augenmerk war indessen nicht nur auf die afrikanische Gegenküste gerichtet, sondern auf die Schaffung eines Systems von überseeischen Stützpunkten, die den nahezu zusammengebrochenen Außenhandel des Landes neu beleben sollten. In Madagaskar begann die Kolonialepoche im Jahre 1840 mit der Überschreibung der Insel Nossi Bé. 1843 kam Mayotte hinzu. Im Zentrum der Insel wurden zahlreiche landwirtschaftliche und gewerbliche Betriebe angelegt, und die vorhandenen Bodenschätze im Tananarivo führten rasch zur Anlage von Eisenhütten und Gießereien.

An der afrikanischen Westküste war bereits 1839 ein Stützpunkt in Gabun zur Überwachung des Sklavenhandels errichtet worden, im Jahre 1849 folgte die Gründung von Libreville. Tahiti wurde 1844 als Südseestützpunkt für den Handel durch den künftigen Kanal von Mittelamerika aus besetzt. Zum gleichen Zeitpunkt gelingt es Frankreich, mit China und Japan Handelsverträge abzuschließen.

Die Kolonialbestrebungen verliefen indessen nicht reibungslos und tangierten vor allem die Interessen der Engländer, so daß erneut Spannungen zwischen den beiden Ländern entstanden. Trotzdem gelang es Frankreich, die politischen und wirtschaftlichen Schwierigkeiten im Mutterland durch die Aktivierung des Außenhandels und die Erschließung neuen Lebensraumes zumindest teilweise in den Griff zu bekommen. Allerdings hat dieses starke Augenmerk auf die Außenpolitik gerade die innerwirtschaftlichen Verhältnisse nicht sonderlich beflügelt, so daß hier eher Nachteile als Belebung als Ergebnis der Kolonialerschließung zu verzeichnen sind.

Gerade diese innenpolitischen Schwierigkeiten, die sich unter den katastrophalen Auswirkungen mehrerer Mißernten in den Jahren 1845–1847 verstärkten und auf dem Lande zu Not und Unzufriedenheit führten, brachten schließlich auch den Sturz des Bürgerkönigtums im Jahre 1848, wobei diese erneute Revolution nicht, wie 1789, vom Bürgertum, sondern von den Arbeitern und Bauern getragen wurde. Die Wirren des Jahres 1848 und die Unfähigkeit der provisorischen Regierung, die bestehenden wirtschaftlichen Probleme zu lösen, verhalfen Louis Napoleon zur Macht und mit ihm einem Herrscher, der dem modernen Kapitalismus in Frankreich den Weg bereiten sollte. Außenpolitisch sicherte er sich durch die Verbindung mit der Türkei die Möglichkeit,

den Bau des Suez-Kanal in Angriff zu nehmen und damit weltpolitische Bedeutung zu erlangen.
In diese Zeit fällt aber bereits jene Krise der französischen Wirtschaft, die sie bis heute belastet: die Geburtenzahlen nahmen ab. Frankreichs Bevölkerung begann zu stagnieren, und zwar in wesentlich stärkerem Maße, als dies in den anderen europäischen Ländern der Fall war. Dies führte zwar zunächst zu einer Hebung des Lebensstandards, hatte aber gleichzeitig zur Folge, daß kaum eine Ausweitung der Produktion erfolgte, da der Außenhandel unter dem starken Druck anderer europäischer Handelsmächte stand. Vor allem in den 60er Jahren steuerte Frankreich in eine Krise, die seine wirtschaftliche Vorrangstellung neben England entscheidend einschränkte. Verstärkt wurde dieser Effekt durch den Krieg von 1870/71, durch den Frankreich mit Elsaß-Lothringen wichtige Industriegebiete verlor. Während dieser Zeit gelang es vor allem Deutschland und den Vereinigten Staaten, ihren wirtschaftlichen Einfluß in der Welt auszubauen und die alte französische und englische Vorherrschaft zu brechen.
Von diesen vielen Wirren in der zweiten Hälfte des 19. Jahrhunderts blieb lediglich die Kolonialpolitik weitgehend unberührt. Schon unter Napoleon III wurde wesentlich entschiedener als unter Louis Philippe eine systematische Annexion von Kolonien betrieben. 1853 entstand mit Neukaledonien ein Stützpunkt im australischen Gebiet. 1854–1862 wurde am Senegal planmäßig eine Kolonie ausgebaut und Dakar als wichtiger Handelsstützpunkt angelegt. 1859 wurde Saigon besetzt und von hier aus das Mekong Delta für die landwirtschaftliche Nutzung erschlossen. Kambodja wurde mit in die indochinesischen Besitzungen einbezogen, und die Vormacht Frankreichs in diesem Gebiet wurde 1863 im Vertrag von Hué endgültig festgelegt. Wenngleich die Ausweitung des Kolonialreiches zunächst mit erheblichen finanziellen Belastungen verbunden war, so war die Belebung des Handels von nicht unerheblicher Rückwirkung. Im Jahre 1870 übertraf das französische Kolonialreich flächenmäßig bereits das Mutterland.

Die Motivation für die weitere koloniale Erschließung, vor allem Nordafrikas, leitete sich weniger aus bevölkerungspolitischen Gegebenheiten ab, wie es in der ersten Phase typisch gewesen war. Bei der sich seit 1850 abzeichnenden Stagnation war es klar, daß Frankreich in den Kolonien keine Siedlungspolitik betreiben konnte, sondern im Gegenteil sogar im Ausland um Kolonisten werben mußte. Der Schwerpunkt des Interesses richtete sich somit politisch auf die Ausweitung der Machtsphäre, wirtschaftlich auf potentielle Absatzgebiete für Produkte des Mutterlandes, wobei besonders der Industrie neue Märkte erschlossen werden sollten. Die seit 1857 bestehenden finanziellen Verbindungen zu Tunesien, die zunächst noch mit den englischen Interessen kollidierten, konnten nach der Besetzung Cyperns durch England und der damit verbundenen Verzichtserklärung bezüglich Tunesiens im Jahre 1881 auch politisch ausgeweitet werden. Tunis wird, gegen den Widerstand Italiens, zum französischen Protektorat erklärt. Auch in Schwarzafrika konnte das französische Einflußgebiet in dieser Zeit erheblich vergrößert werden. 1895 wurden sämtliche Besitzungen zwischen Timbuktu in der Nigerschleife und Dahomey an der Guinea-Küste zur Kolonie Westafrika zusammengefaßt. Madagaskar, seit 1885 Protektorat, wurde 1896 ebenfalls Kolonie Frankreichs.
Die expansiven Bestrebungen in Nordafrika, vor allem das Bemühen einer direkten territorialen Verbindung mit Obock am Afrikanischen Osthorn, führten erneut zu Rivalitäten mit England, die im Jahre 1899 bei Faschoda (Sudan) ihren Höhepunkt fanden. Im Vertrag von Faschoda vom 21. 3. 1899 einigten sich dann Frankreich und England darauf, daß England das Nilgebiet, Frankreich das Hinterland von Tripolis vorbehalten blieb. Der Verzicht auf Ägypten brachte Frankreich freie Hand in Marokko ein. Trotz der Konferenz von Algeciras im Jahre 1906, die Marokkos Unabhängigkeit formell sicherte, waren doch enge Bindungen an Frankreich unverkennbar, die 1912 auch zur Annexion des nordwestlichsten Teiles von Afrika führten. Bis zum Ersten Weltkrieg war Frankreich damit zu einer der führenden Kolonialmächte geworden. Der Kolonialbesitz betrug flächenmäßig fast das 20fache des Mutterlandes, wobei dieser Besitz mehr und mehr als Teil des Mutterlandes angesehen wurde.

Tab. 1: Der französische Kolonialbesitz 1914

Afrika	9 377 310 km²	29 073 000 Ew.
Asien	803 568 km²	16 593 000 Ew.
Ozeanien	21 717 km²	86 000 Ew.
Amerika	91 248 km²	418 000 Ew.
Gesamt	10 239 843 km²	46 134 000 Ew.
Frankreich	512 000 km²	39 700 000 Ew.

Quelle: H. See, 1930/1936

Frankreich war durch seine Kolonialpolitik zu einem der größten Länder der Welt erwachsen. Anders als England, das auch den Kolonien teilweise Autonomien beließ, wurde der Zentralismus in allen politischen und wirtschaftlichen Fragen auf diese veränderten Raumstrukturen übertragen. Hatte sich die Verwaltungsmaschinerie, die sich zum Zeitpunkt der Revolution und der napoleonischen Ära als Notwendigkeit erwiesen hatte, schon im Laufe des 19. Jahrhunderts im Binnenlande als sehr träge und oft sehr nachteilig gezeigt, so mußte dies in noch viel stärkerem Maße für ein fast unübersehbares, über den ganzen Erdball verteiltes Frankreich gelten. Keine Entscheidung, die auch bei diesen veränderten Raumstrukturen nicht von Paris aus getroffen worden wäre. Keine Maßnahme, für die erst auf einem langen administrativen Weg die Erlaubnis aus der Metropole gegeben werden mußte. Dabei bleibt charakteristisch, daß die Kolonialgebiete eigentlich nur in sehr geringem Maße tatsächlich auch von Franzosen kolonisiert und bewirtschaftet wurden. Ihre Präsenz konzentrierte sich häufig auf wenige Punkte im Lande, meistens auf die Städte. Die Entstehung des kolonialen landwirtschaftlichen Großgrundbesitzes in Nordafrika ist nicht zuletzt darauf zurückzuführen, daß ab 1850 nur noch wenige Interessenten für das reichlich vorhandene Land optierten. In Tunesien wurden über 100 000 ha Land an knapp 800 Farmen aufgeteilt. Eine echte koloniale Durchdringung hat es im französischen Kolonialreich kaum gegeben.

Die Geschichte der französischen Wirtschaft seit der Revolution macht deutlich, in welch starker Weise sich der Zentralismus in Frankreich ständig gefestigt hat. Daß die Flexibilität der Entscheidungen darunter sehr litt, sah man in Frankreich erst nach dem Zweiten Weltkrieg ein, als das Kolonialreich zu bröckeln begann und als sich die Binnenwirtschaft fast unüberwindlichen Problemen gegenübergestellt sah. Diese zu bewältigen und ein neues nationales Selbstbewußtsein zu schaffen, waren vordringliche Aufgaben der IV. Republik. Eine erste Nationalisierungswelle, erste Ansätze der Planifikation, die Einrichtung eines Sozialversicherungswesens und von Unternehmensausschüssen waren Maßnahmen der ersten Nachkriegsjahre. Der Zentralismus wurde hierdurch zunächst noch gestärkt.

2.2. Zentralismus und Dezentralisierungsbestrebungen nach dem Zweiten Weltkrieg

Der Zentralismus Frankreichs drückt sich auch heute noch in der starken personellen Konzentration der Behörden in Paris aus. Im Jahre 1954 standen örtlichen Behörden in den Gemeinden lediglich 20% der Verwaltungsausgaben zur Verfügung. Von 962 000 Zivilbeamten im Öffentlichen Dienst entfielen auf die zentralen Verwaltungsbehörden 594 000 und nur 368 000 auf die örtlichen Verwaltungen. 1000 Staatsbeamten standen 38 Gemeindebeamte gegenüber. Zum gleichen Zeitpunkt betrug das Verhältnis in England 2,5:1 und in den Vereinigten Staaten sogar 2,1:1. Die Schwierigkeiten, die sich aus diesem behördlichen Zentralismus für die wirtschaftliche Entwicklung des Landes ergeben, wurden bereits zwischen den beiden Weltkriegen gesehen, ohne daß durchgreifende Maßnahmen zur Veränderung dieser Situation ergriffen worden wären. Die politische und wirtschaftliche Kräfteballung im

Lande hatte sich vor allem nach dem Ersten Weltkrieg als anfällig erwiesen, wobei die ständige Bedrohung durch den Nachbarn Deutschland, die spätestens seit 1870 manifest geworden war, namentlich die französische Rüstungsindustrie gefährdete. Ihre teilweise Verlegung nach Südfrankreich kann als erster Schritt einer Dezentralisierung der Wirtschaft verstanden werden. Was jedoch zu Beginn dieser Entwicklung fehlte waren regionale Entwicklungspläne, für die auch keinerlei theoretische Vorarbeit geleistet war. Zwar wurden in den 30er Jahren erste Raumordnungspläne erstellt, so im Jahre 1932 das Gesetz zur Aufstellung eines Raumordnungsplanes für die Pariser Region, die Verwirklichung wurde jedoch entweder durch die Unfähigkeit der Planungsbehörden oder aber durch die Kriegsereignisse ab 1939 unterbunden. Auch der Wiederaufbau nach dem Zweiten Weltkrieg erlaubte zunächst nicht eine sofortige Berücksichtigung der wirtschaftsschwachen Gebiete, sondern verlangte den gezielten Einsatz aller zur Verfügung stehenden Mittel in den ehemaligen Wirtschaftszentren. Die Konsequenz aus dieser Notwendigkeit war die weitere demographische und wirtschaftliche Schwächung der vorwiegend agrarisch strukturierten Landesteile im Westen und Süden des Landes.

Trotz der wirtschaftlichen Notwendigkeit der Förderung der ehemaligen wirtschaftsstarken Gebiete fehlte es seit der frühen Nachkriegszeit nicht an zahlreichen Analysen, die auf der Grundlage der wirtschaftlichen Disparitäten versuchten, für die künftige Entwicklung Verbesserungsvorschläge zu erarbeiten. Einer der kritischsten Analytiker dieser Situation war J. F. Gravier, der auch als enger Mitarbeiter in der französischen Regierung seit 1945 maßgeblichen Anteil an der künftigen Dezentralisierungspolitik hatte.

Das theoretische Grundgerüst für die Dezentralisierungsbestrebungen wurde durch die Sektorentheorie C. Clarks und die Wachstumspoltheorie F. Perrouxs gebildet. Bei dem hohen Anteil agrarischer Bevölkerung in Frankreich, der nach dem Kriege noch bei 30% der Erwerbsbevölkerung lag, gewann der Clarksche Ansatz besondere Bedeutung. Er geht in seiner Theorie davon aus, daß die Produktivität der menschlichen Arbeitskraft im sekundären und tertiären Sektor wesentlich über der es primären Sektors liegt und daß aus diesem Grunde eine Erhöhung des Pro-Kopf-Einkommens nur über die Zunahme der Erwerbspersonenzahlen in diesen beiden Sektoren zu erreichen ist. J. F. Gravier hatte diese Theorie insofern bestätigt, als er in seinem grundlegenden Werk (Paris et le désert français, 1947, 2. Aufl. 1958) festgestellt hatte, daß die 16 Departments mit den niedrigsten Pro-Kopf-Einkommen der Bevölkerung sämtlich über sehr hohe Anteile der Erwerbsbevölkerung im primären Sektor verfügten. Sie lagen ausnahmslos im Süden und Südwesten des Landes.

Auf der Grundlage der Clarkschen Theorie geht F. Perroux davon aus, daß die Ausweitung des sekundären und tertiären Sektors auf einzelne Punkte, die sogenannten Wachstumspole (pôle de croissance), konzentriert werden müsse. Besondere Bedeutung kommt dabei der Anlage bestimmter Schlüsselindustrien (industrie clés) zu, die weitere Industriebetriebe als Zuliefer- oder Weiterverarbeitungsbetriebe nach sich ziehen und auch den tertiären Sektor mit aufbauen helfen (industries industrialisantes).

Der Einfluß dieser Theorien auf die territoriale Neugestaltung in Frankreich wurde von entscheidender Bedeutung. Am Ende des Zweiten Weltkrieges rief Ch. de Gaulle (in seiner ersten Regierungsphase) ein Planungskommissariat ins Leben, dessen Aufgabe es war, den ersten „Ausrüstungs- und Modernisierungsplan" aufzustellen.

Der zweite Plan umfaßte den Zeitraum von 1953–1957. Seit 1958 tritt regelmäßig alle vier Jahre ein neuer „Plan für die wirtschaftliche und soziale Entwicklung" (Plan de développement économique et social) in Kraft.

Um die Ideen einer Dezentralisierung der Wirtschaft verwirklichen zu können, wurden regionale Entwicklungspläne aufgestellt, die jedoch unmöglich für jedes Departement erarbeitet werden konnten, da diese zwar administrative, nicht aber wirtschaftliche Einheiten darstellten. Unter Beibehaltung der Departementsstruktur erfolgte daher im Jahre 1960 die Neugliederung in 21 Programmregionen* (régions de programme), wobei an der administrativen Grundstruktur nichts geändert wurde. Lediglich für die ge-

---

* im weiteren stets PR (Programmregion)

Abb. 4: Die administrative Gliederung Frankreichs Quelle: INSEE

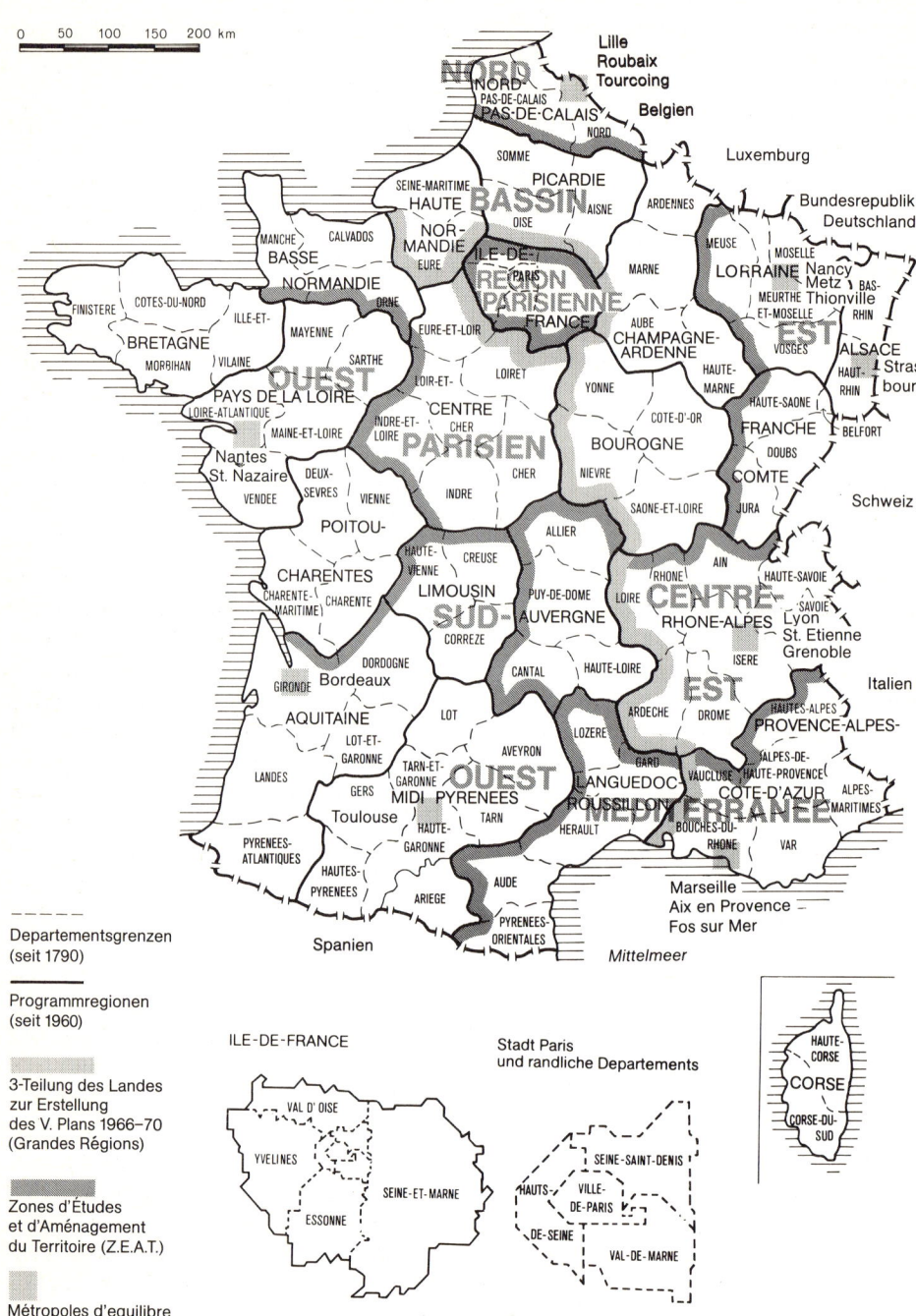

samtwirtschaftliche Entwicklungskonzeption innerhalb einer solchen PR wurden überdepartementale Gremien eingerichtet, denen ein Regionalpräfekt (préfet de région) vorsteht. Seit 1. Januar 1970 hat sich die Zahl auf 22 Programmregionen erhöht, nachdem Korsika aus der PR Provence-Alpes-Côte d'Azur herausgelöst wurde.

Einer der gravierendsten Nachteile bei dieser Neuordnung war die Tatsache, daß die neu entstandenen Einheiten sowohl in ihrer natürlichen als auch in ihrer wirtschaftlichen Struktur sehr heterogen blieben. Zwar bestand eine der Grundforderungen bei der Neugliederung darin, daß administrative, geographische und ökonomische Gesichtspunkte in gleicher Weise bei der Zusammenfassung ausschlaggebend sein sollten. Das Ergebnis zeigt jedoch sowohl bezüglich der natürlichen Ausstattung als auch bezüglich der Wirtschaftsstrukturen innerhalb der neuen Einheiten ein sehr heterogenes Bild. Die Forderung nach der Existenz eines Zentrums innerhalb der Programmregionen ist zwar häufig erfüllt, jedoch bestehen gerade in den wirtschaftsschwachen Gebieten oft nur kleinere Städte, die nicht genügend Standortvorteile für die Anlage größerer Industriebetriebe bereithalten. In anderen Regionen konkurrieren mehrere Großstädte nebeneinander und befehden sich gegenseitig um Subventionen und Begünstigungen.

So wird von Beginn an deutlich, daß die konkreten Maßnahmen, die eine Dezentralisierung der Wirtschaft in Frankreich hätten bewirken können, nur wenig effektiv ausgeführt werden können. Die wirtschaftsstarken Gebiete, in denen sich die Entwicklung mit ausreichender eigener Kraft im Rahmen des nationalen Wachstums fortsetzt, sollten nach den Vorstellungen der Politiker nicht gezielt vom Staat gefördert werden, jedoch wurde auch hier die „Politique d'accompagement" wirksam. Dies bedeutet, daß der Staat auch hier bestimmte Schlüsselrollen behalten hat und vor allen das Kreditwesen, Infrastrukturmaßnahmen, Bildungswesen etc. zentral lenkt.

In den wirtschaftsschwachen Gebieten, die unterhalb des durchschnittlichen nationalen Wirtschaftswachstums liegen, soll die „Politique d'entrainement" verfolgt werden, der gezielte Versuch also, leistungsfähige Betriebe anzusiedeln und vorhandenes Potential zu modernisieren und wettbewerbsfähig zu machen. Nach dem Grundsatz der Wachstumspoltheorie wird dabei meistens lediglich in einem Zentrum investiert, auf das sich die wirtschaftliche Aktivität einer Programmregion konzentrieren soll. Die Wirtschaftsförderung nach dem Gießkannenprinzip (politique de saupoudrage) soll verhindert werden.

In den ersten drei Plänen war lediglich der Aspekt der sektoralen Wirtschaftsförderung mit eindeutiger Dominanz der Industrie besonders hervorgehoben worden. Im vierten Plan gewinnt dann der regionale Aspekt an Bedeutung, ohne freilich allzu tiefgreifende Ergebnisse zu zeitigen. Dies mag vor allem mit einem außenpolitischen Ereignis zusammenhängen, das zu Beginn der 60er Jahre wirksam wird: dem Zusammenschluß zur Europäischen Gemeinschaft (EG). Frankreich sah sich vor der Aufgabe, international wettbewerbsfähig zu bleiben, was zu diesem Zeitpunkt mit dem Bemühen um eine Dezentralisierung der Wirtschaft nicht ohne weiteres in Einklang zu bringen war. Es läßt sich sogar eine gewisse Verdrängung der regionalpolitischen Konzeption aus der Diskussion erkennen, und vor allem während der V. Republik war die Investitionspolitik plötzlich wieder in viel stärkerer Weise auf eine Erhöhung der Wettbewerbsfähigkeit auf internationaler Ebene gerichtet als auf die regionale Wirtschaftsförderung. So erscheint es nicht verwunderlich, daß auch nach 1960 der weitaus größte Teil der neu geschaffenen Industriearbeitsplätze auf die nördliche Landeshälfte entfällt, wobei die 200 km Zone um Paris mit Abstand den größten Anteil hat.

Die vorrangige Stellung von Paris wird auch in den weiteren Plänen immer wieder hervorgehoben. Bei den Raumordnungsplänen, die für die PR Ile-de-France ausgearbeitet wurden, wird von einer weiteren Bevölkerungszunahme um 5 Mio Einwohner bis zum Jahre 2000 ausgegangen. Die Bestrebungen, Paris zum bedeutendsten Wirtschafts- und Kulturzentrum der EG auszuweiten, spielen dabei eine fundamentale Rolle. Die zahlreichen Betriebe, die vorwiegend in den Klein- und Mittelstädten entlang der strahlenförmig von Paris ausgehenden Verkehrswege entstanden sind, können auch bei Entfernungen von 200 km bei der inzwischen sehr guten Verkehrsanbindung an die Metropole als integrierter Bestandteil des Wirtschaftszentrums Paris gelten.

Die gleichen Tendenzen wie für Paris lassen sich, in sehr viel geringerem Ausmaß, auch bei verschiedenen anderen Oberzentren Frankreichs erkennen. Sie werden häufig als „Métropoles d'équilibre" bezeichnet. Es sind dies folgende Zentren: Lille/Roubaix/Tourcoing als Standorte der nordfranzösischen Textilindustrie, Nancy/Metz/Thionville als Zentrum der lothringischen Kohlegewinnung und Eisenverarbeitung, Straßburg als relativ isolierter Entwicklungspol im Osten des Landes, Nantes/Saint Nazaire an der Loiremündung mit Hafen-, Verarbeitungs- und militärischen Funktionen, Bordeaux als ebenfalls wichtiger Binnenhafen mit gutem Zugang zum Atlantik und einem sehr großen Hinterland, Toulouse als Schwerpunkt der französischen Rüstungsindustrie, Lyon/Saint Etienne als Standort der Textilindustrie und der chemischen Industrie, verstärkt durch Grenoble als Schwerpunkt in der Nuklearforschung und schließlich Marseille als Metropole der Mittelmeerküste mit bedeutender Hafenfunktion, aber auch als Standort für Schwerindustrie im Zusammenhang mit der Erschließung des Golfes von Fos.

Diese Zentren bilden seit dem IV. Plan das eigentliche Grundgerüst der französischen Wirtschaft, in denen sich echte Wachstumsvorgänge erkennen lassen. Die Konzeption einer Aufteilung in Programmregionen, obwohl bis heute nicht aufgegeben, hat ganz offensichtlich nicht den gewünschten Erfolg gebracht. Schon sehr bald nach ihrer Einrichtung mußte man erkennen, daß die Beibehaltung oder die Neuabsteckung von Verwaltungseinheiten dort nicht sinnvoll ist, wo sich ein echtes wirtschaftliches Wachstum aus eigener Kraft entwickelt. Daneben ergaben sich in einigen Programmregionen, etwa in der Bretagne, starke Sezessionsbestrebungen, die nach Aufteilung oder gar völliger Unabhängigkeit von dem nationalen Gefüge verlangten. Unter den Maßstäben, die für eine moderne Wirtschaftslandschaft als richtungweisend angesehen werden (modernes Verkehrsnetz, moderne Schul-, Sozial-, Krankenversorgung etc.), erscheinen die 1960 entstandenen Programmregionen häufig sogar noch zu klein, so daß die zukünftige gezielte Förderung von 8–10 Métropoles d'équilibre auch eine wirtschaftliche Notwendigkeit zu sein scheint. Das Problem einer Abgrenzung stellt sich aber auch hier noch in gleicher Weise wie bei früheren Strukturierungsversuchen, da die Sozial- und Produktionsindikatoren, die zur Bemessung einer optimalen Planungseinheit festgelegt werden können, äußerst schwierig zu definieren sind. Vorhandene Standortvoraussetzungen, aber auch Unterschiede in der Bevölkerungs- und Sozialstruktur lassen es unter Umständen notwendig erscheinen, in verschiedenen Gebieten unterschiedliche Kriterien anzuwenden.

Bereits für die Erarbeitung des VI. Plans (1971–1975) wurde unter der Erkenntnis, daß die 1960 zusammengefaßten Programmregionen offensichtlich für eine weitreichende Wirtschaftsplanung immer noch zu klein sind, eine neue Zusammenfassung der Departements zugrunde gelegt.

Die Versuche des V. Plans, das Land gar nur in 3 Wirtschaftsregionen, nämlich die Région

Parisienne, die Région de l'Ouest und die Région de l'Est zu untergliedern, wurden dabei bereits für die nächste Planungsperiode wieder durch eine neue Unterteilung ersetzt, da sich die Dreiteilung als unpraktikabel zeigte. Sie beinhaltete in starkem Maße die Gefahr einer weiteren Polarisierung zwischen dem westlichen und östlichen Landesteil.

Die seit 1971 für zahlreiche Planungsfragen zugrunde gelegte Unterteilung in die „Zone d'Études et d'Aménagement du Territoire" (Z.E.A.T.) stellt, ähnlich wie die Schaffung der Programmregionen eine Zusammenfassung von Departements war, eine Vereinigung der Programmregionen zu größeren Planungseinheiten dar. Auch hierbei wurden die bestehenden administrativen Grenzen berücksichtigt. Bisher sind für diese Einheiten jedoch keinerlei Eigenkompetenzen in wirtschaftlichen oder politischen Fragen gesetzlich verankert. Es handelt sich im wesentlichen um statistische Einheiten, die jeweils durch das Vorhandensein einer *Métropole d'équilibre* gekennzeichnet sind. Während bereits die Programmregionen durch sehr unterschiedliche Größe und Bevölkerungsballung gekennzeichnet waren, kann auch für die neuen Einheiten eine ähnlich heterogene Struktur festgestellt werden.

Ob diese Einteilung für die künftige Wirtschafts- und Regionalpolitik von Bestand bleiben wird, kann bezweifelt werden. Allein die Tatsache, daß keine der regionalen Planungsbehörden (für den landwirtschaftlichen Bereich die SAFER = Société d'Aménagement Foncier et d'Etablissement Rural, für die Industrie und Dienstleistung die SDR = Société de Développement Régional) in ihren Zuständigkeitsbereichen mit den Programmregionen von 1960 bzw. mit den Z.E.A.T. von 1971 übereinstimmt, läßt solche Zweifel berechtigt erscheinen. Auch die Tatsache, daß für die verschiedenen Wirtschaftssektoren unterschiedliche Planungsbehörden mit völlig verschiedenen Aktionsgebieten zuständig sind und daß die Zusammenarbeit der Planungsbehörden aufgrund der Unterstellung unter verschiedene Ministerien so gut wie unmöglich ist, wirft die Frage nach einer effektiven Regionalplanung immer wieder auf.

Es überrascht nicht, daß im VII. Plan, der den Zeitraum bis 1980 umspannt, dem Prinzip der schwerpunktmäßigen Entwicklung in den wirtschaftlichen Kernzentren des Landes wiederum weitgehend gefolgt wird. Damit scheint die Konzeption von 1960 endgültig einer Polarisierung der französischen Wirtschaftslandschaft gewichen zu sein.

Tab. 2: Die „Zones d'Études et d'Aménagement du Territoire" (ZEAT) – Fläche und Bevölkerung

ZEAT	Fläche km^2	Bevölkerung 1975	Bevölkerung 1982	Veränderung 1975/1982 (%)
Région Parisienne	12 008	10 022 000	10 073 200	+ 0,5
Bassin Parisien	145 505	9 599 500	9 952 900	+ 3,7
Nord	12 378	3 949 400	3 932 900	− 0,4
Est	48 038	4 923 600	4 969 900	+ 0,8
Ouest	85 101	6 734 700	7 206 500	+ 7,0
Sud-Ouest	103 721	5 497 400	5 719 000	+ 4,0
Centre-Est	69 682	6 114 300	6 348 600	+ 3,8
Méditerranée	67 565	5 499 100	6 131 900	+11,5
Gesamt	543 998	52 340 000	54 334 900	+ 3,8

Quelle: INSEE, 1977, und Recensement, 1982

Mit dem Übergang in die 1980er Jahre veränderte sich dann die politische Landschaft und damit auch die wirtschaftspolitische Marschrichtung. Die Wirtschaftskrise, die seit Beginn der 1970er Jahre auch Frankreich erfaßt hatte, verlangte zahlreiche Akzentverlagerungen. Der Dezentralisierungsgedanke blieb zwar verbal weiter existent, jedoch galt es vordringlich, die innere Stabilität der Wirtschaft wieder zu erlangen und die Arbeitslosigkeit zu bekämpfen. Die Schwerpunkte des VIII. Planes (1981–1985) waren, neben diesen genannten, der Ausbau des Energiesektors (Nuklearenergie), Förderung des Agrarsektors, Verbesserung der Sozialfürsorge sowie der allgemeinen Lebensbedingungen.

Diese Schwerpunktsetzungen scheinen indessen zu spät erfolgt zu sein, denn als Reaktion auf die wirtschaftlichen und sozialen Verhältnisse errang bei den Parlamentswahlen von 1981 François Mitterrand und damit die Sozialistische Partei die Regierungsmehrheit. In einem Sofortprogramm versuchte die Regierung Mitterrand, alle Mißstände auf einmal zu beseitigen. Ihr Wirtschaftsprogramm sah u.a. die Verstaatlichung weiterer großer Industriekonzerne und zahlreicher noch bestehender privater Großbanken vor. Ohne Rücksicht auf die rasch wachsende Staatsverschuldung wurden die Sozialleistungen drastisch erhöht. Zwischen Juli 1981 und Februar 1982 stiegen die Familienbeihilfen um über 25% an. Die Altersrenten stiegen innerhalb des ersten Amtsjahres um 40–50%, das Wohngeld für bedürftige Familien noch stärker. Der garantierte Mindestlohn (SMIG) wurde zwischen Mai 1981 und Juni 1983 um 43% angehoben, die Arbeitszeit bei vollem Lohn von 40 auf 39 Stunden reduziert. Die Arbeitgeber wurden verpflichtet, eine fünfte bezahlte Urlaubswoche zu gewähren, was neue Arbeitsplätze schaffen sollte.

Weitere Maßnahmen betrafen die Reglementierung der Verbraucherpreise, die folglich in den ersten beiden Regierungsjahren lediglich um 18,5% anstiegen.

All diese Maßnahmen belasteten die Unternehmer in zusätzlichem Maße und die erwarteten Rückkoppelungen wie Vermehrung der Arbeitsplätze, Vermehrung der Kaufkraft und Stärkung der Währung blieben aus. Im Gegenteil: viele Großunternehmen, ob verstaatlicht oder privat, wiesen schon bald Verluste in Milliardenhöhe auf. Allein für 1982 betrug der Verlust der staatl. Automobilwerke Renault 1,2 Mrd. Francs, der des privaten Unternehmens Peugeot 2 Mrd. Francs. Das private Reifenunternehmen Michelin ging mit 4 Mrd. Francs in die roten Zahlen, die verstaatlichten Stahlunternehmen Usinor und Sacilor mit zusammen 9 Mrd.

Die Konsequenzen ließen nicht lange auf sich warten. Die Neuverschuldungen der französischen Unternehmen (ob verstaatlicht oder privat) stieg schwindelerregend, die Investitionsbereitschaft sank praktisch auf den Nullpunkt, Arbeitsplätze gingen verloren, anstatt geschaffen zu werden. Schon 1982 wurde mit der Franc-Abwertung die Notbremse gezogen und die Unterstützung für Arbeitslose um 12% gekürzt. Beamte und Angestellte des öffentlichen Dienstes mußten 1% ihrer Gehälter an die Arbeitslosenversicherung abführen, die Arbeitslosenabgabe für Arbeiter wurde im November 1982 von 3,6 auf 5,8% erhöht. Damit konnte zwar das Haushaltsdefizit im Sozialbudget verringert werden, die Kaufkraft ist jedoch deutlich zurückgegangen, zumal auch die Preise nach 1982 kräftig angezogen haben.

Noch vor Ablauf des VIII. Planes (1985) wurde für die Zeitspanne 1984–1988 der IX. Plan entwickelt. Er unterscheidet sich in vielen Punkten kaum von den vorherigen Plänen anderer Regierungen. Die vielversprochenen Verlagerungen der politischen und wirtschaftlichen Entscheidungen in die Provinz lassen jedoch, zumindest bisher, auch unter der sozialistischen Regierung auf sich warten.

3. Allgemeine Grundzüge der Bevölkerungsstruktur

Die statistische Analyse der Bevölkerungsentwicklung und Bevölkerungsstruktur in Frankreich berücksichtigt selten ein Phänomen, das für das Land kennzeichnend ist: die völkische Vielfalt. Die historisch begründete und fast legendäre Vorstellung einer „Grande Nation" ist ebenso wenig auf die Einheitlichkeit der Bevölkerungsstruktur als auf die Sozialverhältnisse anwendbar. Wenn diese Situation in der Vergangenheit häufig unter dem Druck der zentralistischen Entscheidungen in Vergessenheit geraten zu sein schien, so sind doch vor allem in den letzten Jahrzehnten durch separatistische Strömungen nicht unerhebliche Probleme entstanden. Die Bevölkerungsminderheiten befinden sich fast ausnahmslos in den peripheren Randlagen Frankreichs. Im äußersten Westen stellen die *Bretonen* eine zurückgedrängte keltische Restbevölkerung dar, die, von Zentraleuropa sich ausbreitend, seit dem 2. vorchristlichen Jahrtausend Westeuropa überfluteten und sich dort mit einer Urbevölkerung der Iberer und Ligurer vermischten. Reste dieser Urbevölkerung, die *Basken*, leben im äußersten Südwesten Frankreichs. Als einzige nicht indogermanische Sprache hat sich das Eskuara (Baskisch) bis heute erhalten und wird von den rund 100 000 französischen Basken und den über 500 000 spanischen Basken in den Provinzen Alave, Biscaya und Guipuzcoa auch heute noch gesprochen. Obwohl zahlenmäßig eine geringe Minderheit versuchen die Basken beiderseits der Pyrenäen doch mit immer drastischeren Mitteln, ihre Forderungen nach nationaler Unabhängigkeit zu verwirklichen.

Die keltische Invasionsbevölkerung wurde vor allem durch die Römer überlagert und auch teilweise zurückgedrängt. Entscheidend war die Eroberung durch Cäsar in den Jahren 58–51 v. Chr., durch die Frankreich romanisiert wurde und in den Einflußbereich des mediterranen Kulturkreises geriet.

Die *germanischen Völker*, die im 5. Jahrhundert Frankreich überfluteten, trugen nicht unerheblich zur Völkervermischung Frankreichs bei. Die Alemannen setzten sich vor allem im Gebiet des Elsaß fest, die Franken besiedelten die Gebiete nördlich der Seine. Die Burgunder gaben der nordostfranzösischen Landschaft ihren Namen, und Teile der Westgoten verblieben bei ihrem Durchzug ebenfalls im Gebiet des heutigen Territoriums.

Einige Jahrhunderte später erfolgte von Skandinavien her die Invasion der *Normannen*. Aus England fluteten bereits seit dem 5. Jahrhundert die Kelten unter dem Druck aus dem Norden in den westlichsten Teil Frankreichs und gaben der Bretagne ihren Namen. Sie haben sich als stärkste Minderheitengruppe bis heute erhalten und pflegen sehr bewußt Sprache und Volksgut. Auch hier verschaffen sich separatistische Strömungen in jüngster Zeit durch teilweise spektakuläre wie häufig unverständliche Maßnahmen Gehör. Die bretonische Sprache wird heute noch von rund einer Million Bretonen gesprochen. Die Sprachgrenze verläuft von Saint Brieux nach Vannes (Abb. 5).

Neben diesen rein ethnischen bestehen jedoch zahlreiche völkische Unterschiede, die nicht minder problematisch sind. Ebenfalls im Südwesten hat die katalonische Sprache seit dem 19. Jahrhundert unter dem Einfluß

Abb. 5: Die Sprachgebiete Frankreichs
Quelle: Prévot, V., 1965

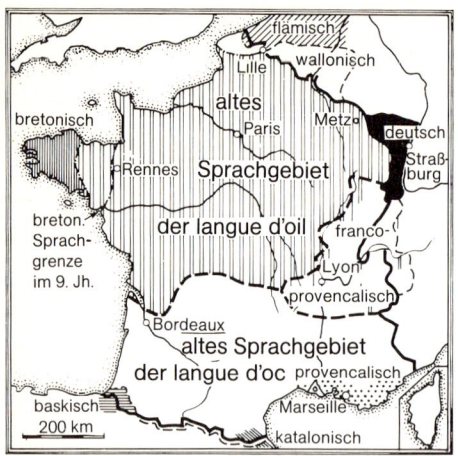

der Romantik eine Renaissance erfahren, nachdem sie nach der Auflösung des Königreichs Katalonien und der Vereinigung der Königreiche Kastilien und Aragon im Jahre 1479 weitgehend in Vergessenheit geraten war. Auch heute noch sprechen die Katalanen beiderseits der spanisch-französischen Grenze im östlichen Pyrenäenabschnitt ihre eigene Sprache neben den offiziellen Landessprachen.

Im äußersten Südosten des Landes spielt, verursacht durch den erst jungen territorialen Anschluß, der italienische Bevölkerungsanteil eine sehr bedeutende Rolle. Auch hier sind die Bestrebungen nach zumindest teilweiser Autonomie stark, wenngleich insgesamt solchen Strömungen nur wenig rationaler Charakter anhaftet. Im Zusammenhang mit der Regionalisierung und administrativen Neugliederung der 60er Jahre bemühte sich vor allem Savoyen, das 1860 Frankreich angegliedert wurde, um regionale Eigenständigkeit.

Als weitere Minderheit sind die Korsen anzusehen, deren Sprache ein Dialekt des Italienischen darstellt. Ihre Eigenständigkeit haben sie vor allem auf Grund der isolierten Lage zum Festland erhalten können. Sie grenzen sich seit dem Anschluß an Frankreich im Jahre 1768 vom Mutterland ab und zeigen sich gegenüber jeder Beeinflussung von Frankreich äußerst abweisend. Als ein erster Erfolg der separatistischen Bewegung wird die im Jahre 1970 erfolgte Herauslösung Korsikas aus der PR Provence – Côte d'Azur gewertet. Seither ist Korsika eine eigene Programmregion.

Wenngleich all diese Gruppen an der französischen Gesamtbevölkerung heute nur einen geringen Anteil haben, so legen sie doch Zeugnis ab von einer historischen Entwicklung, die für das Land sehr bewegt gewesen ist.

3.1. Stagnierende Bevölkerungszahlen seit Beginn des 19. Jahrhunderts

Die ersten offiziellen Volkszählungen wurden in Frankreich im Jahre 1801 durchgeführt, so daß seit diesem Zeitpunkt recht lückenlos die Bevölkerungsentwicklung verfolgt werden kann. Für das vorrevolutionäre Frankreich können nur grobe Schätzungen eine ungefähre Vorstellung der Situation vermitteln. Es ist jedoch kennzeichnend, daß die französische Bevölkerung gegen Ende des 18. Jahrhunderts rund ein Viertel der Gesamtbevölkerung Europas ausmachte. Im Jahre 1801 wurden in Frankreich 28 250 000 Menschen gezählt.

Der Vergleich mit den übrigen Ländern Europas zeigt, daß Frankreich seit Beginn des vorigen Jahrhunderts auf eine demographische Krise hinsteuerte, die sich bis Mitte des 19. Jahrhunderts aufgrund von Zuwanderungen aus dem Ausland zwar noch nicht sonderlich auswirkte, die jedoch bereits in äußerst niedrigen Geburtenziffern zum Ausdruck kommt.

Tab. 3: Die Geburtenraten in Europa seit 1871 (in ‰)

	1871–1880	1891–1900	1931–1940	1973	1981
Belgien	32,3	29,0	16,5	16,3	12,6
Deutschland	39,1	36,1	28,3	BRD 10,2	BRD 10,1
England	35,4	29,9	14,9	13,9	13,5
FRANKREICH	25,4	22,2	15,5	16,4	13,8 (1983)
Niederlande	36,2	32,5	20,8	16,0	12,5
Italien	36,9	34,9	23,6	16,0	11,2
Schweden	30,5	27,1	14,4	?	12,0
Spanien	36,2	34,8	24,6	19,2	14,1

Quelle: J. Beaujeu-Garnier, 1969; für 1973 INSEE, 1976, für 1981/83 INSEE 1984a

Um die Jahrhundertwende vom 18. zum 19. Jahrhundert hatte auch in Frankreich die Geburtenrate noch bei 32 ‰ gelegen.

Die Gründe für das geringe Bevölkerungswachstum in Frankreich im Vergleich zu den übrigen europäischen Ländern liegen im wesentlichen in zwei Punkten:
– Frankreich hatte im Jahrhundert der Aufklärung mit dem dramatischen Höhepunkt im Jahre 1789 mit vielen Traditionen gebrochen. Auch wenn die Einsicht in die Notwendigkeit der demographischen Aufwärtsentwicklung etwa dadurch dokumentiert wurde, daß das 7. Kind einer Familie seit der Revolution „auf Kosten des Staates" aufgezogen werden konnte, so waren zahlreiche Gesetzgebungen, vor allem die Einführung des Scheidungsgesetzes (1792) oder die Beschneidung des totalen elterlichen Erziehungsanspruches, entscheidende Punkte, die sich gegenüber der traditionellen Ordnung deutlich absetzten.
– Wirtschaftlich hatte sich in Frankreich durch die Revolution die Krise verstärkt, die schon das 18. Jahrhundert gekennzeichnet hatte. Verbunden mit der Einführung der Realteilung des ländlichen Besitzes im Jahre 1793 (später verankert im Code Napoléon) sahen sich vor allem die ländlichen Bewohner gezwungen, nur noch die Familienpolitik des „einzigen Sohnes" zu verfolgen, um den ohnehin kaum lebensfähigen Besitz nicht noch weiter zerstückeln zu müssen. Im Bürgertum wirkten sich die malthusianischen Ideen aus, die in der Geisteswelt des frühen 19. Jahrhunderts von größtem Einfluß waren.

Ganz zweifellos ist das Problem der abnehmenden Geburtenraten in der ersten Hälfte des 19. Jahrhunderts in seiner Tragweite nicht richtig eingeschätzt worden. Die stark sinkenden Sterblichkeitsraten bewirkten auch bei rückläufigen Geburtenzahlen eine steigende Bevölkerungszahl, so daß während dieser Zeit sogar in verschiedenen Departements von Amts wegen die Geburtenbeschränkung propagiert wurde.

Nur wenige Regionen verzeichneten auch in der 2. Hälfte des 19. Jahrhunderts noch hohe Geburtenraten. Hierzu gehörten die Bretagne, der äußerste Norden des Landes, das Rhônegebiet und teilweise die Gebirgsregionen. Allerdings waren gerade diese Gebiete mit hohen Geburtenraten auch besonders stark durch Wanderungsverluste betroffen. Die Abwanderung der Bevölkerung aus den wirtschaftsschwachen Gebieten und ihre Konzentration in den entstehenden wirtschaftlichen Ballungszentren des Landes veränderten die demographische Struktur Frankreichs grundlegend. Vor allem die Verlagerung der jungen Bevölkerung in den Nordteil des Landes und die beginnende Konzentration der Ruhestandsbevölkerung im Süden bewirkten, daß sich die Verhältnisse im Lande praktisch umgekehrt haben. 1937 war der Süden und Südosten des Landes durch die niedrigsten natürlichen Zuwachswerte gekennzeichnet. In der Grundtendenz blieb diese Situation auch nach dem Zweiten Weltkrieg unverändert.

Vor dem Hintergrund dieser Verlagerung ist die Entwicklung der absoluten Bevölkerungszahlen zu sehen, die in keinem anderen europäischen Land auch nur annähernd im gleichen Rhythmus verlief. Die Gesamtbevölkerung Frankreichs zeigte von 1801 bis

1851 zwar noch leichte Zunahmen, stagnierte danach jedoch fast ein Jahrhundert lang. Zweifellos spielen hierbei die Verluste dreier Kriege eine entscheidende Rolle. Besonders der Erste Weltkrieg brachte dem Lande außerordentlich hohe Bevölkerungseinbußen.

Bei der Betrachtung der Teilregionen (statistisch entsprechend den heutigen Programmregionen) zeigen sich seit Mitte des 18. Jahrhunderts die Entmischungsvorgänge, die zu den heutigen Gegensätzen geführt haben (Tab. 4). Im Zeitraum zwischen 1851 und 1911 verzeichnen neben Paris die Programmregionen Haute-Normandie, Centre, Nord-Pas de Calais, Alsace, Lorraine, Pays de la Loire, Bretagne, Aquitaine, Limousin, Languedoc-Rousillon, Rhône-Alpes und Corse leichten Bevölkerungszuwachs. Zwar handelt es sich dabei nicht ausschließlich um die wirtschaftlichen Konzentrationspunkte, denn auch in den traditionell geprägten Gebieten sind Zuwachsraten festzustellen. Sie werden hier aber durch die vergleichsweise hohen Geburtenziffern getragen, während sie in den Wirtschaftszentren überwiegend auf Wanderungsgewinnen beruhen.

Nach 1954 sind, mit Ausnahme der PR Limousin, sämtliche Teilregionen Frankreichs wieder durch Bevölkerungszuwachs gekennzeichnet, wobei jedoch diese Zuwachsraten vor dem Hintergrund der Repatriierung ehemaliger Kolonialfranzosen gesehen werden müssen, die sich besonders im Zeitraum zwischen 1956 und 1963 auswirkte. Vor allem in den südfranzösischen Landesteilen wurde der demographische Sprung durch die Rückwanderer nach 1962 ausgelöst.

Insgesamt umfaßte die Repatriierung ehemaliger Kolonialbevölkerung seit 1954 über 1,5 Millionen Personen, wobei der Anteil aus Nordafrika eindeutig dominierte. Die entsprechend der politischen Verhältnisse in Tunesien stoßweise ablaufende Rückwanderung aus dem östlichen Maghreb erfolgte vorwiegend im Zeitraum zwischen 1954 und 1961 und umfaßte 175 000 Personen, knapp 80% aller in Tunesien lebenden Franzosen der Kolonialepoche.

Der westliche Teil des Maghreb, Marokko, löste sich 1956 als Protektorat von seinem Mutterland, allerdings ohne größere Revolten, so daß hier der Anteil der verbleibenden Franzosen am stärksten blieb. Lediglich 56% der französischen Bevölkerung, das sind rund 300 000 Personen, siedelten bis 1962 ins Mutterland zurück.

Die Analyse der Volkszählungsergebnisse von 1962 und 1968 ergibt interessante Aspekte der regionalen Verteilung und der tatsächlichen Dimension der Auswanderung aus Algerien. Die Gesamtzahl der in dieser Zeit aus Algerien immigrierten Franzosen betrug 928 620 Personen, das waren 1968 knapp 2% der französischen Gesamtbevölkerung. Der Anteil der aktiven Erwerbsbevölkerung betrug mit 339 004 Personen rund 1,7% der Erwerbsbevölkerung Frankreichs. Die regionale Verteilung der algerischen Immigranten erfolgte umgekehrt proportional zu der wirtschaftlichen Kapazität des Landes, indem 2/3 der Immigrationsbevölkerung im wirtschaftsschwachen südlichen Landesteil verblieben, während nur ein knappes Drittel Nordfrankreich bevorzugte, wobei Paris mit 16,4% (153 688) Personen den weitaus größten Anteil stellte. (Abb. 6)

Die Programmregionen im südlichen Frankreich verzeichnen teilweise extreme Bevölkerungszunahmen. Die PR Aquitanien nahm 61 000 Immigranten auf, rund 6% der Gesamtzahl, wobei allein das Departement Gironde (Bordeaux) 26 476 Personen integrierte.

Die PR Midi-Pyrénées verzeichnete eine Zuwanderung aus den nordafrikanischen Departements von rund 73 000 Personen, von denen allein 39 000 im Departement Haute-Garonne (Toulouse) nach neuen Existenzmöglichkeiten suchten. Im Languedoc-Roussillon wurden 86 600 Zuzüge aus Algerien im Zeitraum 1962 bis 1968 regi-

Tab. 4: Die Bevölkerungsentwicklung Frankreichs seit 1851 (in 1000)

Programmregion	1851	1891	1911	1936	1954	1962	1968	1975	1982	Veränderung 1975–1982 (%)	1985[2]
Ile-de-France	2239,7	4126,9	5335,2	6785,8	7317,1	8469,9	9250,7	9878,5	10064,8	+ 1,9	10173
Champagne – Ardenne	1238,2	1258,7	1211,0	1126,9	1133,6	1206,0	1279,4	1336,8	1344,8	+ 0,6	1351
Picardie	1533,5	1493,8	1461,4	1354,7	1386,5	1482,4	1579,4	1678,6	1740,5	+ 3,7	1740
Haute – Normandie	1177,8	1189,3	1201,0	1219,5	1274,2	1397,8	1497,4	1595,7	1659,5	+ 4,0	1683
Centre	1791,7	1932,2	1874,2	1715,1	1757,9	1858,3	1990,4	2152,5	2265,3	+ 5,2	2311
Basse – Normandie	1532,0	1297,1	1179,9	1112,8	1164,7	1208,2	1260,2	1306,2	1350,5	+ 3,4	1368
Bourgogne	1683,3	1684,7	1557,7	1381,4	1374,5	1439,4	1502,6	1570,9	1592,3	+ 1,4	1605
Nord – Pas-de-Calais	1851,3	2610,7	3030,0	3201,6	3375,4	3659,4	3815,1	3913,8	3919,3	+ 0,1	3934
Lorraine	1645,3	1657,0	1931,8	1866,1	1956,0	2194,2	2274,4	2330,8	2334,7	+ 0,2	2316
Alsace	1045,1	1093,1	1218,8	1219,4	1217,6	1318,1	1412,4	1517,3	1553,7	+ 2,4	1590
Franche-Comté	1014,8	940,6	911,6	837,9	856,1	928,4	992,5	1060,3	1078,7	+ 1,7	1094
Pays de la Loire	2282,5	2368,3	2333,7	2166,2	2319,4	2461,6	2582,0	2767,2	2938,0	+ 6,2	2969
Bretagne	2303,1	2517,0	2601,7	2396,6	2338,8	2396,6	2468,2	2595,4	2703,4	+ 4,2	2751
Poitou – Charentes	1493,8	1515,1	1468,0	1344,0	1393,7	1451,3	1481,4	1528,1	1567,6	+ 2,6	1581
Aquitaine	2210,7	2290,2	2256,8	2155,1	2208,9	2312,5	2460,2	2550,3	2665,8	+ 4,5	2704
Midi – Pyrénées	2598,5	2394,6	2140,8	1934,6	1975,4	2061,3	2184,8	2268,2	2308,7	+ 1,8	2347
Limousin	927,3	985,7	960,6	798,2	739,9	734,0	736,3	738,7	736,3	– 0,3	736
Rhône – Alpes	3282,1	3561,5	3580,2	3607,1	3629,7	4018,6	4423,0	4780,7	5022,8	+ 5,1	5110
Auvergne	1491,6	1545,0	1459,4	1291,1	1246,7	1273,2	1311,9	1330,5	1329,2	– 0,1	1330
Languedoc – Roussillon	1413,9	1543,4	1530,2	1541,3	1449,1	1554,6	1707,5	1789,5	1929,5	+ 7,8	1981
Provence-Alpes-Côte d'Azur	1460,0	1652,7	1943,8	2560,4	2415,0	2819,0	3298,8	3675,7	3943,0	+ 7,3	4033
Corse	236,3	288,6	291,0	322,9	247,0	275,5	269,8	279,1	235,6	–15,6	240
Gesamt	36452,5	39946,5	41479,0	41911,5	42777,2	46520,0	49778,5	52645,0	54273,2[1]	+ 3,1	55061

Quelle: INSEE, 1977 und 1984a – [1] wegen Rundung der Einzelwerte geringe Abweichung der Gesamtsumme – [2] INSEE-geschätzter Wert am 1. 1. 1985

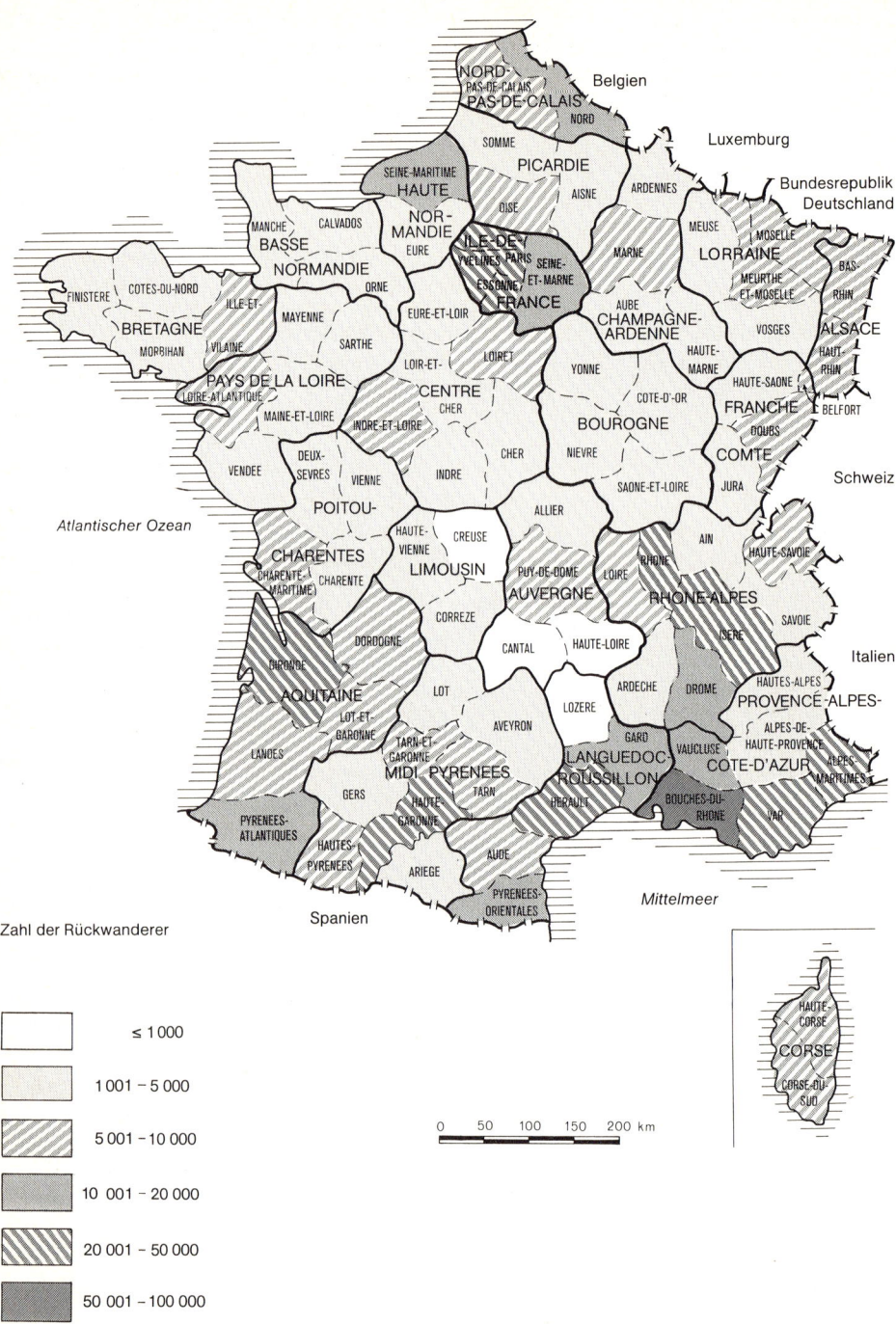

Abb. 6: Die regionale Integration der algerischen Kolonialbevölkerung   Quelle: eigener Entwurf

Zahl der Rückwanderer

≤ 1 000
1 001 – 5 000
5 001 – 10 000
10 001 – 20 000
20 001 – 50 000
50 001 – 100 000

striert, davon allein im Departement Hérault (Montpellier) 45%. Die Industrieschwerpunkte der PR Rhône-Alpes veranlaßten 99 300 Personen zu einer Ansiedlung vor allem im Departement Rhône (Lyon) mit 41 600 Personen und Isère (Grenoble) mit 21 168 Personen.

Den weitaus größten Anteil der aus Algerien abgewanderten französischen Bevölkerung nahm die PR Provence-Alpes-Côte d'Azur auf. Die Integration von 212 272 Personen, fast ein Viertel der Gesamtzahl der Immigranten, stellte die Wirtschaft dieses Raumes vor fast unlösbare Probleme, die bis heute nicht endgültig beseitigt sind. Allein das Departement Bouches-du-Rhône (Marseille) verzeichnete einen Zuwachs von 95 000 Personen aus den Reihen der Immigranten.

Das Verharren in Südfrankreich hat sicherlich auch insofern psychologische Gründe, als die Möglichkeit einer Rückkehr in die ehemaligen Kolonien nicht a priori ausgeschlossen wurde. Auch stellte Südfrankreich klimatisch den Raum dar, der den nordafrikanischen Ländern am ehesten entsprach. Schließlich spielte für viele auch die Herkunft aus diesem Gebiet eine Rolle, wenngleich die meisten Kolonen ihren Besitz bei der Auswanderung im 19. Jahrhundert veräußert hatten und somit nicht über eine materielle Existenzgrundlage in ihrer ehemaligen Heimat verfügten.

Die zunehmenden Bevölkerungszahlen ergeben sich aber nicht nur aus den Wanderungsgewinnen, sondern hängen auch mit den zunehmenden Geburtenziffern nach dem Kriege zusammen. Die jeweils nach den Kriegen erkennbare starke Zunahme der Geburten, die dann nach kurzer Zeit wieder abflaute (besonders deutlich nach 1914), verlief nach dem Zweiten Weltkrieg nicht im gleichen Rhythmus. Seit 1945 verharren die Geburtenziffern erheblich über den Sterbeziffern, die sich nach dem Kriege unter dem Einfluß verbesserter Kranken- und Altersversorgung erheblich verringert haben.

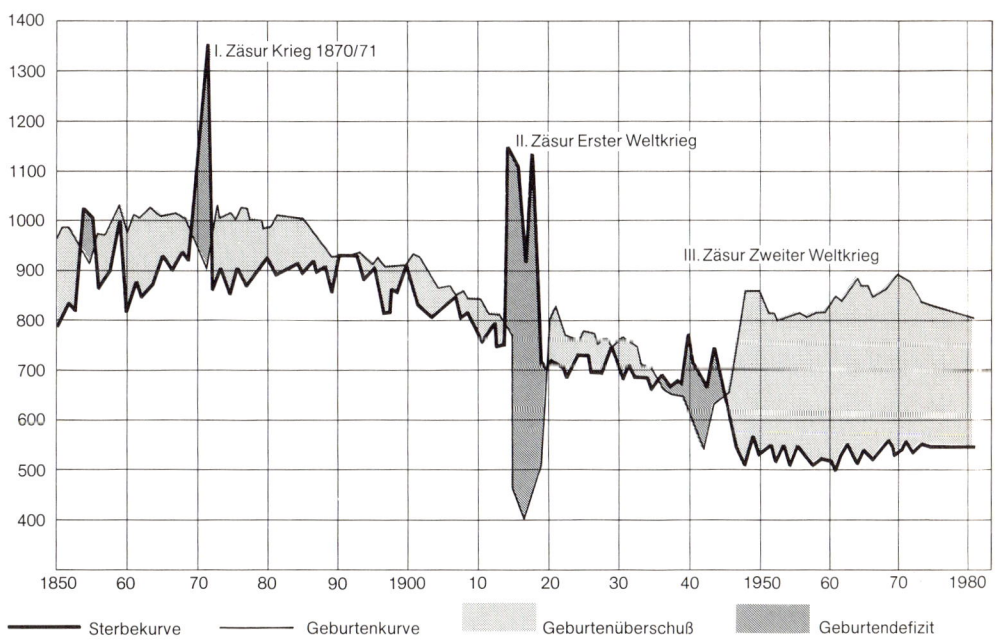

Abb. 7: Zahl der Geburten und der Sterbefälle der französischen Bevölkerung seit 1850
Quelle: Prévot, V. u. a. 1965, ergänzt nach INSEE

Die seit dem Beginn des 19. Jahrhunderts erkennbare Tendenz einer ständigen Verjüngung der Alterspyramide an der Basis kehrt sich somit seit 1945 wieder um.

Ob der Trend in den nächsten Jahren anhalten wird, ist fraglich. Wie in anderen europäischen Ländern reagieren auch in Frankreich die Geburtenzahlen sehr rasch auf politische und wirtschaftliche Unsicherheit. In der Nachkriegsphase, in der der Geburtenzuwachs durch eine sehr engagierte Familien- und Sozialpolitik forciert worden war (z.B. hohe Kindergeldzahlungen), schien es zumindest, als ob die „natürliche Entvölkerung" Frankreichs aufgehalten werden könnte. Beobachtet man die Schwankungen im letzten Jahrzehnt, so lassen sich wieder Tendenzen einer gewissen Rückläufigkeit erkennen. In den Jahren 1961–1964 bewegte sich die Geburtenrate um 18⁰/₀₀, fiel dann aber, zweifellos durch die politischen Ereignisse von 1968 stark beeinflußt, im Zeitraum 1968–1970 auf 16,7⁰/₀₀ ab. Nach einer kurzen Erholungsphase macht sich die weltweite Wirtschaftskrise seit 1972 wiederum bemerkbar. Sie hat die Geburtenrate bis zum Jahre 1976 auf den tiefsten Stand nach dem Kriege fallen lassen. Mit 13,6‰ wurde sogar der Mittelwert des Tiefststandes zwischen 1931 und 1940 noch deutlich unterschritten. Danach war ein leichter Anstieg bis auf 14,9‰ in den Jahren 1980 und 1981 zu verzeichnen. Dann aber gingen die Geburtenzahlen wieder zurück und erreichten 1983 bereits wieder einen Tiefststand von 13,8‰. Ob dies als eine Antwort auf die Probleme in der Sozialpolitik der Regierung Mitterand zu interpretieren ist, muß sich erst in Zukunft erweisen. Nach ersten euphorischen Reaktionen über die Erhöhung der Sozialleistungen hat sich in den letzten Jahren in Anbetracht zunehmender Arbeitslosigkeit und Staatsverschuldung Ernüchterung ausgebreitet, die u.U. auch für die erneute Rückläufigkeit der Geburtenrate mitverantwortlich gemacht werden kann.

3.2. Ungleiche Bevölkerungsverteilung und Bevölkerungsdichte, hohe Mobilität

Zu Beginn des 19. Jahrhunderts war Frankreich wesentlich dichter besiedelt als der östliche Nachbar Deutschland, ohne jedoch an die bereits sehr hohen Werte Englands heranzureichen. Während diese beiden Länder jedoch kräftig weiterwuchsen, pendelte sich die Bevölkerungsdichte in Frankreich ab 1870 auf einen Wert zwischen 71 und 75 ein. Deutschland hatte im Jahre 1910 bereits 120 Einw. pro km², in England waren es gar schon 234.

Bereits Mitte des vorigen Jahrhunderts zeigte sich ansatzweise die Konzentration der Bevölkerung im nordwestlichen Landesteil zwischen Bretagne und belgischer Grenze. Einen zweiten Konzentrationspunkt stellte das Gebiet Elsaß-Lothringen dar. Dichtewerte unter 30 Einw./km² kennzeichneten zu diesem Zeitpunkt Teile der Westalpen und des südlichen Zentralmassivs. (Abb. 8)

Verursacht durch die relativ schlechten wirtschaftlichen Verhältnisse auf dem Lande erfolgte dann seit der Mitte des vorigen Jahrhunderts eine verstärkte Land–Stadtwanderung. Fast 5 Millionen Menschen verließen im Zeitraum von 1851 bis 1911 das Land, um in den Städten nach einer neuen wirtschaftlichen Existenzgrundlage zu suchen. Dabei ergaben sich deutliche Abhängigkeiten zwischen der Höhe des Geburtenüberschusses und den Wanderungsverlusten bestimmter Gebiete, wobei die Wanderungsverluste häufig den Geburtenüberschuß überstiegen. Die Bretagne, die zu den am dichtesten bewohnten Teile des Landes gehörte, verlor bei einem Geburtenüberschuß von etwas über 20% mehr als 30% seiner Bevölkerung. Als Hauptmotiv dieser Wanderung kann für das 19. Jahrhundert die „Flucht aus dem Elend" gesehen werden, die sich erst um die Jahr-

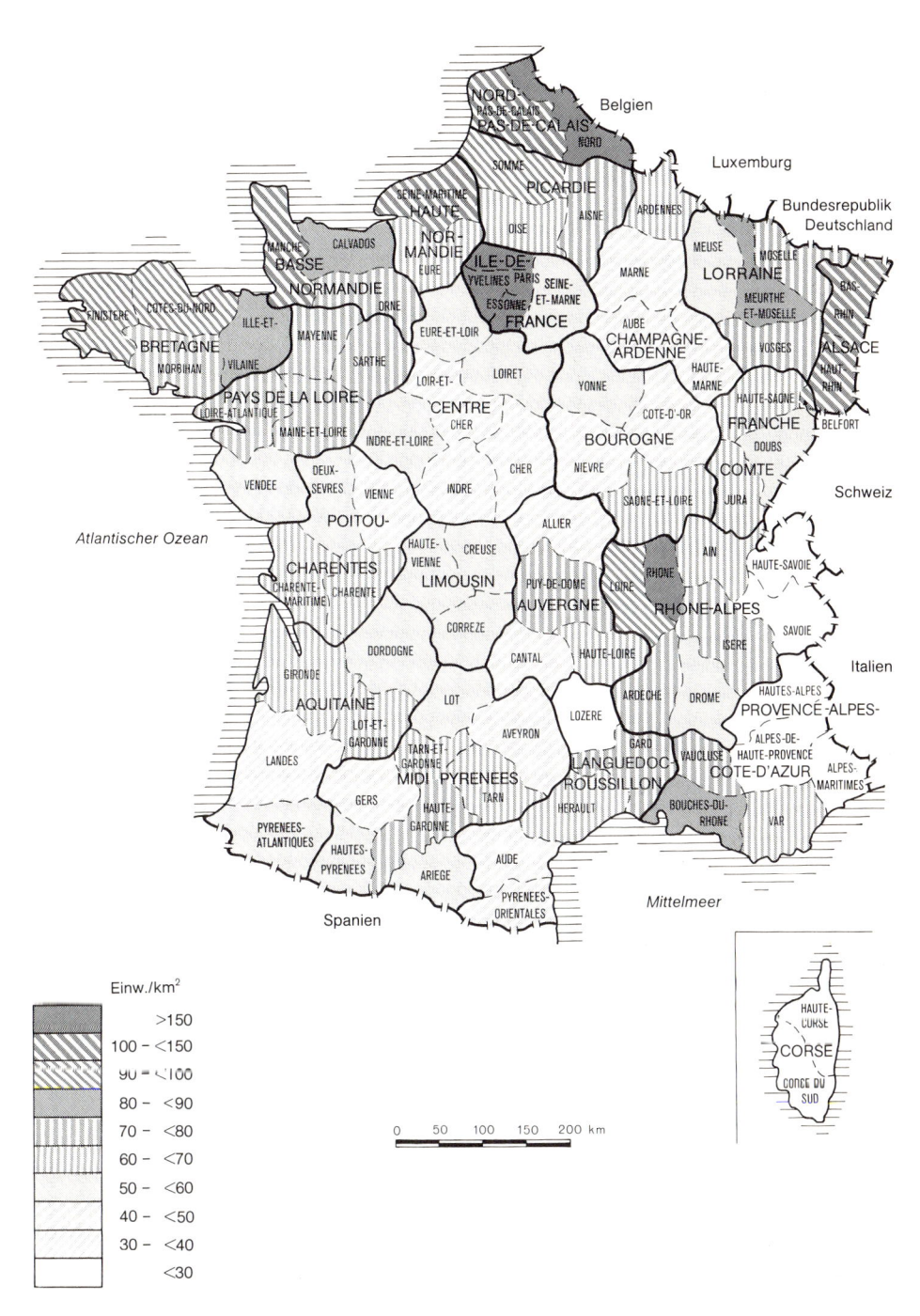

Abb. 8: Die Bevölkerungsdichte Frankreichs im Jahre 1882   Quelle: eigener Entwurf nach Angaben INSEE

Einw./km²
- >150
- 100 – <150
- 90 – <100
- 80 – <90
- 70 – <80
- 60 – <70
- 50 – <60
- 40 – <50
- 30 – <40
- <30

hundertwende allmählich in eine graduell unterschiedliche „Abwanderung in Gebiete mit besseren Lebensbedingungen" umwandelte. Die von Beginn der Mobilitätsvorgänge an zu beobachtende Tendenz der Trennung des Landes in Gebiete industriell-urbaner Zonen mit Wanderungsgewinnen und ländlicher Zonen mit Wanderungsverlusten setzte sich im 20. Jahrhundert verstärkt fort. Nur in Gebieten mit äußerst hohen Geburtenraten fällt der hohe Grad der Abwanderung nicht sonderlich ins Gewicht. Gleichwohl bilden sich die *klassischen Abwanderungsgebiete* des Landes heraus: Bretagne, Pays de la Loire, Basse-Normandie, Poitou-Charentes und Picardie. Als Zuwanderungsgebiete dominierte die Région Parisienne eindeutig vor den übrigen Industriegebieten im Osten und Südosten des Landes, zu denen im Laufe des 20. Jahrhunderts noch die Provence hinzutrat. Allein im Zeitraum zwischen 1954 und 1962 verminderte sich der Anteil der ländlichen Bevölkerung Frankreichs um über 1 Million.

Die heutige Situation ist dadurch gekennzeichnet, daß sich der Gegensatz zwischen dicht besiedelten Landesteilen und sich ständig weiter entleerenden Gebieten sehr kraß ausgebildet hat. Die wirtschaftlichen Konzentrationspunkte und die Gebiete mit hohen Geburtenziffern (Bretagne) fallen statistisch ins Auge. Dabei zeigt sich, daß Frankreich an seiner Peripherie wesentlich dichter besiedelt ist als im Zentrum. Die Konzentration der Industrie und der großen Städte ist vor allem im Norden und Nordosten für diese Situation verantwortlich. Die Sonderstellung der mediterranen Küste tritt deutlich hervor. Hier zeigt sich beim Vergleich mit der Altersstruktur, daß die Dichtewerte vorwiegend aufgrund der hohen Zuwanderungsanteile der Ruhestandsbevölkerung erreicht werden. Die extrem dünn besiedelten Departements finden sich vorwiegend in den Gebirgsbereichen des Zentralmassivs, der Westalpen und der Pyrenäen. Diese Gebiete zeichnen sich außer durch hohe Wanderungsverluste auch durch sehr niedrige Geburtenziffern aus und stehen damit in deutlichem Kontrast zur Bretagne, die schon immer das Bevölkerungspotential Frankreichs, besonders das von Paris, darstellte. Im Jahre 1954 lebten beispielsweise in Paris 212 000 immigrierte Bretonen und damit erheblich mehr als etwa Zuwanderer aus den Abwanderungsgebieten des Centre (187 000) der Region Nord oder der Picardie.

Die strukturellen Wandlungen der Wirtschaft, das Bevölkerungswachstum und die Veränderungen der allgemeinen Lebensbedingungen haben somit bewirkt, daß sich die Bevölkerung in bestimmten Landesteilen konzentrierte, während sich andere Gebiete demographisch entleerten. Deutlich werden diese Veränderungen im wachsenden Anteil städtischer Bevölkerung gegenüber der ländlichen, die in ständigem Rückgang begriffen ist.

Alles überragender Konzentrationspunkt war dabei von Beginn an Paris, das innerhalb von 100 Jahren seit der Mitte des vorigen Jahrhunderts über 5 Millionen Menschen hinzugewann. Im gleichen Zeitraum stieg die Gesamtbevölkerung Frankreichs lediglich um 4,5 Millionen Menschen. Heute ist die Stadt und ihre Agglomeration für 8,7 Mio. Menschen Wohn- und Arbeitsort, wobei auf die Stadt selbst 2,2 Mio. entfallen. Die übrigen Städte des Landes folgen mit weitem Abstand.

Während in der ersten Hälfte des 20. Jahrhunderts die Großstädte vom Bevölkerungswachstum profitierten, sind es nach 1945 vor allem die Städte zwischen 50 000 und 200 000 Einwohner, die die stärksten Zuwachsraten verzeichnen. Die Zentren der Großstädte, besonders spürbar in Paris, Lyon und Marseille, entleeren sich heute zunehmend.

Die Interpretation der Veränderungen in den Einzelregionen im Zeitraum zwischen 1975 und 1982 läßt erkennen, daß nur wenige Ge-

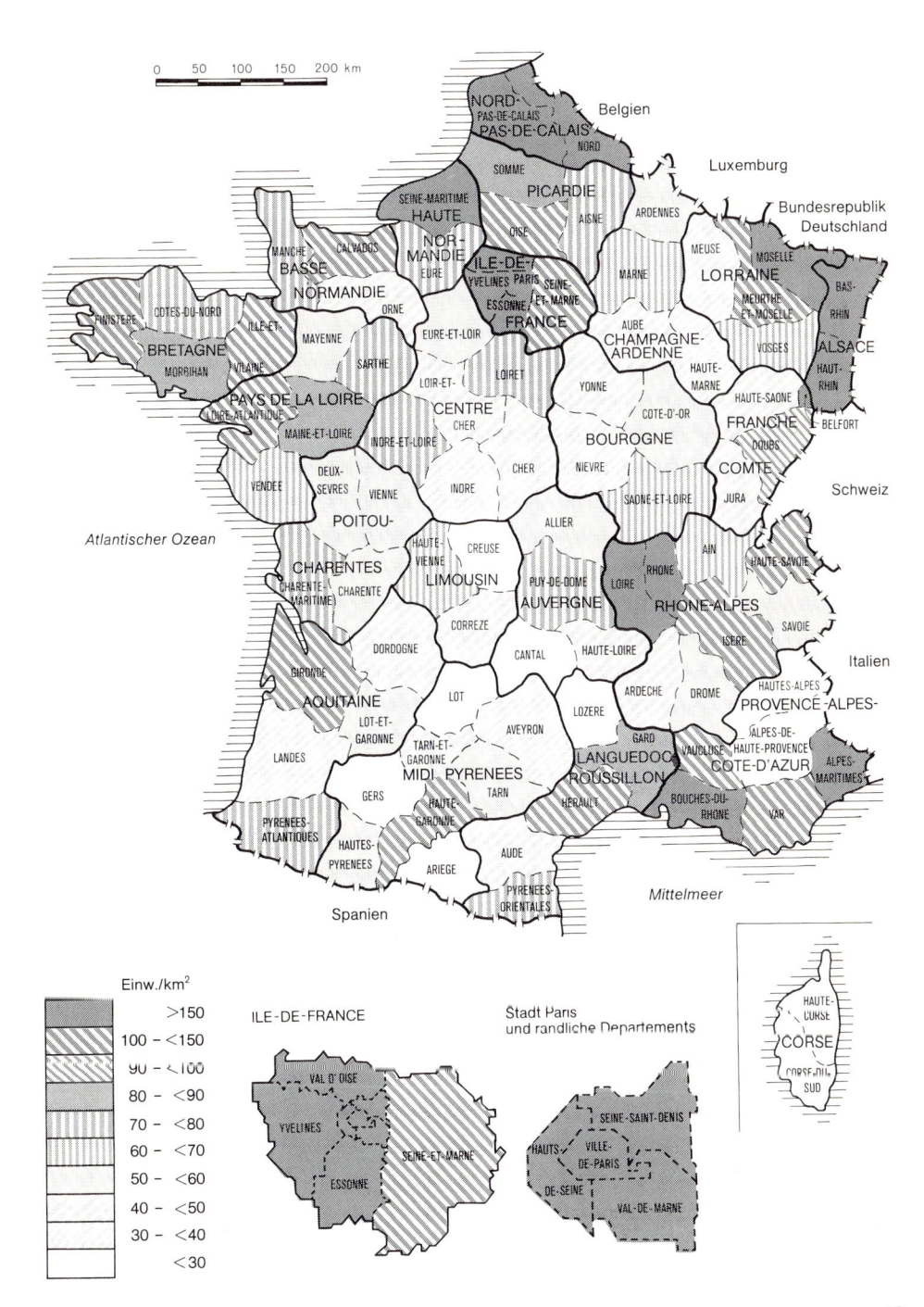

Abb. 9: Die Bevölkerungsdichte Frankreichs im Jahre 1982 Quelle: eigener Entwurf nach Angaben INSEE

Tab. 5: Die Bevölkerungsdichte seit 1820 (Einw./km²)

Jahr	Frankreich	Deutschland	England
1820	57	49	80
1840	63	61	105
1860	68	71	133
1880	71	84	171
1900	73	104	215
1910	74	120	234
1936	76	–	–
1962	84	–	–
1974	96	249 (BRD)	229
1982	100	247 (BRD)	231

Quelle: bis 1910: H. See, 1936 und INSEE

Tab. 6: Stadt- und Landbevölkerung in Frankreich seit 1851 (in %)

Jahr	Stadt	Land
1851	25,5	74,5
1871	31,1	68,9
1891	37,4	62,6
1911	44,2	55,8
1931	48,0	52,0
1962	63,2	36,8
1982	71,0	29,0

Quelle: 1851–1911; H. See, 1936 und INSEE.

Tab. 7: Die zehn größten Städte Frankreichs nach Einwohnern 1975 und 1982

	Zentrum 1975	Zentrum 1982	Veränderung 1975/1982	Agglomeration 1975	Agglomeration 1982	Veränderung 1975/1982
Paris	2 299 830	2 176 243	− 5,4%	8 549 898	8 706 963	+1,8%
Lyon	456 716	413 095	− 9,6%	1 170 660	1 220 844	+4,3%
Marseille	906 600	874 436	− 3,6%	1 070 912	1 110 511	+3,7%
Lille	172 280	168 424	− 2,2%	935 882	936 295	–
Bordeaux	233 131	208 159	−10,7%	612 456	640 012	+4,5%
Toulouse	373 796	347 995	− 6,9%	509 939	541 271	+6,1%
Nantes	256 693	240 539	− 6,3%	453 500	464 857	+2,5%
Nizza	344 481	337 085	− 2,2%	437 566	449 496	+2,7%
Grenoble	166 037	156 637	− 5,7%	389 088	392 021	+0,8%
Rouen	114 927	101 945	−11,3%	388 711	379 879	−2,3%

Quelle: INSEE, 1976 und 1982 (Recensement)

biete des Landes in den letzten Jahren von Bevölkerungsverlusten betroffen sind. Wenn sich somit gewisse Zeichen einer Stabilisierung erkennen lassen, so ergibt doch gerade der Vergleich zwischen natürlicher Bevölkerungsbewegung und Wanderungsverhalten erst einen Eindruck von der wirtschaftlichen Aktivität, die die verschiedenen Gebiete kennzeichnet.

In der PR Ile-de-France zeichnet sich bereits seit Mitte der 1960er Jahre eine deutliche Verlangsamung der Wanderungsgewinne ab. Seit dieser Zeit liegen die natürlichen Bevölkerungsgewinne über denen der Zuwanderung. Besonders starke Veränderungen zeichneten sich im Departement Ville-de-Paris (früher Teil des inzwischen aufgelösten Departements Seine) ab. Das neue Departement, das die Kernstadt von Paris umfaßt, verzeichnete allein zwischen 1975 und 1982 einen Wanderungsverlust von 337 880 Personen. Auch vergleichsweise hohe Geburtenraten in der Stadt konnten diese Verluste nicht ausgleichen.

Auch die Departements im unmittelbaren Anschluß an den Innenstadtbereich sind heute bereits durch negative Bevölkerungsentwicklungen gekennzeichnet, nachdem hier bis 1975 noch Zunahmen verzeichnet werden konnten.

Lediglich in den äußeren Departements der PR Ile-de-France wurden auch zwischen den beiden letzten Volkszählungen noch positive Entwicklungen registriert. Allerdings sind auch hier deutliche Tendenzen der Verlangsamung spürbar. Zwischen 1968 und 1975 betrug der Bevölkerungszuwachs in den Departements Seine-et-Marne, Essonne und Val-d'Oise zwischen 20 und 30%, im Depar-

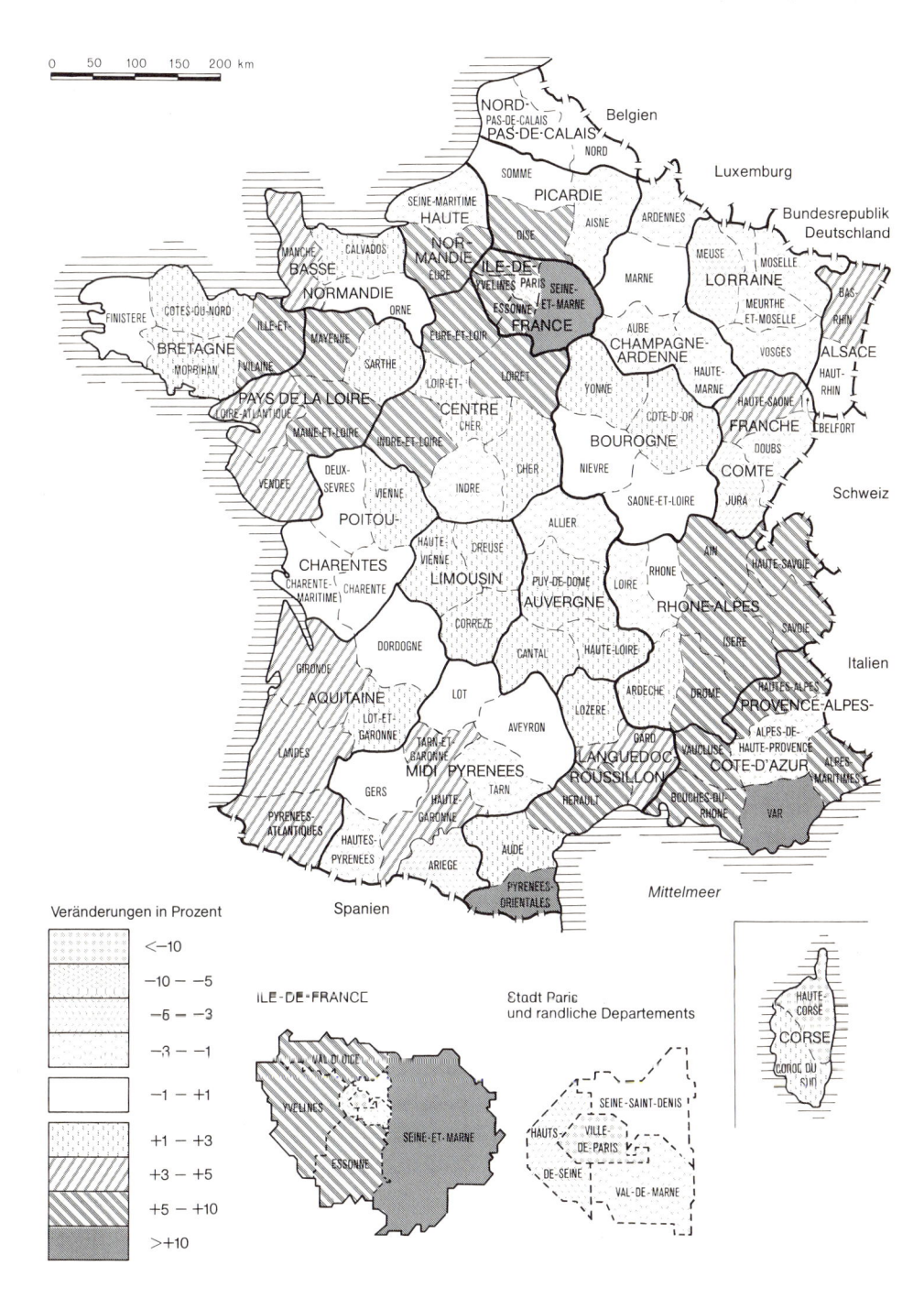

Abb. 10: Bevölkerungsveränderung Frankreichs 1975–1982

Quelle: INSEE

Veränderungen in Prozent:
- <−10
- −10 − −5
- −5 − −3
- −3 − −1
- −1 − +1
- +1 − +3
- +3 − +5
- +5 − +10
- >+10

ILE-DE-FRANCE

Stadt Paris und randliche Departements

41

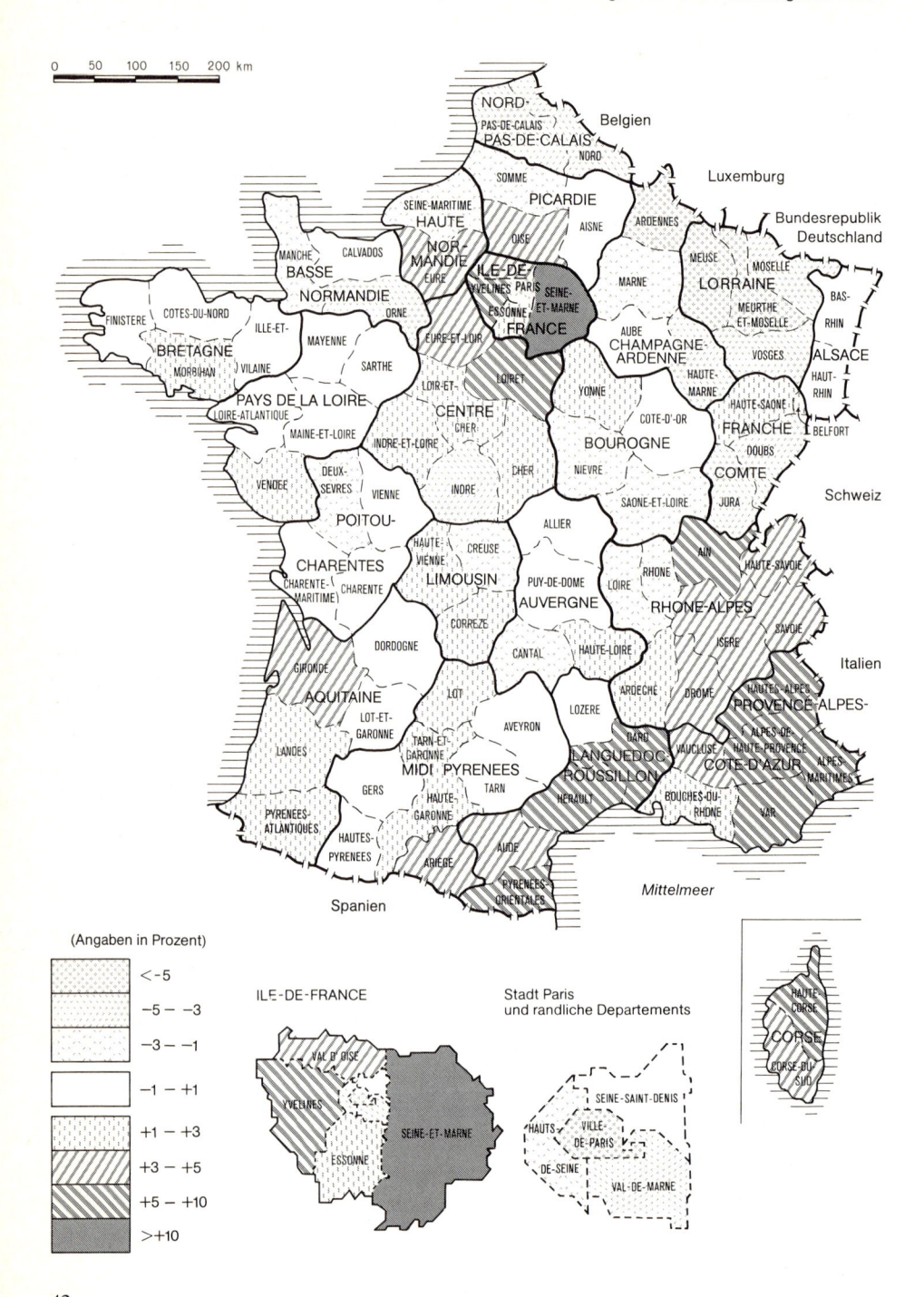

Abb. 11: Die Wanderungsbilanz der aktiven Erwerbsbevölkerung Frankreichs 1975–1982

Quelle: eigener Entwurf nach Angaben INSEE

tement Yvelines gar knapp 37%. Zwischen 1975 und 1982 hatten lediglich Seine-et-Marne mit 17,5% und Yvelines mit 10,7% relativ bedeutende Zugewinne zu verzeichnen. In der Gesamtregion ging der Bevölkerungszuwachs von 6,6% zwischen 1968 und 1975 auf 2,1% zwischen 1975 und 1982 zurück.

Betrachtet man das übrige Frankreich, so fallen deutliche regionale Unterschiede auf. Der gesamte Nordosten ist, mit Ausnahme der beiden Departements Bas-Rhin im Elsaß und Haute-Saône in der Franche Comté, durch Stagnation bzw. durch deutliche Rückläufigkeit der Bevölkerungsentwicklung gekennzeichnet. Die Gründe hierfür sind vielfältig, jedoch ist als die wesentlichste Ursache die wirtschaftliche Entwicklungsproblematik dieses Raumes zu sehen. Sowohl die Schwerindustrie Lothringens als auch die feinmechanische Industrie im Jura sind seit Jahren durch Krisen gekennzeichnet, die viele Bewohner zum Abwandern gezwungen haben. Die Wanderungsverluste sind ganz eindeutig die Ursache für die negative Bevölkerungsentwicklung Nordost-Frankreichs, wobei die drei Departements Ardennes, Meuse und Meurthe-et-Moselle die stärksten Wanderungsverluste aktiver Erwerbsbevölkerung im ganzen Land erfahren haben.

Auch der Norden des Landes zeigt in der Bevölkerungsentwicklung seine Strukturschwäche. Würden hier nicht vergleichsweise hohe Geburtenraten ein überdurchschnittlich starkes Wachstum herbeiführen, so würden die starken Abwanderungen der Erwerbsbevölkerung stärker zu Buche schlagen. Insbesondere im Grenzbereich nach Belgien, wo sich Textilindustrie und Schwerindustrie in enger Nachbarschaft befinden, wirken sich die Probleme dieser beiden Industriezweige heute in einer recht deutlichen Bevölkerungsabwanderung aus. Eine deutliche Stabilisierung in der Bevölkerungsentwicklung hat sich im Westen ergeben, wo im Zuge wirtschaftlicher Veränderungen der traditionell starke Abwanderungstrend verlangsamt, stellenweise sogar umgekehrt worden ist. So verzeichnen die Departements Morbihan und Vendée zwischen 1975 und 1982 sogar Wanderungsgewinne bei der aktiven Erwerbsbevölkerung. Verbunden mit einer traditionell den französischen Westen charakterisierenden hohen Geburtenrate ist heute eine positive Bevölkerungsentwicklung überall kennzeichnend. Damit scheint hier zumindest eine Entwicklung zum Stillstand gekommen zu sein, die über Jahrhunderte hinweg den Raum gekennzeichnet hatte. Hier lag im 18. und 19. Jahrhundert das große Bevölkerungspotential für die Hauptstadt.

Aber auch andere Teilgebiete des Landes waren der Hauptstadt demographisch tributär. Traditionell gehörte dazu das Zentrum des Landes. Hier überwog wirtschaftlich traditionell die Landwirtschaft mit hohen Akkerbauanteilen in den nördlicheren Bereichen und mehr grünlandorientierter Landwirtschaft in ihren südlichen und westlichen Teilen. Die zahlreichen Bemühungen, im Rahmen der Dezentralisierungspolitik auch nichtagrarische Arbeitsplätze in das entferntere Umland von Paris zu verlagern, haben hier teilweise ihre Früchte getragen. Heute gehört beispielsweise die PR Centre zu den Gebieten des Landes mit starken Bevölkerungszunahmen.

Im Bereich Burgunds haben sich in den letzten Jahren ebenfalls gewisse Stabilisierungstendenzen abgezeichnet. Auch dieses Gebiet gehörte während des 19. Jahrhunderts zu den Landesteilen, die große Teile ihrer Bevölkerung an die Hauptstadt verloren.

Es zeigt sich somit sehr deutlich, daß sich, konzentrischen Ringen vergleichbar, die Bevölkerungsentwicklung im erweiterten Umland von Paris eindeutig positiv gestaltet hat, und daß sich damit die traditionelle Struktur umgekehrt hat. Innerhalb einer

200-km-Zone um die Hauptstadt, in die trotz aller Dezentralisierungsbestrebungen seit den beginnenden 1960er Jahren der größte Teil der Industrieinvestitionen geflossen ist, hat sich erwartungsgemäß auch die Bevölkerung in zunehmendem Maße geballt. Ehemalige Agrargebiete sind im Rahmen dieser Entwicklung weitgehend industrialisiert worden, und das ständig verbesserte Verkehrsnetz hat dazu geführt, daß sich der direkte Einflußbereich der Hauptstadt immer weiter in das Umland ausgeweitet hat.

Die Entwicklung im südlichen Landesteil ist insgesamt sehr viel heterogener, wobei sich jedoch vielerorts auch hier traditionelle Entwicklungstrends deutlich verändert haben. Zu diesen traditionellen Trends gehört die Abwanderung aus den Übergangslandschaften zum großen Südwesten, die die PRn Poitou-Charentes, Limousin und Auvergne umfassen. Ihre wirtschaftliche Strukturschwäche, insbesondere der geringe Industrialisierungsgrad, hat hier schon immer nur wenigen Menschen eine gesicherte Existenz ermöglicht. Die Landwirtschaft war vielerorts durch strukturelle und ökologische Faktoren belastet. Versuche, gerade in diesen Gebieten die Industrialisierung voranzutreiben, sind immer wieder gescheitert. So überrascht es nicht, daß alle drei Regionen bis in die jüngste Zeit eine stagnierende oder auch vielerorts negative Entwicklung aufwiesen. Erste Ansätze einer positiven Entwicklung zeichnen sich jedoch in der PR Limousin ab, wo die beiden Departements Haute-Vienne und Corrèze eine leichte Zunahme ihrer aktiven Erwerbsbevölkerung aufgrund von Wanderungsgewinnen verzeichnen.

Lange Zeit lagen die Wachstumsraten im „Großen Südwesten", d.h. in den PRn Aquitaine und Midi-Pyrénées, stark unter dem nationalen Durchschnitt. Überwiegend agrarisch geprägt, konnte das Gebiet von jeher nicht sehr vielen Menschen eine Existenzgrundlage bieten. Für Industrie und Gewerbe gab es lange Zeit kaum Ansätze, außer in den beiden Zentren dieses Gebietes, in Bordeaux und Toulouse. Diese beiden Städte waren deutliche Konzentrationskerne für die Bevölkerung, so daß traditionell die Departements Gironde und Haute-Garonne durch positive Bevölkerungsentwicklungen gekennzeichnet waren. Inzwischen sind jedoch eine Reihe wirtschaftlicher Veränderungen wirksam geworden, die auch in den übrigen Departements die historische Situation vielerorts umgekehrt haben. So verzeichnen beispielsweise die Departements entlang des Biscaya-Golfes Wanderungsgewinne, die im wesentlichen auf die Zuwanderung aktiver Erwerbsbevölkerung zurückgehen. Ähnlich hat sich auch im Übergang zum Zentralmassiv die Situation weitgehend stabilisiert. Lediglich im Departement Tarn sowie in den Hochpyrenäen mit den Departements Hautes-Pyrénées und Ariège finden sich noch Gegenden, in denen sich der Entleerungsprozeß bis in die jüngste Zeit fortgesetzt hat.

Betrachtet man den südöstlichen Landesteil, so wird deutlich, daß hier offensichtlich mehrere Faktoren wirksam werden, die sowohl die natürliche Bevölkerungsbewegung als auch die Wanderungsbilanzen positiv gestalten. Die nach der Ile-de-France bevölkerungsreichste PR Rhône-Alpes zählt zu den Gebieten, wo die Bevölkerung schon seit den 1960er Jahren stark zugenommen hat. Zwar weisen einige Departements am Ostabfall des Zentralmassivs negative Entwicklungen auf, die Verluste dieser Departements werden jedoch durch die dynamische Entwicklung im Großraum Lyon und Grenoble ausgeglichen.

Daß die positive Bevölkerungsentwicklung östlich der Rhôneachse insgesamt stark durch Wanderungsgewinne verursacht ist, zeigt deutlich, daß hier die dynamische Wirtschaftsentwicklung der letzten 20 Jahre als einer der Hauptfaktoren zu verstehen ist.

Interessante Entwicklungen zeigen sich entlang der französischen Mittelmeerküste, die über viele Jahrzehnte hinweg ebenfalls durch negative Bevölkerungssalden gekennzeichnet war. Zwischen den beiden letzten Volkszählungen hat jedoch lediglich noch das Departement Alpes-de-Haute-Provence eine negative Bevölkerungsentwicklung, obwohl hier, wie in allen übrigen Departements, die Zuwanderung durch aktive Erwerbsbevölkerung überdurchschnittlich hoch gewesen ist. Dies ist vielleicht das interessanteste Phänomen der Bevölkerungsentwicklung in den letzten 10 Jahre überhaupt. Tourismus, Industrialisierung und Modernisierung des Agrarsektors haben hier zusammengewirkt, um diese Tendenzen auszulösen. Insbesondere im Bereich der französischen Riviera kommen noch erhebliche Wanderungsgewinne durch Ruhestandsbevölkerung hinzu, aber auch relativ hohe Geburtenraten in fast allen Departements des mediterranen Landesteils sind für die starken Bevölkerungszunahmen verantwortlich. Schließlich ist ein nicht unerheblicher Migrationsgewinn durch Ausländer zu erwähnen, insbesondere durch Nordafrikaner, deren Anteil an der Gesamtbevölkerung der mediterranen Gebiete inzwischen bei rund 10% liegt.

Insgesamt hat sich in Frankreich somit die positive Bevölkerungsentwicklung fortgesetzt, wobei sich jedoch deutliche regionale Unterschiede als Antwort auf die wirtschaftlichen Entwicklungsprozesse herauskristallisiert haben. Besonders auffällig ist die problematische Entwicklung im Nordosten des Landes, während die klassischen Abwanderungsgebiete in den Gebirgsregionen sowie im Westen und im Süden heute deutliche Stabilisierungstendenzen erkennen lassen. Hier zeigen sich ganz offensichtlich die Auswirkungen der wirtschaftlichen Verlagerungen, die, trotz aller Problematik im Einzelfall, insgesamt doch zu einer homogeneren Bevölkerungsentwicklung im Lande beigetragen zu haben scheinen.

3.3. Rascher Wandel der Erwerbsstrukturen nach dem Zweiten Weltkrieg

Die allgemeinen Kennzeichen der Bevölkerungsentwicklung seit Beginn des Jahrhunderts belasten auch heute noch, trotz gewisser Trendänderungen im Wachstumsrhythmus, die Beschäftigungs- und Erwerbsstrukturen. Zu den Hauptbelastungspunkten zählen:

– Die trotz der steigenden Geburtenzahlen vorhandene relative Überalterung der französischen Bevölkerung. 1982 waren fast 20% der Bevölkerung über 60 Jahre alt, einer der höchsten Werte Gesamteuropas. Dies bedeutet u.a. eine erhebliche Belastung der Wirtschaft durch die damit zusammenhängende geringe Beschäftigungsquote. Sozial- und Krankenversorgung nehmen in der Volkswirtschaft einen großen Raum ein, ein relativ geringer Teil aktiver Erwerbsbevölkerung muß einen inaktiven Teil miternähren. Gewisse Hemmnisse gehen von der älteren Bevölkerung bezüglich Modernisierung, Strukturveränderung, Technisierung in verschiedenen Lebens- und Wirtschaftsbereichen aus.

– Die steigenden Geburtenziffern verlangen eine reformierte Schulpolitik. Lange Zeit war das Schulwesen in Frankreich durch Lehrinhalte und Lehrmethoden geprägt, die aus dem 18. und 19. Jahrhundert tradiert waren und die im Bewußtsein der großen geistigen Leistungen des Volkes auch bewußt beibehalten wurden. Neben dieser inhaltlichen Umorientierung war jedoch auch eine räumliche Erweiterung notwendig. Zwischen den beiden Weltkriegen wurde z.B. in Paris keine einzige Schule neu erbaut.

– Geburtenzuwachs und wachsende Mobilität der Bevölkerung mit einer deutlichen Urbanisierungstendenz bedingen die Notwendigkeit der Wohnraumbeschaffung. Die französischen Städte sind, mit wenigen Ausnahmen, in der ersten Hälfte des 20. Jahrhunderts räumlich kaum angewachsen. Sowohl die veraltete Substanz bestehender Wohnungen als auch die sprunghaft ansteigende urbane Bevölkerung verlangen nach neuen Planungskonzeptionen und nach Beschaffung von Wohnraum in den Städten. Diese Notwendigkeit ist heute um so dringlicher, als die Bautätigkeit in Frankreich auch nach dem Zweiten Weltkrieg zunächst nicht sehr stark war, da die Investitionen vorwiegend für den Aufbau der Wirtschaft eingesetzt wurden. Schon im Jahre 1938 hatte das Land aber bereits ein statistisch nachgewiesenes Defizit von 3 Millionen Wohnungen.

Der Anteil der aktiven Erwerbsbevölkerung ist seit Beginn des Jahrhunderts von ca. 50% auf 42% im Jahre 1982 gesunken. (Tab. 8) Dies ist sowohl mit den bereits angesprochenen demographischen Gegebenheiten als auch mit den Veränderungen im Schul- und Sozialsektor in Verbindung zu bringen. Vor allem die Verlängerung der Schulzeiten, der ständig zunehmende Teil von Absolventen höherer Lehranstalten, die Vorverlegung des Ruhestandsalters von 68 Jahren in der Vorkriegszeit auf 65 (Frauen 60) Jahre usw. tragen diese Veränderungen mit.

Entsprechend der Verteilung der Bevölkerung im Lande mit der auf den Wanderungsvorgängen beruhenden spezifischen Altersstruktur ergeben sich im Durchschnitt für Nordfrankreich, bei einer insgesamt wesentlich jüngeren Bevölkerung, relativ hohe Werte bezüglich der aktiven Erwerbsbevölkerung. In Südfrankreich fällt, bei einer stärkeren Konzentration der älteren Bevölkerungsschichten, naturgemäß der Anteil der aktiven Erwerbsbevölkerung ab.

Die regionalen Unterschiede sind darüber hinaus besonders bei der sektoralen Zusammensetzung wirksam. Vorauszuschicken ist dabei, daß sich Frankreich, etwa im krassen Gegensatz zu England, nur sehr langsam vom Agrar- zum Industrieland entwickelt hat. Die Landwirtschaft hat seit den physiokratischen Bestrebungen des 17. Jahrhunderts auch während des 18. und 19. Jahrhunderts ihre dominierende Stellung in Frankreich behalten, was sich in hohen Bevölkerungsanteilen des primären Sektors niederschlug.

In der zweiten Hälfte des 18. Jahrhunderts lag der Anteil der Agrarbevölkerung bei rund 80% der Gesamtbevölkerung Frankreichs. Handel und Gewerbe, obwohl seit dem Merkantilismus stark gefördert, machten kaum 10% aus. Ein relativ hoher Anteil nicht arbeitender, privilegierter Schichten mußte von der ländlichen Bevölkerung miternährt werden, so daß die Grundzüge einer feudalen Vergangenheit in den Wirtschaftsstrukturen weiterlebten. Wie gering die wirtschaftsstrukturellen Änderungen Frankreichs im Vergleich zu anderen europäischen Ländern waren zeigt sich darin, daß bis zum Ende des 19. Jahrhunderts immer noch fast die Hälfte der Gesamtbevölkerung dem primären Sektor zugehörte. Der Anteil von Industrie und Handel betrug 44%, der übrigen tertiären Berufe 9%.

Der Wandel, der alle europäischen Länder seit der Industrialisierungsepoche kennzeichnet, nämlich die Zunahme der Erwerbsbevölkerung des sekundären und tertiären Sektors auf Kosten des Agrarsektors, ist zwar auch für Frankreich kennzeichnend, ging hier jedoch wesentlich verhaltener vor sich. (Tab. 9)

Im Vergleich zu den übrigen Ländern der Europäischen Gemeinschaft zeichnet sich Frankreich somit dadurch aus, daß es neben Italien die höchsten Werte der Erwerbsbevölkerung in der Landwirtschaft hat. Bezüglich des sekundären Sektors sind die Verluste weniger stark als in anderen europäi-

Tab. 8: Die aktive Erwerbsbevölkerung Frankreichs seit 1906 (in 1000)

Jahr	Männer	Frauen	Gesamt	Bevölkerung
1906	12 854	7 628	20 482	41 479 (1911)
1921	12 790	8 393	21 183	39 210
1936	12 315	7 081	19 396	41 911
1946	12 667	7 853	20 520	40 443
1954	12 518	6 506	19 024	42 777
1962	13 014	6 489	19 503	46 520
1968	13 321	6 924	20 245	49 778
1975	13 856	7 460	21 316	52 645
1982	13 940	9 585	23 525	54 273

Quelle: INSEE, 1976, 1977 und 1984a

Tab. 9: Erwerbsstrukturelle Wandlungen in Frankreich im 20. Jahrhundert (in %)

Jahr	I. Sektor	II. Sektor	III. Sektor
1896	47,0	53,0	
1931	36,4	33,1	29,6
1954	26,8	35,3	37,9
1962	19,9	38,2	41,9
1968	15,1	38,9	46,0
1975	10,1	38,1	51,8
1982	9,8	35,5	54,7

Anm.: Für 1896 statistisch keine Trennung des sekundären und tertiären Sektors möglich.
Quellen: Für 1931: Beaujeu-Garnier, 1969; sonst INSEE, 1977 und 1984a

Tab. 10: Die Erwerbsstruktur einiger Industrienationen im Vergleich zu Frankreich 1975 und 1982 (in %)

| | I. Sektor | | II. Sektor | | III. Sektor | |
	1975	1982	1975	1982	1975	1982
Bundesrepublik Deutschland	7,2	5,5	45,7	42,7	47,1	51,8
FRANKREICH	10,1	9,8	38,1	35,5	51,8	54,7
Großbritannien	3,0	2,7	45,0	34,7	52,0	62,6
Niederlande	7,4	5,0	39,4	28,7	53,2	66,3
Italien	15,3	12,4	43,0	37,0	41,7	50,6
Japan	12,7	9,7	35,8	34,9	51,5	55,4
Vereinigte Staaten	3,8	3,6	*	28,4	*	68,0

* II. + III. zus. = 96,2%   Quelle: INSEE 1984b

schen Ländern. Im Bereich des tertiären Sektors nimmt Frankreich heute eine Mittelstellung innerhalb der Europäischen Gemeinschaft ein. (Tab. 10)
Die unterschiedliche Entwicklung innerhalb des Landes spiegelt den Gegensatz zwischen Aktiv- und Passivräumen wider, der sich unter anderem aus dem Grad der Industrialisierung ergibt. Die dabei zugrunde gelegte Untergliederung entspricht der wirtschaftsregionalen Gliederung in die Zones d'Etudes et d'Aménagement du Territoire, mit den 8 métropoles d'équilibre als Zentren. (Tab. 11)
In der Z.E.A.T. „Région Parisienne" ist der ohnehin unbedeutende Anteil der agrarischen Bevölkerung seit 1954 weiter gefallen und liegt heute unter 1% der Erwerbsbevölkerung. Demgegenüber ist der sehr auffällige Rückgang der Industriebeschäftigten bemerkenswert. Deutlich spiegeln sich die Dezentralisierungserfolge in diesem Rückgang. Auch der Bausektor ist inzwischen wieder deutlich rückläufig. Am hervorstechendsten ist die Bedeutung des tertiären Sektors, was

Tab. 11: Erwerbsstrukturelle Entwicklung in den „Zones d'Etudes et d'Aménagement du Territoire" (ZEAT) seit 1954

ZEAT	Jahr	Landwirtschaft %	Industrie %	Bausektor %	Dienstleistungen %	Gesamt %
Région Parisienne	1962	1,6	36,9	7,4	54,1	100,0
	1968	1,2	32,8	8,6	57,4	100,0
	1975	0,9	28,7	8,0	62,4	100,0
	1982	0,8	24,1	6,5	68,6	100,0
Bassin Parisien	1962	25,4	27,6	7,6	39,4	100,0
	1968	19,3	29,2	9,2	42,3	100,0
	1975	12,6	33,4	8,3	45,7	100,0
	1982	11,4	29,7	8,0	50,9	100,0
Nord	1962	9,7	46,6	7,1	36,6	100,0
	1968	7,8	43,2	7,9	41,4	100,0
	1975	7,3	38,4	7,8	46,5	100,0
	1982	5,1	34,8	7,7	52,4	100,0
Est	1962	13,5	40,9	8,4	37,2	100,0
	1968	10,5	39,4	9,1	41,0	100,0
	1975	7,7	38,0	8,3	46,0	100,0
	1982	5,6	35,9	8,0	51,5	100,0
Ouest	1962	38,6	17,5	7,6	36,3	100,0
	1968	30,0	19,7	10,1	40,2	100,0
	1975	20,6	23,3	10,1	46,0	100,0
	1982	17,2	22,6	9,9	50,3	100,0
Sud-Ouest	1962	35,2	20,2	8,1	36,5	100,0
	1968	26,7	21,0	10,0	42,3	100,0
	1975	17,2	22,3	9,8	50,7	100,0
	1982	16,7	21,6	9,4	52,3	100,0
Centre-Est	1962	20,9	35,5	8,1	35,5	100,0
	1968	15,2	34,3	9,6	40,9	100,0
	1975	10,3	34,1	8,7	46,9	100,0
	1982	10,5	29,9	8,6	51,0	100,0
Méditerranée	1962	18,6	19,8	11,5	50,1	100,0
	1968	19,8	18,6	13,0	54,6	100,0
	1975	10,1	17,5	10,8	61,6	100,0
	1982	11,5	13,4	13,1	62,1	100,0
Gesamt	1962	19,9	30,2	8,0	41,9	100,0
	1968	15,1	29,3	9,6	46,0	100,0
	1975	10,1	29,3	8,8	51,8	100,0
	1982	9,8	26,6	8,9	54,7	100,0

Quelle: INSEE, 1977 und 1984a

die Stellung von Paris als administratives, aber auch als Bildungs- und Versorgungszentrum von Frankreich unterstreicht.
Die Z.E.A.T. Bassin Parisien umfaßt sowohl agrarische Kerngebiete als auch alle die jungen Industrieagglomerationen, die im Laufe der vergangenen 20 Jahre aus Paris herausverlegt wurden. Der Anteil der agrarischen Erwerbsbevölkerung liegt in diesem Raum, der als erweitertes Hinterland von Paris angesprochen werden kann, noch erheblich über dem nationalen Durchschnitt. Deutlich

wird eine inzwischen wieder rückläufige Zahl der Industriebeschäftigung, nachdem zwischen 1954 und 1975 gerade hier sehr hohe Zunahmen verzeichnet werden konnten. Die Zunahme des tertiären Sektors liegt dagegen deutlich unter dem Landesdurchschnitt.

Strukturelle Schwierigkeiten in der Wirtschaftsentwicklung zeigen sich bei der Z.E.A.T. Nord. In diesem ehemaligen industriellen Schwerpunkt des Landes, Standpunkt der Schwerindustrie und der Textilherstellung, zeigt sich eine sehr markante Rückläufigkeit der Beschäftigten im sekundären Sektor. Auch die Baubranche stagniert, und lediglich im tertiären Sektor ist eine Entwicklung zu beobachten, die in etwa dem nationalen Trend entspricht.

Auch das Gebiet Elsaß-Lothringen, Z.E.A.T. Est, und des französischen Jura zeigen deutliche Tendenzen einer industriellen Krise. Die teilweise Verlagerung der Schwerindustrie aus diesem Raum in andere Landesteile, aber auch die seit Jahren andauernde Krise auf dem Eisen- und Stahlmarkt wirken sich im sekundären Sektor deutlich aus.

Als die Gebiete, die nach wie vor am deutlichsten von der Agrarwirtschaft geprägt sind, erscheinen die Z.E.A.T. Ouest und Sud-Ouest. Dem sehr niedrigen Beschäftigtenanteil im sekundären Sektor stehen weit über dem nationalen Durchschnitt stehende Werte des primären Sektors gegenüber.

Trotz angestrengter Versuche, die Industrialisierung weiter zu treiben, zeichnet sich auch die Z.E.A.T. Centre-Est durch Rückläufigkeit des sekundären Sektors aus. Aufstrebenden Industriestädten wie Grenoble stehen hier die Problemgebiete, so Saint-Etienne, gegenüber, so daß sich insgesamt für die Region ein recht negatives Bild ergibt.

Die Sonderstellung der Z.E.A.T. Méditerranée geht aus der Erwerbsstruktur des Gebietes deutlich hervor. Der agrarische Bevölkerungsanteil liegt etwas über dem nationalen Durchschnitt. Trotz sehr intensiver Bestrebungen zur Ansiedlung von Industrie, vor allem im Gebiet des Etang de Berre und im Languedoc, zeichnet sich die Region durch eine kontinuierliche Rückläufigkeit des sekundären Sektors aus. Der Bausektor, der unter den Auswirkungen der Küstenerschließung für den Tourismus eine gewisse Belebung erfahren hatte, verzeichnete in den 1970er Jahren wieder Einbußen, die jedoch inzwischen angesichts neuer Wirtschaftsimpulse wieder ausgeglichen scheinen. Lediglich der tertiäre Sektor ist stark überrepräsentiert, was sich einerseits aus der Konzentration älterer Bevölkerungsanteile und der damit notwendig verbundenen intensiveren Sozial- und Krankenversorgung erklärt, was aber auch mit der starken Konzentration von Militärstützpunkten an der Mittelmeerküste, dem starken Ausbau des Schul- und Bildungswesens in diesem Landesteil und dem Tourismus zusammenhängt.

Frankreich ist somit seit dem Zweiten Weltkrieg auch bezüglich der erwerbsstrukturellen Wandlungen in ein neues Entwicklungsstadium getreten. Nach einem Jahrhundert, das zwischen 1850 und 1950 durch eine kaum spürbar werdende Umschichtung der Erwerbsbevölkerung gekennzeichnet war, lassen sich, mit deutlichen regionalen Unterschieden, seitdem sehr rasche Wandlungen verfolgen. Wenngleich die strukturellen Werte noch nicht in allen Punkten mit denen anderer europäischer Länder vergleichbar sind, so besteht doch kein Zweifel, daß das Land in der Nachkriegszeit den Weg zur Industrienation erfolgreich beschritten und den Rückstand mit Riesenschritten aufgeholt hat. Die seit 1946 verwirklichte Planwirtschaft, die dem Staat selbst eine wichtige Wirtschaftsfunktion als Unternehmer und bedeutendstem Finanzier im Lande einräumt, hat dem aus verschiedenen Gründen ermüdeten Laissez-Faire Prinzip ein Ende gesetzt und diesen Wandel stark beschleunigt.

4. Frankreich: gestern Agrarland, heute fünftgrößte Industrienation der Erde

Nach den Vereinigten Staaten, der Sowjetunion, Japan und der Bundesrepublik Deutschland ist Frankreich heute die fünftgrößte Industrienation der Erde. Diesen Rang nimmt das Land sowohl für den Maschinenbau, als auch für Elektroindustrie und Elektronik und für die Automobilindustrie ein. Auf dem 6. Rang findet sich Frankreich bezüglich des Weltenergieverbrauchs, der Stahlerzeugung, der Zementindustrie, der Textil- und Papierindustrie. Bezüglich Flugzeugbau und aeronautischer Industrie steht Frankreich sogar auf dem dritten Platz in der Weltproduktion, und vom Außenhandelsvolumen her steht das Land an vierter Stelle in der Welt.

Frankreich nimmt damit heute unter den führenden Industrienationen eine bedeutende Stellung ein. Dabei ist das Land nicht a priori zur Industrienation prädestiniert. Außer Eisenerz, Bauxit und einigen weiteren Erzen verfügt das Land über wenig Rohstoffe. Sie konnten auch während der Kolonialphase nur teilweise aus den Überseeländern beschafft werden, so daß Frankreich schon immer den größten Teil seiner Rohstoffe einführen mußte.

Noch gravierender als der Rohstoffmangel ist das Energiedefizit des Landes. Die wichtigsten europäischen Kohlebecken, die sich im Ruhrgebiet, im Aachener Revier, im Saargebiet, in Belgien und England befinden, erreichen das Land nur in geringen Ausläufern. Erdölvorkommen beschränken sich auf sehr geringe Mengen, die Erdgasproduktion am Fuße der Pyrenäen ist, trotz Steigerungen in den letzten Jahren, nicht in der Lage, den wachsenden Energiebedarf abzudecken. Die verstärkte Ausnutzung der Wasserenergie in Zentralmassiv, Alpen und Pyrenäen machen diese Gebiete zwar zu wichtigen Energieträgern des Landes, ohne daß jedoch der Bedarf von hier aus sichergestellt werden könnte. Das einzige Gezeitenkraftwerk Europas befindet sich bei Saint Malo in der Bretagne, kann jedoch kaum regional in der Ostbretagne den Energiebedarf decken. Die in den letzten Jahren sehr stark diskutierte Atomenergie hilft ebenfalls nur eine Lücke füllen. Frankreich deckt trotz Ausschöpfung aller zur Verfügung stehenden Ressourcen lediglich 60% seines Energiebedarfs.

Neben diese natürlichen Nachteile treten strukturelle Probleme, die vor allem den Wiederaufbau nach dem Zweiten Weltkrieg belastet haben. Die französische Industrie war in mehrerlei Hinsicht „veraltet". Ende der 60er Jahre lag das Durchschnittsalter einer Werkzeugmaschine in Frankreich bei 15 Jahren gegenüber 5 Jahren in den USA oder 6–7 Jahren in Großbritannien. Neben diesem materiellen Gesichtspunkt mußte die Unternehmerschaft nach dem Zweiten Weltkrieg umdenken und sich an den internationalen Wettbewerb gewöhnen. Jahrzehntelang war die französische Industrie durch Schutzzölle, Einfuhrkontingentierungen und Privilegierungen jeglicher Art gegenüber der ausländischen Konkurrenz abgeschirmt worden, so daß sich eine gewisse Unbeweglichkeit und Fortschrittsfeindlichkeit breitgemacht hatte. Erst die allgemeine Aufweichung der Wirtschaftsgrenzen nach 1945, der Beitritt zu GATT und OECD sowie die Veränderung der Zollpolitik im Rahmen der Europäischen Gemeinschaft zwangen die französische Industrie zu einer neuen Haltung, zu moderneren Produktionsmethoden und zum internationalen Kräftevergleich.

So kann die industrielle Entwicklung Frankreichs und der Übergang vom Agrar- zum Industriestaat in mehrere Phasen untergliedert werden. Mit einem deutlichen Phasenverzug, verursacht durch Revolution und napoleonische Schutzpolitik, setzt die industrielle Entwicklung in Frankreich gegenüber England etwa erst ein Jahrhundert später ein. Trotzdem kann sich Frankreich innerhalb weniger Jahrzehnte bis zur Mitte des vorigen Jahrhunderts zu einer der wichtigsten Industrienationen entwickeln, wobei die Entwicklung der Eisenbahntechnik und des in Frankreich zunächst fast monopolisierten Eisenbahnbaus eine mitentscheidende Rolle spielten. Die metallverarbeitenden und textilverarbeitenden Industrien trugen dieses wirtschaftliche Wachstum um die Mitte des 19. Jahrhunderts, als die jährliche industrielle Wachstumsrate bei 3% lag, ein Wert der danach erst wieder nach 1945 erreicht wurde. Kriegsereignisse, verstärktes Engagement in der Kolonialpolitik, wachsende Konkurrenz aus den sich industriell schnell weiter entwickelnden Nachbarstaaten England und Deutschland ließen Frankreichs Industrieentwicklung in der zweiten Hälfte des 19. Jahrhunderts nicht unberührt und verursachten eine völlige Stagnation des Wachstums im Zeitraum 1880 bis 1890.

Trotz der mit dem beginnenden 20. Jahrhundert hinzugekommenen neuen Industriezweige, vor allem der Elektro- und Automobilindustrie, der Entwicklung der chemischen Industrie u. a., gelang der französischen Wirtschaft nicht der Anschluß an den Wachstumsrhythmus anderer Länder, vor allem der USA, Groß-Britanniens und Deutschlands, wobei sich in dieser Phase die demographische Stagnation ebenso nachteilig auswirkte wie die mangelnde Energie- und Rohstoffversorgung und die Kriegsereignisse in den Jahren 1914–1918.

Besonders hart durch die Weltwirtschaftskrise getroffen sank das Industriewachstum Frankreichs im Zeitraum nach 1929 wiederum deutlich ab, bevor dann nach dem Zweiten Weltkrieg mit einer neu einsetzenden Planpolitik und einer gezielten Lenkung der Wirtschaft durch den Staat zunächst im Rahmen des Wiederaufbaus und dann in der Ausbauphase Wachstumsraten erreicht wurden, die mit zu den höchsten der Welt gehören. (Tab. 12)

In den letzten Jahren ist, verursacht durch Energiekrise und eine starke Belastung der französischen Währung auf dem Auslandsmarkt, eine gewisse Verlangsamung eingetreten, die jedoch auch für viele andere Industrieländer typisch ist.

4.1. Allgemeine Merkmale der französischen Industriestruktur

Der Übergang Frankreichs vom Agrarstaat zur Industrienation dokumentiert sich deutlich im Wandel der erwerbsstrukturellen Verhältnisse (vgl. Kap. 3.3). Die einzelnen Wirtschaftsbranchen sind recht unterschiedlich von diesen Veränderungen gekennzeichnet.

Mehrere Tendenzen der Industrieentwicklung leiten sich aus der Analyse der Beschäftigtenentwicklung in den Einzelbranchen ab. (Tab. 13)

– Um die Jahrhundertwende hatte die Textilindustrie, trotz bereits deutlich spürbarer Rückläufigkeit in der 2. Hälfte des 19. Jahrhunderts, den mit Abstand höchsten Anteil an den Industriebeschäftigten des Landes. Dieser Anteil ist jedoch im Zuge der Mechanisierung dieses Industriezweiges und der ausländischen Kon-

Tab. 12: Die jährlichen Wachstumsraten der französischen Wirtschaft seit 1847

		Jährl. Produktionszuwachs
I. Phase	1847–1859	3 %
II. Phase	1859–1872	1 %
	1872–1882	1,8%
	1882–1892	–
III. Phase	1892–1913	2,4%
	1913–1929	2,6%
IV. Phase	1929–1938	–1,1%
	1938–1948	0,8%
V. Phase	1948–1963	5,3%
	1963–1973	5,8%
VI. Phase	1973–1979	3,2%
	1979–1983	–0,6%

Quelle: Min. Ind. et Rech., 1975/1976, Bd. 1 und INSEE 1984a

Tab. 13: Die Entwicklung der aktiven Erwerbsbevölkerung Frankreichs nach Branchen seit 1896 (Angaben in %)

	1896	1913	1929	1938	1949	1954	1963	1968	1974	1983
Landwirtschaft und Forsten	43,3	37,4	32,5	31,4	29,0	26,1	18,5	14,6	10,7	8,0
Industriebranchen:										
Nahrungsmittel	2,4	2,6	2,7	3,1	3,2	3,2	3,1	3,1	3,0	2,6
Brennstoff	0,9	1,2	1,7	1,5	1,6	1,4	1,0	0,7	0,4	0,3
Strom, Wasser	0,1	0,2	0,3	0,4	0,4	0,5	0,5	0,6	0,7	1,0
Erdöl, Erdgas	–	–	0,1	0,1	0,1	0,3	0,4	0,4	0,5	0,2
Baustoff	1,4	1,5	1,7	1,3	1,2	1,3	1,3	1,4	1,5	1,2
Metall	0,4	0,6	1,2	1,1	1,3	1,3	1,5	1,2	0,9	1,0
Maschinenbau/Elektr.	3,4	4,4	6,9	6,2	7,5	8,1	10,2	10,2	11,8	10,1
Chemie	0,6	0,6	1,0	1,1	1,5	1,6	1,9	2,1	2,1	1,4
Textil/Bekleidung	14,5	14,3	11,3	9,6	8,3	7,4	6,1	5,1	4,2	2,8
Bausektor	4,3	4,8	5,5	4,2	5,3	6,9	8,5	9,9	9,6	7,8
Sonstige	3,4	3,7	4,2	3,7	3,8	3,9	4,1	4,2	4,7	3,9
Gesamt Industrie	31,2	33,9	36,6	32,3	34,4	35,9	38,6	38,9	39,4	32,3
Dienstleistungsbereiche:										
Transport/Post	3,1	3,8	5,7	5,3	5,1	4,7	5,2	5,2	5,4	6,5
Handel	5,2	6,3	7,4	8,8	8,2	8,6	9,9	11,0	11,8	14,5
Bank/Kredit	0,3	0,6	1,1	1,1	1,0	1,0	1,4	1,6	2,3	2,9
Privatdienstleistungen	4,9	4,7	3,8	4,0	3,2	3,1	2,5	2,4	2,1	3,0
Verwaltung	5,8	6,5	5,4	7,7	9,8	11,1	13,3	13,5	13,7	19,0
Sonstige	6,1	6,8	7,5	9,4	9,4	9,5	10,6	12,8	14,6	14,8
Ges. Dienstleistungsbereiche	25,4	28,7	30,9	36,3	36,7	38,0	42,9	46,5	49,9	59,7

Quelle: INSEE, 1976 und 1984c

Tab. 14: Die Erwirtschaftung des Bruttoinlandprodukts 1974 und 1983 nach Wirtschaftssektoren (Mio. FF)

	1974		1983	
Landwirtschaft	66 779	5,7%	334 188	8,9%
Industrie	598 036	51,2%	1 198 888	31,9%
Transport	42 363	3,6%	141 909	3,8%
Post/Radio	20 729	1,8%	55 587	1,5%
Handel etc.	252 786	21,7%	899 255	24,0%
Sonstige Dienstleistungen	149 355	12,8%	} 1 122 709	29,9%
Importzölle	38 190	3,2%		
	1 168 238	(100,0%)	3 752 536	(100,0%)

Quelle: Min. Ind. et Rech., 1975/1976, Bd. 1 und INSEE 1984c

kurrenz seither ständig im Sinken begriffen. Heute sind nur noch rund 3% der Industriebeschäftigten in diesem Zweig tätig; dies bedeutet statistisch nur noch den 3. Rang.
— Deutlichste Stütze der französischen Industrie ist der Maschinenbau, statistisch zusammengefaßt mit der Elektroindustrie. Nach der Blüte dieses Betriebszweiges um die Mitte des vorigen Jahrhunderts und dem daran anschließenden Niedergang zeigt sich eine ständige Steigerung im 20. Jahrhundert. Vor allem nach dem Zweiten Weltkrieg setzt sich diese Branche sehr schnell an die Spitze der Beschäftigtenskala, was besonders durch den raschen Ausbau der Automobil- und Fahrzeugindustrie begründet ist.
— Dritte Stütze der Industrie ist der Bausektor, der in Verbindung mit dem Baustoffsektor fast dem Maschinenbau gleichkommt. Hier ist die Stagnation bis zum Zweiten Weltkrieg besonders kennzeichnend. Erst der Wiederaufbau des Landes nach dem Krieg hat zu einem raschen Ansteigen der Beschäftigtenzahlen geführt, wobei allerdings die Problematik dieser Branche in den stark fluktuierenden Zahlen innerhalb der einzelnen Jahre besonders hervortritt. Ebenfalls nicht problemlos ist die Integration einer großen Zahl ausländischer Arbeitnehmer in dieser Branche, die vor allem nach der Loslösung der nordafrikanischen Departements und der Protektoratsgebiete zu Beginn der 60er Jahre erfolgte.
— Mit weitem Abstand folgen als wichtigste Branchen die Nahrungsmittelindustrie und die chemische Industrie, wenngleich besonders die chemische Industrie am Bruttosozialprodukt nicht unerheblich beteiligt ist.

Im Bereich des tertiären Sektors ist vor allem die starke Aufblähung der Verwaltung kennzeichnend. Der Verwaltungsbereich stellt heute von allen Wirtschaftssparten in Frankreich den höchsten Beschäftigtenanteil. Auch hier ist eine besonders starke Zunahme nach dem Zweiten Weltkrieg erfolgt.

An der Erwirtschaftung des Bruttoinlandsprodukts war die Industrie insgesamt im Jahre 1983 mit knapp einem Drittel beteiligt, so daß die Produktivität/Arbeitskraft im Vergleich zu den übrigen Wirtschaftssektoren geringfügig höher lag. (Tab. 14)

Hauptkennzeichen, aber auch Hauptproblem der französischen Industrie ist ihre ungleichmäßige regionale Verteilung. Die historisch gewachsene Konzentration der Wirtschaftszentren im Norden des Landes hat sich, trotz der Dezentralisierungsbestrebungen in den letzten beiden Jahrzehnten, seit Jahrhunderten ständig verstärkt. Die Staffelung der Investitionsprämien mit zunehmenden Beträgen in den wirtschaftlichen Problemgebieten konnte nicht verhindern, daß auf das Gebiet der Région Parisienne, für die keinerlei Vergünstigungen vorgesehen waren, das Maximum der neu geschaffenen Industriearbeitsplätze im Zeitraum von 1950 bis 1984 entfiel.

Das eindeutige Schwergewicht der Industrielandschaft Frankreichs stellt Paris mit seinem Umland dar, wobei sich diese Konzentration in den letzten 15 Jahren jedoch etwas verlangsamt hat. Mit fast 1,5 Mio Industriebeschäftigten stellt die Industrie in der PR Ile-de-France zwar nur knapp über ein Drittel der Gesamtzahl der Arbeitsplätze und wird von denen im tertiären Sektor bei weitem übertroffen (67,1% der aktiven Erwerbsbevölkerung in der PR Ile-de-France sind im tertiären Sektor und lediglich 33,4% im sekundären Sektor beschäftigt), allerdings wird sie erst mit einem weiten Abstand von der PR Rhône-Alpes gefolgt. In den beiden Z.E.A.T. Région Parisienne und Bassin Parisien, die als erweiterte Einflußzone von Paris angesehen werden können (das sind die Programmregionen Ile-de-France, Basse-Normandie, Haute-Normandie, Picardie, Champagne-Ardenne, Bourgogne und Centre),

Tab. 15: Industriebeschäftigte in den Programmregionen 1971 und 1982

Programmregion	Beschäftigte in Tausend 1971	1982	Wandel 71/82 (%)	Anteil des Bausektors 1971 (Tsd.)	1982 (Tsd.)	Wandel 71/82 (%)
Ile-de-France	1748,7	1471,1	−15,7	377,7	283,5	−25,0
Champagne-Ardenne	226,6	214,4	− 5,4	36,2	31,3	−13,5
Picardie	278,2	266,6	− 4,2	38,9	36,7	− 5,6
Haute-Normandie	266,6	261,8	− 1,8	49,3	44,3	−10,1
Centre	307,6	333,0	+ 8,3	68,0	67,7	− 0,5
Basse-Normandie	167,9	186,8	+11,3	34,6	36,8	+ 6,4
Bourgogne	225,1	220,3	− 2,1	44,0	40,5	− 8,0
Nord-Pas-de-Calais	680,5	584,9	−14,0	92,5	91,3	− 1,3
Lorraine	426,0	358,5	−15,8	69,2	62,4	− 9,8
Alsace	256,5	261,0	+ 1,8	45,7	41,8	− 8,5
Franche-Comté	204,8	197,4	− 3,6	25,7	24,3	− 5,4
Pays de la Loire	372,0	413,6	+11,1	85,0	85,7	+ 0,8
Bretagne	262,8	289,5	+10,2	84,1	79,4	− 5,6
Poitou-Charentes	171,5	186,0	+ 8,5	45,0	41,5	− 7,8
Aquitaine	284,9	283,6	− 0,5	79,3	71,1	−10,3
Midi-Pyrénées	245,6	237,0	− 3,5	67,8	55,4	−18,3
Limousin	85,2	90,6	+ 6,3	21,6	20,5	− 5,1
Rhône-Alpes	836,4	772,5	− 7,6	149,8	138,8	− 7,3
Auvergne	188,9	184,3	− 2,4	40,8	33,3	−18,4
Languedoc-Rouss.	152,2	156,9	+ 3,1	58,8	53,9	− 8,3
Provence-Alpes-Côte d'Azur	404,3	389,5	− 3,7	148,1	136,5	− 7,8
Gesamt	7792,3	7359,3	− 5,6	1662,1	1476,8	−11,2

Quelle: INSEE 1984a

Tab. 16: Regionaler Anteil der Industriebeschäftigten in ausgewählten Industriezweigen 1982 (in %)

ZEAT	Autoind.	Elektro	Papier/Druck	(Para)chemie	Textil	Mech. Ind.
Région Parisienne	30,9	36,2	46,2	46,5	7,1	20,2
Bassin Parisien	21,1	21,0	15,9	22,0	20,9	22,0
Nord	7,2	3,6	5,6	4,4	21,8	8,1
Est	18,3	6,7	8,6	3,1	13,5	15,2
Ouest	9,0	10,7	7,4	4,1	8,4	4,0
Sud-Ouest	2,3	5,7	5,7	5,8	7,9	9,1
Centre-Est	10,2	12,2	6,2	9,8	14,8	18,0
Méditerranée	1,0	3,9	4,4	4,3	3,5	3,4
Frankreich	100,0	100,0	100,0	100,0	100,0	100,0

Quelle: errechnet nach INSEE 1984a

Tab. 17: Die Konzentration der Industriebetriebe > 100 Erwerbstätige im Jahre 1982

ZEAT	100–199 Besch.		200–499 Besch.		500–999 Besch.		1000–1999 Besch.		2000 Besch.u.m.	
	Betr.	Besch.*	Betr.	Besch.*	Betr.	Besch.*	Betr.	Besch.*	Betr.	Besch.*
Région Parisienne	729	104,5	534	162,0	153	102,5	69	94,3	37	159,2
Bassin Parisien	1108	156,8	807	252,0	232	160,7	79	105,8	23	81,6
Nord	375	52,7	274	84,6	74	51,5	31	43,1	23	87,7
Est	531	75,1	393	122,1	114	76,3	42	59,5	22	128,7
Ouest	581	80,9	370	110,2	100	68,0	36	52,2	10	50,3
Sud-Ouest	342	47,9	230	68,8	49	33,2	30	42,3	9	27,2
Centre-Est	604	84,6	414	126,4	132	91,5	36	47,1	21	87,9
Méditerranée	179	25,6	121	35,8	39	27,4	14	20,1	9	44,2
Gesamt	4449	628,1	3143	961,9	893	611,5	337	464,4	154	666,8

* Beschäftigte in Tausend   Quelle: INSEE 1984a, S. 407

konzentrierten sich im Jahre 1982 rund 50% aller Industriebeschäftigten Frankreichs. Erst mit deutlichem Abstand folgt die Programmregion Rhône-Alpes mit den industriellen Schwerpunkten Lyon, Grenoble und Saint-Etienne. Die beiden Industriegebiete im Norden und Nordosten des Landes sind zwar heute auch noch wichtige Industriestandpunkte, jedoch erreichen sie bei weitem nicht die Bedeutung wie das Zentrum im Gebiet von Paris.

Vor allem die verarbeitende Industrie ist im Großraum von Paris konzentriert, wie sich bei der Betrachtung verschiedener Industriezweige ergibt.

Die Automobilindustrie, eine der wesentlichen Branchen, die für die Dezentralisierung vorgesehen war, ist zwar nicht mehr in gleicher Weise wie in den Zwischenkriegsjahren im Großraum Paris konzentriert, jedoch sind nach wie vor fast 30% der französischen Industriebeschäftigten dieser Branche im Jahre 1984. Die Verlegung bzw. Errichtung einiger Produktionsbetriebe des Fahrzeugbaus in die Provinz hat die Übermacht der Ile-de-France etwas reduziert. Dennoch bleibt die hohe Konzentration dieses Industriezweiges im Großraum Paris bis heute ein Kennzeichen der französischen Industrielandschaft.

Dies gilt zweifellos auch für Elektroindustrie und Elektronik, deren Beschäftigtenanteil mit 34,5% im Großraum Paris die Konzentration des Automobilsektors sogar noch leicht übertrifft. Die chemische Industrie beschäftigt hier, obwohl ihr Standort in der Zone höchster Bevölkerungsballung überrascht, ebenfalls fast 46% der im Lande Beschäftigten dieser Branche.

Lediglich bei Baustoffindustrien, die teilweise direkt rohstoffabhängig sind, und bei der Textilindustrie, deren traditionelle Standorte im Norden und Osten liegen, sowie naturgemäß im Bergbau mit der damit verbundenen Eisen- und Stahlindustrie, wird der Raum von anderen Teilgebieten des Landes übertroffen. Ganz zweifellos wird auch in den nächsten Jahren das industrielle Übergewicht der Großregion Paris weiter bestehen, allerdings zeichnen sich Tendenzen ab, die zumindest eine teilweise Dezentralisierung implizieren. So lagen im Zeitraum 1970 bis 1972 die neu ausgewiesenen Industrieflächen in der Programmregion Rhône-Alpes fast doppelt so hoch wie in der PR Ile-de-France, gefolgt von der PR Nord-Pas-de-Calais und der PR Pays de la Loire.

Weiteres Kennzeichen der französischen Industrie ist der relativ geringe Anteil der Großbetriebe. Die Unternehmen mit mehr als 500 Beschäftigten machen nur knapp 3% der Gesamtzahl der Industriebetriebe aus, ihr Anteil am Umsatz beträgt jedoch über 60% des Gesamtvolumens im Lande. Zahlenmäßig überwiegend sind die industriellen Kleinbetriebe unter 20 Beschäftigten, ihr Anteil am Gesamtumsatz beträgt dagegen weniger als 3%.

Die Hauptkraft geht somit eindeutig von den industriellen Großbetrieben aus, deren Anteil auch bezüglich der Gesamtindustrieinvestitionen im Lande fast zwei Drittel beträgt. Bei den Großbetrieben spielt der Staat selbst als Unternehmer eine nicht unerhebliche Rolle. Sie hat sich besonders nach dem Zweiten Weltkrieg verstärkt, nachdem ein großer Teil der Grundstoffindustrien verstaatlicht worden war. So wurden etwa die Kohlenindustrie, die Gas- und Elektrizitätswerke, daneben aber auch Großbanken und Versicherungsgesellschaften und sonstige wirtschaftliche Großbetriebe (etwa die Automobilwerke Renault) entprivatisiert. Heute unterstehen beispielsweise dem Finanzministerium über 50 Großunternehmen, darunter Versicherungsgesellschaften, deren Anteil über 50% des Gesamtumsatzes der Versicherungsgesellschaften Frankreichs ausmacht. Daneben werden 15 Kreditinstitute direkt vom Finanzministerium geleitet. Dem Industrieministerium sind ein Großteil der Kohlengruben im Revier Lille-Cambrai, 4

Erdölfirmen, die staatliche Elektrizitätsgesellschaft (EdF) und die staatlichen Gaswerke (GdF), die elsässischen Kaligruben, die Automobilfabrik Renault u.a. untergeordnet. Im Bereich des Verkehrs sind die französische Eisenbahn (SNCF), Air France, die Pariser Verkehrsbetriebe, mehrere Schiffahrtsgesellschaften, die autonomen Häfen Le Havre, Bordeaux und Straßburg zu nennen. Praktisch allen Ministerien unterstehen direkt oder indirekt mehrere solcher Unternehmen, die im allgemeinen durch ihren hohen Anteil an der Gesamtproduktion direkten Einfluß auf die übrigen Betriebe nehmen können.

Auch bei nichtstaatlichen Unternehmen geht in den letzten Jahrzehnten ein erheblicher Konzentrationsprozeß vor sich, der sich in der allmählichen Zunahme der durchschnittlichen Betriebsgrößen der Industriebetriebe, aber auch in der Verringerung der reinen Privatunternehmen zu Gunsten von Gesellschaften zeigt. Dieser Konzentrationsprozeß, der sich auch räumlich stark auswirkt, widerspricht den Dezentralisierungsbestrebungen der letzten Jahre. Auch die Überlagerung der französischen Wirtschaft durch ausländisches Kapital ist ein Vorgang, der den Bemühungen der französischen Regierung um politische und wirtschaftliche Unabhängigkeit sehr entgegenläuft.

Es war eines der Hauptanliegen des VII. Plans (1976–1980), diesen unternehmerischen und räumlichen Konzentrationsprozeß aufzuhalten und eine Stärkung der kleinen und mittleren Industriebetriebe zu erreichen. Die hochgesteckten Erwartungen wurden jedoch nicht erfüllt, so daß gerade auch aus diesen Schichten eine immer stärkere Opposition gegen die staatliche Wirtschaftspolitik zu verspüren war. Nicht zuletzt dadurch kam es dann 1981 zur großen politischen Kehrtwende mit dem Wahlsieg F. Mitterrands, der im Wahlkampf immer wieder hervorhob, daß unter seiner Regierung mit der Förderung kleiner und mittlerer Unternehmen endlich ernst gemacht würde, daß die großen Unternehmen verstaatlicht und daß durchgreifende Maßnahmen im Sozialbereich ergriffen würden, nicht zuletzt deshalb, weil er dadurch eine starke Belebung der Wirtschaft erreichen wollte.

Allerdings waren die Rückwirkungen der Verwirklichung dieser Versprechen nach dem Wahlsieg vom Mai 1981 eher katastrophal. Zwar konnte auf breiter Basis insbesondere durch die drastische Erhöhung der Sozialleistungen ein starker Einkommenszuwachs verzeichnet werden, die erwartete Konsumsteigerung und die damit verbundene Belebung der Wirtschaft blieben jedoch aus. Im Gegenteil, neue Steuern und Sozialabgaben, Preisdirigismus, die Verstaatlichungspolitik, Zinsteuerungen und Abwertungen vergraulten viele Unternehmer, die Investitionsbereitschaft sank auf den Nullpunkt, eine Konkurswelle von bis dahin nicht erlebtem Ausmaß erfaßte die französische Wirtschaft. Häufig waren eben jene Betriebe betroffen, denen man eine Stärkung in Aussicht gestellt hatte.

Die Mißerfolge in der Wirtschaftspolitik zwangen die Regierung Mitterrand bereits nach einem Jahr Regierungszeit zu einem radikalen Kurswechsel. Er wurde im Juni 1982 mit der Franc-Abwertung eingeleitet. Die ursprünglich vorgesehene Ausweitung des Personalbestandes im öffentlichen Dienst wurde in ein Schrumpfungsprogramm umgekehrt, im Sozialbereich kam es zu empfindlichen Kürzungen, verbunden mit neuen Belastungen für viele Arbeitnehmer und der Unternehmen. Unter jeder anderen als einer sozialistischen Regierung hätten diese Maßnahmen sicherlich zu nicht kalkulierbaren Protestbewegungen geführt. Sie brachten auch den Bruch mit der kommunistischen Partei, dem Wahlpartner vom Mai 1981. Ihr Führer, Georges Marchais, wurde zum erbitterten Widersacher Mitterrands und zog sich mit seiner Partei 1982 aus der Regierungsbeteiligung zurück. Seither gehören die Kommunisten, gemeinsam mit der größten und einflußreichsten Gewerkschaft, der Confédération générale du travail (CGT) zu den erklärten Gegnern der Regierung. Selbst die sozialistisch orientierte Confédération française démocratique du travail (CFDT) steht in vielen Fragen der Politik Mitterrands ablehnend gegenüber.

In Anbetracht dieser wachsenden Opposition in ihrer eigenen Anhängerschaft sah sich die Regierung Mitterrand gezwungen, vorzeitig den IX. Plan (1984–1988) einzusetzen und dabei deutliche Schwerpunkte in der sozialen Absicherung der Arbeitnehmer und in der Bekämpfung der Arbeitslosigkeit zu formulieren. Dies soll in erster Linie dadurch erreicht werden, daß Frankreich weniger stark auf Importe angewiesen ist, demgegenüber jedoch seine Exportleistungen deutlich erhöht. Damit setzt sich eine Politik fort, die Frankreich schon seit dem Zeitalter des Merkantilismus immer wieder gekennzeichnet hat und die protektionistische und sonstige Steuerungsmaßnahmen zu einem wesentlichen Instrument der Wirtschaftspolitik des Landes haben werden lassen. Auch unter der sozialistischen Regierung Mitterrands hat sich dies nicht geändert.

4.2.
Paris und die Ile-de-France – wirtschaftliches und kulturelles Zentrum Frankreichs

4.2.1.
Hauptstadt seit fast 1500 Jahren

Paris liegt im Zentrum der Ile de France an einer alten Handelsstraße, die den flandrischen Raum mit Aquitanien verband. Die in die Seine eingelagerten Inseln ermöglichten die relativ leichte Überquerung des Flusses, außerdem bildeten sie eine natürliche Schutzlage. So ist die Auffassung wahrscheinlich, daß die ersten Besiedler des 3. vorchristlichen Jahrhunderts Fischer und Schiffer waren, die auf der heutigen Ile de la Cité ihre Hütten aufbauten. Zur Römerzeit – Cäsar hatte im Jahre 52 v. Chr. Lutetia erobert – war die Bedeutung von Paris weit geringer als die anderer Städte des Landes wie Marseille oder Lyon. Trotzdem brachte diese Zeit eine bauliche Erweiterung mit sich. Auf dem linken Seine-Ufer im Gebiet des heutigen Quartier Latin (lateinisches Viertel) entstanden Amphitheater, Thermen und Tempel. Dieser Teil der Stadt wurde zu Beginn der Völkerwanderung durch einfallende Germanen zerstört. Im 5. Jahrhundert taucht der Name „Paris" erstmals auf. In dieser Zeit konnte sich die Stadt gegen Franken und Hunnen erfolgreich verteidigen. Im Jahre 508 wurde sie von Chlodwig zur Hauptstadt des fränkischen Reiches erhoben. Während der Karolingerzeit erfolgte indessen nur ein geringer Ausbau, und nachdem Karl der Große seine Residenz nach Aachen verlegte, sank die Bedeutung von Paris stark ab. Erst unter dem Capetinger Hugo wurde im Jahre 987 Paris wiederum Hauptstadt des Königreiches.

Während des Hochmittelalters weitete sich die Stadt dann stärker aus, wurde ummauert (Ende 12. Jh.) und bekam 1150 eine Universität, die später nach dem Kanonikus Robert de Sorbon, dem Beichtvater Ludwigs des Heiligen, benannt wurde. Im 13. Jahrhundert hatte die Sorbonne über 10000 Studenten. Bis zum 15. Jahrhundert wuchs die Stadt so stark an, daß sie in 16 Bezirke (Quartiers) unterteilt wurde. Karl V gab jedem dieser Bezirke eine eigenständige Verwaltung. Trotz Kriegen, die während des 15. Jahrhunderts das Land beherrschten, wuchs die Stadt weiter und erreichte 200 000 Einwohner. Damit war Paris neben Konstantinopel die größte Stadt in Europa.

Das gesamte 16. und 17. Jahrhundert ist durch wachsenden Reichtum und ständige Erweiterung, nun vor allem auf dem rechten

Ufer der Seine, gekennzeichnet. Vor allem unter Ludwig XIV. und dessen Wirtschafts- und Finanzminister Colbert wurden zahlreiche Bauten, Plätze, Parks und Gärten angelegt. Paris entwickelte sich in dieser Zeit zum unbestrittenen geistigen, kulturellen und in vielerlei Hinsicht auch zum wirtschaftlichen Zentrum Westeuropas.

Das heutige Bild von Paris ist vor allem im 19. Jahrhundert entstanden. Unter Napoleon wurde eine neue administrative Aufteilung vorgenommen. Er errichtete zahlreiche Brücken, legte neue Straßen und Plätze (militärische Funktionen) an, aktivierte das Wirtschaftsleben durch die Schaffung von Märkten und Markthallen, schuf die Voraussetzungen für die im Jahre 1807 durchgeführte Wasserver- und entsorgung der Stadt und ließ zahlreiche Monumente errichten, die bis heute zu den Wahrzeichen zählen. (Triumphbogen, Vendôme-Säule, Concorde-Obélisque usw.).

Auch während der Restauration veränderte und erweiterte sich das Stadtbild von Paris stark. Straßenbeleuchtung, Bürgersteige, öffentliches Verkehrsnetz usw. entstehen unter Louis-Philippe, dem Bürgerkönig. In den Jahren 1841–1845 wird die letzte Ummauerung der Stadt zu militärischen Zwecken vorgenommen. Die Befestigungsanlagen umfassen den gesamten heutigen inneren Stadtbereich bis zum äußeren Boulevardgürtel.

Das moderne Paris mit den bis heute typisch gebliebenen Fassaden entstand seit Mitte des vorigen Jahrhunderts. Napoleon III beauftragte den Präfekten Baron Haussmann mit der Stadt- und Verkehrsplanung. Von der historischen Bausubstanz blieb bei der mit hohem Kostenaufwand vorgenommenen baulichen Neugestaltung der Stadt in der Zeit zwischen 1853 und 1870 nicht sehr viel übrig, außer den Palästen, Kirchen und öffentlichen Gebäuden. Für die damalige Zeit geradezu überdimensioniert wurde das Straßennetz angelegt, das bis heute bei relativ geringen Veränderungen das Verkehrsaufkommen bewältigt. Die Anlage der durchgehenden Straßenachsen (N-S Achse Boulevard Sebastopol – Boulevard Saint Michel, W-O Achse Rue de Rivoli – Avenue Daumesnil), die Boulevardringe an der Stelle der ehemaligen Stadtummauerungen und die Anlage des Boulevard Saint Germain im Quartier Latin entstanden unter Haussmann. Auch die Kanalisation und die Wasserversorgung wurden erweitert und modernisiert, neue Plätze gestaltet, Krankenhäuser, Markthallen etc. angelegt. Im Jahre 1859 wurden 11 Gemeinden, die außerhalb der alten Zollmauer und der 1841–1845 entstandenen „Enceinte de Thiers" lagen, eingemeindet und die Stadt in 20 Arrondissements neu administrativ gegliedert. Diese Gliederung ist bis heute für den inneren Stadtbereich gültig.

Neben der Bevölkerungszunahme auf Grund der Eingemeindungen war es aber vor allem die Zuwanderung vom Lande her, die seit der Mitte des 19. Jahrhunderts für die starke Bevölkerungsentwicklung von Paris entscheidend wurde. Diese Zuwanderungen führten zum Teil in den Arbeitervierteln zu sehr unzulänglichen Lebensbedingungen. Die Not, die die ehemalige Landbevölkerung in die Stadt getrieben hatte, setzte sich für viele dieser Bewohner auch in der Stadt fort. Die Arbeiterbezirke wurden zu den sozialen und politischen Problemgebieten der Stadt. Von hier aus wurden die Aufstände des Jahres 1871 ausgelöst, die zur Bildung der Commune führten. Die blutigen Ereignisse hatten jedoch nur kurzfristig eine politische Veränderung im Lande bewirkt.

Die beherrschende Stellung, die Paris sowohl in wirtschaftlicher als auch in verwaltungsmäßiger Hinsicht heute in Frankreich einnimmt, ist im wesentlichen während des 19. Jahrhunderts entstanden, wobei die Voraussetzungen für diese Entwicklung durch die Zentralisierung der Verwaltung während der Revolution geschaffen worden waren.

Im Jahre 1848 hatte Paris 1,5 Mio Einwohner, das waren damals nur knapp 5% der Gesamtbevölkerung des Landes. Bereits im Jahre 1881 war die Bevölkerungszahl auf 2,9 Mio angewachsen, das waren 7,5% der Gesamtbevölkerung. Im 20. Jahrhundert hat sich die Bevölkerungskonzentration in der Hauptstadt weiter verstärkt. 1941 lebten 12%, 1962 17% und 1982 18% der französischen Bevölkerung im Großraum Paris.

Diese beispiellose Bevölkerungskonzentration hat auch die verwaltungsmäßige Gliederung beeinflußt. Die alten Arrondissements bestehen zwar noch, müssen aber als ein überkommenes historisches Erbe angesehen werden. Das eigentliche Wachstum der Stadt erfolgt heute in den Außenbezirken, während die Innenstadt bereits seit Beginn des 20. Jh. zunächst einer Stagnation, später einer allmählichen Bevölkerungsabnahme unterlag.

4.2.2.
Entleerung der Innenstadt, Konzentration der Bevölkerung in den Außenbezirken, Konzeptionen der Raumplanung

Im Rahmen der administrativen Reform von 1960 und der Unterteilung des Landes in neue Verwaltungseinheiten ist auch das erweiterte Stadtgebiet von Paris einer Neuordnung unterzogen worden. Die Gliederung des inneren Stadtbereiches in 20 Arrondissements wurde dabei beibehalten, und diesen Arrondissements wurden auch weitgehend die administrativen Eigenkompetenzen erhalten.

Daneben wird die 1960 entstandene PR Ile-de-France unterteilt in den Bezirk „Petite Couronne", mit den neugeschaffenen Departements Seine-Saint-Denis (Nr. 93), Hauts-de-Seine (Nr. 92) und Val-de-Marne (Nr. 94). Sie umgeben das in Ville-de-Paris umbenannte ehemalige Dept. Seine (Nr. 75), das lediglich den Kern der Stadt mit den 20 Arrondissements umfaßt. Die Agglomeration von Paris reicht aber vor allem in südwestlicher und in nordwestlicher Richtung weit bis in die sogenannte „Grande Couronne" hinein. Diese Grande Couronne wird aus den Departements Yvelines (Nr. 78), Essonne (Nr. 91), Seine-et-Marne (Nr. 77) und Val d'Oise (Nr. 95) gebildet. Innerhalb dieser Departements liegt eine Reihe inzwischen bedeutender Städte, die bei administrativer Selbständigkeit wirtschaftlich und bevölkerungsmäßig eindeutig auf Paris konzentriert sind. Bezüglich der Bevölkerungsentwicklung zeigt sich in der PR Ile-de-France ein differenziertes Bild. Während sich die Kernstadt seit Beginn des 20. Jahrhunderts allmählich entleert, nimmt die Bevölkerung in den Außenbezirken zu. (Tab. 18)

Dies wird besonders deutlich im Zeitraum zwischen 1968–1975. Gegenüber einem jährlichen Durchschnittswachstum von 2,9% zwischen den beiden Volkszählungen 1962 und 1968 fiel das jährliche Wachstum in der Petite Couronne auf 0,7% ab. Das Departement Hauts-de-Seine ist seit 1968 sogar wieder durch eine negative Bevölkerungsentwicklung gekennzeichnet, so daß sich hier die gleiche Tendenz erkennen läßt wie im Stadtzentrum.

In der Grande Couronne lag das jährliche Wachstum im Zeitraum 1962–1968 bei 4%, hier hat sich ebenfalls ein leichter Rückgang auf 3,5% abgezeichnet, allerdings sind die absoluten Bevölkerungszunahmen in den letzten Jahren hier am höchsten.

Die Wellenbewegung der sich vom Stadtkern in die Außenbezirke verlagernden Bevölkerung zeigt sich bei der Betrachtung der Arrondissements der Kernstadt in den letzten 15 Jahren. Auch hierbei unterscheiden sich die beiden Phasen 1962–1968 bzw. 1968–1975 sehr deutlich, indem die Entleerung der innerstädtischen Bereiche in den letzten Jahren sehr viel stärker fortgeschritten ist, als dies im Abschnitt zuvor der Fall gewesen ist. (Tab. 19)

Diese Entwicklung hat sich auch in der Zeit zwischen 1975 und 1982 fortgesetzt. Dies gilt

Tab. 18: Die Bevölkerungsentwicklung in der Région Parisienne seit 1962

Departement	1962	1968	1975	1982	Veränderung in %	
			in Tausend		1968/1975	1975–1982
75 Ville de Paris	2 790	2 591	2 291	2 176	−11,6	− 5,0
Petite Couronne						
92 Hauts-de-Seine	1 382	1 462	1 437	1 387	− 1,7	− 3,5
93 Seine-St-Denis	1 084	1 252	1 323	1 324	+ 5,7	−
94 Val de Marne	975	1 121	1 218	1 193	+ 8,7	− 2,1
Grande Couronne						
77 Seine-et-Marne	524	604	755	887	+25,0	+17,5
78 Yvelines	687	853	1 080	1 196	+26,6	+10,7
91 Essonne	479	674	923	988	+36,9	+ 7,0
95 Val d'Oise	548	693	838	920	+21,0	+ 9,8
Gesamt	8 469	9 250	9 865	10 073	+ 6,6	+ 2,1

Quelle: Premier Ministre, La Région d'Ile de France, 1976 und INSEE – Ile-de-France 1984

Tab. 19: Die Bevölkerung in den Stadtarrondissements von Paris 1961–1982

Arrondissement	1962	1968	1975	1982	1962/68 in %	1968/75 in %	1975/82 in %
1	36 543	32 332	22 740	18 509	−11,5	−29,7	−18,6
2	40 864	35 357	26 223	21 203	−13,5	−22,4	−20,1
3	62 680	56 252	41 621	36 094	−10,3	−26,0	−13,3
4	61 670	54 029	40 346	33 990	−12,4	−25,3	−15,8
5	96 031	83 721	67 484	62 173	−12,8	−19,4	− 7,8
6	80 262	70 891	56 147	48 905	−11,7	−20,8	−12,9
7	99 584	87 811	76 636	67 461	−11,8	−12,7	−12,0
8	74 577	67 897	52 701	46 403	− 9,0	−22,4	−12,0
9	94 094	84 969	70 053	64 134	− 9,7	−17,5	− 8,4
10	124 497	113 372	93 474	86 970	− 8,9	−17,5	− 7,0
11	193 349	179 727	156 799	146 931	− 7,0	−12,7	− 6,3
12	161 574	155 982	139 143	138 015	− 3,5	−10,8	− 0,8
13	166 709	158 280	162 729	170 818	− 5,1	+ 2,8	+ 5,0
14	178 149	167 093	148 659	138 596	− 6,2	−11,0	− 6,7
15	250 551	244 080	230 567	225 596	− 2,6	− 5,5	− 2,2
16	227 418	214 120	192 716	179 446	− 5,8	−10,0	− 6,9
17	227 687	210 299	186 003	169 513	− 7,6	−11,5	− 8,9
18	254 974	236 776	208 112	186 866	− 7,1	−12,1	−10,2
19	159 568	148 862	144 298	162 649	− 6,7	− 3,1	+12,7
20	199 310	188 921	174 401	171 971	− 5,2	− 7,7	− 1,4
Gesamt	2 790 091	2 590 771	2 290 852	2 176 243	− 7,1	−11,6	− 5,0

Quelle: Statistische Unterlagen des INSEE

insbesondere für den eigentlichen Stadtbereich von Paris, der sich weiter entleert.
In der Petite Couronne hat sich inzwischen der Entleerungsprozeß allgemein auch dort durchgesetzt, wo noch bis in die jüngsten Jahre Zunahmen zu verzeichnen waren. Es ist zu erwarten, daß auch in den kommenden Jahren ein Abwanderungsprozeß in die äußere Peripherie des Agglomerationsraumes erfolgen wird.
Die Grande Couronne verzeichnete zwischen 1975–1982 noch erhebliche Bevölkerungszunahmen, allerdings ist der Wachstumsprozeß hier deutlich verlangsamt worden, eine Tendenz, die insgesamt für die PR Ile-de-France erkennbar geworden ist.

Quelle: Klett-Atlas „Alexander"

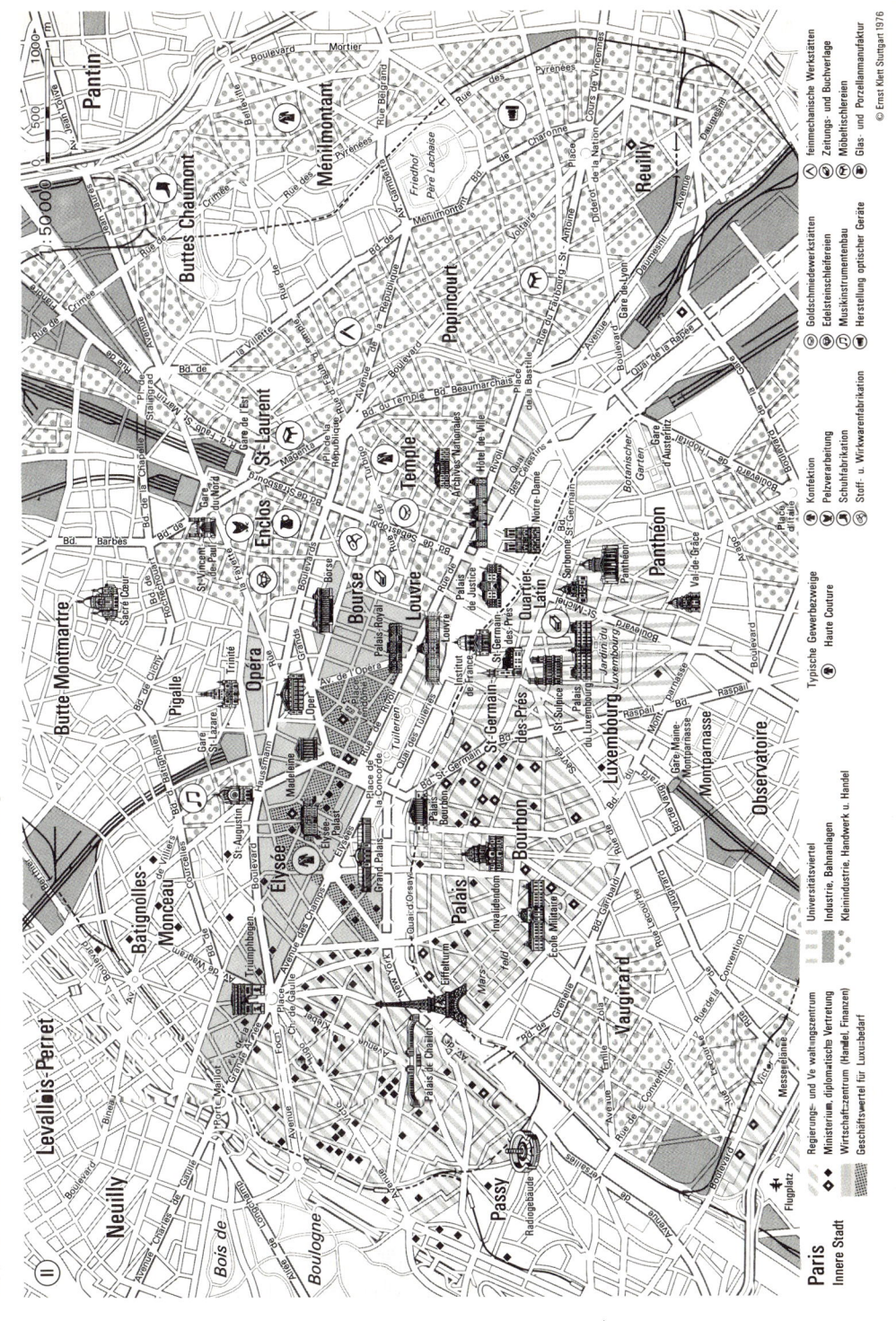

Abb. 12: Paris-Innenstadt. Funktional-räumliche Gliederung

Paris
Innere Stadt

Regierungs- und Verwaltungszentrum
Ministerium, diplomatische Vertretung
Wirtschaftszentrum (Handel, Finanzen)
Geschäftsviertel für Luxusbedarf

Universitätsviertel
Industrie, Bahnanlagen
Kleinindustrie, Handwerk u. Handel

Typische Gewerbezweige
Haute Couture

Ⓐ feinmechanische Werkstätten
Ⓩ Zeitungs- und Buchverlage
Ⓜ Möbeltischlereien
Ⓖ Glas- und Porzellanmanufaktur
Ⓖ Goldschmiedewerkstätten
Ⓔ Edelsteinschleifereien
Ⓜ Musikinstrumentenbau
Ⓣ Herstellung optischer Geräte
Ⓚ Konfektion
Ⓟ Pelzverarbeitung
Ⓢ Schuhfabrikation
Ⓢ Stoff- u. Wirkwarenfabrikation

Flugplatz

© Ernst Klett Stuttgart 1976

Deutliche Veränderungen haben sich in den letzten Jahrzehnten auch in den Wachstumsursachen ergeben. Während in den Nachkriegsjahren eindeutig die Wanderungsgewinne die Hauptursache für das schnelle Wachstum der Stadt waren, sind es seither immer stärker die natürlichen Zunahmen, die dieses Wachstum tragen. Im Zeitraum 1954–1962 war das Verhältnis von natürlichem Bevölkerungwachstum : Wanderungsgewinnen bei einem jährlichen durchschnittlichen Wachstum von 147 000 Einwohner 4 : 6. Trotz einer starken Beeinflussung durch die Rückgliederung der ehemaligen Kolonialbevölkerung in den Jahren 1962/63 (die PR Ile-de-France nahm von den insgesamt 928 620 Rückwanderern aus Algerien allein 153 668 = 16,8% auf) hatte sich im Zeitabschnitt 1962–1968 dieses Verhältnis bereits mit 5,3 : 4,7 zu Gunsten des natürlichen Wachstums umgekehrt. Im Zeitraum 1968–1975 überwiegt die natürliche Bevölkerungszunahme bei einem Verhältnis von 8,6 : 1,4 ganz eindeutig.

Die räumliche Verlagerung der Bevölkerung innerhalb der Agglomeration Paris entspricht im wesentlichen den Vorgängen, die auch für andere Großstädte typisch sind. Einer Entleerung der Innenstädte steht die demographische Auffüllung der Stadtrandbezirke gegenüber. Damit einher geht der typische Funktionswandel, der die verschiedenen Stadtbereiche kennzeichnet. Die City wird zu einer Wirtschaftsdrehscheibe mit einer ausgesprochenen Tagesbevölkerung, einer entsprechenden Konzentration von Dienstleistungen, Handel, Transport, Regierungsvertretungen usw. Sekundärer Sektor und Baugewerbe konzentrieren sich in ihren traditionellen Standorten im Randbereich der ehemaligen Wohngebiete und fügen sich heute als Ring zwischen die alten und nach außen hin neu entstehenden Wohngebiete an. Im äußeren Ring finden sich neben reinen Wohngebieten auch reine Industriegebiete, daneben Erholungsparks, noch landwirtschaftlich genutzte Flächen, Waldareale etc. Diese allgemeinen Charakteristika der heutigen Großstadtentwicklung treffen für Paris geradezu beispielhaft zu, wenngleich sich die Grundzüge der frühneuzeitlichen Gliederung teilweise auch noch erhalten haben. Der eigentliche City-Bereich umfaßt heute das 1., 2., 8. und 9. Arrondissement. Hier finden sich die meisten Regierungsbehörden, Banken, Kaufhäuser, Theater, Industrieverwaltungssitze, Modehäuser, Reisebüros etc. Es ist das „Centre d'affaires", nicht nur für die Stadt selbst, sondern für das ganze Land. Eine Sonderstellung nimmt das 5. Arrondissement als Universitäts- und Schulviertel ein (Quartier Latin). Mit seinen z. T. aus vergangenen Jahrhunderten erhaltenen Gassen und Winkeln gehört es heute auch zu den beliebtesten Touristenzielen der Stadt. Die äußeren Arrondissements (11–20) zeichnen sich durch eine ausgesprochene Mischfunktion zwischen Wohn- und Arbeitsstätten aus. Obwohl auch hier teilweise die Tagesbevölkerung die Nachtbevölkerung deutlich übersteigt, haben sich doch die klassischen Wohnviertel z. T. noch behaupten können. Dies gilt vor allem für das 16. sowie für Teile des 15. und 17. Arrondissements, die bis heute zu den Vierteln mit dem höchsten Wohnstandard der ganzen Stadt zählen. Aber auch in diese vorwiegend im 19. Jahrhundert entstandenen Viertel dringen allmählich die Wohnblocks, Bürohochhäuser und damit Cityfunktionen ein.

In den Arrondissements 18–20 überwiegt die Arbeiterbevölkerung, hier finden sich in hoher Flächenkonzentration Industriebetriebe vor allem der Elektro- und Holzbranche.

Besonders problematisch ist bis heute, trotz zahlreicher Veränderungen in jüngster Zeit, die sogenannte Vorortzone des 19. Jahrhunderts geblieben. Hier entstand im vergangenen Jahrhundert in der Phase hektischer städtebaulicher Ausweitung im Zusammenhang mit industriellen Ansiedlungen ein wirres Nebeneinander von Industriebetrieben,

Arbeiterwohnvierteln, Verkehrsanlagen und sonstigen Einrichtungen. Ohne jede Planung wurden diese Gebiete völlig unkoordiniert angelegt. Schon bald erwiesen sich die Verkehrsverhältnisse als völlig unzureichend, die Fabriken hatten keinerlei Erweiterungsgelände, die Wohngebiete wurden durch die Industriebetriebe stark belastet, die Versorgung der Bevölkerung stellte große Probleme dar, dem wachsenden Pendleraufkommen waren die Verkehrsmöglichkeiten in keiner Weise gewachsen. Gerade dieser äußere Ring ist daher in der Stadtplanung nach dem Zweiten Weltkrieg stark umgewandelt worden, indem zum Teil Totalsanierungen vorgenommen, ganze Viertel abgebrochen und neu aufgebaut, neue Verkehrswege, Autobahnen, Metroanschlüsse geschaffen wurden, um damit die Versäumnisse zumindest teilweise zu korrigieren. Trotzdem sind viele alte Strukturen erhalten geblieben und stellen auch der zukünftigen Planung noch zahlreiche Probleme in den Weg.

Die Einschnürung der Stadt durch diesen ehemaligen Vorortring, der sich zum Hauptstandort des sekundären Sektors entwickelte, verlangte schon früh nach einer räumlichen Ausweitung. Diese wurde bereits bei der Erstellung des ersten Raumordnungsplanes für die Pariser Region im Jahre 1936 vorgesehen, wenngleich die Verwirklichung durch die Ereignisse des Zweiten Weltkrieges zunächst verhindert wurde.

Hauptgedanke des seit 1965 gültigen Raumordnungsplanes, der die PR Ile-de-France insgesamt umfaßt, ist die Erhaltung eines Erholungsgürtels im Bereich der Grande Couronne, in den sich die neu zu schaffenden sogenannten „Villes Nouvelles" als Konzentrationspunkte der Bevölkerung eingliedern. Diese Villes Nouvelles liegen gleichmäßig um Paris verteilt und stellen Planungseinheiten dar, in denen teilweise alte Bausubstanz einbezogen, teilweise neue Bausubstanz hinzugefügt wird. Durch den Raumordnungsplan von 1965 wurde die Anlage von 5 solcher Villes Nouvelles vorgesehen (Abb. 13):

Cergy-Pontoise, 25 km nordwestlich von Paris, umfaßt rund 10 500 ha Fläche, davon knapp 300 ha für Industrieansiedlungen. Bis 1982 lebten hier 113 500 Menschen, das Planungsziel für das Jahr 2000 sieht Wohnraum für eine halbe Million Menschen vor.

Evry im Süden von Paris ist flächenmäßig mit 5000 ha, davon für Industrieansiedlung 100 ha, bedeutend kleiner. Die für das Jahr 2000 prognostizierte Einwohnerzahl von 150 000 war 1982 mit 77 500 zur Hälfte erreicht.

Marne-la-Vallée, 50 km östlich des Stadtkerns soll auf einer Fläche von 12 000 ha Wohnraum fpür 500 000 Menschen bieten. Nur 200 ha sind für Industrieflächen vorgesehen. In den bis 1982 fertiggestellten 24 000 Wohneinheiten leben rund 116 000 Menschen.

Mit über 17 000 ha ist *Melun-Sénart,* 35 km östlich von Paris, flächenmäßig die größte der Villes Nouvelles. Hier lebten 1982 bereits 115 000 Menschen, rund 30% des für das Jahr 2000 vorgesehenen Planungsziels. Für Industrie und Gewerbe sind 160 ha geplant.

30 km südwestlich des Stadtkerns liegt *Saint-Quentin-en-Yvelines,* wo auf einer Fläche von 10 800 ha (davon 290 für Industrie) weitere 400 000 Menschen leben sollen. Mit über 150 000 Menschen im Jahre 1982 in 31 000 Wohneinheiten ist der Ausbau hier derzeit am weitesten fortgeschritten.

Diese Villes Nouvelles befinden sich an den Hauptausfallstraßen von Paris und sind mit den Industriegebieten verkehrsmäßig gut verbunden. Der Schwerpunkt wird jedoch auf die Schienenanbindung gelegt. Die Endstationen der Pariser Untergrundbahn sind auf dem Schienenweg erreichbar. Darüber hinaus bestehen für alle Villes Nouvelles mehrspurige Anbindungen an die Ringautobahn von Paris. Neben dieser infrastrukturellen Erschließung steht die Versorgung der Bevölkerung mit Gütern des täglichen und mittelfristigen Bedarfs sowie die Krankenversorgung, schulische und kulturelle Ausstattung am Ort im Vordergrund.

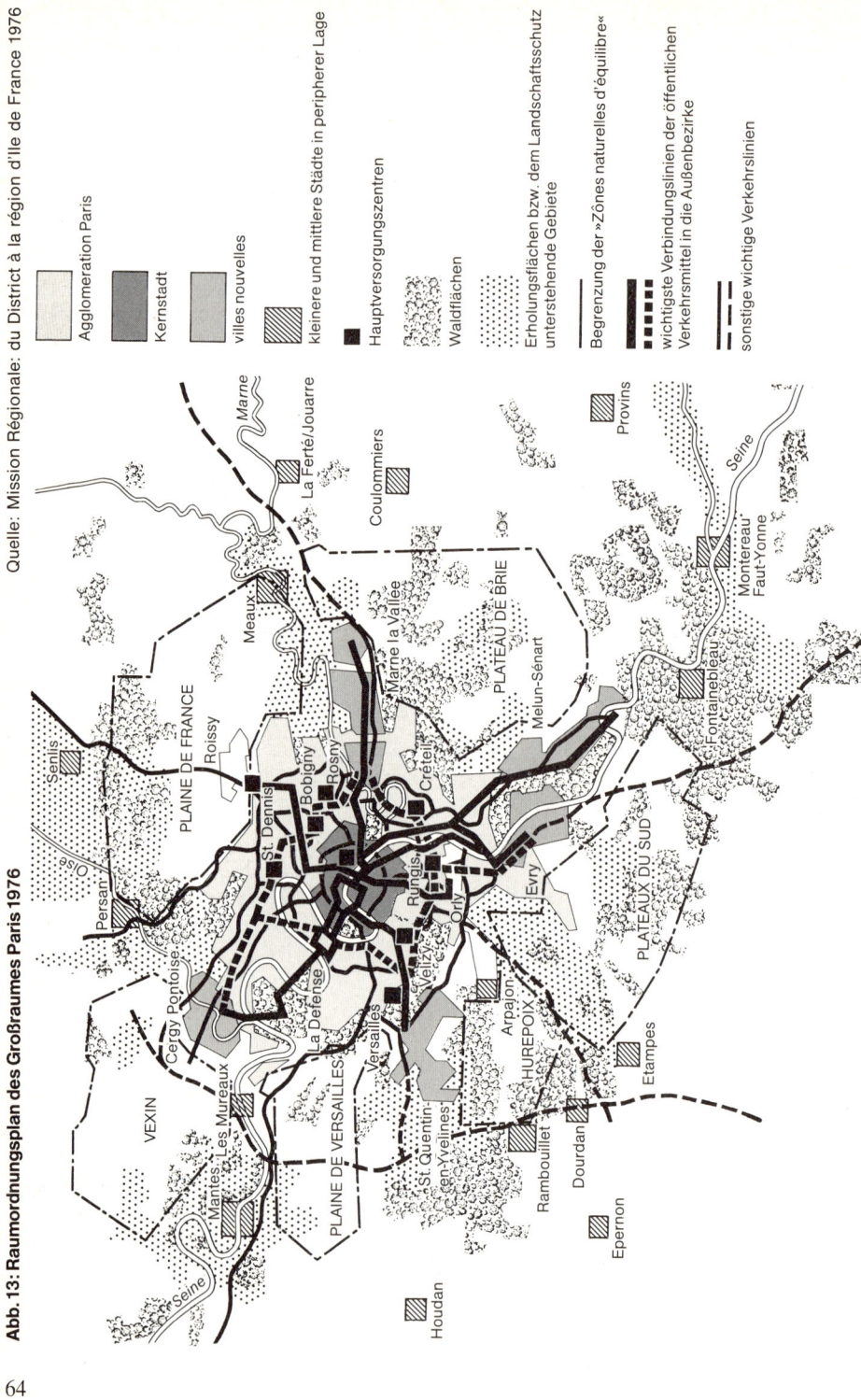

Abb. 13: Raumordnungsplan des Großraumes Paris 1976

Quelle: Mission Régionale: du District à la région d'Ile de France 1976

- Agglomeration Paris
- Kernstadt
- villes nouvelles
- kleinere und mittlere Städte in peripherer Lage
- Hauptversorgungszentren
- Waldflächen
- Erholungsflächen bzw. dem Landschaftsschutz unterstehende Gebiete
- Begrenzung der »Zônes naturelles d'équilibre«
- wichtigste Verbindungslinien der öffentlichen Verkehrsmittel in die Außenbezirke
- sonstige wichtige Verkehrslinien

64

Neben diesen Wohnbezirken dienen die *Zônes Naturelles d'Equilibre* (Z.N.E.) der Erholung und der Freizeitgestaltung. Insgesamt fünf dieser Zonen schließen sich um Paris innerhalb der Grande Couronne an. In diesen Zonen ist die Bebauung nur mit Sondergenehmigung möglich.

Die Z.N.E. *„Plaine de Versailles"* umfaßt eine Fläche von 30000 ha im Departement Yvelines. Innerhalb der Zone befinden sich 68 Gemeinden mit überwiegender Wohnfunktion. Die Pendleraktivität aus diesen Gemeinden in die Stadt ist somit relativ hoch, allerdings spielt auch die landwirtschaftliche Nutzung in diesem Gebiet nach wie vor eine wichtige Rolle. Im Südwesten der Stadt befinden sich die Z.N.E. *„Plateau de Hurepoix"*. 60 Gemeinden mit einer Fläche von rund 45000 ha, von denen mehrere tausend ha Waldgebiet sind (Fôret de Rambouillet), werden hier erfaßt. Neben diesen Wäldern erhöht eine Reihe kleiner Schlösser und sonstiger Sehenswürdigkeiten die touristische Attraktivität.

Im Süden der Stadt befindet sich mit der Z.N.E. *„Plateaux du Sud"* ein weiterer Erholungsraum mit etwa 40000 ha Fläche, der sich fast unmittelbar an das Plateau de Hurepoix anschließt. Dieses Plateau reicht bis in die Getreidebauebene des Gâtinais hinein, verfügt aber ebenfalls über zahlreiche Waldgebiete.

Die größte Z.N.E. befindet sich im Osten der Stadt auf dem *„Plateau de Brie"* mit einer Fläche von 50000 ha mit insgesamt 98 Gemeinden, die allesamt sehr rasch expandierten. Dieses Gebiet ist sehr waldreich und hat von daher eine besondere Bedeutung als Erholungslandschaft. Daneben verfügt dieser Raum mit den Schlössern Vaux le Vicomte, Ferrières, d'Armainvilliers und mit mehreren sehenswerten Landsitzen in den Tälern des Reveillon und des Rû de la Ménagère über zahlreiche touristische Sehenswürdigkeiten.

Die Z.N.E. *„Plaine de France"* im Norden von Paris unterteilt sich in eine weitgehend waldfreie, ackerbaulich genutzte Fläche im westlichen Teil der sogenannten „Vieille France" und einem relativ waldreichen Teil im Osten im Gebiet des „Goèle". Hier ist die Topographie des Geländes wesentlich bewegter als in der monotonen Ebene, die sich im Westen bis zur Oise erstreckt.

Insgesamt sind damit rund 220000 ha Fläche innerhalb der Grande Couronne als Erholungszonen ausgewiesen. Industrielle Anlagen werden in diesen Zonen nicht gestattet, die Ausweitung der Wohnfunktion unterliegt strengen Kontrollen. Der ursprüngliche Landschaftscharakter und die traditionellen Nutzungsformen sollen hier so weit wie möglich beibehalten werden.

4.2.3.
Das wirtschaftliche Übergewicht der Ile-de-France

Die Vorrangstellung der „Métropole" wird von vielen Franzosen nicht ohne Stolz, häufig jedoch auch mit viel Skepsis hervorgehoben. Paris ist die politische, verwaltungsmäßige, finanzielle, wirtschaftliche, intellektuelle, wissenschaftliche, künstlerische und touristische Hauptstadt des Landes. Mit Abstand gilt dieses Privileg auch für die Industrie. Allein ein Viertel der französischen Industriebeschäftigten hatte beispielsweise im Jahre 1983 in der Ile-de-France ihren Arbeitsplatz. Mit Ausnahme der Bergbauindustrie, der Schwerindustrie und einiger auf der Verarbeitung von Grundstoffen basierenden Textilbranchen sind praktisch alle Industriezweige in Paris vertreten. Paris kann in gewissem Sinne als das klassische Beispiel der im 19. Jahrhundert entstandenen Industriestadt angesehen werden. Die Standortvorteile beruhten unter anderen auf der günstigen Infrastrukturlage. Paris im Kreuzungspunkt aller großen Verbindungen des Landes bildete sowohl für die Beschaffung von Rohmaterial als auch für den Absatz der

Fertigprodukte günstige Voraussetzungen, abgesehen von dem Absatzmarkt in der Hauptstadt selbst. Die Konzentration des tertiären Sektors, das Nebeneinander einer Vielzahl von Zulieferindustrien und weiterverarbeitenden Branchen stellen einige weitere dieser Gunstfaktoren dar.

Die sich seit Beginn des 19. Jahrhunderts abzeichnende Konzentration der französischen Wirtschaft in Paris hatte zur Folge, daß der Anteil der verschiedenen Branchen an der Gesamtindustrie des Landes ständig stieg. Im Jahre 1970 befanden sich in der PR Ile-de-France 29% der mechanischen Industrie, 38% der optischen Industrie, 43% der Automobilindustrie, 44% der Elektro- und Elektronikindustrie, 46% der feinmechanischen Industrie, 55% der pharmazeutischen Industrie und 71% der Parfümindustrie.

Im tertiären Sektor ist die Konzentration sogar noch höher als im sekundären Bereich. Rund 34% aller Erwerbspersonen des tertiären Sektors des Landes haben in Paris ihren Arbeitsplatz. Wenn man sich vor Augen hält, daß 65% der Einkommenssteuer des Landes in Paris gezahlt werden, daß 75% des Lehrpersonals höherer Schulen und Universitäten und der Forschung, zwei Drittel der Wirtschaftsanalytiker und Programmierer, 60% der Bank- und Versicherungssitze und rund die Hälfte des Managements aus Handel und Gewerbe hier vereint sind, so wird die überragende Stellung von Paris für die französische Wirtschaft deutlich.

In der historischen Entwicklung wurden die ersten Grundpfeiler der industriellen Konzentration in Paris schon früh gelegt. Bereits im 18. Jahrhundert war als Folge des „Colbertismus" eine verstärkte Ansiedlung von Betrieben vor allem für Luxusgüter erfolgt, zu denen sich 5 Manufakturen mit teilweise weltweitem Ruf hinzufügten: die Gobelinmanufaktur, die Spiegel- und Glasmanufaktur im Faubourg Saint Antoine, die Manufaktur der Stoffherstellung im Faubourg St. Marceau, die Seidenstrumpfmanufaktur im Chateau de Madrid und die Porzellanmanufaktur in Sèvres.

Gegen Ende des 18. Jahrhunderts entwickelte sich die Chemieindustrie, die häufig Abfallprodukte bereits vorhandener Industriebetriebe verarbeitete. Auch die Baumwollindustrie, während des späten 18. Jahrhunderts unter den konkurrierenden Einflüssen von England her in die Krise gedrängt, gelangte unter dem napoleonischen Protektionismus in Paris und in anderen nordfranzösischen Städten (Rouen) zu hoher Blüte. Über 7000 Beschäftigte zählte allein die Baumwollindustrie während des 1. Empires. Der rapide Aufschwung der Industrieentwicklung von Paris setzte sich mit der Anlage der Eisenbahn beschleunigt fort. Dieser Ausbau erfolgte zu einer Zeit, als auch die Hochfinanz des Landes aufblühte und in den Industrieunternehmen investierte. Die Seine wurde für den Schiffsverkehr ausgebaggert, so daß sie praktisch das ganze Jahr über befahrbar wurde (vorher lediglich etwa 180 Tage lang). Die Weltausstellungen der Jahre 1855, 1867, 1878, 1889 und 1900 trugen dazu bei, der französischen Industrie nach außen hin Geltung zu verschaffen und Paris als Standort vieler Betriebe neue Impulse zu geben. Die Zeit um die Jahrhundertwende ist durch einen besonders starken Ausbau der Industrie in Paris gekennzeichnet. In diese Phase fällt die Entwicklung der Automobilindustrie, die beginnende Flugzeugindustrie, Elektroindustrie, auch Telephon-, Photo- und Phonoindustrie stehen in ihren Anfängen. Der in dieser Zeit rasch zunehmende Arbeitskräftebedarf in Paris hat zu einer starken Zuwanderung in die Stadt und damit zu einem schnellen Wachstum geführt. Die Untergrundbahn (Métropolitain, Abkürzung: Métro) wurde seit 1898 gebaut. Bis 1914 waren bereits 92 km Strecke betriebsbereit. Die Bahnhöfe der Stadt wurden vergrößert, im Jahre 1903 wurden die ersten Bahnlinien elektrifiziert. Während des Ersten Weltkrieges, als die nördlichen und östlichen Industrieviere des Landes besetzt wurden, konnte sich die Industrie in Paris weiter konzentrieren und die Funktion der Waffen- und Kriegsmaterialherstellung übernehmen, da die Stadt nicht eingenommen und auch nicht zerstört wurde.

Diese Tatsache begünstigte auch die Entwicklung nach dem Ersten Weltkrieg. In den teilweise zerstörten Industrierevieren mußte der Wiederaufbau vollzogen werden, während in Paris die Produktion ohne Unterbrechung weitergehen konnte. Dies erfolgte in einer Phase, als etwa Automobil- und Flugzeugindustrie außerordentlich aufstrebend waren und eine Reihe von Nachfolgeindustrien mit sich brachten. Eine Zäsur für die Industrieentwicklung von Paris wurde durch die Weltwirtschaftskrise verursacht. Zahlreiche Industriebetriebe erholten sich bis zum Zweiten Weltkrieg von dieser Regression nicht, und die Bombardements des Zweiten Weltkrieges trugen ebenfalls dazu bei, daß ein Teil der Industrieanlagen in der Banlieue von Paris zerstört wurden. Aber auch während des Zweiten Weltkrieges wurde die Industrie von Paris weniger betroffen als andere Industriegebiete des Landes.

Der Wiederaufbau der französischen Industrie nach dem Zweiten Weltkrieg wurde mit Vorrang zunächst in der Hauptstadt und in den Zentren der Schwerindustrie in Angriff genommen. Damit wurde der Konzentration der französischen Wirtschaft in der Hauptstadt weiter Vorschub geleistet, bevor mit der „Décentralisation" zu Beginn der 60er Jahre die ersten Schritte zu einer Verlagerung der Industriebetriebe in die Provinz stärker an Bedeutung gewannen.

Kaum vorhandene Planung während des 18. und 19. Jahrhunderts, geringe Zerstörung während der Kriege und geringe Investitionen in Bausubstanz und Maschinenpark haben dazu geführt, daß viele Industriebetriebe in Paris kaum die Möglichkeit hatten, sich räumlich auszuweiten und zu modernisieren. Die bauliche Ausweitung der Stadt im 20. Jahrhundert hat dazu geführt, daß die meisten Industriebetriebe, die während des 19. Jahrhunderts in der Vorortzone (proche Banlieue) angelegt wurden, heute innerhalb der bebauten Gebiete liegen. Das Nebeneinander von Wohn- und Industriekomplexen in diesem Gürtel kann als besonders charakteristisches Merkmal der Stadt angesehen werden. Erst in der Zeit nach dem Zweiten Weltkrieg verlagern sich einige dieser Betriebe nach draußen in neu geschaffene Industriegebiete der Grande Couronne, wenngleich die Bereitschaft zur Investition häufig nicht sehr groß ist. Die Standortvorteile werden durch solche Verlagerungen nicht wesentlich verändert. Die Gewinnspannen sind bei Weiterbenutzung von bereits seit langem amortisierten Gebäuden und Maschinen wesentlich höher als in neu zu errichtenden Fabriken mit einem kostenaufwendigen Maschinenpark.

Ein weiteres Kennzeichen der Industriestruktur von Paris ist die schwerpunktmäßige Ansiedlung der einzelnen Branchen innerhalb verschiedener Arrondissements. Die Bekleidungsindustrie konzentriert sich beispielsweise stark im 2., 3., 9. und 10. Arrondissement. Hier befinden sich 40% aller Betriebe dieser Branche von Paris. Druck und Papier sind im inneren Stadtgebiet angesiedelt, namentlich im 2. und 6. Arrondissement. Maschinenbau und Automobilindustrie sind stärker in den peripheren Arrondissements vertreten. Besonders im 15. Arrondissement befinden sich gleich mehrere industrielle Großbetriebe mit über 1000 Beschäftigten, davon die Automobilwerke Citroën mit 2 Betrieben. Auch in den übrigen nördlichen Arrondissements der Stadt überwiegen die großen Industriebetriebe im Vergleich zu der südlichen Stadtperipherie.

Die größte Konzentration der metallverarbeitenden Industrie und des Maschinenbaus befindet sich im Nordwesten der Stadt, in den Vierteln Saint Quen, Clichy, Levallois-Perret und Courbevoie. Hier sind etwa zwei Dutzend Großbetriebe mit je über 1000 Beschäftigten vorhanden. Diese Viertel leiten über in die industrialisierten Bereiche des weiteren Banlieue-Gürtels mit den Städten Asnières, Gennevilliers, Colombes, Argenteuil, Saint Cloud, Surèsnes, Nanterre und Rueil. Die Automobilwerke Citroën sind in Saint Quen mit zwei, in Clichy und Levallois-Perrein je mit einem Großbetrieb vertreten. Peugeot hat ein Hauptwerk in La Garenne-Colombes, Simca in Putaux.

Allerdings befinden sich auch im Süden der Stadt einige industrielle Großbetriebe. Die Regie Renault in Boulogne sur Seine ist das größte Industrieunternehmen Frankreichs. Nach dem Zweiten Weltkrieg wurde das Werk verstaatlicht. In Billancourt, dem Hauptwerk der Renault-Automobilwerke, werden heute ca. 35 000 Arbeiter und Angestellte beschäftigt. Neben diesem bedeutendsten Industriebetrieb befinden sich an der südlichen Stadtperipherie ein weiteres Dutzend Industriebetriebe mit über 1000 Beschäftigten.

Die Ausweitung der Industriezonen um Paris hat deutlich zwei Stoßrichtungen. Die bedeutendste folgt dabei der Seine im NW der Stadt. Hier erfolgt ein direkter Übergang von den traditionellen Industriegebieten der Stadt zu den neuen Ausbauzonen, die sich bis in die Ville Nouvelle von Cergy-Pontoise fortsetzen. Eine zweite Erweiterung der Industriegebiete erfolgt in südlicher Richtung, ebenfalls im wesentlichen entlang der Seine. Hier hat die Industrieerweiterung inzwischen die Städte Corbeil und Melun in etwa 40 km Entfernung zum Stadtzentrum erreicht. Auch hier sind mit den Villes Nouvelles von Evry und Melun-Senart Bevölkerungsballungen entstanden, die den Arbeitskräftebedarf dieser Industriegebiete weitgehend decken.

Der Konzentrationsvorgang der französischen Industrie in dem Ballungsraum Paris ist, trotz nicht überall überzeugender Ergebnisse der Dezentralisierungsbestrebungen, in den letzten Jahren zumindest verlangsamt werden. Während im Zeitraum zwischen 1962 und 1970 die Wachstumsrate der Industriebeschäftigtenzahlen mit 1,9% jährlich dem nationalen Durchschnitt von 2% fast entsprach, ist sie im folgenden Jahrzehnt bis 1981 um knapp 16% zurückgegangen. Im Vergleich zu den übrigen Programmregionen des Landes war dies der höchste Wert. Von 17 untersuchten Industriebranchen verzeichneten lediglich 3 zunehmende Beschäftigtenzahlen, nämlich Gas-Elektrizität, Elektroindustrie und Maschinenbau. Demgegenüber wiesen Stahlerzeugung, Textil und Bekleidung, Papierindustrie, chemische und petrochemische Industrie u. a. seit 1970 teilweise beträchtliche Rückläufigkeit in der Beschäftigtenzahl auf.

Innerhalb des Ballungsraumes ist eine immer stärker werdende Verlagerung der Industrie aus dem inneren Stadtbereich in die Grande Couronne zu verzeichnen. Hier überwiegt die Erwerbsbevölkerung eindeutig im sekundären Sektor, während im Zentrum (Departement Ville de Paris) die Erwerbsbevölkerung des tertiären Sektors über drei Viertel ausmacht. (Tab. 20)

Der teilweisen Verringerung der Beschäftigtenzahlen des sekundären Sektors steht allerdings eine weitere Zunahme im tertiären Sektor gegenüber. Während im Zeitraum von 1970 bis 1975 rund 100 000 Beschäftigte aus dem industriellen Sektor ausschieden, wurden im tertiären Sektor über 250 000 Beschäftigte eingestellt. Die Tertiärisierung der Erwerbsbevölkerung setzte sich seither rasch fort. 1981 wurden 1,5 Mio. mehr Menschen in diesem Sektor gezählt als 1971.

Die Entlastung des Stadtkerngebiets sowohl vom industriellen Sektor als auch teilweise vom tertiären Sektor wird durch die seit dem Jahre 1972 festgelegte Steuerzonierung für Industrie- und Büroflächen innerhalb der Région Parisienne angestrebt. Bei den Büroflächen wird in 4 Zonen unterschieden, die sich von der Kernstadt aus nach außen hin staffeln. Im Kernstadtbereich betragen die Abgaben pro neugeschaffenem qm Bürofläche 400 F.

Für die Aufgabe von Industriegelände im Stadtkernbereich werden Prämien gewährt, die zahlreiche Betriebe veranlaßt haben, ihre alten Standorte aufzugeben und in die Außenbezirke überzusiedeln oder aber gänzlich aus der Région Parisienne abzuwandern.

Im Kernstadtbereich sind von diesen Auslagerungen die stark industrialisierten Arrondissements 11, 12, 13, 15, 19 und 20 besonders betroffen. Viele der im Zeitraum von 1950 bis 1970 aufgelassenen Flächen sind allerdings bis heute keiner neuen Nutzung zugeführt worden, da bei der Planung zwar die Dezentralisierung, nicht aber die Folgenutzung der Flächen berücksichtigt worden war. Da die Grundstückspreise im Innenstadtbereich sehr hoch sind, häufen sich die Anlagen von Bürohochhäusern oder Firmensitzen auf den frei gewordenen Flächen. Nur ein geringer Teil des frei gewordenen Terrains wurde zu Grünanlagen umgewandelt, so daß sich im Endeffekt keine wesentliche Auflockerung des Stadtbildes ergeben hat. An die Stelle der häßlichen Fabrikgebäude sind Hochhäuser getreten, die eher störend wirken. Die Zahl der entstandenen Wohnungen ist relativ gering.

Trotz gewisser Dezentralisierungserfolge stellt sich somit die Frage, ob es sich nicht nur um Scheinerfolge handelt. Den Verlagerungen aus der Stadt heraus stehen Neugründungen in dem Gebiet der Grande Couronne gegenüber. Wenn dies für das Gebiet der Villes-Nouvelles dem Planungsziel entspricht, so häufig doch nicht bei Ansiedlungen, die sich in Gebieten vollziehen, die vorwiegend der Erholung der Bevölkerung dienen sollen. Trotz einer Erschwerung in diesen Zonen kommt es doch immer wieder zu entsprechenden Ansiedlungen. Auch die Verlagerung in die Provinz ist häufig nur eine vorübergehende Erscheinung. Viele dieser Betriebe haben von den Dezentralisierungsprämien profitiert, um nach Ablauf der Vergünstigungsperiode wieder in die Nähe der Hauptstadt zurückzukehren.

Bei der Erarbeitung der Vorschläge für den IX. Plan, der die Entwicklung bis zum Jahre 1988 umfaßt, wurde denn auch nicht mehr in gleichem Maße eine Dezentralisierung und Umstrukturierung der Industrie in der PR Ile-de-France gefordert. Vielmehr soll der Schwerpunkt der Entwicklung in den nächsten Jahren auf den Ausbau des vorhandenen Potentials gerichtet sein, wobei nicht unbedingt ein Wachstum, zumindest aber keine Verminderung der Industriebeschäftigtenzahlen erreicht werden soll. Dies würde einer Erhaltung der derzeitigen Struktur entsprechen. Da die Wanderungsbilanz der PR Ile-de-France in den letzten Jahren bereits negativ ist und die Geburtenüberschüsse ebenfalls wieder abnehmen, würde eine solche Stagnation der Industrieentwicklung auch der demographischen Entwicklung entsprechen.

Die Halbherzigkeit, mit der die Dezentralisierung in Paris vor sich geht, beruht jedoch nicht allein auf den wirtschaftlichen Standortvorteilen der Hauptstadt. Vor allem auch die kulturelle, schulische und sonstige Dienstleistungsattraktivität von Paris steht mit Abstand vor jeder anderen französischen Stadt. Die leitenden Beschäftigten in den Wirtschaftsbetrieben verzichten auf diese Vorteile nur ungern. Viele dezentralisierte Betriebe in der Provinz haben aus diesem Grunde Schwierigkeiten, die führenden Positionen angemessen zu besetzen. Insofern wird sich zweifelsfrei auch in Zukunft an der überragenden Stellung der Stadt Paris innerhalb Frankreichs nichts ändern, wenn nicht gleichzeitig eine Dezentralisierung des schulischen, kulturellen und Versorgungssektors erfolgt. Derzeit läßt sich kaum erkennen, daß unter der sozialistischen Regierung in dieser Hinsicht neue Akzente gesetzt würden. Wie andere Regierungen vor ihr, sieht sie jedoch auch die diesbezügliche Notwendigkeit.

Tab. 20: Erwerbsbevölkerung in der PR Ile-de-France 1982 (in 1000)

Departement	Industrie/Gewerbe/Bau		Tertiärer Sektor		Gesamt
75 Ville de Paris	226	22,1%	795	77,8%	1 022
Petite Couronne					
92 Hauts-de-Seine	213	32,8%	435	67,0%	649
93 Seine-St-Denis	196	33,4%	390	66,5%	587
94 Val de Marne	153	28,0%	392	71,8%	546
Grande Couronne					
77 Seine-et-Marne	133	34,6%	239	62,2%	384
78 Yvelines	188	35,7%	333	64,2%	527
91 Essonne	136	31,0%	299	68,1%	439
95 Val d'Oise	141	34,6%	264	64,9%	407
Gesamt	1 386	30,4%	3 147	69,0%	4 561

Quelle: INSEE – Ile-de-France 1984

Tab. 21: Der Warenumschlag in den wichtigsten Häfen Frankreichs im Zeitraum 1965 bis 1982 (in 1000 t)

Hafen	1965	1970	1975	1980	1982
Dünkirchen	16 280	26 175	29 887	41 694	32 918
Calais	1 114	1 591	3 885	5 959	7 579
Boulogne s.M.	1 531	1 906	2 262	4 276	3 610
Dieppe	435	751	1 146	2 406	1 665
Le Havre	28 037	59 825	72 010	78 886	56 766
Rouen	10 573	13 072	12 832	22 472	18 886
Caen	2 139	2 407	1 967	2 528	2 048
Brest	1 363	1 345	1 740	2 527	2 004
Lorient	866	1 155	1 466	2 143	1 459
Nantes-St-Nazaire	10 616	11 000	12 433	15 666	15 761
La Rochelle	2 407	2 965	3 112	4 736	3 842
Bordeaux	7 313	11 455	11 248	13 544	10 372
Bayonne	2 006	2 822	1 917	2 783	3 153
La Nouvelle	991	1 290	1 156	1 450	1 224
Sète	3 630	4 946	6 272	7 959	7 343
Marseille	56 962	75 395	95 782	105 176	91 782
Sonstige	6 109	7 370	8 000	10 866	11 035
Gesamt	152 372	225 470	267 115	325 071	271 447

Quelle: INSEE, 1977 und 1984a

4.2.4.
Paris und das untere Seine-Tal – Entwicklungsachse und Verbindung zum Meer

Die Ausweitung des Wirtschaftsraumes Paris folgt in starkem Maße den wichtigen Verkehrsverbindungen. Die Seine in ihrem Unterlauf nimmt dabei eine besondere Stellung ein, da sie bis Rouen von größeren Schiffen direkt angelaufen werden kann. Im Abschnitt zwischen Rouen und Paris ist der Fluß als Wasserstraße ebenfalls von großer Bedeutung. Der Unterlauf der Seine hat aufgrund dieser günstigen Verkehrsbedingungen schon seit früher Zeit für die wirtschaftliche Entwicklung der Normandie eine wichtige Rolle gespielt.

Mit Rouen und Le Havre befinden sich hier zwei der wichtigsten Hafenstädte des Landes. Le Havre verfügt dabei über günstige Anlegemöglichkeiten für Großtanker. Durch den Ausbau des Ölhafens Le Havre Antifer können hier Tanker jeder Tonnage direkt gelöscht werden. Eine vergleichbare Situation ist nur noch in Fos bei Marseille gegeben. Le Havre hatte sich aufgrund dieser günstigen Lage seines Hafens nach der Schließung des Suezkanals schnell zum wichtigsten Erdöleinfuhrhafen des Landes entwickelt, ist allerdings in den letzten Jahren aufgrund des Ausbaus von Fos wieder an die zweite Stelle in der Statistik gerückt.

Rouen spielt vor allem für den Güterumschlag eine Rolle. Schiffe bis zu einem Tiefgang von 8 m können diesen Hafen anlaufen. Im Jahre 1980 betrug der Gesamtumschlag im Hafen von Rouen 22,5 Mio t.

Die Öffnung zum Meere hin und die Existenz dieser beiden wichtigen Hafenstädte haben von Beginn der 60er Jahre an dazu geführt, den gesamten wirtschaftlichen Ausbau des unteren Seinelaufs stärker mit den Dezentralisierungsbestrebungen der Pariser Region in Einklang zu bringen. Die Entfernungen zur Hauptstadt sind relativ gering, so daß zu den vorgegebenen Standortvorteilen der günstigen Verkehrslage auch die Vorteile einer Ballung von Betrieben des Dienstleistungssektors, kultureller Mittelpunkt usw. gegeben waren.

Bereits im Jahre 1965 wurde eine „Mission d'Etudes Basse Seine" ins Leben gerufen, die den wirtschaftlichen Ausbau des unteren Seinetales im Zusammenhang mit den Ausweitungstendenzen von Paris planerisch bearbeiten sollte. Als erstes Ergebnis dieser Arbeit wurde ein Raumordnungsplan vorgelegt. Grundgedanke dieses Raumordnungsplanes war die Anlage von zwei Hauptverkehrsadern (Autobahnen) nördlich und südlich der Seine, die als nördliche und südliche Begrenzung der Industriegasse dienen. (Abb. 14)

Die Ergebnisse der Dezentralisierungsplanung führten im Gebiet der „Basse Seine" dazu, daß bereits im Jahre 1971 6,6% der nationalen Industrieinvestitionen in das Gebiet des Raumordnungsplanes flossen. Zu diesem Zeitpunkt lag die Industriebeschäftigungsquote mit 42,6% deutlich über dem nationalen Durchschnitt.

Ein kurzer historischer Rückblick zeigt, daß besonders Rouen schon früh als industrieller Schwerpunkt anzusehen ist. Dies beruhte vor allem auf der sich seit dem 18. Jahrhundert entwickelnden Baumwollindustrie, die in Rouen und im unteren Seinetal einen ihrer Schwerpunkte hatte. Anders als die Textilindustrie im nordfranzösischen Industrierevier gelang es jedoch in Rouen nicht in gleichem Maße, diese Industrie neuen Entwicklungen anzupassen, und so geriet sie im 20. Jahrhundert in eine spürbare Krise.

Erst im Rahmen der Dezentralisierung kam es zu einem neuen Aufschwung. Er verbindet sich zunächst mit der Ansiedlung der Automobilindustrie. 1958 wurden in Rouen und 6 Jahre später in Le Havre Zweigwerke der Automobilwerke Renault angesiedelt, die 1971 insgesamt 19 000 Arbeitsplätze bereitstellten, das waren rund 10% aller Industrie-

Abb. 14: Raumordnungsplan »Unteres Seinetal«

Quelle: Mission d'études Basse Seine, 1976

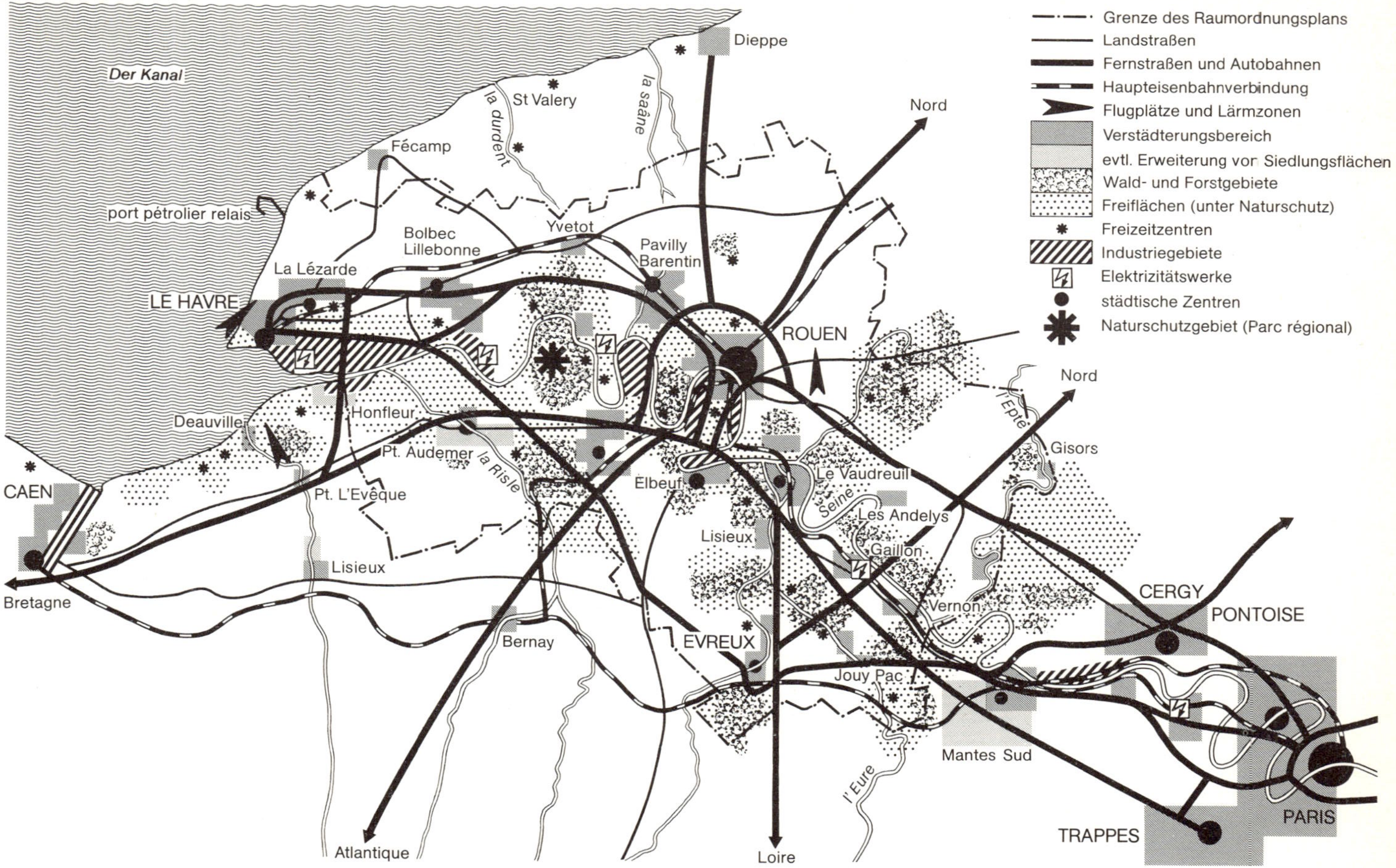

- Grenze des Raumordnungsplans
- Landstraßen
- Fernstraßen und Autobahnen
- Haupteisenbahnverbindung
- Flugplätze und Lärmzonen
- Verstädterungsbereich
- evtl. Erweiterung vor Siedlungsflächen
- Wald- und Forstgebiete
- Freiflächen (unter Naturschutz)
- Freizeitzentren
- Industriegebiete
- Elektrizitätswerke
- städtische Zentren
- Naturschutzgebiet (Parc régional)

beschäftigten zu diesem Zeitpunkt. Zu dieser wichtigen Auslagerung tritt der Ausbau des Petrolkomplexes von Le Havre und der Raffinerien von Criquebeuf. Rund ein Drittel des nationalen Brennstoffbedarfs wird heute in Raffineriebetrieben im Gebiet von Le Havre erzeugt.

Im Zuge des Hafenausbaus wurden fast 20 000 ha Gelände für die Industrialisierung in Le Havre bereitgestellt. Dabei spielten vor allem die Überlegungen eine Rolle, die Schwerindustrie, die sich in immer stärkerem Maße von den traditionellen Standpunkten aufgrund der billigeren Erz- und Kohleimporte in Hafenstädten ansiedelte, nach Le Havre zu verlegen. Le Havre trat mit diesen Ambitionen in Konkurrenz zu dem südfranzösischen Ausbaugebiet von Marseille-Fos, das sich ebenfalls um die Ansiedlung der Stahlindustrie bemühte und schließlich aus verschiedenen Gründen den Vorrang bekam. Hauptgedanke dabei war zweifellos, im wesentlich weniger industrialisierten Süden mit der Stahlindustrie eine Wachstumsindustrie mit der Möglichkeit der Ansiedlung von Zuliefer- und Nachbereitungsbetrieben zu schaffen, um die wirtschaftliche Disparität zwischen dem Norden und Süden des Landes nicht weiter zu verstärken. Als Folgebetriebe der Ölraffinerien haben sich in Le Havre aber unabhängig von politischen Entscheidungen zahlreiche petrochemische Industriebetriebe angesiedelt, die inzwischen insgesamt fast 20 000 Arbeitsplätze bieten.

Die besondere Stellung des unteren Seinetales für die Wirtschaft des Raumes, der Hauptstadt und eines Hinterlandes, das bis in die ostfranzösischen Wirtschaftsschwerpunkte reicht, liegt im wesentlichen in der Bedeutung der beiden Häfen Le Havre und Rouen begründet. Diese beiden Häfen haben zusammengenommen fast den gleichen Umschlag wie das erweiterte Hafenzentrum von Marseille, wobei sowohl in Le Havre als auch in Rouen die Erdöleinfuhr einen entscheidenden Anteil am Umschlag hat. (Tab 21)

Aufgrund der Erdölimporte hat vor allem Le Havre in den letzten Jahren seinen Warenumschlag erheblich vermehren können. Der Erdölumschlag der französischen Häfen hat sich von 21.98 Mio t im Jahre 1950 bis zum Jahre 1976 verzehnfacht. 1981 wurden rund 170 Mio t Erdöl in französischen Häfen gelöscht. Le Havre hatte daran einen Anteil von 30,5% (Marseille-Fos 43,5%). Sowohl in Le Havre als auch in Marseille-Fos liegt der Ölanteil an der umgeschlagenen Tonnage bei rund 75%. Le Havre ist darüber hinaus der Hafen mit dem größten Passagierverkehr, wenn man Calais mit dem Fährverkehr nach England außer acht läßt.

Die Verkehrsgunst des unteren Seinetales hat in der Vergangenheit jedoch unter der Konkurrenz der nahen Hauptstadt dem wirtschaftlichen Wachstum wenig Vorteile gebracht. Die Konkurrenzsituation von Paris war zu stark ausgeprägt, und erst mit den jüngsten Expansionsbestrebungen wird der Raum stärker auch als potentieller Industrieschwerpunkt anvisiert.

Die Zielsetzung, die sich in den regionalen Entwicklungsplänen verfolgen läßt, geht auf die Schaffung eines Europort hinaus, der sich am Beispiel Rotterdams ausrichtet. Zweifellos ist dabei das Vorhandensein großer Industriezonen im Bereich zwischen Le Havre und dem Pont de Tancarville ein wichtiger Vorteil. Allerdings ist die Stadt in ihrer Ausdehnungsmöglichkeit durch die steile Felsenküste nach Norden hin benachteiligt. Die anschließenden Hochplateaus sind klimatisch nicht besonders günstig, da sie stark windexponiert sind und somit für eine Besiedlung wenig geeignet sind. Der Mündungsbereich der Seine selbst kommt praktisch nicht in Frage, da hier sowohl die beträchtliche Ausdehnung der Mündung als auch der hohe Grad der Luftverschmutzung bereits jetzt eine Ausdehnung der Wohnfläche sehr problematisch gestaltet. Ähnlich liegen die Schwierigkeiten auch in Rouen, wenngleich hier nicht mehr die gleichen extremen Witterungseinflüsse wirksam werden. Die Stadt hat sich inzwischen auf die randlichen Plateaus ausgeweitet und zählt inzwischen 380 000 Einwohner. Die Bevölkerung von Le Havre beträgt knapp 255 000 Einwohner (Zahlen für 1982).

Die relative Unterindustrialisierung, die das untere Seinetal trotz seiner Lagegunst und trotz bedeutender historischer Ansätze bis in die letzten Jahre gekennzeichnet hat, ist ganz zweifellos in der politischen und wirtschaftlichen Konstellation des Landes zu sehen. Einerseits stellte Paris den alles entscheidenden Wirtschaftspol dar, andererseits wurde auch in den Städten des unteren Seinetals die wirtschaftliche Autonomie einer Integration in die großen Wirtschaftskonzerne vorgezogen. Der Separatismus der normannischen Bevölkerung kann hierbei als einer der wesentlichen Hinderungsfaktoren angesehen werden. Erst in den letzten Jahren ist man bereit, unter dem Druck der wirtschaftlichen Notwendigkeiten die vorhandenen Möglichkeiten besser zu nutzen. Die Anlage von „Neuen Städten", wie Le Vaudreuil, und damit die Schaffung neuer Wirtschaftszentren sind die Anzeichen einer Verlängerung der Wirtschaftsgasse, die in Zukunft von Paris aus bis ins Mündungsgebiet der Seine reichen soll. Allerdings haben gerade die letzten Jahre gezeigt, daß die Dynamik dieser Entwicklung geringer ist als von vielen erhofft. So verzeichnete das Departement Seine-Maritime mit den beiden Wirtschaftszentren Le Havre und Rouen einen Rückgang seiner Bevölkerungszahlen und der aktiven Erwerbsbevölkerung durch Wanderungsverluste in den letzten 10 Jahren. Planungen für den Ausbau von Industrieflächen oder der Ville Nouvelle von Le Vaudreuil liegen weit hinter den gesteckten Zielen zurück. Es bleibt abzuwarten, ob dies lediglich die Auswirkungen einer allgemeinen Wirtschaftsrezession sind, oder ob die Vorstellungen von einer Wirtschaftsachse „Unteres Seinetal" einfach zu hoch gesteckt waren.

4.3.
Kohle und Textil – Grundpfeiler des nordfranzösischen Industrial Industrieviers

4.3.1.
Nationale Grenzen durchschneiden einen wirtschaftlichen Aktivraum

Das nordfranzösische Industrierevier kann nicht als historische Einheit angesehen werden. Es umfaßt vier Einzellandschaften: „Cambrésis", „Artois", „Flandre" und „Hainaut". Hainaut und Flandern werden seit den Verträgen von Utrecht aus dem Jahre 1713 (Utrechter Friede, der den Spanischen Erbfolgekrieg beendete) und dem Wiener Kongreß 1815 durch die französisch-belgische Grenze in einen französischen und einen belgischen Teil getrennt.

Auch naturräumlich gliedert sich die Region in zwei Großeinheiten, nämlich in das morphologisch bereits dem Pariser Becken zuzuordnende Kreideplateau von Artois und Cambrésis im Süden, an das sich im Norden eine löß- bzw. lehmüberdeckte Ebene, die Bestandteil des angloflämischen Beckens ist, anschließt. Dieser naturräumliche Gegensatz ist seit der Frühzeit für die Besiedlung durch den Menschen wirksam gewesen. Während auf den relativ trockenen Plateauflächen der Mensch schon während der gallo-romanischen Epoche siedelte, mied er die durchfeuchteten flandrischen Küstenebenen. Sümpfe und ausgedehnte Wälder machten diesen Raum zu einem siedlungsfeindlichen Gebiet. Erst mit der germanischen Überlagerung während der Völkerwanderung wurde auch der nördliche Teil erschlossen.

Während des 11. Jahrhunderts gewinnt besonders der flandrische Teil durch den aufkommenden Handel an Bedeutung. Zahlreiche Städte entstehen in dieser Zeit, und schon in der frühen Phase wird die Wollverarbeitung zu einem wichtigen wirtschaftlichen Erwerbszweig. Auch die Landwirtschaft wird allmählich durch den meliorativen Eingriff des Menschen zu einem wichtigen Teil der Wirtschaft dieses Raumes.

Von entscheidender Bedeutung für die wirtschaftliche Entwicklung ist die Entdeckung der Kohlevorkommen, die im wesentlichen in das 18. und 19. Jahrhundert fällt. Die schon lange bekannten Flöze im belgischen Teil Flanderns waren durch die Utrechter Verträge von Frankreich abgeschnitten worden. Die Suche nach der Fortsetzung dieser Vorkommen auf französischem Boden wurde im Jahre 1720 von Erfolg gekrönt, als die Compagnie d'Anzin, die mit der Prospektion der Kohlevorkommen beauftragt war, fündig wurde. Der Abbau beschränkte sich zunächst auf die Vorkommen im Bassin von Valenciennes. Im Departement Pas-de-Calais wurde die Fortsetzung der Flöze im Jahre 1847 entdeckt. Im Jahre 1882 wurden mehr als 10 Mio t gefördert, wobei besonders die Magerkohle aus dem Gebiet von Valenciennes und Douai für die industrielle Verarbeitung eine wichtige Rolle spielte. Die sehr viel fettere Kohle aus dem westlichen Teil des Reviers bekam erst mit wachsender Bedeutung der chemischen Verwertung der Kohle zunehmend auch wirtschaftliches Gewicht.

Besonders in der Phase des wirtschaftlichen Aufschwungs, der sich seit den letzten beiden Jahrzehnten des 19. Jahrhunderts abzuzeichnen begann, entwickelte sich das Kohlenrevier im Norden zu einem der wichtigsten Konzentrationspole der Bevölkerung in Frankreich. Die sich schnell entwickelnde Schwerindustrie brauchte weit mehr Kohle, als aus dem eigenen Lande hätte gefördert werden können, dadurch war der Absatz auf lange Zeit gesichert. Die Produktionsraten stiegen ständig und erreichten am Vorabend des Ersten Weltkriegs rund 27,5 Mio Tonnen, das waren zu diesem Zeitpunkt über zwei Drittel der gesamtfranzösischen Förderung. (Tab. 22)

Eine erste Krise wurde mit dem Kriegsanbruch 1914 eingeleitet. Während des Krieges wurden zahlreiche Werkanlagen und Schächte zerstört. Der Aufbau erfolgte nur relativ langsam, wurde durch die Weltwirtschaftskrise wiederum aufgehalten, und bevor er sich wieder richtig entfalten konnte, brach der Zweite Weltkrieg aus, der abermals Zerstörungen mit sich brachte.

Für den Wiederaufbau der französischen Wirtschaft nach dem Zweiten Weltkrieg hatten die Kohlevorkommen eine Schlüsselstellung. Die vorhandenen Anlagen mußten durchgreifend modernisiert, funktionsfähig und wettbewerbsfähig gemacht werden. Bereits während der ersten Wiederaufbauphase hatte sich gezeigt, daß die Besitzverhältnisse maßgeblich an der zögernden Entwicklung Schuld trugen. Das Revier war unter 18 Gesellschaften aufgeteilt gewesen, die mit unterschiedlicher Investitionsfreudigkeit und Risikobereitschaft diesen Aufbau trugen. Um diesen Problemen nach dem Zweiten Weltkrieg aus dem Wege zu gehen und eine schnelle Funktionsfähigkeit zu erreichen, wurden die Bergwerke im Jahre 1946 nationalisiert, ebenso zahlreiche andere große Wirtschaftsunternehmen wie Banken, Automobilwerke, Versicherungsgesellschaften etc. Seitdem spielt der französische Staat eine nicht leicht durchschaubare Rolle als Unternehmer und als Lenker der Wirtschaft im Lande. Durch die hohen Anteile der staatlichen Produktion an der Gesamtproduktion ist eine Beeinflussung über den Markt zusätzlich zu den politischen Lenkungsmöglichkeiten der Wirtschaft gegeben.

Nach dem Zweiten Weltkrieg konnte die Produktion schnell gesteigert werden, was aufgrund des wachsenden Bedarfs auf dem Energiesektor und in der Schwerindustrie bis in die späten 50er Jahre hinein ein fundamentales wirtschaftliches Erfordernis war (Tab. 23). Im Jahre 1949 wurden in Frankreich 67 350 000 t Kohle gefördert, davon im Revier Nord 27 669 000 t. Demgegenüber spielte das lothringische Revier zu diesem Zeitpunkt mit einer Förderung von 9 772 000 t nur eine geringe Rolle. Bis zum Jahre 1959 erfolgte eine ständige Steigerung der Förderung.

Seit Mitte der 1960er Jahre ist die Verwendung von Kohle als Primärenergieträger auch in Frankreich ständig zurückgegangen. Noch 1970 betrug ihr Anteil rund ein Viertel am Gesamtenergieverbrauch, bis 1982 verringerte er sich auf knapp 17%. Auch die Verwendung von Erdöl ist seit etwa 10 Jahren stark rückläufig, es ist mit 50,6% jedoch wichtigste Primärenergiebasis des Landes. Der Anteil von Naturgas stieg zwischen 1970 und 1982 von 6,2 auf 12,2%, der der Elektrizität, die zu fast 65% in Atomkraftwerken erzeugt wird, von 9,1 auf 20,4%.

Das nordfranzösische Kohlenrevier ist von diesem Wandel am stärksten betroffen. Die Fördermengen betragen heute nurmehr etwas über 10% der Menge, die noch zu Beginn der 1960er Jahre erreicht wurden.

In der historischen Entwicklung seit Jahrhunderten von zentraler Bedeutung ist die *Textilindustrie*, die in ihren Anfängen bereits bis in das Mittelalter zurück zu verfolgen ist. Die natürliche Basis, auf der sich die Textilindustrie entwickelte, war die Schafhaltung, die in Flandern schon früh eine wichtige Rolle spielte.

Seit dem 11. Jahrhundert bestanden enge Handelsverbindungen nach England und Spanien. Hier wurde zusätzlich Wolle aufgekauft, in Flandern verarbeitet und später auf den ausländischen Märkten wieder abgesetzt. Die Textilprodukte Flanderns gehörten im Hochmittelalter zu den begehrtesten in Europa.

Neben der Wollverarbeitung zeigte sich schon bald im Zusammenhang mit der landwirtschaftlichen Erschließung des Gebietes eine zweite Basis: der Flachsanbau. Er verdrängte sogar relativ rasch die Schafhaltung, da die Weideflächen umgebrochen wurden, so daß die Bedeutung der Wollverarbeitung allmählich zugunsten der Flachsverarbeitung rückläufig wurde. Besonders der maritime Klimaeinfluß in den Küstenebenen Flanderns begünstigte den „Röstungsvorgang", der die Bastschicht, die die Faser umgibt, zermürbt, bevor beim „Bruch" und beim „Heckeln" die Faser dann von den Holzteilen befreit wird. Der Flachsanbau begründete den Reichtum Flanderns, da er von einer breiten Bevölkerungsschicht getragen wurde, die auch die Weiterverarbeitung des Rohprodukts häufig selbst ausführte, bevor sich in der beginnenden Neuzeit mit dem Manufakturwesen erste Anzeichen des Konzentrationsprozesses andeuteten.

Die Konkurrenz, die durch die Baumwolle für viele textilorientierte Gebiete mit dem aufkommenden Fernhandel und den entwickelten Möglichkeiten der Baumwollverarbeitung entstand, wurde in Flandern nicht in gleichem Maße spürbar, da sich die Tuchhersteller schon früh um eine Kombination der Woll-, Flachs- und Baumwollverarbeitung bemühten. Auch während der industriellen Revolution, die gerade in der frühen Phase von England her die alten textilverarbeitenden Betriebe vieler Gebiete in den Ruin trieb, konnte sich das flandrische Gebiet rasch genug umstellen und sich die modernen Techniken aneignen, so daß der Raum bis heute ein Zentrum der Textilherstellung und -verarbeitung geblieben ist.

4.3.2.
Der Großraum Lille – Roubaix – Tourcoing – Zentrum der Textilindustrie

Anders als viele französische Städte wie Marseille, Lyon oder Paris kann Lille und seine Nachbarstädte nicht auf eine so lange geschichtliche Entwicklung zurückblicken. Ihre Entstehung reicht nicht in die Antike zurück, sondern ist im Zusammenhang mit der wirtschaftlichen Entwicklung des Raumes seit dem Hochmittelalter zu sehen. Lille erscheint urkundlich erstmals in der Mitte des

Tab. 22: Die Kohleförderung Frankreichs 1850–1929 (in Mio. t)

Revier	1850	1880	1900	1913	1929
Nord	1,0	8,5	20,3	27,4	34,9
Centre-Midi	3,4	10,8	13,1	13,4	14,0
Lothringen (1870–1918 deutsch)	–	0,5	1,1	3,8	6,1
Gesamt	4,4	19,8	34,5	44,6	55,0

Quelle: J. Lepidi, 1976

Tab. 23: Die Kohleförderung Frankreichs nach dem Zweiten Weltkrieg (in 1000 t)

Revier	1949	1959	1970	1980	1982
Nord/Pas-de-Calais	27 669	29 249	16 987	4 500	3 200
Lothringen	9 772	15 142	12 788	9 800	10 100
Centre-Midi	14 089	14 332	9 096	5 400	5 000
Sonstige	?	?	1 229	1 000	1 700
Gesamt	51 530	58 723	40 100	20 700	20 000

Quelle: J. Lepidi, 1976 und INSEE 1984b

Tab. 24: Die Bevölkerungsentwicklung in den Randsiedlungen von Lille in der ersten Hälfte des 19. Jahrhunderts

Siedlung	1822	Einwohner 1851	1856	Zunahme 1851/1856
Lambersart	852	1 219	1 328	8,9 %
Lomme	1 767	2 241	2 425	8,3 %
Marcq	2 925	3 989	4 617	15,8 %
Mons	738	1 120	1 319	17,8 %
Hellemmes	524	1 095	1 152	5,2 %
Fives	1 147	3 618	5 076	40,3 %
Moulins	–	4 875	7 418	52,2 %
Wazemmes	5 866	17 961	18 254	1,6 %
Esquermes	1 475	3 127	3 731	19,3 %

Quelle: Bruyelle, P., 1976

11. Jahrhunderts (1056). Für die Gründung entscheidend war zweifellos der Verlauf verschiedener Handelsstraßen durch dieses Gebiet, die sich zwar teilweise in ihrem Verlauf an die römischen Heerstraßen anlehnen, jedoch während der Antike an dieser Stelle zu keiner Stadtgründung geführt haben.

Bis zum 13. Jahrhundert entwickelt sich Lille dank seiner „Industrie", d.h. seines Fleißes und seiner gewerblichen Tätigkeit, zu einer der bedeutendsten Städte Flanderns mit weiten kommerziellen Verbindungen innerhalb Europas. Gleichzeitig entwickelten sich auch die übrigen Städte wie Brügge, Gent, Jeper, Douai aufgrund des Handels und Gewerbes sehr rasch.

Während die wirtschaftlichen Voraussetzungen für eine schnelle Stadtentwicklung und wachsenden Wohlstand durchaus vorgegeben waren, so war doch die Lage der Stadt zwischen Flandern und Frankreich an einer Grenze, die auch von Spanien und Österreich beansprucht wurde, immer wieder ein entscheidendes Handicap. Belagerungen und Zerstörungen gehören zur leidvollen Geschichte der Stadt, die wechselseitig unter holländischen und französischen Einfluß gelangte. Nach Belagerungen in den Jahren 1214, 1297, 1302, 1304 kehrte bis ins 17. Jahrhundert relative Ruhe ein. Dann aber ergaben sich in den Jahren 1641, 1644 und 1645 erneute Spannungen, die erst durch die im Jahre 1667 durch Ludwig XIV durchgeführte Annexion der Stadt an Frankreich beendet wurden. 1708 erneute Belagerung und Einnahme der Stadt durch die Holländer, die sich nach den Verträgen von Utrecht im Jahre 1713 wieder zurückziehen müssen. Erst 1815 auf dem Wiener Kongreß, als Europa „neu verteilt" wurde, stabilisierten sich die Grenzen an der nordwestlichen Spitze des Hexagons.

Auch die Kriegsereignisse des Spätmittelalters, vor allem der 100jährige Krieg zwischen England und Frankreich, bedeuteten einschneidende wirtschaftliche Konsequenzen für Flandern. Die Kaufkraft im Lande ließ nach, der Bedarf an Luxusgütern sank, die Rohstoffe konnten aufgrund der unterbrochenen Handelsverbindungen häufig nicht beschafft werden. Erst die endgültige Bereinigung der politischen Situation im 18. Jahrhundert leitete für das Gebiet die Entwicklung ein, die sich bis heute auf der Basis von Textilverarbeitung und Kohleerzeugung wie ein Leitfaden verfolgen läßt. Dabei muß die Wirkung der politischen Grenze gesehen werden. Durch die Annexion von Lille an Frankreich wurde die Stadt praktisch aus seinem wirtschaftlichen Umland herausgelöst. Die Liefergebiete für die Rohstoffe lagen nun in einem anderen Land. Obwohl dadurch die alten Handelsverbindungen nicht unterbrochen wurden, verteuerte sich doch die Beschaffung der Rohstoffe aufgrund der Zollabgaben beträchtlich.

Andererseits bedeutete die Zugehörigkeit zu Frankreich auch Vorteile. Lille wurde zu einem Bollwerk an der französischen Nordgrenze ausgebaut (Vauban), erhielt zahlreiche neue wirtschaftliche und politische Funktionen, wurde durch neue Verkehrsverbindungen mit anderen französischen Städten und mit der Küste (Dünkirchen) verbunden. Die militärische und politische Funktion der Stadt trat neben die wirtschaftliche.

Die beiden Nachbarstädte Roubaix und Tourcoing entstehen erst im 16. Jahrhundert, ihr wirtschaftlicher Aufschwung verbindet sich aufs engste mit der Ausweitung der Textilindustrie im 18. Jahrhundert. Trotz zahlreicher Privilegien verliert Lille allmählich das Monopol für die Wollverarbeitung. Während Lille an der Produktion hochwertiger Textilien und Tuche festhält, entstehen mit neuen Techniken in Roubaix und Tourcoing Produkte minderer Qualität, die aber auf dem Markt leichter abgesetzt werden konnten. Zwar bleibt die Dominanz von Lille auch während des 18. Jahrhunderts bestehen, jedoch vermindert sich die Bevölkerungszahl von 1740 bis 1790 von 63 000 auf 59 200.

Tourcoing und Roubaix verzeichnen relativ starke Zunahmen. Im Jahre 1790 werden in Tourcoing 12 184, in Roubaix 8559 Einwohner gezählt.

Die industrielle Revolution bleibt nicht ohne nachhaltige Veränderung. Durch die Einführung mechanischer Webstühle, die Verwendung der Dampfmaschine, die Mechanisierung der Wollspinnerei erfolgte eine Umorientierung, die für die Bevölkerung auf dem Lande häufig mit einschneidenden Einnahmeverlusten verbunden war. Auch die Konkurrenz anderer Städte, etwa von Rouen, oder anderer Länder, vor allem Englands, wirkten sich für diesen Wirtschaftszweig aus und zwangen zu einer durchgreifenden Reorganisation. Innerhalb der drei Städte ergab sich eine gewisse Spezialisierung. Roubaix wendete sich wieder stärker der Wollverarbeitung zu, Tourcoing, das die bedeutendsten Kämmereien besaß, konzentrierte sich stärker auf den Wollhandel, besaß aber auch nach der Erfindung der Wollkammaschinen und der automatischen Aufspindelung noch zahlreiche Großbetriebe für die Textilverarbeitung. Lille übernahm in zunehmendem Maße die politische und administrative Funktion, hinzu kam eine gewisse Konzentration von Banken und kulturellen Einrichtugen, die das wirtschaftliche Bild der Stadt stärker diversifizierten.

Nachdem die Krise der industriellen Revolution durch die Anpassung der Produktion an die neuen Verhältnisse überwunden war, nahm auch die Bevölkerung wieder stark zu. Lille, das bis zum Jahre 1800 noch rückläufige Bevölkerungszahlen aufwies, entwickelte sich bis zum Jahre 1841 mit 72 537 Personen zu einer der bevölkerungsreichsten Städte Frankreichs. Mit der Anbindung an das Eisenbahnnetz im Jahre 1846 wurde der Zuwachs noch beschleunigt. Die Wohnbedingungen in der Stadt, in der auf einer Fläche von 210 ha durch die ständige Ausweitung der Industriefläche die Wohnflächen fortschreitend verringert wurden, nahmen teilweise katastrophale Formen an. Sowohl die Industrie selbst als auch die Bevölkerung waren gezwungen, in die umliegenden Dörfer und Kleinstädte auszusiedeln. Während Lille nach 1850 nur noch geringe Bevölkerungszunahmen aufwies, wuchsen vor allem die umgebenden Siedlungen stark an. (Tab. 24)

Besonders die Orte in der südöstlichen Banlieue zeichneten sich durch extreme Zunahmen aus. Innerhalb von 5 Jahren nahmen sie 10 000 Einwohner der Stadt Lille auf. Hauptgrund für diese Bevölkerungsverlagerung war die Anlage neuer Industriebetriebe, die innerhalb der Stadtmauern keinen Platz mehr fanden. Aber auch die Pendelwanderung nach Lille spielte bereits eine bedeutende Rolle. Im Jahre 1858 wurden die Orte Wazemmes, Esquermes und Moulins eingemeindet. Dadurch entstand neuer Raum, der ein weiteres Wachstum der Stadt in der zweiten Hälfte des 19. Jahrhunderts ermöglichte. Es entstanden Arbeiterwohnviertel in uniformer Bauweise, ländliche Häuser wurden durch Reihenhäuser oder Blocks ersetzt. Im Zeitraum zwischen 1861 und 1896 wuchs die Stadt um 84 500 Einwohner und erreichte um die Jahrhundertwende bereits 220 000 Einwohner.

Aber auch die beiden Nachbarstädte hatten an dieser Bevölkerungskonzentration im Industriezentrum ihren Anteil. Tourcoing verzeichnete zwischen 1806 und 1906 eine Zunahme um fast 70 000 Einwohner. Im gleichen Zeitraum stieg die Einwohnerzahl von Roubaix von 8724 auf 121 000. Auch hier hielt der Ausbau der Wohngebäude, die Ver- und Entsorgung mit dieser explosionsartigen Entwicklung kaum Schritt, so daß die Slumviertel in den Arbeiterwohnbezirken geradezu katastrophale Ausmaße annahmen.

Die Bevölkerungsentwicklung dieser drei Städte erreichte am Vorabend des Ersten Weltkrieges ihren Höhepunkt. Zu diesem Zeitpunkt sind die Platzreserven zum großen Teil erschöpft; die Bevölkerungsverminderung durch die Kriegsverluste verursacht dann eine Rückläufigkeit, die auch in der folgenden Zeit anhält. Der Wachstumsring des Industriegebietes verschiebt sich weiter nach außen und erfaßt nunmehr die Orte im weiteren Umland der inzwischen miteinander verwachsenen Städte. Damit einher geht die Entleerung der Städte selbst, in denen zahlreiche Arbeiterviertel zu Industrieflächen oder zu Grünanlagen umgewandelt werden. Neue Blocks entstehen an der Peripherie. Dieser Vorgang ist vor allem nach dem Zweiten Weltkrieg deutlich. Die Bevölkerung wächst weiter innerhalb der Agglomeration von 757 613 im Jahre 1954 auf 926 000 im Jahre 1975 und 936 295 im Jahre 1982. Trotz einer deutlichen Verlangsamung der Bevölkerungszunahme in den letzten Jahren gehört der Großraum Lille zu den Gebieten mit der höchsten Bevölkerungsdichte in Frankreich nach dem Großraum Paris. (Tab. 25) Aus dem allgemeinen Entwicklungstrend fällt deutlich die Ville Nouvelle von Villeneuve d'Ascq heraus. Dieser Entlastungskern im südlichen Teil des Städtedreiecks Lille/Roubaix/Tourcoing soll bis zum Jahre 2000 auf 100 000 Ew. anwachsen.

Als Besonderheiten in der Bevölkerungsstruktur müssen angesehen werden:
— ein relativ hoher Ausländeranteil, der innerhalb der Agglomeration Lille/Roubaix rund 6% der Bevölkerung beträgt;
— eine deutlich über dem nationalen Durchschnitt liegende Sterberate, was als Zeichen für die Belastungen in diesem Ballungsgebiet gewertet werden muß.

Neben diesen Abweichungen von den nationalen Durchschnittswerten ist auch die Erwerbsstruktur der Bevölkerung deutlich durch die Industrie des Raumes geprägt. Aufgrund einer relativ „jungen" Bevölkerung liegt der Anteil der aktiven Erwerbsbevölkerung in der Agglomeration Lille-Roubaix über dem nationalen Durchschnitt.

Die heutige Industriestruktur von Lille und seiner Agglomeration trägt noch deutlich die Charakteristika seiner historischen Entwicklung, obwohl sich im 19. Jahrhundert und verstärkt im 20. Jahrhundert neue Industriezweige angesiedelt haben. An erster Stelle steht nach wie vor die Textilbranche, wobei besonders in Roubaix und Tourcoing ein deutliches Übergewicht dieses Industriezweiges erkennbar ist. Während in Lille selbst der Anteil der Beschäftigten in der Textilbranche an der Gesamtzahl der Industriebeschäftigten bei rund 19% lag (1982), stellte er in Roubaix/Tourcoing mit 48,5% den höchsten Anteil. Für die Gesamtagglomeration ist der Wert gegenüber 1962 jedoch von rund 50% auf 27,2% im Jahre 1982 abgefallen, was den allmählichen Strukturwandel verdeutlicht.

An zweiter Stelle folgt der Maschinenbau, der schon historisch eine wesentliche Rolle gespielt hat. Ursprünglich war die Produktion wesentlich auf die Bedürfnisse der Textilbranche ausgerichtet gewesen. Auch hier hat sich eine Umorientierung vollzogen. Landmaschinenbau, Motorbau, Pumpenherstellung, Eisenverarbeitung usw. dominieren heute über den Bau von Textilmaschinen. Demgegenüber fehlen Elektro- und Elektronikindustrie noch weitgehend, auch die Feinmechanik ist nur sehr gering vertreten. Die Diversifizierung der Industrie im Industriegebiet Lille wird seit 1961 planmäßig angestrebt. Die rückläufigen Beschäftigtenzahlen in der Textilbranche verlangen nach neuen Beschäftigungsmöglichkeiten, denen man mit einem breiten Angebot zu begegnen versucht. Zahlreiche neue Industriegelände wurden erschlossen, Investitionsanreize von Stadt, Departement und Land geschaffen. Als bedeutendster Erfolg dieser Bemühungen kann die Ansiedlung der Flugzeugwerke Dassault in Seclin mit rund 4500 Beschäftigten gesehen werden. Die neu geschaffenen Industriezonen bilden heute einen Ring um die Agglomeration, die sich im Innenbereich zunehmend industriell entleert, wogegen die tertiären Funktionen zunehmen.

Tab. 25: Die Bevölkerungsentwicklung in den Gemeinden über 10 000 Einwohner in der Agglomeration Lille 1968–1982

Gemeinde/Stadt	1968 Einw.	1975 Einw.	1968/75 in %	1982 Einw.	1975/82 in %
Lille	190 546	172 280	− 9,6	174 039	+ 1,0
Roubaix	114 547	109 553	− 4,4	101 886	− 7,0
Tourcoing	98 755	102 239	+ 3,5	97 121	− 5,0
Wattrelos	43 754	45 440	+ 3,8	44 655	− 1,7
Marcq-en-Baroeul	35 136	36 126	+ 2,8	35 520	− 1,7
Lomme	29 315	29 255	− 0,2	28 464	− 2,7
Lambersart	26 833	29 642	+ 10,5	28 805	− 2,3
La Madelaine	23 203	20 999	− 9,5	22 294	+ 6,2
Croix	21 424	20 125	− 6,1	19 445	− 3,4
Loos	21 007	21 530	+ 2,5	21 537	–
Hellemmes	18 670	17 646	− 5,5	16 407	− 7,0
Faches-Thumesnil	16 801	18 645	+ 10,9	16 944	− 9,1
Hem	16 742	23 183	+ 38,5	21 945	− 5,4
Halluin	14 829	15 491	+ 4,5	16 448	+ 6,2
Wasquehal	14 274	16 391	+ 14,8	16 390	–
Mons-en-Baroeul	14 113	28 086	+ 99,0	26 638	− 5,2
Ronchin	14 030	15 319	+ 9,2	17 579	+14,8
Haubourdin	12 106	14 552	+ 20,2	14 604	+ 0,4
Saint-André	11 757	12 415	+ 5,6	10 795	−13,0
Villeneuve d'Ascq	26 178	36 789	+ 40,5	59 868	+62,7
Mouveaux	11 247	10 724	− 4,7	12 631	+17,8
Lys-les-Lannoy	10 410	10 991	+ 5,5	11 163	+ 1,6
Roncq	7 820	10 756	+ 37,5	11 730	+ 9,1
Wattignies	5 969	12 319	+106,4	13 870	+12,6
Agglomeration Lille	881 439	925 976	+ 5,1	936 295	+ 1,1
Departement Nord	2 417 899	2 510 738	+ 3,8	2 520 526	+ 0,4
PR Nord – Pas-de-Calais	3 815 058	3 913 773	+ 2,6	3 932 939	+ 0,5

Quelle: Bruyelle, P., 1976 und Recensement 1982

Tab. 26: Änderungen in der Industriestruktur der PR Nord – Pas-de-Calais seit dem Zweiten Weltkrieg

Industriezweig	Beschäftigte 1962	Beschäftigte 1984	Veränderung 1962/1982 (%)
Kohle und Energie	110 600	21 400	−80,7
Stahlerzeugung und Primärverarbeitung	62 200	52 300	−15,9
Baugewerbe	94 700	91 300	− 3,2
Textilindustrie	175 300	98 900	−43,6
Mechanische Industrie incl. Fahrzeugbau	60 400	74 700	+23,7
Chemische Industrie	20 400	16 000	−21,6
Werftindustrie	4 100	6 500	+58,5
	527 700	361 100	−31,6

Berechnet nach: INSEE Nord – Pas-de-Calais 1985

4.3.3.
Die Wirtschaftsstruktur der Programmregion Nord– Pas-de-Calais und die künftige Entwicklungsplanung

Die Wirtschaftsplanung für das nordfranzösische Industrierevier ist vor dem Hintergrund der Strukturwandlungen zu sehen, die das Gebiet vor allem seit dem Zweiten Weltkrieg kennzeichnen. Die starke Industrialisierung während des 19. Jahrhunderts hatte die Bedeutung der Landwirtschaft schon recht früh gemindert. Im Jahre 1954 waren lediglich noch 13% der aktiven Erwerbsbevölkerung in der Landwirtschaft tätig, im nationalen Durchschnitt wurde dieser Wert erst im Jahre 1968 erreicht. Demgegenüber lag der Anteil der Industriebeschäftigten 1954 bei 55%. Dieser Wert ist seitdem kontinuierlich rückläufig und fiel bis zum Jahre 1982 auf 35% ab. Zunahmen verzeichnet demgegenüber der tertiäre Sektor von 32% im Jahre 1954 auf 52% im Jahre 1982.

Wenn sich in diesen Zahlen der strukturelle Wandel der Wirtschaft bereits widerspiegelt, so sind doch auch gerade die Veränderungen innerhalb des industriellen Sektors aufschlußreich. (Tab. 26) Deutlich zeigt sich, daß die klassischen Industriezweige der Region, nämlich Bergbau und Textilindustrie, rückläufig sind. Aufstrebend sind dagegen vor allem der Maschinenbau und verschiedene neue Industriezweige, die in dem Gebiet in den letzten Jahren angesiedelt worden sind, etwa Druck- und Papierindustrie, ansatzweise chemische Industrie und Elektroindustrie.

Bei all diesen Veränderungen muß die Stellung der Region im nationalen Wirtschaftsgefüge gesehen werden. Auf dem Energiesektor besitzt das Industrierevier Nord nach wie vor eine Schlüsselstellung. 23,2% der Gesamtbeschäftigtenzahl Frankreichs in diesem Sektor haben in der PR Nord-Pas-de-Calais ihren Arbeitsplatz. Auch in der Textilbranche sind in der Region 19,8% aller Beschäftigten Frankreichs tätig. Etwas geringer ist der Anteil in der Stahlerzeugung bzw. -Verarbeitung mit 17,4%. Hier nimmt die Region, gemessen an der Produktion, den zweiten Rang im Lande ein (nach Lothringen). Die Entwicklung nach dem Zweiten Weltkrieg ist dabei durch ausgesprochen hohe Wachstumsraten der Produktion gekennzeichnet. Nach einem ersten Produktionsmaximum im Jahr 1892 mit 9 700 000 t Rohstahlerzeugung wurden nach dem Wiederaufbau der zerstörten Werke bereits 1950 wieder 8 650 000 t Rohstahl produziert. Seitdem erfolgte eine ständige Steigerung der Produktion bis zum Jahre 1974 auf 27 023 000 t, wobei lediglich in den Jahren 1953, 1962 und 1965 kurzfristige Produktionsrückläufe festzustellen waren. Einen gravierenden Einschnitt bedeutete das Jahr 1975, als die Rohstahlerzeugung um 20,4% sank. Diese Zäsur steht in Einklang mit der weltweiten Krise, in die die Stahlerzeugung im Zusammenhang mit der Energiekrise der Jahre 1974/75 geriet und von der sie sich in vielen Gebieten bis heute nicht erholt hat. Die Produktionszahlen in der Stahlindustrie sind in den letzten Jahren ständig gesunken. Im Jahre 1982 wurden im Revier Nord lediglich noch 6,27 Mio t Rohstahl erzeugt, weniger als ein Viertel im Vergleich zu den beginnenden 1970er Jahren. Dies bedeutet, daß neben dem Kohlebergbau auch der zweite wichtige Wirtschaftspfeiler der Region, die Stahlindustrie, heute mit erheblichen Problemen zu kämpfen hat. Auch der dritte Pfeiler, die Textilindustrie, steckt heute in einer empfindlichen Krise.

Die Konsequenzen aus diesen jüngsten Entwicklungen spiegeln sich nicht zuletzt in den deutlich über dem nationalen Durchschnitt liegenden Arbeitslosenzahlen wider. Sie lagen im Jahre 1983 bei 11,8% (6,6% mehr als 1975) und fast ein Drittel über dem nationalen Durchschnittswert. Die Bemühungen, eine Diversifizierung der Branchenstruktur zu erreichen, waren in den vergangenen Jahren nur teilweise von Erfolg gekrönt. Vor diesem Hintergrund wird verständlich, warum die PR Nord – Pas-de-Calais zu den Gebieten mit den stärksten Verlusten ihrer aktiven Erwerbsbevölkerung im letzten Jahrzehnt gehört.

4.4.
Die Schwerindustrie Lothringens – Sorgenkind der französischen Planung

4.4.1.
Rascher Aufschwung im 19. Jahrhundert

Die Schwerindustrie Lothringens bildet den südlichen Teil des Montandreiecks Luxemburg – Saarbrücken – Nancy. Es findet seine Rohstoffbasis in den reichen Steinkohle- und Erzvorkommen, die auch für die übrigen Industriereviere dieses Raumes seit dem 19. Jahrhundert die Grundlage bilden.

Aber nicht die Schwerindustrie, sondern die Salzgewinnung steht am Anfang der Ausbeutung der lothringischen Bodenschätze. Zwischen Tonnoy südlich von Nancy und Saaralben wurde seit prähistorischer Zeit Salz abgebaut.

Die Schwerindustrie basiert im wesentlichen auf den Minette-Vorkommen, die ebenfalls schon früh bekannt waren, jedoch erst seit der Mitte des 19. Jahrhunderts in bedeutenden Mengen abgebaut wurden. Die Minette ist ein Eisenerzvorkommen, das an die unteren Doggerschichten geknüpft ist und in einem etwa 100 km langen und 18 km breiten Streifen zwischen Luxemburg und Nancy abbauwürdig ist. Schwerpunkte im Norden sind dabei im Bassin von Briey die Städte Briey und Longwy sowie die Täler der Mosel, der Orne und Fentsch und im Süden das Gebiet zwischen Pont-à-Mousson und Pont St. Vincent bei Nancy. Die abbauwürdigen Minette-Vorräte von rund 11 Mrd t machen Lothringen zu einem der wichtigsten Eisenerzgebiete der Welt.

Daneben haben auch die Steinkohlenvorkommen große Bedeutung. Die Vorräte betragen rund 4,8 Mrd t innerhalb des Montandreiecks und sind damit nach den Vorkommen im Ruhrgebiet die zweitgrößten in Europa. Der Anteil Lothringens beträgt an diesen Vorkommen rund zwei Drittel. Allerdings besteht der große Nachteil der lothringischen Kohle in der ungünstigen Zusammensetzung für die Koksherstellung. Nur durch die Vermischung mit Kohle aus dem Gebiet um Lille ist die sehr spröde Steinkohle Lothringens für die Eisenverhüttung verwendbar, so daß die Konkurrenz ausländischer Kohle schon früh die lokale Kohleförderung beeinträchtigte. Nach einem raschen Aufschwung der Förderung zu Beginn des 20. Jahrhunderts ist heute die Produktion im lothringischen Kohlerevier deutlich rückläufig.

Um 1800 gab es im Warndt und im Bitscher Land, also im unmittelbaren Grenzgebiet zur Saar, zahlreiche kleinere und mittlere Gewerbebetriebe, die an die Vorkommen von Blei, Eisen, Steine, Quarzsand etc. gebunden waren. Vor allem die Bleigewinnung hatte bereits im 18. Jahrhundert in St. Avold eine Blüte erfahren, sie mußte jedoch schon in der Mitte des 19. Jahrhunderts aufgrund schwieriger Abbaubedingungen und starker Konkurrenz eingestellt werden.

Die Metallverarbeitung war um 1800 in Falck, Creutzwald, Ste. Fontaine und Hombourg-Haut konzentriert. Zu den bedeutendsten Betrieben gehörte der Eisenhammer von Hombourg-Haut, der bereits im Jahre 1758 gegründet worden war. Die Verarbeitung des Eisens erfolgte somit vorwiegend im Gebiet der Kohlevorkommen und nicht, was sich erst im 19. Jahrhundert entwickelte, im Gebiet der Eisenlagerstätten, zu denen die Kohle transportiert wurde.

Die neben Kohlen- und Eisenindustrie wichtigste gewerbliche Grundlage, die Glasindustrie, war ebenfalls im Warndt und im Bitscher Land ansässig. Die Rohstoffbasis, Quarzsand und Holzkohle, war in dieser Gegend gesichert. Merlebach und Forbach waren dabei Zentren der von den Grafen von Nassau-Saarbrücken geförderten Industrie. Aber auch hier zeigten sich schon im 19. Jahrhundert Krisenerscheinungen. Unter dem Druck der Konkurrenz gingen zahlreiche Betriebe ein, und neue Glashütten entstanden in Meisenthal, Goetzenbruck und St. Louis-lès-Bitche, die aufgrund einer wesentlich günstigeren Verkehrslage zum Elsaß hin stark aufblühten.

Der Wandel von einer gewerblichen zu einer industriellen Struktur vollzog sich in der ersten Hälfte des 19. Jahrhunderts mit regional unterschiedlicher Dynamik. Im Bitscher Land, dem gewerblichen Schwerpunkt der Hüttenverarbeitung, entstanden kaum neue Betriebe. Die Salzgewinnung, die besonders im Bereich Dieuze – Chateau-Salins – Delme und im Departement Meurthe et Moselle ihren Schwerpunkt hatte, wurde stark aktiviert. Die Kohleförderung wurde erst durch den Pariser Frieden aus dem Jahre 1815 relevant. Vorher konnte die Verhüttung der Eisenvorkommen mit Kohle aus den damals noch lothringischen Kantonen Saarlouis und Saarbrücken erfolgen. Die Neuregelung der Grenzverhältnisse im Jahre 1815 schnitt dieses Gebiet jedoch von Lothringen ab. Ostfrankreich hatte seine Kohlegruben verloren, und die Erschließung neuer Gruben verlangte neue Techniken und hohe Investitionen. Die bergbaulichen Bedingungen im Bereich Forbach/St. Avold waren gegenüber dem Gebiet Saarbrücken – Saarlouis ungleich viel ungünstiger, da hier die kohleführenden Schichten des Karbon bereits 75 m unter dem Deckgebirge liegen.

Die Schwierigkeiten des Abbaus hatten vor allem in der starken Wasserführung des auflagernden Buntsandsteins ihre Ursache. Es dauerte über vierzig Jahre, bevor die technischen Probleme soweit bewältigt waren, daß mit dem Abbau begonnen werden konnte. Erst im Jahre 1846 wurde die erste abbauwürdige Kohle gefunden, mit dem Abbau wurde im Jahre 1856 begonnen. Der ostfranzösische Kohleabbau ist damit erst 120 Jahre alt und wurde durch die territorialen Veränderungen zu Beginn des 19. Jahrhunderts ausgelöst.

Mit der Erschließung der Kohlevorkommen trat somit zu den bereits bestehenden Säulen Eisen, Salz und Glas nun ein weiterer Schwerpunkt im industriellen Gefüge Lothringens hinzu. Zu Beginn der industriellen Neuzeit im Jahre 1859 beschäftigten die Kohlengruben zwar lediglich 852 und die Eisenerzgruben 887 Arbeiter, sie förderten aber die wesentliche Rohstoffgrundlage für weitere 13 789 Beschäftigte in der Metallverarbeitung, in den Salinen und Glashütten sowie in den Fayencebetrieben von Sarreguemines.

Die Entwicklung der lothringischen Industrie in der zweiten Hälfte des 19. Jahrhunderts wurde durch die politischen Verhältnisse nicht unwesentlich beeinflußt. Nachdem der Pariser Frieden die alten Erzvorkommen und Kohlereviere getrennt hatte, wurde im Jahre 1871 wiederum eine Zusammenlegung durch die Annexion Elsaß-Lothringens an das Deutsche Reich herbeigeführt. Von dieser Annexion wurde praktisch das gesamte lothringische Industrierevier im östlichen Teil betroffen, während der westliche Teil bei Frankreich verblieb.

Diese territorialen Veränderungen bewirkten eine gewisse Aktivierung der *Textilindustrie*, da zahlreiche Textilbetriebe unter dem Druck der preußischen Beeinflussung das Elsaß mit dem Schwerpunkt der Textilindustrie in Mulhouse (Mühlhausen) verließen, um sich im französisch verbliebenen Teil Lothringens anzusiedeln. Bis zur Reintegration Elsaß-Lothringens im Jahre 1919 hatte sich die westlothringische Textilindustrie eine starke Stellung auf dem nationalen Markt er-

Abb. 15: Der Wirtschaftsraum Elsaß-Lothringen

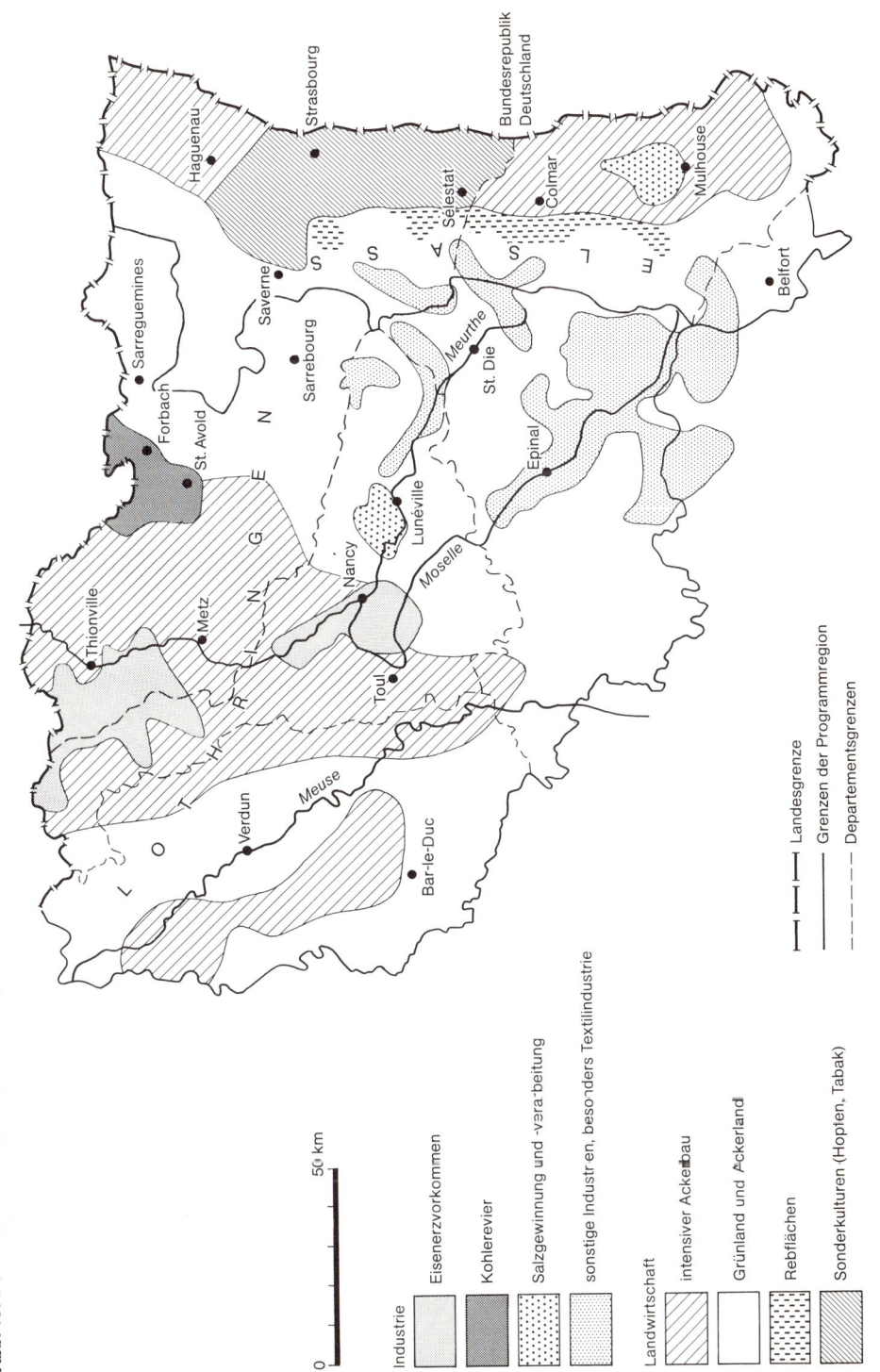

Quelle: Reitel, F., 1965

Industrie
- Eisenerzvorkommen
- Kohlerevier
- Salzgewinnung und -verarbeitung
- sonstige Industrien, besonders Textilindustrie

Landwirtschaft
- intensiver Ackerbau
- Grünland und Ackerland
- Rebflächen
- Sonderkulturen (Hopfen, Tabak)

— Landesgrenze
— Grenzen der Programmregion
- - - Departementsgrenzen

obert. Zu den wichtigsten Standorten der lothringischen Textilindustrie entwickelten sich die Städte Celles-sur Plaine, Saint-Dié, Gérardmer, Senones, Blamont und Thaon. Auch die größeren Städte im Süden, Epinal, Nancy, Vaucouleurs, Mirecourt und Luxeuil, wurden in der Zeit der Abtrennung von der Schwerindustrie im Norden zu Zentren der Textilindustrie, eine Bedeutung, die diese Städte teilweise bis heute erhalten haben.

Für die *Eisenverhüttung* entstanden durch die Veränderung in der nationalen Zugehörigkeit eher Vorteile denn Nachteile. Das Hauptinteresse des Deutschen Reiches lag in der Ausbeute der Vorkommen, und die Bemühungen um die Verarbeitung der Erze wurden hektisch beschleunigt. Die Schwierigkeit, die lothringischen Erze aufgrund des hohen Phosphorgehaltes im Bessemerverfahren zu verarbeiten, wurde durch die Erfindung des Thomasverfahrens im Jahre 1878 beseitigt, da in diesem Verfahren das Phosphor verbrannt wird. Die Minette-Vorkommen gewannen durch dieses Verfahren erneut an Interesse, und die Prospektion wurde an beiden Seiten der Grenze beschleunigt.

Obwohl die Minette mit einem Eisengehalt von nur 38 bis 54% relativ wenig konzentriertes Eisenerz darstellt, war sie doch durch das Nebeneinander von Kohle und Erzvorkommen auf kleinstem Raum plötzlich sehr konkurrenzfähig geworden.

Die Besonderheit des urbanen Netzes von Lothringen beruht ebenfalls weitgehend auf der historischen Entwicklung. Metz und Nancy, die beiden Agglomerationen Lothringens in einer Entfernung von lediglich 50 km, waren in ihrer historischen Bedeutung eher Grenzfesten als Industrie- und Gewerbestandorte. Gerade in der Phase der industriellen Umwälzung waren sie durch die deutsch-französische Grenze getrennt. Nancy entwickelte sich zur Zufluchtstätte der aus dem annektierten Teil Lothringens abwandernden Industriellen und profitierte damit in wirtschaftlicher Hinsicht besonders stark. Metz war demgegenüber das Zentrum des annektierten Teiles Lothringens und konnte seine wirtschaftliche Bedeutung, die es schon in der ersten Hälfte des 19. Jahrhunderts erlangt hatte, weiter ausbauen. Dabei behielt die Stadt ihre seit dem 17. Jahrhundert dominierende militärische Funktion. Vauban hatte Metz zu einer der bedeutendsten Festungen im Nordosten des Landes ausgebaut, und auch bei wechselnder territorialer Zugehörigkeit blieb diese Funktion über die Jahrhunderte hin eine der Grundlagen für das Leben in der Stadt. Im Zeitalter der Industrialisierung wurden zwar relativ wenige Industriebetriebe in der Stadt angesiedelt, sie übernahm jedoch zahlreiche Funktionen des tertiären Sektors, die sie zum Mittelpunkt des nördlichen Lothringen werden ließen.

Nancy stellte schon früh einen Kreuzungspunkt von Fernstraßen dar, die das Pariser Becken mit dem Osten des Landes verbanden. Im Gegensatz zu Metz, das als Sitz eines Erzbischofs geistliches Zentrum des Ostens war, stellte Nancy das fürstliche Zentrum Lothringens dar, bevor die Grafen von Lothringen nach Lunéville übersiedelten. Die Eingliederung in das französische Reich, die Verlegung der Universität von Pont-à-Mousson nach Nancy und der Ausbau von Handel und Gewerbe ließen hier eine zweite Metropole des Ostens entstehen, die durch den berühmt gewordenen Herzog Stanislaw Reszczynski im 18. Jahrhundert ihr „modernes Gepräge" erhielt, das sich in vielen Anlagen, Palästen, Straßenzügen und öffentlichen Gebäuden bis heute erhalten hat. Einen wirtschaftlichen Aufschwung bedeutete auch der Ausbau der militärischen Funktion in der Zeit zwischen 1871 und 1918.

4.4.2.
Standortnachteile als Ursache der heutigen Krise

Der Blick in die historische Entwicklung der lothringischen Industrie zeigt, daß sie im wesentlichen auf dem extraktiven Bereich aufbaut. Schwerpunkte sind Kohlebergbau, Eisengewinnung, Salzgewinnung und die Kalkerdeproduktion, die in der Schwerindustrie Verwendung findet. Die Struktur der Betriebe hat sich nach dem Zweiten Weltkrieg durch die Nationalisierung der Kohlengruben, die zu den Houillères du Bassin de Lorraine (H.B.L.) zusammengeschlossen wurden, entscheidend verändert. Vorher lag die Kohleförderung im wesentlichen in der Hand von drei Gesellschaften, die an die Stelle der zahlreichen kleineren Unternehmungen des 19. Jahrhunderts getreten waren. Die Gesellschaft „Sarre et Moselle", belgisch-französischen Ursprungs, ging schon 1900 in die Hände der Deutschen Bank, August Thyssens und Hugo Stinnes' über. Die Nationalisierung erfolgte hier bereits im Jahre 1920. Die Gesellschaft „de Wendel" (Petite Rosselle) wurde ebenso wie die Gesellschaft „La Houvre" im Jahre 1947 nationalisiert.

Die Kohleförderung in den vier Hauptabbaugebieten, von Petite Rosselle, Merlebach, Creutzwald und Faulquemont-Folschviller betrug im Jahre 1938 14,2% der nationalen Förderungsmenge. Der Zusammenschluß und die Nationalisierung nach dem Kriege führten dann zu einer deutlichen Intensivierung der Produktion und zu einer spürbaren Ausweitung der Beschäftigtenzahlen. Dies war vor allem auf die staatlichen Bemühungen zur Wiederankurbelung der Wirtschaft zurückzuführen. Während vor dem Krieg lediglich 24 666 Beschäftigte in der lothringischen Kohleindustrie ihren Arbeitsplatz fanden, stieg diese Zahl bis 1947 auf 45 643 an. Die Fördermenge lag mit 12,2 Mio t fast doppelt so hoch wie vor dem Kriege. Den höchsten Beschäftigtenstand erreichte der lothringische Kohlebergbau Mitte der 50er Jahre mit rund 50 000 Beschäftigten, die maximale Fördermenge wurde im Jahre 1964 mit über 15,6 Mio t erreicht. Förderung und Beschäftigtenzahlen sind jedoch seitdem wieder rückläufig, da andere Energieträger an Bedeutung zunahmen und da, besonders in den 70er Jahren, der Kohleverbrauch aufgrund der Schwierigkeiten in der Stahlindustrie deutlich rückläufig war. Im Jahre 1984 betrug die Förderleistung lediglich noch 10,9 Mio t und damit rund ein Drittel der nationalen Kohleerzeugung. Die Zahl der Beschäftigten im Kohlebergbau beträgt nurmehr rund 24 000. (Tab. 27)

Die geschätzten Kohlevorkommen Lothringens betragen rund 4 Mrd t, das sind über 50% der geschätzten nationalen Vorkommen. Ein besonderer Vorteil besteht in Lothringen in der relativ günstigen Lagerung und einer verhältnismäßig hohen Ergiebigkeit des Abbaus. Die Flözmächtigkeit ist fast doppelt so hoch wie im nordfranzösischen Revier (2,14 m gegenüber 1,29 m), jedoch sind die Flöze oft steilgestellt, was die Förderung erschwert. Die vergleichsweise günstigen Voraussetzungen verbunden mit einem hohen Technisierungsstand in der Förderung haben bewirkt, daß die Förderleistung pro Beschäftigtem in Lothringen den höchsten Wert im Vergleich zu allen Fördergebieten der EG erreicht. 1973 wurden pro Beschäftigtem 4493 kg Kohle täglich gefördert, im französischen Durchschnitt betrug diese Leistung nur 2765 kg, in Nordfrankreich sogar deutlich unter 2000 kg. Der Durchschnitt innerhalb der EG liegt bei 3322 kg.

Die zukünftige Entwicklung des Kohlebergbaus in Lothringen ist trotz günstiger Produktionsvoraussetzungen ungewiß. Billigere Primärenergieträger haben ihre Marktanteile ständig vergrößert, so daß die Schachtanlagen, die auf eine Kapazität von 20 Mio t Jahresfördermenge ausgelegt sind, auch in den kommenden Jahren nur zur Hälfte ausgelastet sein werden. Auch die Verlagerung der Schwerindustrie in die Küstenstandorte (Dünkirchen, Fos) stellt ein ernsthaftes Problem dar, da hier billige Kohleimporte oder die Verwendung anderer Energieträger die Konkurrenzfähigkeit der lothringischen Kohle erheblich einschränken. Noch ist jedoch die Eisen- und Stahlerzeugung einer der Hauptpfeiler der lothringischen Industrie. Sie konzentriert sich in zwei Standorten, von denen der nördliche um Briey – Longwy – Orne mit einer Reserve von fast 10 Mrd t Mineral der weitaus bedeutendste ist. Die Mineralreserven im Gebiet um Nancy betragen lediglich etwas über 1 Mrd t. Bei einer jährlichen Förderleistung von 60 Mio t würden die Vorräte über 200 Jahre ausreichen, diese Fördermenge wurde in den letzten Jahren jedoch nicht mehr erreicht. Lediglich 1960 wurde sie kurzfristig überschritten, seitdem sind die Zahlen deutlich rückläufig. Im Jahre 1984 betrug die Förderleistung 14 Mio t, die Zahl der Beschäftigten in der Eisen- und Stahlerzeugung zu diesem Zeitpunkt 72 000 Personen.

Diese Fördermenge umfaßt 93% des französischen Gesamtumfangs, und innerhalb der EG beträgt der lothringische Anteil 71%. Während die Erzförderung des Landes damit fast ausschließlich in Lothringen erfolgt, zeigt sich doch im sinkenden Anteil an der nationalen Produktion, daß die Konkurrenz durch die neuen Stahlerzeugungszentren wächst und die Importe von Erzen ebenfalls zunehmen. Diese im Rahmen der Dezentralisierung erwirkte Verlagerung führt somit in der lothringischen Schwerindustrie zu erheblichen Belastungen, die die ohnehin angespannte Lage auf dem Eisen- und Stahlmarkt

Tab. 27: Beschäftigtenzahlen und Fördermengen in den lothringischen Kohlengruben 1859–1982

Jahr	Belegschaft	Förderung (in 1000 t)
1859	852	41
1902	7 201	1 310
1913	16 333	3 796
1920	23 206	3 168
1930	27 957	6 074
1938	24 666	6 739
1947	45 643	7 432
1956	44 502	13 286
1960	43 323	14 703
1967	36 180	15 032
1975	22 315	10 012
1982	23 784	10 135

Quelle: P. Moll, 1970; für 1975 und 1982: Ann. Stat. de la Lorraine, Ed. 1985

Tab. 28: Die Eisen- und Stahlerzeugung in Lothringen 1913–1984

Jahr	Eisenproduktion in Mio t	% der nationalen Erzeugung	Stahlproduktion in Mio t	% der nationalen Erzeugung
1913	7,4	81,8	4,8	68,8
1929	8,1	78,3	6,6	68,6
1938	4,7	77,7	4,2	67,4
1949	6,8	81,4	6,3	68,6
1959	9,6	77,0	10,2	67,0
1965	11,2	71,1	12,3	62,8
1975	9,9	55,0	10,0	46,7
1982	6,7	44,7	7,4	42,0
1984	5,7	37,6	6,3	33,4

Quelle: F. Reitel, 1966; für 1975 bis 1984: Ann. Statistique de la Lorraine, Ed. 1985

der letzten Jahre zusätzlich erschwert. Zahlreiche Führungskräfte sind aus diesen Gründen in den letzten Jahren aus dem Gebiet abgewandert bzw. wurden in den neuen Schwerindustriezentren eingesetzt.

Diese Krise ist indessen nicht neu. Sie wurde schon in den ersten Jahren nach dem Zweiten Weltkrieg deutlich und liegt im wesentlichen darin begründet, daß die Verarbeitungskapazität der lothringischen Eisen- und Stahlerzeugung nicht genügend ausgebaut war. In den Jahren 1945 bis 1960 hatte das Revier zwar einen rasanten Aufschwung genommen, was mit der starken Förderung durch die Planungsbehörden in Verbindung gebracht werden kann. Aber die strukturellen Schwächen waren bereits damals erkennbar, denn nur 55% der geförderten Erzmenge wurden in Lothringen selbst verarbeitet, über 40% wurden nach Belgien, Luxemburg, in das Saargebiet und in andere Länder exportiert. Vor allem in den angrenzenden Schwerindustriegebieten war das lothringische Erz sehr gefragt. Bei der sich abzeichnenden Entwicklung rechnete man 1965 mit einer Jahresfördermenge von 77 Mio t. Sie betrug tatsächlich nur 57 Mio t, da der Export zu Beginn der 60er Jahre drastisch zurückgegangen war. Neue Erzlieferanten mit teilweise hochwertigen Erzen und mit billigeren Fördermöglichkeiten traten als ernsthafte Konkurrenten der lothringischen Erzerzeugung auf: Canada, Venezuela, Chile, Peru, Mauretanien u.a.

Die Erze in diesen Ländern waren durch wesentlich höheren Eisengehalt gekennzeichnet. Er lag fast überall mindestens bei 60%, bei der Minette lediglich bei 40%. Dies bedeutete für die Verarbeitung wesentliche Vorteile. Die verbesserten Transportbedingungen ließen den Nachteil der weiten Transportwege nicht in Erscheinung treten. Die mit dieser neuen Situation verbundene Verlagerung der Schwerindustrie in die Küstengebiete, die in ganz Europa zu beobachten ist, führte somit schon nach wenigen Jahren des wirtschaftlichen Aufschwungs in Lothringen zu einer wirtschaftlichen Stagnation, die vor allem deshalb besonders starke Auswirkungen hatte, weil kaum Möglichkeiten einer Umorientierung innerhalb der Region vorhanden waren. Weiterverarbeitende Industrie war nur in geringem Maße angesiedelt, und damit unterschied sich und unterscheidet sich noch heute dieser Raum von anderen europäischen Schwerindustriegebieten. Besonders für die freigesetzten Arbeitskräfte stellte die Zweipoligkeit der Industriestruktur, die im wesentlichen auf die voneinander abhängigen Pfeiler der Eisen- und Stahlerzeugung und des Kohlebergbaus gegründet ist, tiefgreifende Probleme dar.

Daß sich diese Struktur heute so darbietet ist im Grunde genommen aus der historischen Entwicklung selbst abzuleiten. Die Unternehmer im 19. Jahrhundert hatten wenig Interesse daran, eine diversifizierte Industrielandschaft entstehen zu lassen, da die aufstrebende Bergbau- und Eisenindustrie schon rasch alle verfügbaren Arbeitskräfte des Raumes mobilisiert hatte. Die Anlage weiterer Betriebe hätte die Situation auf dem Arbeitsmarkt nur noch verschlimmert und die Anteile der ausländischen Arbeitnehmer oder der Zuwanderer aus anderen Landesteilen noch größer werden lassen. Dieser Vorgang wurde von der Großindustrie gezielt verhindert.

Erst die Erkenntnis dieser Strukturschwäche im Moment der Krise hat dazu geführt, daß Lothringen im Rahmen der Dezentralisierungsmaßnahmen seit Beginn der 60er Jahre zu einem Förderungsschwerpunkt wurde, wobei vor allem die verarbeitende Industrie angesiedelt werden sollte. Für die Ausweitung bestehender Betriebe werden hier Investitionshilfen von 20%, für die Neuanlage sogar 25% gewährt. Dies sind die höchsten Investitionshilfen, die im Rahmen der Dezentralisierungsprogramme vorgesehen sind (Prime de Développement Régional). Besonders stark ist in den letzten Jahren die Investition aus dem Ausland. Im Zeitraum 1966 bis 1975 siedelten sich über 100 Firmen, davon allein 78 aus der Bundesrepublik Deutschland an. Die Zahl der hierdurch neugeschaffenen Arbeitsplätze betrug knapp 25 000.

Die Krise der lothringischen Industrie wurde auch durch den dritten wichtigen Sektor, die Textilindustrie, nicht abgewendet. Sie hat keine sehr lange Tradition. Der Aufschwung erfolgte vom Elsaß aus in einer Zeit, als auch die übrigen Industriezweige aufstrebten, so daß dem ostfranzösischen Grenzgebiet damit ein fast goldenes Zeitalter beschert wurde, das bis in die Zeit nach dem Zweiten Weltkrieg andauerte. Die Krise setzte aber auch hier fast gleichzeitig mit der in der Schwerindustrie zu Beginn der 60er Jahre ein. 1955 waren 45 000 Personen in der Textilindustrie Lothringens beschäftigt und damit fast ebenso viele wie in der Bergbauindustrie. Unter den allgemeinen Krisenkennzeichen, die auch die übrigen Textilindustriegebiete des Landes nicht unberührt ließen, sank die Beschäftigtenzahl bis zum Jahre 1982 auf 26 000 ab. Dies betraf vor allem die kleineren Städte und Gebirgsgegenden (Ostteil der Vogesen), in denen sich die Betriebe zu Ende des vergangenen Jahrhunderts angesiedelt hatten, die dann in diesen ehemals rein agrarisch strukturierten Räumen zur wirtschaftlichen Entfaltung wesentlich beigetragen hatten. Die Krise in der Textilindustrie hatte schon 1955/56 zu ersten Hilfsmaßnahmen geführt, die mehrere Betriebsneugründungen (etwa Michelin-Reifenwerke in Epinal) bewirkten.

Mit über 42% der Erwerbsbevölkerung im sekundären Sektor stellt sich Lothringen, trotz dieser Krise, heute nach wie vor als einer der deutlichen Schwerpunkte der französischen Industrielandschaft dar. Der strukturelle Umwandlungsprozeß geht zwar nicht überstürzt vor sich, hat jedoch schon zahlreiche Ansätze besonders im Bereich der Automobilindustrie, der Chemieindustrie, der Feinmechanik. Auch innerhalb der Schwerindustrie sind durch Umstellungen in der Verarbeitung und der Produktion neue Impulse zu verspüren. Die Zahl der Beschäftigten im industriellen Sektor dürfte dennoch in den nächsten Jahren abnehmen und durch eine stärkere Verlagerung in den tertiären Sektor gekennzeichnet sein. Dieser verzeichnete in den letzten 15 Jahren eine jährliche Zunahme von 1,9% der Erwerbstätigen pro Jahr. Auch die aus der Landwirtschaft freigesetzten Arbeitskräfte, deren Zahl besonders in den letzten Jahren erheblich zugenommen hat, da die strukturellen Probleme der lothringischen Landwirtschaft in Verbindung mit recht ungünstigen natürlichen Produktionsbedingungen zu einem deutlichen Rückgang der Erwerbsbevölkerung im Agrarsektor geführt haben, müssen in anderen Wirtschaftszweigen integriert werden. Der lothringische Wirtschaftsraum ist somit insgesamt heute zu einem der Krisenherde der französischen Industrie geworden, in dem sich erst allmählich die strukturellen Nachteile beseitigen lassen. Auch in den nächsten Jahren werden hohe Investitionshilfen notwendig sein, um diesen Raum wieder zu einer wirtschaftlichen Metropole des Landes werden zu lassen.

4.5. Lyon – Grenoble – Saint-Etienne: wirtschaftlicher Aktivraum im Südosten

4.5.1. Traditionelle Industriestrukturen im Rhône-Isère Gebiet: Seidenverarbeitung, Lederverarbeitung, Bergbau

8 Departements bilden die PR Rhône-Alpes, die flächenmäßig zu den größten aller Programmregionen gehört. Bezüglich der Bevölkerungsballung nimmt dieses Gebiet mit 5 Mio Menschen nach der Région Pari-

sienne den zweiten Platz ein, wobei sich diese Bevölkerung vor allem in den drei wichtigsten Städten Lyon, Grenoble und Saint-Etienne konzentriert. Hier wohnen allein fast 2 Mio Einwohner.

Demgegenüber sind weite Teile der Programmregion sehr dünn besiedelt und leiden unter wirtschaftlichen Entwicklungsschwierigkeiten. Die Kontraste leiten sich aus der sehr unterschiedlichen naturräumlichen Ausstattung ab. Im dichten Nebeneinander finden sich Gebirgslandschaften neben wirtschaftlich intensiv genutzten Talbereichen. Im Westen erfaßt die Programmregion den nordöstlichen Teil des Zentralmassivs, in dem lediglich Saint-Etienne aufgrund der Bergbauindustrie einen wirtschaftlichen Konzentrationspunkt darstellt. Lyon selbst liegt am Zusammenfluß der Saône und Rhône und damit an einem seit früher Zeit wichtigen Verkehrspunkt, der gleichermaßen den Zugang zum Pariser Becken und nach Nordostfrankreich ermöglicht. Im Isère-Tal findet die Rhône-Furche eine natürliche Verlängerung in das Gebiet der Westalpen hinein. Auch das Isère-Tal hatte schon früh als Verkehrsverbindung und als wirtschaftliche Entwicklungsachse eine wichtige Stellung innerhalb des Raumes. Zwischen Rhône und Isère liegen die Kalkmassive der Voralpen, die Chartreuse im Norden, daran südlich anschließend das Vercors-Massiv, äußerst dünn besiedelte und wirtschaftlich recht schwierigen Bedingungen ausgesetzte Gebirgsbereiche, die in den Westalpen ihre Fortsetzung finden.

Die naturräumliche Gliederung kann so mit nicht Grund für die Zusammenfassung zu einer Programmregion gewesen sein. Wohl aber waren es die wirtschaftlichen Gesichtspunkte. Mit Lyon, Grenoble und Saint-Etienne sollte ein Wirtschaftszentrum weiter ausgebaut werden, das schon früh Industrialisierungsansätze zeigt und dem als wirtschaftlicher Gegenpol zum Pariser Ballungsraum im Südosten des Landes eine Schlüsselstellung zukommt. Dabei kann das Gebiet auf vielerlei historische Ansätze der Industrie zurückblicken. Aber auch die Landwirtschaft des Gebietes hatte sich schon früh aufgrund günstiger Produktionsbedingungen in den Talbereichen gut entwickelt. Die Anlage Lyons geht bereits auf die Römer zurück, die im Jahre 43 v. Chr. Lugdunum am verkehrsmäßig wichtigen Zusammenfluß der Rhône und Saône gründeten. Lyon wurde zur Hauptstadt Galliens und hatte damit eine wichtige politische Position, die es bis ins 4. Jahrhundert erhalten hat. Die günstige verkehrsgeographische Lage machte aus Lyon schon früh eine bedeutende Handelsstadt, eine Funktion, die auch nach dem Wegfall der politischen Bedeutung erhalten blieb. Die Stadt war der Umschlagplatz für die Waren aus dem mediterranen Raum und baute diese Bedeutung ständig aus. Im späten Mittelalter wurden bereits Messen abgehalten, und das Renommée Lyons als Messestadt findet im 15. und 16. Jahrhundert ihren Höhepunkt.

Zur gleichen Zeit beginnt aber auch die Entwicklung des Industriezweiges, der Lyon innerhalb der nächsten Jahrhunderte zu hohem Reichtum verhelfen sollte und Grundlage für die wirtschaftliche Entwicklung der Stadt wurde: die Seidenindustrie. Seit François I war Lyon der Umschlagplatz der aus Italien und aus dem Orient importierten Rohseiden, die in der Stadt weiterverarbeitet wurden. Schon 1536 wurden im wesentlichen Luxusstoffe hergestellt, deren Qualität weit über der anderer Städte lag und die Lyon schnell zur Hauptstadt der Seidenverarbeitung Frankreichs machten. Die Einführung gewisser Techniken, durch Genueser Kaufleute beeinflußt, ging einher mit dem Versuch, die Seidenraupenzucht im eigenen Lande zu ermöglichen und damit von den Exporten aus anderen mediterranen Ländern unabhängig zu sein. Als Grundlage eigneten sich die Maulbeerbäume des Rhônetales vortrefflich. Mit dieser Möglichkeit der Seidenproduktion im unmittelbaren Umland wurde Lyon im 16. Jahrhundert zur Hauptstadt der Seide schlechthin. Die Verarbeitung der Seide erfolgte überwiegend in kleinen Familienbetrieben, die sich zunächst auf die Stadt selbst konzentrierten. Erst als im Laufe der folgenden Jahrhunderte die Konkurrenz anderer Textilfasern an Bedeutung gewann, namentlich ab dem 18. Jahrhundert die Baumwolle, mußte sich auch die Seidenindustrie in Lyon umstellen. Sie tat dies weniger in Bezug auf die Produktion als durch die Suche nach billigeren Arbeitskräften, die sie in großer Zahl im ländlichen Umland, vor allem in den wirtschaftsschwachen Gebirgsgegenden, fand. Damit entstand eine Heimindustrie, die von Lyon aus kontrolliert wurde. Der „Fabrikant" blieb weiter in Lyon, während die eigentliche Verarbeitung auf dem Lande erfolgte. Diese „Industriestruktur" wurde typisch für die Textilindustrie Lyons im späten 18. und 19. Jahrhundert. Allerdings war sie nur vorübergehend dazu in der Lage, den veränderten Bedingungen der Textilbranche zu begegnen.

Baumwolle und Wollverarbeitung, dann aber vor allem die Herstellung von Kunstfasern zwangen auch die Lyonnaiser Textilindustrie zum Umdenken. Die Produktion wurde mehr und mehr umgestellt auf die neuen Stoffe, was vor allem für die ländlichen Gebiete einschneidende wirtschaftliche Veränderungen brachte. Hatten sie sich zunächst unter der Entwicklung der Seidenindustrie sowohl durch die Seidenraupenzucht als auch durch die Weiterverarbeitung der Seide einen gewissen Wohlstand erarbeitet, so zeigten sich nun die Nachteile des Systems. Die Umstellung auf neue Fasern machte die umständlichen und strukturell nachteiligen Heimindustrien überflüssig. So hatten die Bewohner der Gebirgstäler, die durch die Seidenindustrie ein „goldenes Zeitalter" erlebt hatten, nun plötzlich ihre Existenzgrundlage verloren. Im gesamten Zentralmassiv, in den Voralpen und den Westalpen setzte fast schlagartig mit der Umstellung der Lyonnaiser Textilindustrie der wirtschaftliche Niedergang ein, der sich in massiver Abwanderung, in der Auflassung von Kulturland und dem Verfall der Siedlungen manifestierte. Der Rückgang der Landwirtschaft dieser Gebiete ist also nicht primär auf die schlechten natürlichen Voraussetzungen zurückzuführen, sondern überwiegend als Folge der wirtschaftlichen Veränderungen zu verstehen.

Lyon selbst überstand diese Veränderungen demgegenüber ohne allzu große Krisen. Zweifellos stellte die Umstellung auf neue Textilfasern eine einschneidende Zäsur dar, und zahlreiche Arbeiter wurden dadurch auch in der Stadt arbeitslos. Aber schon früh im 19. Jahrhundert traten neue Industrien hinzu, namentlich die Chemieindustrie. Bereits im Jahre 1822 entstand der erste chemische Betrieb, der sich zunächst auf die Herstellung von Schwefelsäure spezialisierte, aber schon schnell seine Produktion ausweitete. Der gleiche Unternehmer, Perret, erschloß wenige Jahre später die Kupfervorkommen von Sainte Belle. Der Betrieb fusionierte im Jahre 1872 mit der Glasmanufaktur von Saint Gobain (bei Compiegne). Schon 1818 wurden die chemischen Betriebe Coignet gegründet, die sich auf die Gelatineherstellung (Knochenverarbeitung), später auf die Phosphorverarbeitung und die Düngemittelherstellung spezialisierten. Weitere Chemiebetriebe entstanden im Zusammenhang mit der Textilindustrie. Diese ersten chemischen Betriebe wurden dann auch Grundlage für die künftige Textilindustrie von Lyon, die sich immer stärker auf die Kunstfaser umstellte. Heute gilt Lyon als bedeutendstes Zentrum der Nylonherstellung und -verarbeitung.

Wesentlich schwieriger gestaltete sich der Aufbau der metallverarbeitenden Industrie, da im unmittelbaren Nahbereich der Stadt kaum Rohstoffe vorhanden sind. Aber auch hier wirkte sich die günstige Verkehrslage aus. Im 19. Jahrhundert begann die Metallverarbeitung zunächst mit der Herstellung von Lokomotiven; für die Rhôneschiffer wurden Dampfschiffe gebaut. Aufgrund langer und teurer Transportwege kam es jedoch zu keinem sehr bedeutsamen Aufschwung dieses Industriezweiges. Erst im 20. Jahrhundert gewann der Sektor an Bedeutung, da sich die Verkehrsverbindungen vor allem seit dem Ende des 19. Jahrhunderts günstiger gestalteten. Vor allem die Lastwagenproduktion (Berliet) nimmt schon bald einen bedeutenden Rang in der Industriestruktur der Stadt ein.

Wichtiger aber ist die entstehende Elektroindustrie, die sich bis heute zu einer der wichtigsten Branchen entwickelt hat. Viele Betriebe befinden sich heute bereits in den kleineren Nachbarstädten, weil sie dort das notwendige Arbeitskräftepotential leichter und billiger finden als in der Stadt selbst.

Am wirtschaftlichen Aufbau der Stadt in der Vergangenheit ist aber zweifellos auch in starkem Maße die Hochfinanz des Landes beteiligt. Schon seit der beginnenden Neuzeit und dem in Blüte stehenden Messewesen hatte sich in Lyon das Bankwesen entwickelt, das sich in der Folgezeit auch hier halten konnte. An die Stelle italienischer Großbankiers des 16. Jahrhunderts sind bedeutende nationale Bankunternehmen getreten. Der Credit Lyonnais hat sich zu einer der führenden Banken des Landes entwickelt.

Nach Westen hin wird die Lage Lyons durch den abrupten Übergang zum Zentralmassiv hin eingeengt. Dies hat auch die Ausweitung der Stadt in dieser Richtung weitgehend verhindert. Vor allem wurden aber auch die wirtschaftlichen Bindungen zum Zentralmassiv hin durch diese natürliche Barriere stark beeinträchtigt. Und dennoch befindet sich unweit von Lyon im Südwesten mit Saint-Etienne ein Kohlerevier, das zumindest in den vergangenen Jahrhunderten eine stärkere Bedeutung hätte erlangen können. Schon seit dem 14. Jahrhundert wird nachweislich im Bassin von Saint-Etienne Kohle abgebaut, bis zur Mitte des 19. Jahrhunderts hatte das Revier die höchste Förderleistung in Frankreich überhaupt. Im Jahre 1864 wurden bereits 3 Mio t Kohle gefördert. Die Kohle wurde dabei überwiegend als Brennmaterial, zum Teil auch in den Waffenschmieden verwendet, die sich seit dem Mittelalter hier angesiedelt haben. Zweifellos hängt es mit der ungünstigen verkehrsgeographischen Lage von Saint-Etienne zusammen, daß nicht früher ein planmäßiger Abbau der Kohle erfolgte und als Basis für eine Industrieentwicklung diente. Über Jahrhunderte hinweg wurde hier ein unorganisierter Raubbau betrieben. Lediglich die größten Kohlebrocken fanden Verwendung, die Stollen wurden dort angelegt, wo dies ohne größere Schwierigkeiten möglich war, ausgekohlte Stollen verfielen schnell. Der Stollenabbau wurde dabei mit unzureichenden Mitteln durchgeführt. Die Absicherung der Stollen erfolgte nach traditionellen Gesichtspunkten, Einstürze, Verschüttungen usw. gehörten zum täglichen Bild. Der entscheidende Nachteil des Kohlereviers von Saint-Etienne liegt in den ungünstigen Flözverhältnissen. Durch zahlreiche Verwerfungen verstellt, gestaltet sich der Abbau auch nach modernen Gesichtspunkten schwierig. Die Erschließung der Kohlenreviere im Norden und Nordosten des Landes brachte somit einen wirtschaftlichen Rückgang für das Revier im östlichen Zentralmassiv. Die schwierigen Verkehrsverbindungen reduzierten die Förderung auf den lokalen Bedarf, so daß wirtschaftliche Verbindungen nach Lyon, wo günstige Standortvoraussetzungen für die Verarbeitung der Kohle gegeben waren, kaum vorhanden waren.

Auf der Basis der Kohlenförderung konnte sich somit nur in Saint-Etienne selbst eine Industrie aufbauen, wobei allerdings das Rohmaterial aus anderen Landesteilen nach hier transportiert werden mußte. Aus Burgund, aber auch aus Teilen des westlichen

Zentralmassivs wurde schon seit dem Mittelalter Eisen nach Saint-Etienne gebracht, das dann hier überwiegend für die Waffenherstellung verwendet wurde. Diese frühe Eisenverarbeitung wurde seit dem beginnenden 19. Jahrhundert durch die Einfuhr von Eisenerz in größerem Umfang aktiviert. Es entstanden Hochöfen und die Stahlproduktion trat schon bald in Konkurrenz mit den übrigen Schwerindustriezentren des Landes. Aber auch hier zeigten sich schon bald die Standortnachteile der Stadt. Nur eine Spezialisierung in der Stahlerzeugung ermöglichte, dem Druck der Konkurrenz zu widerstehen. Eine entscheidende Chance wurde der industriellen Entwicklung durch den deutsch-französischen Krieg 1870/71 zuteil. Die Verlegung der Waffenindustrie in grenzferne Gebiete brachte Saint-Etienne einen unerwarteten Aufschwung. Seit diesem Zeitpunkt hat sich die Stadt zum „Großen Arsenal Frankreichs" entwickelt. Neben die militärische Waffenfabrikation trat schon bald auch die Herstellung von Luxus- und Sportwaffen. Die Waffenindustrie war auch Grundlage für die Anlage weiterer Industrieunternehmen der mechanischen und feinmechanischen Branche, die häufig als Zulieferbetriebe entstanden waren. Aber auch der Fahrradbau und der Maschinenbau siedelten sich an, weil viele Teile, die in der Waffenherstellung verwendet werden, auch für die Herstellung anderer Geräte oder Maschinen Verwendung fanden.

Die industrielle Entwicklung im Bereich der Alpen verlief recht unterschiedlich und richtete sich im wesentlichen nach lokalen Rohstoffvorkommen. Eine gewisse Ausnahme bildet Grenoble, das zumindest seit dem frühen 18. Jahrhundert als Zentrum der Handschuhherstellung anzusehen ist. Im Jahre 1730 sind 1998 Personen, 8,8% der Bevölkerung, in der Handschuhherstellung beschäftigt, ohne die vielen Heimwerker und Kleinbetriebe zu erfassen, die nicht direkt in Verbindung zu einer „Fabrik" standen.

Die Ursprünge der Handschuhindustrie von Grenoble sind nicht genau belegt. Bereits Ende des 16. Jahrhunderts existierten drei große Handschuhfabrikanten, von denen einer im Jahre 1606 auf Betreiben Lesdiguières das Patent erhielt, das ihm den Titel eines „Handschuhhändlers und Parfümiers des Königs" in Grenoble einbrachte. Die Protektion des Königs, die durch diese Maßnahme der Handschuhindustrie sicher war, war Grundlage einer ständigen Aufwärtsentwicklung, die während des ganzen 17. Jahrhunderts anhielt. Im Jahre 1691 waren die Handschuhhersteller zu einer Zunft zusammengeschlossen, der 12 Meister vorstanden. Die Produktion betrug 16 000 Paar Handschuhe pro Jahr, der Verkauf erfolgte nicht nur in Frankreich, sondern darüber hinaus nach Deutschland, der Schweiz, nach Savoyen, nach Oberitalien (Piemont), besonders stark aber auch in den großen Städten des eigenen Landes, in Lyon und Paris.

Im Verlauf des 18. Jahrhunderts kommt es dann zu ersten Krisenerscheinungen der Handschuhindustrie, die vor allem auf Grund von Schutzmaßnahmen, Steuerauflagen auf Handschuhleder und eine beginnende Konkurrenz aus neu entstehenden Zentren wie Blois oder Vendôme entstand. Von hier aus war die Belieferung der Hauptstadt schneller und billiger möglich, so daß die Produktion in Grenoble rückläufig wurde. Diese restriktiven Maßnahmen von Paris aus wurden jedoch schon nach kurzer Zeit wieder aufgehoben, und am Vorabend der Revolution hatte sich die Industrie in Grenoble zu einer vorher nicht erreichten Höhe aufgeschwungen. Mehr als 6000 Personen waren im Jahr 1787 in der Handschuhindustrie beschäftigt, die Produktion war auf 160 000 Paar gestiegen. Zu der Kundschaft auf dem europäischen Kontinent war die in Großbritannien und in den Vereinigten Staaten getreten.

Die übrigen industriellen Betriebe der Stadt traten gegenüber der Handschuhindustrie deutlich zurück. Als Zulieferindustrie hatte die Gerberei eine gewisse Bedeutung, häufig wurden jedoch die Häute bereits in gegerbtem und gefärbtem Zustand bezogen. In den Alpentälern waren in zahlreichen Städten Gerbereien entstanden, die die Häute der Schafe und Ziegen der Gebirgsgegenden an Ort und Stelle gerbten und von hier aus verkauften. Somit hatte die Lederindustrie von Grenoble durchaus auch Rückwirkungen auf die industrielle oder gewerbliche Struktur des weiteren Umlandes.

Die Hanfverarbeitung spielte ebenfalls eine gewisse Rolle, da sich im Grésivaudan, dem fruchtbaren ausgeweiteten Isèretal zwischen Grenoble und Chambery, ein bedeutendes Anbaugebiet befand. Im Jahre 1725 waren 65 Hanfkämmer, 42 Weber und 139 Arbeiter in der Hanfindustrie beschäftigt. Größere Bedeutung hatte diesbezüglich Voiron am Ausgang der Isère aus der Kluse zwischen der Chartreuse und dem Vercors, wo im Jahre 1765 2766 Webstühle arbeiteten.

Die Revolution und die napoleonische Ära bedeuteten für Grenoble einen empfindlichen wirtschaftlichen Einschnitt. Die Blockade Englands bewirkte den Verlust eines bedeutenden Absatzmarktes für die Handschuhindustrie, deren Produktion innerhalb von wenigen Jahren um die Hälfte sank. Im Jahre 1808 wurden nurmehr 80 000 Paar Handschuhe produziert, die Zahl der Beschäftigten ging von über 6000 im Jahr 1787 auf 2400 zurück. Hinzu kam, daß sich nun auch die strukturellen Nachteile der Grenobler Handschuhindustrie stärker bemerkbar machten. Der weitaus größte Teil der Betriebe hatte zwischen 5 und 10 Arbeitern. Im Zeitalter der beginnenden Mechanisierung bedeutete dies für viele Unternehmer schon bald eine große Schwierigkeit, da sich eine stärkere Konkurrenz durch kapitalkräftigere Unternehmer auswirkte. So konzentrierte sich beispielsweise die Handschuhindustrie immer stärker in der Hand des Hauses Jouvin, das im Jahre 1848 allein 1085 Näherinnen beschäftigte gegenüber weniger als 200 im Jahre 1834. Dieser Konzentrationsprozeß bedeutete aber gleichzeitig auch eine Aktivierung der Handschuhindustrie, in die nun auch die Kleinstädte im Umland der Stadt einbezogen wurden. Es entwickelte sich ein Großunternehmertum, das mit Abstand den größten Anteil an den rund 12 800 Beschäftigten dieses Industriezweiges im Jahre 1848 stellte. In ganz Frankreich sind zum gleichen Zeitpunkt 28 000 Personen in der Handschuhindustrie beschäftigt.

Die große Chance für die Grenobler Handschuhindustrie kam mit dem Handelsabkommen zwischen England und Frankreich, das in England die freie Einfuhr französischer Waren ermöglichte. Der englische Markt war damit wieder geöffnet, die verbesserten Transportmöglichkeiten halfen über verschiedene Probleme, die vorher beim Absatz bestanden hatten, hinweg. Bereits im Jahre 1869 waren in der Stadt 1713 Lederzuschneider bei 114 Fabrikanten beschäftigt. In Grenoble und in den Städten des Umlandes wurden von 30 000 Frauen die Handschuhe überwiegend in Heimarbeit hergestellt. Die Produktion stieg von 400 000 Paar im Jahre 1851 auf 800 000 im Jahre 1862 und auf über 1 Million im Jahre 1869 an. Und wenn auch in der Folgezeit durch nationale Schutzmaßnahmen in England und Amerika, durch das Aufkommen neuer Lederindustrien, etwa in Millau (Cevennen) oder in Chaumont (Vogesen), die Konkurrenz stärker wurde, so garantierte doch eine ständig wachsende Nachfrage für Grenoble, dessen Reputation als Hauptstadt der Handschuhindustrie etabliert war, den weiteren wirtschaftlichen Aufschwung der Stadt.

Gleichzeitig entwickeln sich aber auch andere Industriezweige. Zement- und Kalkwerke entstehen im Süden, die Metallverarbeitung etabliert sich zunehmend und baut auf zahlreichen Ansätzen in den Alpentälern, namentlich des Romanchetales mit Livet und Gavet, auf. Im Grésivaudan entwickelte sich die Papierindustrie. Am Fuße des Belledonne-Massivs entstanden zwischen 1860 und 1900 zahlreiche Papiermühlen, die das Grésivaudan zu einem der wichtigsten Papierproduktionsgebiete des Landes machten. Die Nutzung der Wasserkraft für die Elektrizitätsgewinnung, die seit 1870 mit der Erfindung des Dynamos möglich war, eröffnete neue Dimensionen in der industriellen Entwicklung der Westalpen und leitete eine allmähliche strukturelle Veränderung ein, durch die bedeutende Industriebetriebe in den Raum gezogen wurden. Zu Beginn des 20. Jahrhunderts steht die Stadt Grenoble indessen noch ganz im Zeichen der Handschuhindustrie, die sich nun nicht mehr ausschließlich auf Lederverarbeitung, sondern auch auf Strickwaren umgestellt hatte. Die Bedeutung schwand jedoch während des Ersten Weltkriegs aufgrund der Absatzschwierigkeiten im Ausland und, nach einer kurzen Phase der Erholung, während der Weltwirtschaftskrise von 1930. Die Produktion sank auf jährlich 250000 Paar ab.

Die Metallverarbeitung verzeichnet indessen einen deutlichen Aufschwung und ist die Basis für die moderne Industrialisierung der Stadt, die die Phase der Heimindustrie ablöste.

Die Spezialisierung auf die Herstellung hydro-elektrischer Geräte wie Turbinen, Transformatoren etc. verhalf der Industrie von Grenoble schnell zu einem neuen weltweiten Ruf. Mit den Betrieben Merlin-Gerin, Neyrpic und Bouchayer-Viallet entstanden zu Beginn des Jahrhunderts gleich drei Großbetriebe, die weit über den nationalen Bedarf hinaus in dieser Branche tätig waren, und die bis heute weltweit bei der Anlage von Kraftwerken, Stauseen und teilweise in der Ausstattung von Handels- und Kriegsschiffen tätig sind.

Am Vorabend des Zweiten Weltkrieges hatte sich die Industriestruktur Grenobles zu Ungunsten der Handschuhindustrie eindeutig verändert. Die Metallindustrie beschäftigte 1939 bereits 7170 Personen, die Textilbranche, die sich seit dem Beginn des Jahrhunderts ebenfalls entfaltet hatte, 3555. Zwischen 1920 und 1930 war ein Zentrum der Nahrungsmittelindustrie mit der größen Biscuiterie Frankreichs entstanden. Diese Branche beschäftigte 1460 Personen. Die chemische Industrie befand sich in ihren Anfängen und hatte 630 Beschäftigte.

Demgegenüber waren die Beschäftigten der Handschuhindustrie auf 8000 zurückgegangen, zu denen noch rund 1200 in den Gerbereibetrieben zu addieren sind. Der größte Teil der Beschäftigten der Handschuhindustrie war aber auch zu diesem Zeitpunkt in Heimarbeit beschäftigt, so daß bei der Unsicherheit der Auftragslage und den starken Schwankungen der Beschäftigung viele ehemalige Heimarbeiter versuchten, in den anderen Industriebranchen eine sicherere Existenz zu finden.

Insgesamt zeigt sich somit für das Gebiet der Programmregion Rhône-Alpes eine recht unterschiedliche Industrieentwicklung im Verlauf der vergangenen Jahrhunderte. Während sich Lyon schon seit früher Zeit aufgrund seiner Standortvorteile in verkehrsgeographischer Hinsicht zu einem wirtschaftlichen Zentrum entwickeln konnte, waren Saint-Etienne und Grenoble diesbezüglich stark benachteiligt. Daß hier trotzdem industrielle Schwerpunkte entstehen konnten, geht vor allem auf die Nutzung von lokal vorhandenen Rohstoffen oder auf die Spezialisierung der Produktion zurück, die von einer ganzen Region getragen wurde. Der Rhythmus der Entwicklung verlief dabei in jeder dieser Städte anders, gemeinsame Züge sind kaum zu erkennen. Nicht unbeachtet darf bei der wirtschaftlichen Entwicklung auch die relativ starke Industrialisierung sekundärer Zentren bleiben, die sich vor allem in den Alpentälern stark ausgewirkt hat. Viele dieser Betriebe sind im Laufe der letzten hundert Jahre dem wirtschaftlichen Konzentrationsprozeß wieder zum Opfer gefallen.

4.5.2.
Kontraste in der heutigen Wirtschaftsstruktur

Die Zusammenfassung der acht Departements Ain, Ardèche, Drôme, Isère, Loire, Rhône, Savoie und Haute-Savoie zur Programmregion Rhônes-Alpes hat einen Wirtschaftsraum entstehen lassen, der in seiner heterogenen Struktur von keiner anderen Programmregion Frankreichs übertroffen wird. Neben industrialisierten Gebieten im Bereich der Stadtagglomerationen befinden sich intensiv genutzte Agrarräume im Norden und Süden mit der Bresse und dem Rhônetal. Daneben herrschen extensive Nutzungsformen in den Gebirgsgegenden vor.

Die Bresse im Nordosten Lyons stellt eine typische Übergangslandschaft dar, die in ihrem nördlichen Teil (Bresse de Louhans) noch deutlich sowohl in der Architektur als auch in der Bodennutzung charakteristische Merkmale Zentraleuropas aufweist, während in der südlichen Bresse de Bourg bereits das mediterrane Flachdach mit Hohlziegelbedeckung und weit vorgezogenem Vordach typisch ist. Hier ist das Zentrum des Maisanbaus, der sich zwar an der Nordgrenze der natürlichen Verbreitung befindet, sich jedoch aufgrund gut angepaßter Hybridmaise zu einem der Schwerpunkte der Körnermaisproduktion Frankreichs entwickelt hat. Die Grenze zwischen Nord- und Südfrankreich wird gern entlang der Verbindungslinie Tournus – Lons le Saunier gelegt.

Als Besonderheit der Bresse ist in Verbindung mit dem Maisanbau (in Rotation mit Weizen) die Verwertung in der Geflügelhaltung zu sehen. Während sie früher in traditioneller Form betrieben wurde, sind heute Intensivhaltung (Batteriehaltung) und große Geflügelfarmen ein kennzeichnender Bestandteil der Agrarwirtschaft.

Westlich der Saône nimmt die Landschaft einen anderen Charakter an. Während sie in der Bresse auf einem aufsedimentierten Seeboden teilweise tischeben ist, wird sie nun in der Vorbergzone des Zentralmassivs mit überwiegend jurassischen Ablagerungen wesentlich bewegter. Auch die Nutzung ändert sich sofort. Wie im östlichen Übergang der Bresse zum französischen Jura überwiegt hier die Viehhaltung, ganz im Norden wird das Beaujolais (Maconnais) erreicht und damit der südlichste Ausläufer des burgundischen Rebareals.

Im Süden Lyons schließt sich eine der intensivsten Agrarlandschaften Frankreichs an, die bereits deutlich mediterrane Züge trägt. Streng auf die Rhônesenke begrenzt mit scharfer Kontur zu den randlich sich erhebenden Kalkmassiven hat sich auf Bewässerungsbasis eine Sonderkulturlandschaft ausgebildet, die sich bis zum Rhônedelta fortsetzt. Weinanbau in den Hanglagen sowie intensiver Gemüse- und Obstbau auf Bewässerungsbasis, geschützt durch quer zur Talrichtung stehende Windschutzhecken (Mistral), kennzeichnen diesen Raum.

Der Übergang zum Zentralmassiv im Westen der Programmregion führt demgegenüber in ein agrarisch sehr benachteiligtes Gebiet. Im Lee des Zentralmassivs nehmen die Niederschläge stark ab, auf nur geringmächtigen Böden und unter klimatisch rauhen Bedingungen ist hier nur eine extensive Nutzung mit starkem Viehhaltungsanteil möglich.

Im Übergang zu den Alpen sind die Voraussetzungen für die Viehhaltung insgesamt besser, da die Futterreserven hier größer sind. In den Hochalpen unterliegt die Landwirtschaft im Osten der Programmregion extrem schwierigen Bedingungen, so daß hier die typischen Krisenmerkmale (Bevölkerungsabwanderung, Wüstungserscheinung), die auch für andere Hochgebirgsräume kennzeichnend sind, beobachtet werden können. Diese Region, vor allem Savoyen und Dauphiné, hat durch die stark anwachsende Bedeutung des Fremdenverkehrs, vor allem des Wintersports, teilweise eine völlige wirtschaftliche Umorientierung erfahren.

Die städtischen Zentren der Programmregion sind somit im wesentlichen von Agrarräumen umgeben, die in den Senkenbereichen einen intensiven, mit dem Übergang zum Gebirge dann aber einen sehr extensiven Charakter haben. Um so stärker ist der Kontrast, mit dem sich die Industrielandschaft dieser Städte von dem agrarischen Umland abhebt. Besonders augenfällig ist dies in Grenoble, das aufgrund seiner Lage am Südende des Grésivaudan, nach Westen hin durch Vercors und Chartreuse eingeengt, zur industriellen Expansion gar nicht geeignet scheint. Und doch ist es die Agglomeration, die in den letzten beiden Jahrzehnten ein besonders starkes Bevölkerungswachstum aufweist. Von 125000 Einwohnern im Jahr 1946 stieg die Einwohnerzahl auf 260000 im Jahr 1962 und bis 1982 auf 392000. Prozentual ist dies das stärkste Wachstum aller französischen Großstädte.

Das Wachstum von Grenoble beruht indessen weniger auf dem industriellen Ausbau als auf der starken Erweiterung des tertiären Sektors. Für die industriellen Anlagen sind sowohl räumlich als auch von den Umweltbedingungen her (Kessellage zwischen Alpen und Voralpen) schlechte Voraussetzungen vorhanden, und die bestehenden Betriebe tragen oft schon jetzt zu einer fast unerträglichen Umweltbelastung bei. Grenoble ist nur an wenigen Tagen des Jahres ohne eine dichte Dunstglocke zu sehen. Die Bevölkerungsverlagerungen der Stadtbevölkerung in die höher gelegenen Randgemeinden, besonders am Chartreusehang (La Tronche, Meylan etc.), sind in den letzten Jahren auffallend. Die Zahl der Industriebeschäftigten hat sich gegenüber 1962 kaum vermehrt. Ihr Anteil an der Erwerbsbevölkerung betrug 1982 (ohne Bausektor) lediglich 33%.

Vor allem die Ausweitung des tertiären Sektors hat zum starken Wachstum der Stadt beigetragen. Grenoble hat sich zu einem der führenden Zentren in der Nuklearforschung Frankreichs entwickelt. In diesem Zusammenhang sind zahlreiche Spezialschulen, Laboratorien, die starke Ausweitung der Universität, die Aktivierung der Elektro- und Elektronikforschung u. a. zu sehen.

Einen besonderen Impuls erhielt Grenoble durch die Olympischen Spiele 1968. Sie verhalfen der Stadt zur Anbindung an ein inzwischen sehr tragbares Verkehrsnetz und zur Sanierung des Innenstadtbereiches, was die Stadt insgesamt sehr attraktiv gemacht hat. Die Altstadt von Grenoble gilt heute als eine der schönsten Frankreichs, das Stadtbild insgesamt wird allerdings durch einen sehr gewagten Stil im Wohnungsbau teilweise negativ beeinflußt. So entstehen rund um die Stadt Hochhäuser, wobei das Großprojekt der Ville Nouvelle von Echirolles allein für über 50000 Einwohner konzipiert ist. Auch im Zusammenhang mit dem ständig an Bedeutung gewinnenden Wintersport in den Westalpen hat Grenoble einen wesentlichen wirtschaftlichen Impuls als wichtigstes Versorgungszentrum und Ausgangspunkt für Wintersportaufenthalte erhalten.

Während somit Grenoble im wesentlichen durch die Ausweitung des tertiären Sektors in seinem wirtschaftlichen Wachstum geprägt ist, stellt für Lyon nach wie vor die Industrie einen der wesentlichen Faktoren dar, wenngleich auch hier die tertiären Funktionen schon traditionell stark vorgeprägt sind. Lyon ist jedoch durch die Verkehrsgunst entscheidend auch für das industrielle Wachstum prädestiniert. Dies gilt nicht nur für die Straßenverbindungen, die praktisch alle hier zusammenlaufen und dann durch das Rhônetal nach Süden führen, sondern auch für die übrigen Transportträger. Die Schiffbarmachung der Rhône, die seit dem 19. Jahrhundert intensiv betrieben wurde und die als bedeutender Standortfaktor für die Stadt angesehen werden konnte, hat sich durch großzügige Ausbaumaßnahmen im 20. Jahrhundert erheblich verbessert. Nach jahrzehntelangen Baumaßnahmen und Flußregulierungen ist die Rhône inzwischen für Tonnagen bis 1500 t ausgebaut (Europanorm). Die insgesamt 12 Staustufen und Schleusen zwischen Lyon und Port Saint Louis in der Camargue werden zum großen Teil auch für die Elektrizitätsgewinnung genutzt und haben die Rhôneachse zu einem der wichtigsten Energiezentren Frankreichs gemacht (Abb. 16). Die Bedeutung für die Energieversorgung wird noch durch die Anlage von mehreren Atomreaktoren verstärkt. Schließlich führen die Pipelines von Fos in den Norden über Lyon. Am Südrand der Stadt ist ein bedeutendes Raffineriezentrum entstanden. Der Energiereichtum der Region kann als ein weiterer wesentlicher Standortvorteil für die industrielle Entwicklung angesehen werden.

Wenngleich für Lyon, wie im übrigen auch für die Gesamtregion, eine recht diversifizierte Industriestruktur kennzeichnend ist, so sind es doch im wesentlichen vier Bereiche, die besondere Bedeutung haben. Aufgrund der starken baulichen Ausweitung der Stadt und des Infrastrukturnetzes ist der Bausektor eine wesentliche Stütze. Die Metallverarbeitung stellt einen der wichtigsten Bereiche dar und blickt in Lyon schon auf eine lange Tradition zurück. Die Verbindung zur Kohle von Saint-Etienne hatte schon im 19. Jahrhundert die Fahrzeugindustrie entstehen lassen. Vor allem Lokomotiv- und Schiffsbau (Rhôneschiffahrt) spielten eine bedeutende Rolle, bevor sich dann im 20. Jahrhundert der Kraftfahrzeugbau stark ausweitete. Die LKW-Produktion (Berliet) ist heute eine der wichtigsten Industrieaktivitäten der Stadt. In mehreren Werken in und um Lyon produzierte die Firma Berliet im Jahre 1975 z. B. 24 000 LKW und fast 1400 Autobusse. Die Zahl der Beschäftigten dieser Firma betrug allein 20 700.

Die Metallverarbeitung ist der Sektor, der in den letzten Jahren am stärksten zum industriellen Wachstums Lyons beigetragen hat. Zwischen 1968 und 1975 nahm die Beschäftigtenzahl dieser Branche um 31% zu. Von 280000 Beschäftigten im Gesamtgebiet

Abb. 16: Schema der Rhône-Kanalisierung und Standorte von Atomkraftwerken

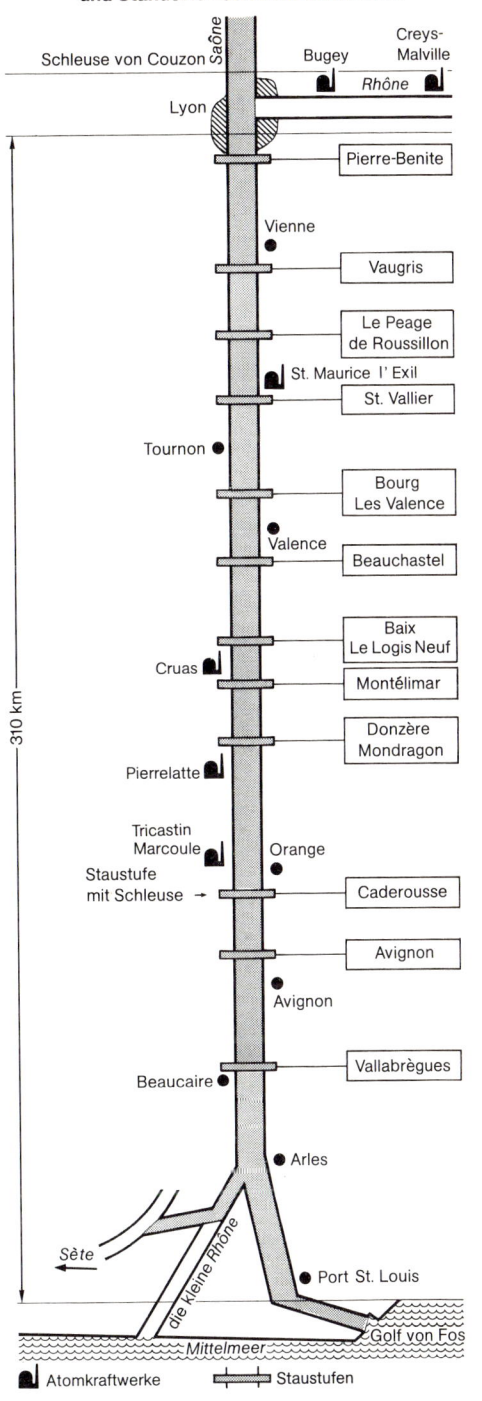

der Programmregion im Jahre 1984 entfielen 69500 auf die Schwerindustrie, 81000 auf Maschinenbau/Mechanik, 42000 auf die Automobilindustrie, 57800 auf Elektroindustrie und 35500 auf sonstige metallverarbeitende Branchen.

Die Dynamik in der Entwicklung der Metallindustrie, die sich mit wenigen Zäsuren seit ihren Anfängen verfolgen läßt, ist nicht in gleicher Weise für den in der geschichtlichen Entwicklung bedeutendsten Industriezweig von Lyon, die Textilindustrie, zu erkennen. Von Lyon als Zentrum hatte sich die Textilindustrie im gesamten Raum weit verbreitet. Wenngleich die Textilbranche in den letzten Jahren deutliche Einbußen erlitten hat, so beschäftigte sie 1984 mit 61000 Personen fast 11% der industriellen Erwerbsbevölkerung. Die ehemalige Bedeutung der Seidenherstellung und Verarbeitung ist seit langem der Verarbeitung der Kunstfaser gewichen, sie spielt indessen für eine Reihe spezialisierter Betriebe auch bis heute noch eine gewisse Rolle. Insgesamt leidet aber der Textilsektor an der internationalen Krise, die auch die anderen französischen Textilindustriezentren, etwa die Normandie (Rouen), Lille und Lothringen belastet.

Als vierter wichtiger Pol ist die chemische und petrochemische Industrie zu sehen. Während die chemische Industrie bereits im Zusammenhang mit der Textilindustrie im 19. Jahrhundert entstanden ist, hat sich die petrochemische Industrie erst nach dem Zweiten Weltkrieg entwickelt. Neben Lyon spielt die chemische Industrie auch im Departement Isère (Jarry – Pont de Claix, südlich Grenoble) eine bedeutende Rolle. Lyon ist dabei nach wie vor stärker auf die organische Parachemie spezialisiert, während Jarry überwiegend anorganische Produkte herstellt und in der Gummiindustrie Bedeutung hat.

Insgesamt vermittelt sich, zumindest bis zu Beginn der 80er Jahre, das Bild eines dynamischen wirtschaftlichen Wachstums auf Grund der industriellen Expansion. Allerdings sind in den letzten Jahren auch deutliche Anzeichen einer Stagnation spürbar geworden. Dies betrifft vor allem die Schwerindustrie, aber auch die Zementindustrie und einen für die Gesamtregion ebenfalls wichtigen Bereich, die Papierindustrie. Textil- und Schuhindustrie befinden sich gleichermaßen in einer Krise, hier wird mit einem drastischen Rückgang der Betriebe und der Beschäftigten in den kommenden Jahren gerechnet. Dies bedeutet sicherlich für die Gesamtregion nicht, daß sie zu einem wirtschaftlichen Problemgebiet werden wird. Der Konzentrationsprozeß der Bevölkerung wird zweifellos auch in den nächsten Jahren noch weiter vor sich gehen, von der Entleerung werden die Gebirgsregionen besonders betroffen sein. Das starke Wachstum der Städte, wie es in den letzten beiden Jahrzehnten erfolgte, wird sich indessen nicht fortsetzen. Im Laufe der letzten zwanzig Jahre hat sich die Wachstumskurve deutlich verringert.

Die Bestrebungen der Planer laufen dahin, Nachteile, die die gegenwärtige Industriestruktur des Gebietes kennzeichnen, zu beseitigen. Dies bedeutet, daß in bestimmten Teilbereichen, wo eine starke Spezialisierung der Industrie vorliegt, durch die Ansiedlung andersartiger Betriebe ein breiteres Spektrum geschaffen werden soll. In Gebieten, wo ein solches Spektrum vorliegt, sind es häufig strukturelle Probleme, die für die Betriebe kennzeichnend sind. So erfolgte in Lyon ein ständiger Konzentrationsprozeß, der sich auf Kosten der kleineren und mittleren Betriebe vollzogen hat. Dabei ist zu einem großen Teil auch ausländisches Kapital eingeflossen, das in Krisenzeiten besonders gefährdet ist. Auch hier soll der Versuch unternommen werden, eine weitere Konzentration zu verhindern und der einheimischen Wirtschaft durch die Stützung von kleineren und mittleren Industriebetrieben neue Impulse zu verschaffen.

4.6. Marseille – Wirtschaftsmetropole am Mittelmeer

4.6.1. Die Provence – Alterssitz der Franzosen

Natürliche Gegensätze prägen auch den südöstlichsten Teil des Landes. Der Zugang zum Meer hin wird durch die bis an die Küste reichenden Ausläufer der Alpen erschwert, und nur an begünstigten Einschnitten haben sich die Siedlungen ausbreiten können. Während der Küstensaum und das unmittelbare Hinterland durch das mediterrane Klima seit dem vergangenen Jahrhundert vor allem für die touristische Nutzung eine besondere Rolle spielte, litt die Landwirtschaft unter den klimatischen Verhältnissen sehr stark. Ein Konzentrationsprozeß der Bevölkerung im unmittelbaren Küstenstreifen ist daher zumindest seit dem frühen 19. Jahrhundert nachweisbar, wobei sich die landwirtschaftliche Bedeutung des Hinterlandes ständig verringerte. Die Westalpen, die im östlichen Teil der Provence praktisch bis an das Mittelmeer heranreichen, stellen den wirtschaftlich schwierigsten Teilbereich der Provence dar. Hier sind die demographische Entleerung und die Auflassung ehemals genutzten Kulturlandes charakteristische Kennzeichen der jüngeren Entwicklung.

Die physisch geographischen Voraussetzungen haben somit dazu geführt, daß die Provence wirtschaftlich ausgesprochen küstenbezogen ist. Hier befinden sich die bedeutenden Städte, die Touristenzentren und die Industriegebiete, die besonders in den letzten Jahren eine Ausweitung erfuhren. Diese Konzentration wird bei der Betrachtung der regionalen Verteilung der Bevölkerung deutlich. Während in den Küstendepartements die Bevölkerungsdichte weit über dem nationalen Durchschnitt liegt, sinkt sie in den alpinen Departements stark ab. Mit 17,5 Einwohner pro km² im Departement Alpes-de-Haute-Provence und mit 18,6 Einw./km² im Departement Hautes-Alpes befinden sich die am dünnsten besiedelten Gebiete Frankreichs innerhalb dieser Programmregion. Andererseits beträgt die Bevölkerungsdichte im Departement Bouches-du-Rhône 336 Einw./km², im Departement Alpes-Maritimes immerhin 204 Einw./km². (Tab. 29)

Kennzeichen aller Departements der Programmregion ist dabei die starke Zunahme der Bevölkerung in den letzten Jahren. Dies ist nur teilweise mit dem wirtschaftlichen Aufschwung zu erklären. Die deutlich unter dem nationalen Durchschnitt liegende Erwerbstätigenrate (37,3 % gegenüber 40,0 %) zeugt von einer relativen Überalterung der Bevölkerung in diesem Gebiet. Viele Franzosen bevorzugen die Provence als Altersruhesitz. Dies impliziert auch relativ niedrige Geburtenziffern.

Der Geburtenüberschuß beträgt mit 0,3 % lediglich die Hälfte des nationalen Mittelwertes. Seit 1970 verzeichnet die Region eine starke Rückläufigkeit der Geburtenraten. Die Wanderungsbilanz weist demgegenüber mit 1,3 % Überschuß pro Jahr den höchsten Wert innerhalb Frankreichs aus und übertrifft heute deutlich den Großraum Paris. Im Zeitraum 1975 bis 1982 wurde absolut ein durchschnittlicher Wanderungsüberschuß von 202 600 Personen registriert.

Dieser Wanderungsüberschuß hat zwei Quellen:
a) die Zuwanderung älterer Bevölkerungsschichten aus den übrigen Landesteilen;
b) die starke Zuwanderung ausländischer Bevölkerung, die sich in den neu entstehenden Industriegebieten und in den Städten konzentriert. Mit 8,2 % an der Gesamtbevölkerung stellen die Ausländer hier einen erheblichen Anteil.

Hauptanziehungspunkte für diese Bevölkerung sind naturgemäß die Städte im Küstenbereich, wobei Marseille von den absoluten

Tab. 29: Die Bevölkerungsentwicklung in der PR Provence-Alpes-Côte d'Azur seit 1962 (in 1000)

Departements	1962	1968	1975	1982	E/km²	1968/75	1975/82
Alpes-de-Hte. Prov.	91,8	104,8	112,2	120,7	17,5	+ 7,1%	+ 7,6%
Hautes-Alpes	87,4	91,8	97,3	103,3	18,6	+ 6,0%	+ 6,2%
Alpes-Maritimes	618,3	722,1	816,7	877,0	204,0	+13,1%	+ 7,4%
Bouches-du-Rhône	1 248,4	1 470,3	1 633,0	1 708,6	335,9	+11,1%	+ 4,6%
Var	469,6	555,9	626,1	708,3	118,6	+12,6%	+13,1%
Vaucluse	303,5	354,0	390,4	425,2	119,2	+10,3%	+ 9,0%
Programmregion	2 819,0	3 298,9	3 675,7	3 943,1	125,6	+11,4%	+ 7,3%
Frankreich	46 520,0	49 778,5	52 645,0	54 273,2	100,0	+ 5,8%	+ 3,1%

Quelle: Lenain, J., 1976 und Recensement 1982

Tab. 30: Die Bevölkerungsentwicklung in der PR Provence-Alpes-Côte d'Azur im Vergleich zu anderen Regionen

Programmregionen	Bevölkerung			Wanderungssaldo	
	1968	1975	1982	1968/1975	1975/1982
Ile-de-France	9 248,6	9 863,3	10 064,8	+ 89 432	−442 850
Rhône-Alpes	4 423,1	4 781,3	5 022,8	+147 251	+ 45 205
Nord-Pas-de-Calais	3 815,9	3 917,1	3 919,3	+112 294	−128 553
Provence-Alpes-Côte d'Azur	3 298,8	3 675,7	3 943,1	+309 052	+202 600
Frankreich	49 778,5	52 645,0	54 273,2	+794 657	?

Quelle: Recensement de la population 1968, 1975, 1982

Tab. 31: Das Wachstum der Städte in der PR Provence-Alpes-Côte d'Azur 1962–1982

Stadt	Bevölkerung (absolut)			Zunahme %	Zunahme %	Veränderung %
	1962	1975	1982	1962/1968	1968/1975	1975/1982
Marseille	839 070	1 004 859	1 110 511	14,9	4,2	+ 10,5
Zentrum	778 071	908 600	874 436	14,3	2,2	− 3,7
Agglomeration	60 999	96 259	236 075	23,6	27,7	+245,2
Nizza	347 837	437 295	449 496	12,9	11,4	+ 2,8
Zentrum	292 958	344 481	337 085	10,1	6,8	− 2,2
Agglomeration	54 879	92 814	112 411	27,9	32,2	+ 21,1
Toulon	288 023	377 569	410 393	18,0	11,0	+ 8,7
Zentrum	161 797	181 801	179 423	8,0	4,0	− 1,3
Agglomeration	126 226	195 768	230 970	30,9	18,4	+ 18,0
Grasse/Cannes/Antibes	170 167	254 730	295 525	25,4	19,4	+ 16,0
Zentrum	112 088	184 203	122 047	30,4	26,0	− 33,7
Agglomeration	58 079	70 527	173 478	15,7	5,0	+246,0
Avignon	106 520	140 623	174 264	20,3	9,3	+ 23,9
Zentrum	72 717	90 786	89 132	18,4	5,4	− 1,8
Agglomeration	33 803	49 837	85 132	25,9	17,1	+ 70,8
Aix-en-Provence	67 943	110 655	126 552	31,8	23,5	− 12,6

Quelle für Tab. 29–31: Lenain, J., 1976 und Recensement 1982

Zunahmen her seine dominierende Rolle für die Programmregion manifestiert. Sie ist eine der wenigen Großstädte Frankreichs, in denen sich die Innenstädte noch nicht rasch entleeren. Hierfür ist vor allem die massive Konzentration von Immigranten aus Nordafrika ein wichtiger Grund. Einige Stadtviertel, insbesondere der Bereich zwischen dem Alten Hafen und dem Bahnhof St. Charles, gleichen eher einem orientalischen Bazar als einer südfranzösischen Stadt.

Für das Zensusintervall 1975–1982 zeigt besonders die Bevölkerungsentwicklung in den Agglomerationen von Marseille und Grasse/Cannes/Antibes deutliche Abweichungen von den allgemeinen Trends der Region. Für Marseille ist dafür zweifellos die starke Orientierung in westlicher Richtung (Fos sur Mer) ausschlaggebend. In Grasse/Cannes/Antibes dagegen ist nicht zuletzt die Zunahme der Ruhestandsbevölkerung sowie der Ausbau großer Wohngebiete im Umland dieser Städte für die starke Zunahme verantwortlich.

Blickt man auf die Erwerbsstruktur der Bevölkerung innerhalb der Programmregion, so wird die Sonderstellung innerhalb Frankreichs deutlich. In der Landwirtschaft sind lediglich 5,6% beschäftigt (1983), die Industrie verzeichnet nur 17,3%, das Bauwesen 10,9% und der Dienstleistungssektor mit 66,2% fast genau zwei Drittel aller Erwerbstätigen. In diesen Zahlen deutet sich bereits an, wie wenig die Industrialisierungsbestrebungen der letzten Jahrzehnte hier gefruchtet haben. Der hohe Anteil des Tertiärsektors erklärt sich teilweise aus der großen touristischen Bedeutung des Raumes.

Regionalisiert man die Betrachtung etwas, so ist die geringe Bedeutung der Landwirtschaft insbesondere für die Küstendepartements kennzeichnend. Allerdings wird auf den wenigen agrarisch genutzten Flächen meist eine sehr intensive Landwirtschaft (Blumenkulturen bei Grasse, Lavendelfelder, Obst- und Gemüsebau, Baumschulen etc.) betrieben. In den Gebirgsgegenden ist der Anteil der in der Landwirtschaft Beschäftigten trotz der starken Abwanderungstendenzen noch immer sehr hoch. Herausragender Schwerpunkt der Agrarwirtschaft ist das Departement Vaucluse im unteren Rhônetal. Hier liegt eines der intensivsten Obst- und Gemüseanbaugebiete ganz Frankreichs.

Der Industriesektor konzentrierte sich auf wenige Standorte, wobei das Gebiet um Marseille traditionell den Schwerpunkt darstellt. Jedoch haben sich gerade hier viele Erwartungen der Planungsbehörden in den letzten Jahren nicht erfüllt, insbesondere im Gebiet von Fos. Besondere Erwähnung verdient die Werftindustrie von Toulon, die sich im Zusammenhang mit dem Marinestützpunkt seit langem entwickelt hat. Mit über 8000 Beschäftigten ist die Werftindustrie Toulons sogar der bedeutendste Industriebetrieb der Gesamtregion, deutlich vor den Produktionsstätten der Luftfahrttechnik in Marignane (6500 Beschäftigte) oder des Stahlkomplexes von Fos (5000 Beschäftigte) (Zahlen für 1982).

4.6.2.
Marseille –
wechselhafte Funktionen
in der Geschichte

Das Departement Bouches-du-Rhône mit dem Zentrum Marseille hat zwar im Vergleich zu den übrigen Departements der Programmregion einen höheren Anteil an Industriebeschäftigten, allerdings liegt auch dieses Gebiet noch deutlich unter dem nationalen Durchschnitt. Die Sonderstellung innerhalb der Programmregion wird jedoch deutlich, wenn man die Zahl der Industriebeschäftigten mit den übrigen Departements vergleicht. Von insgesamt 143 451 Industriebeschäftigten in der Programmregion im Jahre 1971 entfielen allein auf das Departement Bouches-du-Rhône 94 077 und damit fast zwei Drittel. Marseille konzentrierte dabei auf sich allein zusammen mit Fos rund 80%.

Die Schlüsselfunktion, die Marseille an der französischen Mittelmeerküste einnimmt, ist jedoch nicht erst im Rahmen der Dezentralisierungsbestrebungen entstanden. Vielmehr handelt es sich um eine der ältesten Städte des Landes, die in ihrer historischen Entwicklung immer wieder große Bedeutung hatte. Begünstigt durch die Schutzlage in einem sich zum Meer hin öffnenden Talkessel unweit der Rhônemündung hat sich die Stadt bereits in der Antike entwickelt. Schon in vorrömischer Zeit war sie ein blühendes Handelszentrum. Nachdem im Jahre 49 v. Chr. Trebonius die Stadt einnahm und zerstörte, erlitt auch die Wirtschaft des Raumes einen empfindlichen Rückschlag. Die Römer bevorzugten Aix, Arles und Nimes als ihre Hauptorte an der Mittelmeerküste, und es dauerte bis ins 5. Jahrhundert, ehe nach dem Niedergang des Römischen Reiches neue Handelsbeziehungen von Marseille aus mit Italien und dem Orient geknüpft wurden.

Eine stetige Aufwärtsentwicklung kennzeichnete von nun an die Stadt bis ins 10. Jahrhundert, als Marseille durch die Sarrazenenüberfälle wiederum geplündert und teilweise zerstört wurde. Diese Zäsur ist aber nur von kurzer Dauer, da mit den Kreuzzügen, die teilweise von Südfrankreich ausgehen, auch die Handelsbeziehungen mit dem Orient erneut aufblühen. Marseille nimmt allmählich im Orienthandel eine Schlüsselstellung ein und wird zum Umschlagplatz für Teppiche, Stoffe, Parfüm, Holz und Gewürze. Durch verwandtschaftliche Beziehungen des Hauses Anjou-Provence mit dem Königreich Neapel wird auch die Verbindung nach Italien stark aktiviert.

Während der Norden Frankreichs im 13. und 14. Jahrhundert durch Kriegswirren (100jähriger Krieg mit England) wirtschaftlich und bevölkerungsmäßig fast ausblutete, entwickelte sich die Provence mit Marseille als Zentrum zu hoher wirtschaftlicher Prosperität. Dabei waren die Stadt und die Provinz über Jahrhunderte bestrebt, sich gegenüber Frankreich weitgehend zu isolieren, so daß für das Land relativ wenige wirtschaftliche Impulse von Marseille ausgingen.

Gegen Ende des 17. Jahrhunderts tritt neben die Handelsfunktion das Gewerbe und die Industrie. Zuckerraffinerien verarbeiten aus Übersee importiertes Zuckerrohr. Seidenmanufakturen verarbeiten die im Hinterland und im südlichen Zentral-Massiv erzeugte Rohseide. Außerdem werden Rohprodukte eingeführt, vor allem Leder, Häute, Textilien, die teilweise an Ort und Stelle weiter verarbeitet werden.

Aber auch diese neuen Impulse verhelfen Marseille noch nicht zu einer nationalen Bedeutung. Die Verkehrsverbindungen mit dem Norden des Landes sind sehr schlecht und erfahren erst im 18. Jahrhundert einen allmählichen Ausbau, erst im 19. Jahrhundert sind sie soweit angelegt, daß schwere Lasten und größere Mengen transportiert werden können. So konzentriert sich der Absatz auf das Hinterland über die einzige nennenswerte Verbindung nach Aix-en-Provence, und von dort gelangte ein geringer Teil der Waren in andere Landesteile.

Diese Regionalbezogenheit der Stadt hat auch den Rückstand bewirkt, der Marseille in wirtschaftlicher Hinsicht im 19. Jahrhundert kennzeichnet. Während sich der Norden des Landes immer stärker industrialisierte, verlor Marseille jeden Anschluß an die fortschreitende Technik. Auch die Stellung im Mittelmeerhandel wurde der Stadt durch die englische und griechische Konkurrenz immer mehr streitig gemacht. So ist das beginnende 19. Jahrhundert in der wirtschaftlichen Entwicklungsgeschichte der Stadt als Tiefpunkt anzusehen. In den 30er Jahren kommt jedoch mit der beginnenden Erschließung der nordafrikanischen Gegenküste eine entscheidende Chance für die Stadt. Ab 1830 beginnt der regelmäßige Handelsverkehr mit Algerien, das im Jahre 1835 endgültig zur französischen Kolonie wird. Etwa 12 000 Schiffe mit einer Gesamttonnage von über

1 000 000 t laufen jährlich Marseille an. Nach London, Liverpool, Hamburg und New-York nimmt der Hafen den 5. Rang in der Welt ein, wobei die sehr kleine Hafen- und Kaifläche eine noch stärkere Ausweitung zunächst verhinderte.

Erste Erweiterungen der Hafenanlagen werden in den Jahren 1830 bis 1840 vorgenommen. Gleichzeitig wird das alte Hafenbecken ausgebaggert und die Straßen- und Wasserverbindungen in das Hinterland werden verbessert. Eine besondere Bedeutung kommt dabei der Rhône zu, die trotz der ungünstigen Bedingungen im Mündungsbereich und im Fließverhalten einen großen Teil der Waren flußaufwärts in das Landesinnere trägt. Der von Napoleon schon im Jahre 1802 begonnene Canal von Arles nach Bouc in der östlichen Camargue wird 1842 in Betrieb genommen. Die im Jahre 1820 gegründete Compagnie du Rhône betreibt den beschleunigten Ausbau der Rhône für die Schiffahrt bis nach Lyon. Diese Gesellschaft verhindert aber gleichzeitig den raschen Ausbau der schon 1832 geplanten Eisenbahnverbindung zwischen Marseille und Avignon, da sie die Konkurrenz für den Gütertransport auf dem Schienenweg fürchtet. Die Verbindung wird erst im Jahre 1849 in Betrieb genommen.

Die Ausweitung des französischen Kolonialreiches im 19. Jahrhundert bedeutete für Marseille einen entscheidenden Impuls. Das Stadtgebiet hatte schon bald die flachen Bereiche des Talkessels ausgefüllt und griff auf die anschließenden Kreidefelsen über. Besonders nachteilig wirkte sich die topographische Lage für die Ansiedlung von Industriebetrieben aus, die innerhalb des Stadtgebietes und in der Nähe der Hafenanlagen kaum Raum für ausgedehnte Gebäudekomplexe fanden. Erste Betriebe der chemischen Industrie entstanden im Kalkmassiv der Estaque oberhalb der Stadt. Sie hatten relativ schlechte Verbindungen zum Hafen und zur Stadt in Kauf zu nehmen. Auch die Trinkwasserversorgung der wachsenden Stadt bereitete große Schwierigkeiten, und erst die schwierige Herleitung von Trinkwasser aus der Durance konnte dieses Problem lösen.

Die Probleme der Stadtentwicklung von Marseille führten schon früh zu Überlegungen, das Gebiet des Etang de Berre mit in den Ausbau einzubeziehen. Die ständige Erweiterung der Hafenanlagen nach Norden hin stellte eine wichtige Wachstumsspitze in dieser Richtung dar. Allerdings dauerte es noch bis in das 20. Jahrhundert, bevor die endgültigen wirtschaftlichen Verbindungen zwischen dem Etang de Berre und Marseille hergestellt werden konnten. Unabhängig von der Stadtentwicklung von Marseille war bereits seit 1855 ein künstlicher Hafen in Martigues angelegt worden. Der weitere Ausbau des Kanals von Arles nach Bouc begünstigte von hier aus die Verbindung rhôneaufwärts, was gegenüber Marseille einen großen Standortvorteil bedeutete. Lokale Interessen verhinderten aber eine Verbindung zwischen Martigues und Marseille bis zum Jahre 1915. Erst dann wurde eine Bahnverbindung entlang der Küste in Betrieb genommen. Seither ist die Planung des Wirtschaftsraumes stärker koordiniert.

Trotz nicht besonders günstiger Voraussetzungen, den Etang de Berre für die Schiffahrt zu öffnen, wurde während des Ersten Weltkrieges noch mit dem Ausbau begonnen, da die Möglichkeiten der Ausweitung im Hafengebiet von Marseille selbst erschöpft waren. Der Etang de Berre mit einer Wasserfläche von 15 000 ha hatte zwar den Vorteil, daß er von weitgehend unbesiedelten, versumpften Flächen umgeben war und daß ein Ausbau sich nur gering mit anderen Interessen überschnitt, er hatte jedoch den großen Nachteil, daß er sehr flach war und damit den Zugang für größere Schiffe nicht zuließ.

Trotzdem wurden die Voraussetzungen für die Anlage eines Hafens und von Industriebetrieben geschaffen, da in den ersten Jahren nach dem Ersten Weltkrieg vor allem die Petroindustrie eine starke Ausweitung erfuhr.

Im Hafengebiet von Marseille waren für diese platzbeanspruchenden und umweltbelastenden Anlagen keinerlei Möglichkeiten gegeben. Durch die bereits im Jahre 1926 fertiggestellte Tunnelverbindung des Etang de Berre mit dem Hafen von Marseille durch die Chaine de l'Estaque (tunnel du Rove) war zwar eine Kommunikation mit dem Etang möglich, allerdings zeigte sich schon bald, daß die neu entstehende Petrochemie und die Raffinerien diese Verbindung kaum beanspruchten. Sie siedelten sich in unmittelbarer Nähe zum Etang selbst an und entwickelten sich relativ eigenständig. Von dem zum Ölhafen ausgebauten Lavera wurde das Öl über Oleoducs in die Raffinerien geleitet. Nach dem Zweiten Weltkrieg wird das Gebiet des Etang de Berre endgültig zum Bestandteil der Ausbauzone von Marseille. Von hier aus wird der Ausbau des Hafens von Lavera betrieben. Im Jahre 1952 werden zwei Anlegemolen in Lavera fertiggestellt, die es auch größeren Tankern ermöglichten, hier anzulegen. Für Tanker über 80 000 t wurde eine Sealine konstruiert, so daß auch eine Löschung außerhalb des eigentlichen Hafengeländes möglich war.

Aber auch dieser Ausbau reichte schon bald nicht mehr aus. Die Ursachen hierfür lagen vor allem in der Veränderung, die im Öltransport nach der Schließung des Suezkanals und den Schwierigkeiten der Ölbeschaffung über das Mittelmeer entstanden waren. Die Tanker nahmen Dimensionen an, die auch über die Sealine nicht mehr gelöscht werden konnten. Der Weg der Tanker um Afrika bedeutete eine ernste Gefahr für Marseille, da die verkehrsgünstige Lage am Mittelmeer nun plötzlich kaum noch Bedeutung hatte. Nur die rasche Umorientierung und die Planung neuer Hafenanlagen konnten hier die mühsam erkämpfte wirtschaftliche Schlüsselstellung im Süden erhalten. Der Ausbau des Golfes von Fos wurde damit eine zwingende Notwendigkeit.

4.6.3.
Fos – Europort des Südens

Der Golf von Fos ist durch eine ungleich günstigere natürliche Ausstattung für die Anlage eines Hafens und Industriegeländes geeignet als der Etang de Berre. Er stellt die tiefste Meeresbucht der gesamt nordmediterranen Küste dar, liegt relativ geschützt am Fuße der Chaine de l'Estaque und wird durch die Vertriftungen der Rhône kaum tangiert. Diese Voraussetzungen hatten bereits bei der Anlage des Erdölhafens von Lavera eine entscheidende Rolle gespielt.

Schon seit der Antike spielte der Golf von Fos für den Zugang zum Lande vom Meer her eine bedeutende Rolle. Von hier aus führten die von den Römern angelegten „Fossae marinae" nach Norden und verbanden Arles mit dem offenen Meer. Im Laufe des Mittelalters und der frühen Neuzeit hat der Golf immer wieder aufgrund seiner günstigen Zugangsmöglichkeiten Bedeutung erlangt, ohne jedoch der aufgrund der topographischen Situation geschützteren Stadt Marseille den Rang ablaufen zu können. Der Hauptnachteil in der historischen Entwicklung war die starke Beeinflussung des Golfes durch den Mistral, der es den kleinen Schiffen kaum ermöglichte, hier anzulegen. Marseille war durch die Chaine de l'Estaque gegen die Einflüsse des Mistral weitgehend geschützt.

Der Ausbau von Fos zu einem der bedeutendsten Hafen- und Industriestandorte von Frankreich ist nach dem Zweiten Weltkrieg erfolgt und hat mehrere Gründe:

– Marseille war in seiner Ausdehnungsmöglichkeit sehr eingeschränkt.
– Die wirtschaftliche Bedeutung der Stadt wurde aufgrund der veränderten Situation auf dem Öltransportwege und der Umleitung der Erze um Afrika in Gefahr gebracht.
– Das Auseinanderbrechen des Kolonialreiches, das sich seit den 50er Jahren ab-

zeichnete, stellte einen weiteren bedeutenden Einschnitt für die wirtschaftliche Entwicklung der Stadt dar.
- Mit dieser Entwicklung wurde der insgesamt schwächer industrialisierte südliche Teil Frankreichs von weiterem Rückstand gegenüber dem nördlichen Landesteil bedroht. Im Rahmen der Dezentralisierungsbestrebungen der französischen Regierung wurde daher ein gezieltes Investitionsprogramm zur wirtschaftlichen Stärkung der südlichen Landesteile vorgesehen.
- Die Bedeutung von Marseille sollte als Verbindungsglied des Landes zum Orient, nach Afrika und in die südeuropäischen Länder unter allen Umständen erhalten werden.
- Schließlich sollte die Bedeutung von Marseille als Einfuhrhafen im Verbundnetz der europäischen Ölversorgung vom Mittelmeer her gewahrt werden.

Die ersten Planungen für das Projekt fallen in die frühen 50er Jahre. Jedoch dauerte es noch bis 1961, bevor mit dem Ausbau des Industrie- und Hafengebietes begonnen werden konnte. Wichtigste Vorbedingung war die Anlage eines 2 km langen Schutzdeiches, der den Golf vor starkem Seegang schützt. Eine Fahrtrinne von 23,50 m Tiefe und 5 km Länge mußte angelegt werden, um auch größeren Tankern von 250000 BRT und darüber den Zugang zu ermöglichen.
Der Erdölhafen von Fos stellte damit die Erweiterung von Lavera dar, wo bei einer maximalen Wassertiefe von 13.50 nur kleinere Tanker bis etwa 80000 t anlegen konnten. Fos verfügt heute über 3 Anlegeplätze, davon zwei Tiefwasserplätze mit 20 und 23 m Wassertiefe. Damit ist Fos derzeit einer der wenigen Ölhäfen Europas, in dem Großtanker direkt anlegen und löschen können. Der Ausbau weiterer Anlegeplätze für Großtanker ist geplant, dabei werden auch die Möglichkeiten eines Anlegeplatzes für Tanker bis zu 500000 t geprüft. Die dazu notwendige Vertiefung des Hafens auf 35 m ist im Bereich der Flèche de la Gracieuse ohne größere technische Schwierigkeiten möglich. Mit dem Ausbau von Fos ist damit neben Genua und Triest ein weiterer wichtiger Erdöleinfuhrhafen für Europa im mediterranen Raum entstanden. (Abb. 17)
Neben dieser Schlüsselstellung für die Erdölversorgung von Süden her hat Fos seit 1972 auch die Bedeutung eines Terminals für Erdgas, das überwiegend aus Algerien bezogen wird. Die Verarbeitung von diesen Energieträgern im Industriehafen von Fos deckt heute einen hohen Anteil des nationalen Brennstoffbedarfs. Die teilweise bereits schon vor dem Kriege angelegten Raffinerien um den Etang de Berre haben heute eine Verarbeitungskapazität von fast 50000000 t Rohöl, das sind etwa 40% der Gesamteinfuhren des Landes. Gemeinsam mit den übrigen Raffineriezentren der mediterranen Küste wird damit der größte Teil der französischen Brennstoffe und der Rohmaterialien für die Petrochemie über die neu entstandenen Mittelmeerhäfen des Landes importiert. Das in Fos und Lavera gelöschte Erdöl wird zu etwa 45% in den vier Raffinerien des Industriegebietes verarbeitet. Die übrigen 55% werden entweder in die Raffinerien von Lyon oder aber in die Bundesrepublik weitergeleitet. Mannheim und Karlsruhe haben je einen Terminal für die Südeuropäische Pipeline.
Neben dem Ausbau als Erdöleinfuhr- und Verarbeitungszentrum ist aber auch die Anlage weiterer Industriebetriebe erfolgt. Die Löschung von Erzen, vor allem aus Afrika und Fernost, erfolgt im Erzhafen, der mit einer Kailänge von 300 m und einer Tiefe von 16 m Schiffe bis zu hunderttausend Tonnen abfertigen kann. Die Lagerfläche umfaßt 65 ha Gelände, die Löschkapazität beträgt 700 t/Std.
Insgesamt erstreckt sich die Hafen- und Industrieanlage von Fos über 7290 ha, wobei für die Industriebetriebe 5300 ha zur Verfü-

Abb. 17: Das Pipeline-Verbundnetz Südeuropas

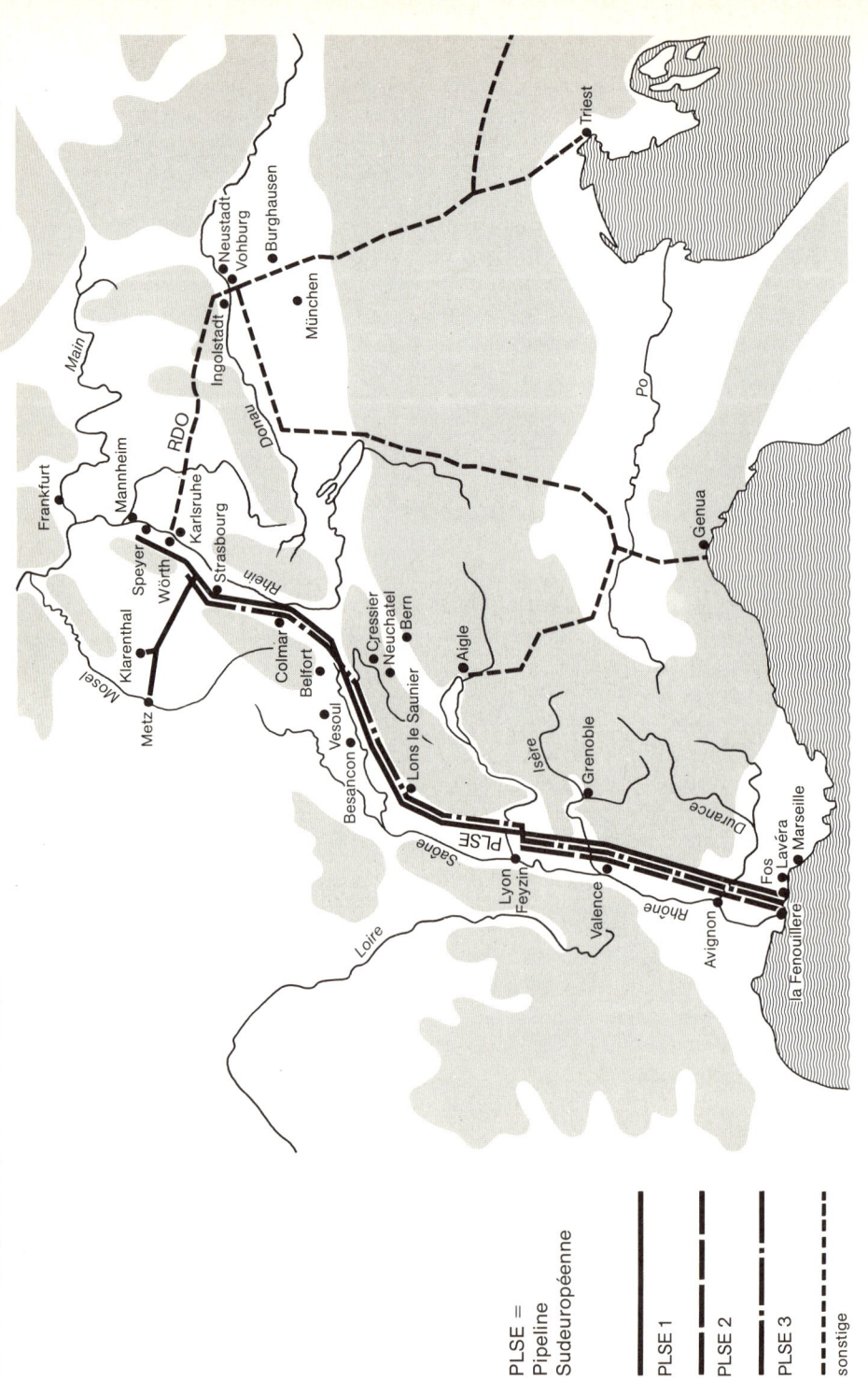

Quelle: Cultiaux, D. 1975

PLSE = Pipeline Sudeuropéenne

— PLSE 1
--- PLSE 2
-·- PLSE 3
----- sonstige

108

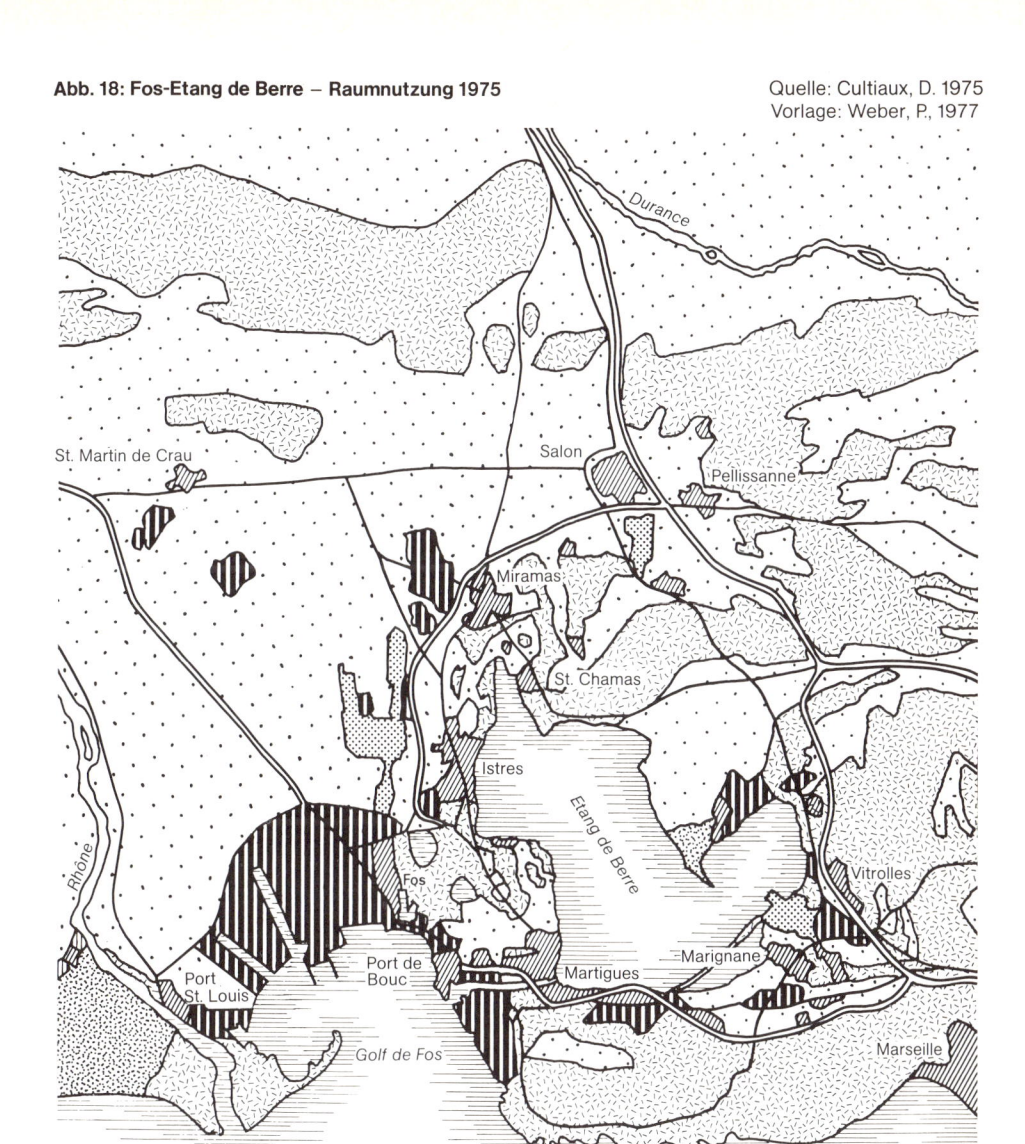

Abb. 18: Fos-Etang de Berre – Raumnutzung 1975 Quelle: Cultiaux, D. 1975
Vorlage: Weber, P., 1977

Raumnutzung 1975
- Siedlungen
- Industrie
- Brach- und Ödland
- Landwirtschaft
- Flughäfen
- Salinen
- Autobahn
- Wichtige Straßen

Tab. 32: **Erdölverarbeitung in Fos/Etang de Berre 1970 und 1974**

Raffinerien	1970	1974
Esso (Fos-sur-Mer)	3 000 000 t	8 000 000 t
B.P. (Lavera)	4 400 000 t	11 000 000 t
C.F.R. (La Mède)	10 200 000 t	10 200 000 t
Shell (Berre)	7 500 000 t	13 500 000 t
Gesamt	25 100 000 t	42 700 000 t
Erdölimport	65 100 000 t	90 000 000 t

Quelle: Cultiaux, D., 1975

gung stehen. Neben der petrochemischen Industrie und den Raffinerien ist ein besonderer Schwerpunkt die Schwerindustrie, die im Zentrum des Industriegebietes angesiedelt ist. Hierbei sind vor allem die Verbindungen zum lothringischen Industrierevier interessant. Die planmäßige Verlegung lothringischer Gesellschaften, etwa der SOLLAC (Société Lorraine de Laminage Continu), ist ein deutliches Zeichen dieses Wandels. Die von SOLLAC gegründete Tochtergesellschaft in Fos, die SOLMER (Société Lorraine et Méridionale de Laminage Continu) beschäftigte im Jahre 1976 bereits 4000 Arbeiter und Angestellte. Bis 1982 ist die Beschäftigtenzahl dieses Werkes auf rund 6000 angewachsen.

Neben SOLMER waren weitere Betriebe der Schwerindustrie für den Standort Fos vorgesehen. Der Konzern Ugine Kuhlmann, eines der mächtigsten Unternehmen der Stahlbranche Frankreichs mit zahlreichen Produktionsstätten in Lothringen und im nordfranzösischen Industrierevier, entschied sich für Fos als Standort eines Zweigbetriebes für die Herstellung von Spezialstahl. Zusammen mit SOLMER war die Deckung des nationalen Stahlbedarfs zu 75 Prozent in den „nassen Hütten" von Fos vorgesehen.

Neben der Stahlindustrie wurde als zweiter Schwerpunkt für Fos der Ausbau der chemisch-petrochemischen Industrie geplant. Als bedeutsamer Standortvorteil waren in diesem Zusammenhang die bereits bestehenden Betriebe dieser Branche im Bereich des Etang de Berre zu sehen. Aber auch die übrigen Faktoren, u.a. die natürlichen Rahmenbedingungen und die speziellen Vorteile des Tiefseehafens, bewirken, daß die Verarbeitung von Primärenergieträgern wie Öl und Gas im Industriegebiet von Fos billiger gestaltet werden kann als in anderen französischen Raffineriestandorten.

Die Zeichen für den raschen Ausbau von Fos zu einem „Europort des Südens" standen somit insgesamt günstig, zumindest in den 1960er Jahren. Der fieberhafte Ausbau ermöglichte es, daß schon 1968, wenige Jahre nach Beginn der Arbeiten, die ersten Tankschiffe und Erzfrachter im Hafen von Fos gelöscht werden konnten. Fast 70 km Hafenfront boten einer ganzen Flotte von Schiffen gleichzeitig Anlegemöglichkeiten. Der rasche Ausbau von Fos war vor allem deshalb möglich, weil dem Projekt im Rahmen des V. und vor allem des VI. Wirtschaftsplanes (1966–1970/1971–1975) höchste Priorität eingeräumt wurde. Innerhalb dieses Zeitraums wurden fast 2 Mrd. Francs seitens des Staates für Investitionen im Infrastrukturbereich und als Investitionsanreize ausgegeben. Regionale Förderprogramme ergänzten diese Summen erheblich.

Ein regelrechter Entwicklungsboom setzte unter diesen Vorzeichen Ende der 1960er Jahre ein. Die Konzeption eines „Wachstumspoles" schien aufzugehen. 1975 lebten im Gebiet von Fos und um den Etang de Berre bereits über 250 000 Menschen, rund ein Viertel der Gesamtbevölkerung der Agglomeration Marseille. Der Bevölkerungsüberschuß von fast 75 000 Menschen zwischen den beiden Zensusjahren 1968 und 1975 resultierte zu fast 75 Prozent aus Wanderungsgewinnen. Die jährliche Wachstumsrate der Bevölkerung lag bei knapp 5%, während sie im Stadtgebiet von Marseille, wo sie noch zwischen 1962 und 1968 bei 2,5% gelegen hatte, auf 0,8% abfiel. Zu berücksichtigen ist bei der Entwicklung in den 60er Jahren in Marseille die starke Zunahme der rückwandernden Bevölkerung aus Algerien. Die Programmregion Provence-Côte d'Azur nahm mit 212 000 Rückwanderern den mit Abstand größten Teil der ehemaligen Kolonialbevölkerung auf, davon fielen allein auf das Departement Bouches-du-Rhône 95 000 Personen. 16 800 ehemalige Kolonialfranzosen fanden im Gebiet von Fos einen neuen Arbeitsplatz.

Die Konsequenz einer solchen explosionsartigen Bevölkerungszunahme war eine sehr aktive Bautätigkeit. Von zwei ehemaligen dörflichen Zentren aus entwickelte sich seit Beginn der 1960er Jahre die Ville Nouvelle „Rives de l'Etang de Berre" auf einer Fläche von fast 27 000 ha, flächenmäßig mit Abstand die größte aller „Neuen Städte" Frankreichs. Sie besteht eigentlich aus zwei Teilen, nämlich Fos-sur-Mer selbst, das inzwischen mit Istres und Miramas an der Westseite des Etang de Berre fast eine bauliche Einheit bildet, und Vitrolles am Westabhang der Chaine de l'Estaque oberhalb des Flughafens Marignane und des Etang de Berre. Allein in der Ville Nouvelle „Rives de l'Etang de Berre" sind bis 1982 fast 15 000 Wohneinheiten geschaffen worden, rund 80 000 Menschen haben sich hier inzwischen angesiedelt.

Betrachtet man die Planvorstellungen, so findet man für die Jahrtausendwende Prognosen, die von einer Bevölkerung von etwa 500 000 im Industriegebiet Fos/Etang de Berre ausgehen. Der größte Teil davon soll in der Ville Nouvelle leben. Ob dieses Planziel erreicht werden wird, scheint heute mehr als fraglich. Der Bevölkerungszuwachs hat sich in den letzten Jahren deutlich verlangsamt, und das hat seine Gründe. Es wirft die Frage nach dem Erfolg oder Mißerfolg des Projektes Fos-sur-Mer insgesamt aus. Geht man dieser Frage nach, so kommt man schnell zu überraschenden Ergebnissen. Jeder, der durch das weitläufige Industriegebiet fährt, ist zwangsläufig von dem Gewirr der Straßenführung mit ihrer undurchsichtigen Numerierung überrascht, und noch mehr sicherlich davon, daß der weitaus größte Teil des Industriegebietes unbebaut ist. Teilweise beweiden große Schafherden aus der benachbarten Crau das Areal. Die Ursachen sind vielfältig. Eingeleitet durch die Öl- und Stahlkrise der frühen 1970er Jahre kam es in Fos schon kurz nach Inbetriebnahme der Hochöfen zu Streikwellen, Entlassungen und zum Stillstand eines Teiles der Produktionsanlagen. 1975/76 kam es erneut zum Abschalten der Hochöfen und zu Massenentlassungen, und nur ein Krisenplan des französischen Staates mit einem auf drei Jahre verteilten Hilfsfond in Höhe von 1,4 Mrd. Francs wendete die Katastrophe ab. Am schlimmsten ist aber wohl die Tatsache, daß sich angesichts dieser Krise private Investoren aus dem Projekt zurückzogen. Seit 1971 gab es kein einziges Unternehmen mehr, welches für Fos als Standort optiert hat.

Eines der gravierendsten Probleme von Fos ist die ausgesprochene Filialstruktur seiner Unternehmen. Der größte Teil der Betriebe, die sich in Fos angesiedelt haben, stellt Zweigstellen von Firmen dar, die ihren Hauptsitz im Norden des Landes oder im Ausland haben. In Krisenzeiten bedeutet dies, daß in Fos schnell mit Einschränkungen zu rechnen ist, und daß u. U. Schließungen hier rascher vollzogen werden als in den Mutterwerken. Angesichts der Entwicklung der letzten Jahre scheint es außerordentlich fraglich, ob die ausgewiesenen Industrieerweiterungsflächen je aufgefüllt werden. Der Planungseuphorie ist Ernüchterung gefolgt. Fos riskiert, eine der berühmten „Kathedralen in der Wüste" zu werden, wenn nicht neue wirtschaftliche Impulse für einen neuen Aufschwung sorgen.

4.7. Industrialisierungsbestrebungen in ländlichen Räumen, Ausbau traditioneller Industriegebiete

4.7.1. Toulouse und Lacq – Industriezentren im Südwesten

Der Versuch einer wirtschaftlichen Charakterisierung des Südwestens von Frankreich führt schnell zu der Erkenntnis, daß dieser Raum zu den strukturschwächsten des ganzen Landes zu zählen ist. Während der Küstenstreifen mit dem Zentrum Bordeaux und der insgesamt vorteilhaften Verkehrslage günstigere Strukturen zeigt, fallen für die Programmregion Midi-Pyrénées diese Vorzüge nicht mehr ins Gewicht. Die Programmregion umfaßt 8 Departements und überbrückt den südwestfranzösischen Isthmus zwischen den Pyrenäen und dem Zentralmassiv. Das Infrastrukturbild Frankreichs mit der eindeutigen Ausrichtung fast aller wichtigen Verkehrswege auf Paris drängt diesen Raum in eine infrastrukturelle Leelage, da die Querverbindung zwischen dem aquitanischen und dem mediterranen Frankreich von nicht allzu hoher wirtschaftlicher Bedeutung war.

Konsequenz der wirtschaftlichen Strukturschwäche in diesem Raum war seit Mitte des 19. Jahrhunderts eine deutliche Bevölkerungsentleerung. Mit Ausnahme des Departements Haute Garonne (mit Toulouse als Zentrum) liegen die Bevölkerungszahlen aller übrigen Departements der Programmregion heute unter denen von 1872, die durchschnittliche Bevölkerungsdichte pro km² beträgt in der Gesamtregion nur knapp über die Hälfte des nationalen Durchschnitts. Die heutige erwerbsstrukturelle Situation in der Programmregion läßt erkennen, daß die Bedeutung der Landwirtschaft nach wie vor weit über dem nationalen Durchschnitt liegt (Tab. 33). Gemessen an der Zahl der Industriebeschäftigten liegt die Programmregion im unteren Drittel unter den 22 Regionen Frankreichs.

Zentrum und Umschlagplatz für ein großes agrarisches Umland ist Toulouse. Zu dieser Bedeutung, die der Stadt seit Jahrhunderten zukommt, treten aber auch schon seit dem ausgehenden Mittelalter Handelsfunktionen, zu denen dann im 19. Jahrhundert die industrielle Bedeutung hinzukommt. Sie wird zunächst stark von der Landwirtschaft getragen, da die meisten Industriebetriebe die Agrarprodukte weiterverarbeiten. Es entstanden zahlreiche Mühlenbetriebe, die Konservenindustrie etc. Zu Beginn des 20. Jahrhunderts traten dann chemische Betriebe hinzu, die wiederum auf die Landwirtschaft ausgerichtet waren: Düngemittelfabrikation, Schädlingsbekämpfungsmittelherstellung usw. Ein Hauptfaktor für die „Industrialisierung" der Stadt war die frühe Elektrifizierung, die durch die Nutzung der Wasserkraft und durch die Erschließung der Erdgaslager von Saint-Marcet möglich war. Toulouse war die erste voll elektrifizierte Stadt Frankreichs.

Die Bevölkerungsentwicklung der Stadt spiegelt den wirtschaftlichen Aufschwung wider, der sich mit dieser Industrialisierung verbindet. Im Jahre 1851 zählte Toulouse 97 000 Einwohner, ein Jahrhundert später 270 000. Während des Zweiten Weltkrieges und in der Zeit der kolonialen Ablösung Nordafrikas verzeichnete die Stadt besonders hohe Wanderungsgewinne.

In der Nachkriegszeit entwickelte sich Toulouse zu einem der wichtigsten Zentren der Flugzeugindustrie und der Aeronautik Frankreichs und verfügt damit über eine Industriebranche, die als außerordentlich wachstumsfreudig gilt. Zahlreiche Nachfolgebetriebe haben sich inzwischen angesiedelt. Nimmt man den Bausektor aus, der mit 85 300 Beschäftigten im Jahre 1984 in der

Programmregion die Spitze im sekundären Sektor hält, so folgen die Rüstungsindustrie und der Flugzeugbau mit zusammen 17 100 Beschäftigten nach der Nahrungsmittelindustrie (25 700 Beschäftigte) an dritter Stelle. Im Zeitraum 1975 bis 1984 ist der Beschäftigtenanteil in dieser Branche jedoch rückläufig gewesen. Der Anteil der aeronautischen Industrie an der nationalen Gesamtproduktion beträgt dennoch rd. zwei Drittel. Ebenfalls Abnahmen wurden während der letzten 10 Jahre im metallverarbeitenden Sektor und in der Elektroindustrie verzeichnet. Die Beschäftigtenzahlen in der Metallverarbeitung fielen von 16 800 im Jahre 1975 auf 13 500 im Jahre 1984, in der Elektroindustrie im gleichen Zeitraum von 11 800 auf 10 500. Auch die traditionellen Industriebranchen, die größtenteils Ende des 19. Jahrhunderts entstanden sind, zeigen heute rückläufige Tendenz. Die Lederindustrie, deren Anteil an der nationalen Produktion über 10% ausmacht, stellt lediglich noch 12 500 Arbeitsplätze. Ihre Zahl verringerte sich seit 1968 um rd. 10%. Auch die Textilindustrie hat deutliche Arbeitsplatzverluste. Gegenüber 17 100 Beschäftigten im Jahre 1975 bietet sie heute lediglich noch 8 500 Arbeitsplätze.

Die Investitionsbereitschaft hat sich besonders unter dem Eindruck der verbesserten Energieversorgung in der Nachkriegszeit erhöht. Ursprünglich von der Elektrizitätserzeugung in den Pyrenäen getragen, stellt die Erdgasversorgung einen zunehmend wichtigen Faktor dar und hat besonders im Gebiet um Lacq zur Ausbildung eines eigenständigen Industriekomplexes geführt. Im Jahre 1951 wurden die Erdgasvorkommen von Lacq entdeckt, deren Volumen auf mindestens 200 Mrd m³ (manche Schätzungen gehen von 400 Mrd m³ aus) kalkuliert wird. Besonderen Wert hat das Gas von Lacq durch seinen hohen Schwefelgehalt.

Die Erdgaslager von Lacq ermöglichen es Frankreich, von Gasimporten weitgehend unabhängig zu werden. Da in Lacq keinerlei Industrie vorhanden war, wurde zunächst ein Verteilernetz aufgebaut, an das die nächst gelegenen Großstädte Toulouse und Bordeaux, später auch die nordfranzösischen Industriezentren angeschlossen wurden. Aber auch in Lacq selbst entstanden Industriebetriebe, vor allem chemische Industrie zur Verarbeitung des Schwefels, Aluminiumindustrie und Elektrizitätswerke. Die benötigten Arbeitskräfte wurden aus allen Landesteilen angeworben und zum großen Teil in der neu angelegten Stadt Mourenx angesiedelt, in der 1975 über 12 000 Menschen lebten. Die Gasproduktion in Lacq betrug 1983 8,0 Mrd m³ (gereinigtes Gas), die dabei gewonnene Schwefelmenge fast 2,0 Mio t. Insgesamt wurden bis 1985 19 000 Arbeitsplätze im Gebiet Lacq geschaffen. Damit wurde auf der Grundlage des Erdgases in diesem strukturschwachen Raum ein bedeutender Industriekomplex ausgebaut.

4.7.2.
Nantes – Saint Nazaire: Industriepol im Westen

Nantes und Saint Nazaire bilden gemeinsam eine jener Métropoles d'Equilibre, die als wirtschaftliche Zentren bei der künftigen Wirtschaftsplanung Frankreichs besondere Bedeutung erhalten sollen. Die wirtschaftliche Bedeutung dieser beiden Städte im Loire-Mündungsgebiet unterliegt einer wechselvollen Entwicklung. Besonders Nantes hat in der Geschichte als Hafenstadt eine wichtige Rolle gespielt. Auf der Grundlage des Zuckermonopols und des Sklavenhandels hatte die Hafenfunktion von Nantes im 18. Jahrhundert ihren Höhepunkt erreicht. Dann aber setzte schnell der Rückgang der wirtschaftlichen Bedeutung ein. Im 19. Jahrhundert verlor Frankreich einen Teil seiner Kolonien in der Karibik. Der Zuckerrübenanbau im eigenen Lande schränkte die Bedeutung des Zuckerimports zudem stark ein. Die Abschaffung der Sklaverei entzog Nantes eine wirtschaftlich wichtige Einnahmequelle. Ein weiterer Grund für den Rückgang lag in der zunehmenden Tonnage der Schiffe, die schon bald nicht mehr auf der Loire landeinwärts verkehren konnten. Dies war der Hauptgrund dafür, daß um die Mitte des 19. Jahrhunderts die Anlage eines günstigeren Seehafens im unmittelbaren Mündungsbereich beschlossen wurde: Saint Nazaire. Im Jahre 1857 wurde in Saint Nazaire das erste Hafenbecken für den Schiffsverkehr freigegeben. Für Nantes bedeutete dies zunächst den weiteren Rückgang der Hafenfunktion. Als Ersatz war man bestrebt, Industriebetriebe anzusiedeln, die im wesentlichen auf der Grundlage der vom ländlichen Umland gelieferten Rohstoffe aufbauen konnten. Als Nachfolgeindustrien der Raffinerien aus der Zeit des Zuckermonopols entstanden zahlreiche Betriebe der Nahrungsmittelindustrie, insbesondere im Bereich der Süßwarenherstellung, der Feingebäckproduktion, Schokoladenfabriken usw. Aber auch Brauereien und Konservenindustriebetriebe, Düngemittelfabrikation etc. spielten eine zunehmende Rolle. Die traditionellen Industriebetriebe (Werftindustrie und teilweise Metallverarbeitung) bevorzugten die günstigeren Standorte weiter flußabwärts (Saint Nazaire, Paimboeuf). Trotz der Bemühungen, mit der wirtschaftlichen Entwicklung in anderen Landesteilen Schritt zu halten, wurde das Loire-Gebiet zu einem der großen Abwanderungsräume während der zweiten Hälfte des 19. und den ersten Jahrzehnten des 20. Jahrhunderts.

Das Gebiet des unteren Loire-Laufes wurde aus diesen Gründen ein Schwerpunkt der staatlichen Förderung. Die Zone zwischen Nantes und Saint Nazaire mit den Industriestandorten Paimboeuf und Donges wurde in die höchste Förderungsstufe mit Investitionshilfen zwischen 20 und 25% der Gesamtinvestition eingestuft. Diese Förderung setzte ab 1965 ein und erlaubte seitdem die Schaffung von über 10000 Arbeitsplätzen jährlich im Bereich der Industrie oder des tertiären Sektors. Allein die Zahl der Industriebeschäftigten (incl. Bausektor) in der Programmregion Pays de la Loire stieg von 349000 im Jahre 1968 auf 412500 im Jahre 1982 an. (Tab. 34)

Die Industrialisierung der Region wird vor allem von den mechanischen Industrien getragen. Die Zahl der Arbeitskräfte in der Maschinenherstellung (vor allem Landmaschinen) stieg im Zeitraum 1968 bis 1975 um 34%, in der Automobilindustrie um 55%, in der Elektroindustrie und Elektronik um 73%, im Bereich der chemischen Industrie und Gummiindustrie um 63%. Über den nationalen Wachstumswerten, im Vergleich zu den starken Wachstumsindustrien jedoch wesentlich geringer, vermehrten sich die Arbeitsplätze in der Textilindustrie um 24% und in der Lederverarbeitung um 7%. (Tab. 35)

In einem Zeitraum, in dem in Frankreich die Zahl der Industriebeschäftigten lediglich um 9% anstieg, vermehrte sie sich in der Programmregion Pays de la Loire um 22%. Von den im Lande geförderten neugeschaffenen Industriearbeitsplätzen im Zeitraum 1968 bis 1975 fallen allein auf diese Region 13% bei einem Bevölkerungsanteil von lediglich 5,3%.

Dieser industrielle Aufschwung manifestiert sich auch in einer Stabilisierung der demographischen Situation. Nachdem noch im Zeitraum 1962 bis 1968 ein jährlicher Wanderungsverlust von 1800 Personen verzeichnet wurde, kehrte sich das Saldo seither um. Seit 1968 werden pro Jahr 5700 Personen aufgrund der Immigration in diesem Raum hinzugewonnen.

Die Entwicklung im Verlauf des letzten Jahrzehnts hat jedoch auch hier die Anfangseuphorie gebremst. Viele Industriezweige, die zunächst unter dem Einfluß der Fördermaßnahmen ein boomartiges Wachstum verzeichneten, stagnieren oder zeigen gar drastische Beschäftigtenrück-

Tab. 33: Die Struktur der Erwerbsbevölkerung in der PR Midi-Pyrénées 1954–1982

Jahr	Prim. Sektor absolut	%	Sek. Sektor absolut	%	Tert. Sektor absolut	%	Gesamt absolut
1954	399 242	46,2	226 601	26,2	238 895	27,6	864 738
1962	303 490	36,9	244 241	29,7	274 681	33,4	822 412
1968	231 504	27,9	268 636	32,5	327 976	39,6	828 116
1975	157 090	18,8	267 315	32,1	408 895	49,1	833 300
1982	139 300	16,2	281 300	30,4	459 000	53,4	859 600

Quelle: CCI: Présent et Avenir du Midi-Pyrénées, 1977 und INSEE- Midi-Pyrénées 1985

Tab. 34: Die Struktur der Erwerbsbevölkerung in der PR Pays de la Loire 1962–1982

Beschäftigte in:	1962 absolut	%	1968 absolut	%	1975 absolut	%	1982 absolut	%
Landwirtschaft	365 000	36,1	293 000	27,9	196 000	18,1	176 028	15,7
Industrie	217 000	21,5	248 000	23,7	305 000	28,1	304 912	27,2
Bauwesen	73 000	7,2	101 000	9,7	103 000	9,5	107 616	9,6
Tertiär	1 011 000	35,2	1 049 000	38,7	1 087 000	44,3	532 475	47,5
Gesamt	1 666 000	100,0	1 691 000	100,0	1 691 000	100,0	1 121 031	100,0

Tab. 35: Die Industriebeschäftigtenentwicklung in der PR Pays de la Loire nach Branchen 1962–1985

Branche	1962	1968	1975	1985	1968/1975 (%)	1975/1985 (%)
Nahrungsmittelindustrie	37 450	41 156	44 010	40 390	+ 7,0	− 8,3
Mechanische Industrie	19 274	26 220	35 015	34 549	+33,5	− 1,3
Elektroindustrie	9 793	15 564	26 935	20 224	+73,0	−24,9
Textil/Bekleidung	20 033	19 912	24 785	28 530	+24,4	+15,1
Werft, Luftfahrt, Rüstungsind.	23 269	22 074	23 710	17 853	+ 7,6	−24,7
Lederindustrie	19 299	21 428	22 890	19 225	+ 6,8	−16,0
Automobilindustrie	11 197	13 352	20 715	18 801	+55,0	− 9,2
Holz/Möbelindustrie	12 608	15 216	18 930	23 434	+24,0	+23,8
Schwerindustrie	11 986	14 680	17 570	19 001	+19,0	+ 8,1
Chemie/Petrochemie	7 178	8 325	13 605	22 393	+63,0	+64,6
Sonstige	45 497	50 988	57 830	60 512	+13,0	+ 4,6
Gesamt (ohne Bauindustrie)	217 584	248 914	305 995	304 912	+22,0	− 0,4
Private Dienstleistungen	261 177	296 912	335 945	} 532 475	+13,0	} +10,5
Öffentliche Dienstleistungen	94 715	109 564	145 980		+33,0	
Gesamt	573 476	655 390	787 920	837 387	+21,1	+ 6,3

Quelle: Tab. 34 und 35: Région des Pays de la Loire: Programme de Développement et d'Aménagement, Nantes 1976 und INSEE – Pays de la Loire, 1985

gänge. Besonders betroffen von diesem neuerlichen Wandel sind die Elektroindustrie, der Fahrzeug-, Werft- und Luftfahrtbereich sowie die traditionelle Lederindustrie. Lediglich der Textil- und Bekleidungssektor, die Holz- und Möbelindustrie und besonders die Chemie/Petrochemie befinden sich nach wie vor in einem kräftigen Aufwind.

Die Entwicklung des Tourismus hängt ebenfalls hinter den Erwartungen zurück. Der Ausbau der Seebäder, besonders La Baule-Escoublac, Oléron, Les Sables d'Olonne u. a. hat die erwarteten Zunahmen trotz großer Anstrengungen nicht erreicht.

4.7.3.
Industrielle Schwerpunktförderung in der Bretagne

Die Bretagne gilt geradezu als das klassische Abwanderungsgebiet Frankreichs. Stärker noch als die wirtschaftlichen Schwächegebiete im Süden des Landes wanderte seit dem frühen 19. Jahrhundert die Bevölkerung der Bretagne nach Paris, wo die Bretonen schon bald die stärkste Immigrationsgruppe waren. Der geringe Industrialisierungsgrad der Bretagne spiegelt sich in der erwerbsstrukturellen Situation der Nachkriegsjahre deutlich wider. Im Jahre 1954 wurden lediglich 13% der aktiven Erwerbsbevölkerung im industriellen Arbeitsbereich registriert, dazu kamen weiter 7,2% im Baugewerbe. Demgegenüber gehörten zu diesem Zeitpunkt noch 50% dem primären Sektor an.

Die Bretagne wurde aufgrund dieser Strukturschwäche, wohl aber auch wegen der relativen Nähe zur Hauptstadt und der vorhandenen Verkehrsverbindungen im östlichen Teil, zu einem ersten Schwerpunkt der nationalen Dezentralisierungsbestrebungen. Bereits im Jahre 1954, also 6 Jahre vor der sog. „régionalisation", wurden für die Bretagne Investitionspläne erarbeitet, die zu einer stärkeren Industrialisierung beitragen sollten. Die Erfolge dieser Bestrebungen blieben jedoch zunächst bescheiden. Insgesamt konnten zwar mit staatlichen Hilfen im Zeitraum 1949 bis 1960 9300 Arbeitsplätze geschaffen werden, das waren aber wesentlich weniger, als in dieser Zeit im Gesamtgebiet der Bretagne verloren gegangen waren.

Mit der Schwerpunktförderung bildete sich nun zusätzlich innerhalb der Bretagne ein regionales Ungleichgewicht aus. Während der größte Teil der aufgegebenen Betriebe im Landesinneren oder im extremen Westen lag, wurden die neuen Betriebe zum überwiegenden Teil in Rennes angesiedelt. Von 9300 geförderten Arbeitsplätzen entfielen auf Rennes 8850.

Einen echten industriellen Aufschwung verzeichnet die Bretagne dann nach 1960, allerdings bleibt der Konzentrationsprozeß noch bestehen, da viele Unternehmen die verkehrsgünstige Lage von Rennes als wichtigen Standortfaktor ansehen. Die Verkehrsverbindungen zum westlichen Teil der Bretagne wurden nur allmählich ausgebaut und gliederten erst seit den 70er Jahren auch den westlichen Teil der Halbinsel besser an die Absatzmärkte an. Als wichtigster Industriezweig entwickelte sich die Automobilindustrie. Bereits im Jahre 1949 hatte Citroën in Rennes ein Kugellagerwerk errichtet, das etwa 1000 Arbeitsplätze schuf. Diese Ansiedlung erfolgte vorwiegend unter dem Gesichtspunkt der billigen Arbeitskräfte, die in der Bretagne in großer Zahl bereitstanden. Im Jahre 1961 verlegte dann das Werk einen Teil seiner Automobilkonstruktion nach Rennes. Es entstand der größte Industriebetrieb der Bretagne, der allmählich auf eine Kapazität von 11 000 Arbeitsplätzen ausgebaut wurde. Weitere Großbetriebe wurden durch die hohen Prämien, die bis zu 20% der Investitionskosten betrugen (die höchsten Prämien wurden für Brest und Lorient bewilligt), veranlaßt, ebenfalls Zweigniederlassungen in der Bretagne einzurichten. Zu den

Tab. 36: Industrielle Arbeitsplätze in der Bretagne nach Branchen 1962–1985

Industriezweig	1962 absolut	%	1975 absolut	%	1985 absolut	%	1975/85 %
Extraktive Industrien	5 500	2,5	5 070	1,6	2 692	1,1	−46,0
Baugewerbe, Straßenbau	85 400	38,5	113 500	36,9	57 622	24,3	−49,2
Metallindustrie	54 700	24,7	67 510	21,9	55 027	23,2	−18,5
Elektroindustrie	500	0,2	15 250	5,0	19 659	8,3	+28,9
Chemische Industrie	3 200	1,4	7 170	2,3	11 185	4,7	+56,0
Glas, Keramik etc.	4 000	1,8	7 120	2,3	691	0,3	−90,3
Nahrungsmittelindustrie	28 900	13,0	39 600	12,9	50 911	21,4	+28,6
Textil, Leder	21 000	9,5	20 390	6,6	12 167	5,1	−40,3
Holz-, Möbelindustrie	8 900	4,0	11 110	3,6	13 015	5,6	+17,1
Papier, Druck	7 500	3,4	10 310	3,4	8 455	3,6	−18,0
Sonstige	2 100	1,0	10 635	3,5	5 695	2,4	−46,5
Gesamt	221 700	100,0	307 665	100,0	237 419	100,0	−22,8

Quelle: Chambre Régionale de Commerce et d'Industrie de Bretage: Bretagne 1976, Rennes 1977
und INSEE: Bretagne 1985

wichtigsten gehören die Gummiindustrie Michelin in Vannes mit fast 2000 Arbeitsplätzen, die Werftindustrien von Brest und Lorient, die zusammen fast 5000 Arbeitsplätze zusätzlich einrichteten, Betriebe der Elektro- und Elektronikbranche und Feinmechanik. Lannion im Departement Côte-du-Nord wurde durch die Einrichtung eines nationalen Forschungszentrums für Elektrik und Elektronik für diese Branche zu einem Schwerpunktstandort. Daneben entwickelte sich auch die Nahrungsmittelindustrie recht rasch weiter.

Durch die gezielte Förderpolitik konnte die Bretagne im Zeitraum zwischen 1962 und 1975 einen spürbaren industriellen Aufschwung verzeichnen, wobei sich als tragende Säulen die Bauindustrie, die Metallverarbeitung und die Nahrungsmittelindustrie herausbildeten (vgl. Tab. 36).

Die Betrachtung im Detail zeigt jedoch unterschiedliche Entwicklungstrends, vor allem auch eine teilweise völlige Umkehr der Entwicklung im Laufe des Jahrzehnts zwischen 1975 und 1985. Die Bauindustrie konnte sich beispielsweise bis 1975 mit fast 37% der Industriebeschäftigten zum bedeutendsten Sektor entwickeln. Allein zwischen 1975 und 1985 ist dann aber die Beschäftigtenzahl dieses Sektors um fast die Hälfte gesunken.

Ähnliche Einbrüche zeigen sich in anderen Sektoren. Die Automobilindustrie stellt zwar nach wie vor eine der tragenden Säulen der östlichen Bretagne dar, sie büßte aber allein 1984 über 1500 Arbeitsplätze ein, d.h. über 12% aller Beschäftigten dieses Industriezweiges. Weniger krisenanfällig zeigte sich die Werft- und Rüstungsindustrie, die in ihren beiden Hauptstandorten Lorient und Brest gegenüber 1975 rd. 5000 neue Arbeitsplätze schuf. Auch die Elektroindustrie, die nach den Vorstellungen des V. und VI. Planes einen besonderen Schwerpunkt in der Bretagne erhalten sollte, konnte sich bis in die jüngste Zeit hinein festigen.

Eine deutliche Intensivierung verzeichnete die Nahrungsmittelindustrie. Hierin spiegelt sich auch der Bedeutungszuwachs der landwirtschaftlichen Produktion, der die Bretagne in der Agrarstatistik Frankreichs in den letzten Jahren auf einen der ersten Plätze hat rücken lassen. Mit fast 51 000 Beschäftigten stellt heute die Nahrungsmittelindustrie in der Region den mit Abstand bedeutsamsten Industriezweig dar. Insbesondere im Bereich der Konservenindustrie konnten starke Zuwachsraten erreicht werden.

Wie schwierig die Entwicklung in der Bretagne trotz dieser positiven Tendenzen in einigen Industriebereichen bleibt, zeigt sich an zahlreichen Indikatoren. Betrachtet man die Gesamtzahl der industriellen Arbeitsplätze, so ist der Rückgang um rd. 23% innerhalb von zehn Jahren mehr als alarmierend. 1985 bestanden insgesamt nur rd. 15000 Arbeitsplätze mehr als 1962 in diesem Sektor. Dies zeigt deutlich, daß die sicherlich nachweisbare positive Entwicklungsdynamik einiger Industriebereiche durch die negative Entwicklung anderer überlagert wird, mit einer insgesamt deutlich negativen Bilanz. Vor allem die traditionellen Industriezweige sind hiervon stark betroffen.

Die Vorstellungen des VI. Planes. innerhalb von wenigen Jahren zwischen 1970 und 1975 rd. 40000 Arbeitsplätze im Industriesektor zu schaffen, wurden schon damals durch die weltweiten Einbrüche im Zusammenhang mit der Öl- und Stahlkrise bei weitem nicht erreicht. Die Zahl der Betriebsauflösungen und Konkurse erreichte Mitte der 1970er Jahre bereits erschreckende Dimensionen. Seit 1975 kippte die Entwicklung deutlich um, seither wächst die Zahl der Arbeitsplatzverluste von Jahr zu Jahr. Daß in Anbetracht dieser Trendwende heute die Planungspolitik mehr auf Sicherung der noch verbliebenen Arbeitsplätze ausgerichtet ist, versteht sich von selbst. Auch die Investitionsbereitschaft von außen her ist in den letzten Jahren etwas verhaltener geworden, seit die separatischen Strömungen wieder deutlich zugenommen haben. Die Hoffnungen, durch die Anlage eines Kernkraftwerkes in Plogoff unweit der Pointe du Raz für die nächsten Jahre eine große Zahl von Arbeitsplätzen im Bausektor zu sichern und gleichzeitig das chronische Energiedefizit der Bretagne abzubauen, verpufften unter dem Druck des öffentlichen Protestes.

Insgesamt scheint die Bretagne somit ein immer deutlicheres Beispiel dafür zu werden, wie wenig die Dezentralisierungspolitik des französischen Staates zumindest auf dem Industriesektor gefruchtet hat. Glücklicherweise hat die Bretagne demgegenüber im Bereich des Agrarsektors und des Tourismus im Laufe der letzten 15 Jahre einen großen Rückstand aufgeholt, so daß insgesamt die Probleme des sekundären Sektors nicht zu schlimmeren Auswirkungen geführt haben.

4.7.4. Reindustrialisierungsbestrebungen im Limousin

In den Industriestatistiken Frankreichs erscheint die Programmregion Limousin nach dem Zweiten Weltkrieg in vielerlei Hinsicht an letzter Stelle. Sowohl bezüglich der absoluten Beschäftigtenzahlen als auch des erwirtschafteten industriellen Bruttosozialprodukts ergab sich, daß dieses Gebiet am Westhang des Zentralmassivs zu den am wenigsten industrialisierten Teilräumen ganz Frankreichs gehörte.

Diese Situation täuscht jedoch über die historische Bedeutung der Industrie und des Gewerbes hinweg. Auf früheren Ansätzen aufbauend hatten sich im 19. Jahrhundert Industriebranchen entwickelt, die der Region zu weltweitem Ruf verhalfen. Die schon vorher weltbekannte Wandteppichknüpferei (Zentrum Aubusson) überstand alle Krisenzeiten und konnte bis heute ihre Stellung behaupten. Vor allem aber entwickelte sich in Limoges die Porzellanmanufaktur, nachdem im Jahre 1768 bei Saint Yrieix hochwertiges Kaolin entdeckt worden war. Die Porzellanindustrie war zunächst ausschließlich auf Limoges konzentriert. Wie sprunghaft sie sich in Limoges entwickelte, geht aus wenigen Zahlen hervor. Im Jahre 1848 wurden in der Stadt rund 5000 Porzellanarbeiter gezählt. Bis zum Jahre 1882 war ihre Zahl auf 7200 gestiegen. Im gleichen Zeitraum nahm die

Zahl der Betriebe von 11 auf 36 zu. Mehr als die Hälfte der Waren wurde in die Vereinigten Staaten exportiert. Die in anderen Teilen Europas ebenfalls in dieser Zeit aufblühende Porzellanindustrie (zum Beispiel in Oberfranken) brachte zwar in den 80er Jahren des vorigen Jahrhunderts kurzfristig Beeinträchtigungen, diese wurden jedoch durch eine ständig steigende Nachfrage und die Einführung neuer Produktions- und Dekorationstechniken schnell wettgemacht. Um die Jahrhundertwende hatte die Porzellanindustrie auch auf andere Orte im Limousin übergegriffen. Limoges stellt mit 10 500 Beschäftigten nach wie vor das Zentrum, im übrigen Limousin war die Zahl der Beschäftigten bereits auf 5400 gestiegen.

Die starke Exportabhängigkeit, die geringe Diversifizierung der Produktion (Spezialisierung auf hochwertiges Tafelporzellan), die Notwendigkeit der Einfuhr teuren Kaolins aus dem Ausland und die sinkende Nachfrage als Folge des Ersten Weltkrieges wirkten sich zu Beginn des 20. Jahrhunderts gleichermaßen negativ auf diese Branche aus. Bis zum Jahre 1938 sank die Zahl der Beschäftigten in der Porzellanindustrie auf 2500, die Produktion betrug nur noch 14% derer des Jahres 1907.

Nach dem Niedergang der Porzellanindustrie entwickelte sich aber ein weiterer Zweig, der bis heute zu den typischen industriellen Kennzeichen des Limousin gehört: die Lederverarbeitung, insbesondere die Schuhfabrikation. Hatten schon über Jahrhunderte hinweg die Gerberei und das Holzschuhschnitzergewerbe eine recht große Bedeutung, so brachte die Installation amerikanischer Fertigungsmaschinen seit 1900 eine Massenproduktion in der Schuhherstellung mit sich, die sich wiederum auf Limoges konzentrierte. In 17 Betrieben wurden im Jahre 1914 bereits 2780 Erwerbstätige in der Lederindustrie ausgewiesen. Vor allem während der Kriegsjahre erwies sich die frontferne Lage als günstig, da die Produktion in den traditionellen Zentren der Schuhherstellung, Nancy, Lille und Boulogne, durch die Kriegsereignisse stark beeinträchtigt war. Andererseits stieg die Nachfrage nach Schuhen und Stiefeln während der Kriegsjahre beträchtlich. Die Schuhfabrikation löste daher binnen kürzester Zeit die Porzellanfabrikation als wichtigsten Industriezweig ab und wurde zur führenden Industrie des Limousin. Mit sinkender Nachfrage nach dem Ersten Weltkrieg sank ihre Bedeutung jedoch rasch ab.

Als besonderes Kennzeichen der Industrieentwicklung des Limousin seit dem Ersten Weltkrieg ist die Wiedererstarkung der Textilindustrie und die Neuanlage mechanischer Industrie anzusehen. Beide Branchen wurden, ebenso wie die Schuhindustrie, im wesentlichen durch Rüstungsaufträge inauguriert. Diese Planungsentscheidungen brachten dem Limousin als „feindfernem" und schwer erreichbarem Gebiet somit den vorläufigen Höhepunkt seiner industriellen Entwicklung. Im Jahre 1921 wurden im Departement Haute-Vienne 55 000 Industriebeschäftigte gezählt, eine Zahl, die sich bis zum Zweiten Weltkrieg fast auf die Hälfte verringerte und die bis heute dieses Niveau nicht wieder erreicht hat. Für die Schwierigkeiten der industriellen Entwicklung im 20. Jahrhundert sind zweifellos eine Reihe von Standortfaktoren wirksam geworden, vor allem die ungünstige Lage, die geringe Verkehrserschließung, die relativ ungünstige Rohstoffversorgung, die mangelhafte Betriebsstruktur (Dominanz der Kleinbetriebe etc.) u.a.

So wie die Planungsentscheidungen schon während des Ersten Weltkrieges zu einem industriellen Aufschwung geführt hatten, so wirkte sich auch der Zweite Weltkrieg diesbezüglich positiv aus. Zahlreiche Zweige der Rüstungsindustrie wurden in den 30er Jahren nach Südfrankreich verlegt. Das Limousin bot sich aufgrund seiner Topographie und Verkehrsferne zur Ansiedlung solcher Betriebe an. Aber auch die ersten Überlegungen einer industriellen Dezentralisierung, vorwiegend strategisch getragen, führten dazu, daß im Limousin zahlreiche Betriebe angesiedelt wurden, die im wesentlichen als Zulieferbetriebe der Rüstungsindustrie zu verstehen waren. Neben einer Waffenfabrik in Tulle sind besonders Betriebe der elektronischen Industrie, der Kupferverarbeitung, Glühlampenfabriken und Aluminiumgießerei erwähnenswert. Begünstigt wurden die Planungsabsichten durch die Flucht zahlreicher Industrieller während der ersten Kriegsjahre aus den nord- und nordostfranzösischen Industriegebieten. Sie siedelten sich teilweise im Limousin an.

Als wachstumsfreudige Industriezweige haben sich in den letzten beiden Jahrzehnten die Elektroindustrie, die Keramik und Glasherstellung und die traditionelle Porzellanindustrie erwiesen. Bei der Porzellanindustrie stagniert die Entwicklung jedoch seit 1968 bereits wieder, nachdem ihre Beschäftigtenzahlen im Zeitraum 1962 bis 1968 um fast ein Drittel zugenommen hatten. Diese Intensivierung war im wesentlichen in Verbindung mit der Umstellung des Brennverfahrens auf die Erdgaslieferungen aus Lacq (Pyrenäen) zu sehen. Im Zusammenhang mit diesen Umstellungen und der damit verbundenen Rationalisierung konnte in den Jahren 1961 bis 1965 eine Umsatzsteigerung von 68% erreicht werden.

Zur mit Abstand wichtigsten Industriebranche hat sich heute die Metallindustrie entwickelt. Aufbauend auf den Rüstungsindustrieansätzen hat sich die Waffenindustrie in Tulle weiterentwickelt, vor allem aber die Kraftfahrzeugindustrie ist heute mit mehreren Großbetrieben vertreten.

Insgesamt hält damit die Zunahme der Industriebeschäftigten im Zeitraum 1975 bis 1982 an, hat sich aber gegenüber dem Zeitraum 1962–1968 deutlich verlangsamt (Tab. 37). Dabei vollzieht sich ein gewisser Konzentrationsprozeß in den Städten Limoges, Brive und Tulle, die übrigen Industrieansiedlungen liegen verstreut über die gesamte Region. Trotz dieser Ergebnisse darf nicht der Eindruck erweckt werden, daß sich das Limousin heute zu einem industriellen Schwerpunkt des Landes entwickelt hat. Das Gebiet ist jedoch beispielhaft für die Entwicklung der ursprünglich stärker industrialisierten

Tab. 37: Industrielle Arbeitsplätze in der PR Limousin nach Branchen 1968–1982

Industriezweig	1968 absolut	%	1975 absolut	%	1982 absolut	%
Nahrungsmittelindustrie	4 345	5,8	5 256	6,3	7 632	8,4
Brennstoffindustrie	147	0,2	192	0,2	56	–
Glas – Keramik	4 940	6,6	5 252	6,3	6 124	6,8
Metallindustrie	8 740	11,6	8 561	10,5	11 252	12,5
Elektroindustrie/Elektronik	5 854	7,8	8 135	9,8	6 724	7,4
Automobilindustrie	4 137	5,5	5 740	7,1	6 084	6,7
Chemie, Gummi	1 154	1,5	1 469	1,8	2 204	2,4
Textilindustrie	2 954	3,9	2 720	3,3	6 764	7,5
Bekleidung	4 012	5,3	5 758	6,7		
Lederindustrie	8 199	10,9	4 675	5,7	3 028	3,3
Holz, Möbel	4 804	6,4	6 135	7,4	7 960	8,8
Druck, Papier	6 308	8,4	6 744	8,2	5 772	6,4
Sonstige	1 017	1,4	1 476	1,8	2 124	2,3
Bauindustrie	18 523	24,7	20 584	24,9	24 848	27,5
Gesamt	75 134	100,0	82 697	100,0	90 572	100,0

Quelle: VII. Plan 1976–1980; Les orientations pour l'avenir du Limousin, Limoges 1976 und Mitteilung des INSEE Limousin vom 7. 2. 1986

Mittelgebirgsbereiche zu sehen, die erst im Zuge der industriellen Revolution zu ausgesprochenen Problemgebieten geworden sind. Die hohen Bevölkerungsverluste im vorigen Jahrhundert sind deutliche Zeichen dieser Veränderungen, sie betrafen besonders stark die Landwirtschaft. Auch die seit 1962 etwa 12 000 neu geschaffenen Industriearbeitsplätze können den Rückstand nicht aufholen, der dem Raum durch die Entwicklung der letzten einhundert Jahre erwachsen ist.

Vor allem seit Beginn der 1980er Jahre zeigt die Industrielandschaft des Limousin deutliche Einbrüche, die auch die traditionellen stabilen Pfeiler wie Holz- und Möbelindustrie sowie die Porzellanindustrie stark betroffen haben. Zwischen 1975 und 1984 gingen über 10 000 industrielle Arbeitsplätze verloren, davon allein in den Jahren 1983/1984 über die Häfte. Hinzu kommen rd. 6000 Arbeitsplätze im Bausektor, so daß die Zahl der Industriebeschäftigten insgesamt heute deutlich unter der von 1968 liegt. Die gravierendsten Konsequenzen dieser Entwicklung sind hohe Arbeitslosenquoten, besonders bei den Jugendlichen. Die Bestrebungen zur Reindustrialisierung dieses Raumes scheinen somit gescheitert zu sein.

4.7.5.
Die Industrie im Oberelsaß und im französischen Jura

Oberelsaß und Franche-Comté stellen im ostfranzösischen Grenzgebiet zwei Teilregionen dar, in denen sich die industriellen Strukturen seit dem 19. Jahrhundert aus traditionellen Ansätzen heraus stark weiterentwickelten. Im Oberelsaß nahm vor allem die Textilindustrie einen schnellen Aufschwung und entwickelte sich zu einem der bedeutenden Produktionszentren Frankreichs, im Jura war es die Feinmechanik, die seit dem 19. Jahrhundert zur dominierenden Industriebranche wurde.

Die elsässische Industrie kann aufgrund der jüngeren Entwicklung in drei große Gruppen unterteilt werden, nämlich in die beiden traditionellen Branchen Textilindustrie und Kaliindustrie, zu denen in jüngerer Zeit der Fahrzeugbau durch die Ansiedlung einiger Zweigbetriebe der Automobilherstellung getreten ist.

Die Ursprünge der elsässischen Textilindustrie gehen in das 18. Jahrhundert zurück. Bis

Tab. 38: Industrielle Arbeitsplätze in der PR Alsace in den Jahren 1974 und 1984

Industriezweig	Beschäftigte absolut	1974 %	Veränderung (%) 1968/1974	Beschäftigte absolut	1984 %	Veränderung (%) 1974/1984
Metallverarbeitung	90 923	35,4	+23,0	82 919	37,3	− 8,8
Bausektor	46 234	18,0	+ 3,0	34 921	15,7	−25,5
Textilindustrie	26 152	10,2	− 9,6	21 228	9,5	−18,8
Nahrungsmittelindustrie	20 270	7,9	+ 7,5	21 778	9,8	+ 7,4
Erdöl und Chemie	10 897	4,2	+20,8	14 787	6,7	+35,7
Grundstoffindustrie	9 898	3,9	− 5,8	4 887	2,2	−50,7
Bekleidung	9 046	3,5	− 3,5	bei Textil	−	−
Holz − Möbel	8 221	3,2	+ 4,2	9 200	4,1	+11,9
Druckerei	8 288	3,2	+15,8	6 599	3,0	−20,4
Papierindustrie	7 495	2,9	+ 5,2	6 162	2,8	−17,8
Glas, Keramik	6 171	2,4	+ 4,3	11 718	5,3	+89,9
Leder, Schuhindustrie	5 521	2,2	− 5,0	5 299	2,4	− 4,9
Sonstige	7 754	3,0	+19,2	2 555	1,2	−67,0
Gesamt	256 870	100,0	+ 8,9	222 053	100,0	−13,6

Quelle: Préfecture Regionale, 1975 und Mitteilung des INSEE Alsace vom 6. 2. 1986

zum Jahre 1870 hatte sich das Gebiet um Mühlhausen zu einem der bedeutendsten Zentren der Textilindustrie Frankreichs entwickelt. Die Annexion Elsaß-Lothringens an das Deutsche Reich brachte dann eine entscheidende Zäsur. Zahlreiche Industrielle verließen Mülhausen und setzten sich im nicht annektierten Teil Lothringens, namentlich in Nancy, fest. Trotzdem entwickelte sich zwischen 1871 und 1918 die elsässische Textilindustrie weiter und stellte nach der Wiederangliederung an Frankreich am Ende des Ersten Weltkrieges eine starke Konkurrenz für die nationale Textilindustrie dar. Ein Viertel der Garnspindeln und ein Drittel der Webstühle des ganzen Landes standen im Elsaß. Noch stärker war die Bedeutung der elsässischen Betriebe bezüglich der Stoffärbereien. Gegenüber 130 in Gesamtfrankreich verfügte allein das Oberelsaß über 160 Färber- und Stoffdruckerbetriebe.

Nach dem Zweiten Weltkrieg ist auch die elsässische Textilindustrie durch Krisen gekennzeichnet. Der ehemalige Vorteil der elsässischen Industriebetriebe, ein hohes Arbeitskräftepotential aus der Bevölkerung ziehen zu können, ist im Zeitalter der Automation kaum mehr wirksam. Während noch im Jahre 1936 über ein Drittel aller Industriebeschäftigten des Elsaß in der Textilbranche beschäftigt war, fiel der Anteil ständig bis auf knapp 10% im Jahre 1984. Allein im Zeitraum 1954 bis 1974 sank die Zahl der Beschäftigten dieser Branche von 54000 auf 26000 ab.

Neben der Textilindustrie ist nach dem Zweiten Weltkrieg die Metallverarbeitung zum bedeutendsten Zweig geworden. Sie beschäftigte im Jahre 1984 fast 83000 Personen, das sind 37,4% der Industriebeschäftigten der Gesamtregion. Allein im Zeitraum 1970 bis 1974 stieg die Zahl um ein Viertel an. Diese Betriebe nahmen häufig die aus der Textilindustrie freigesetzten Arbeiter auf.

Vor allem dem Aufschwung der Automobilindustrie ist es zuzuschreiben, daß die PR Alsace nach dem Krieg relativ stark angewachsen ist. Die Wanderungsgewinne der PR gehören zu den höchsten im Lande. Auch in der Erwerbsstruktur kommt die Bedeutung der Industrie deutlich zum Ausdruck. Die Landwirtschaft, die durch strukturelle Probleme in besonders starkem Maße gekennzeichnet ist, beschäftigte 1982 nur noch 3,8% der Erwerbstätigen. Demgegenüber lag der Anteil der Industriebeschäftigten bei 42,1%.

Im französischen Jura wird die Industrie seit dem 19. Jahrhundert durch die Feinmechanik, vor allem die Uhren- und Brillenindustrie, geprägt, wobei die Beeinflussung aus dem schweizerischen Jura, wo sich die Uhrenherstellung schon seit dem 17. Jahrhundert entwickelt hatte, unverkennbar war. Die ersten Betriebe produzierten Teile, die in Neuchatel (Schweiz) verarbeitet wurden. Im Laufe des 19. Jahrhunderts breitete sich die feinmechanische Industrie ständig aus und wurde im gesamten Nordteil der Freigrafschaft zum bedeutendsten Erwerbszweig. Um die Mitte des vorigen Jahrhunderts siedeln sich dann Uhrenfabriken in Besançon an, die in den kleineren Städten des Umlandes eine große Zahl von Zulieferbetrieben ins Leben rufen.

Gleichzeitig entwickelte sich aber auch die Metallverarbeitung, die von den Beschäftigtenzahlen und von dem erwirtschafteten Bruttosozialprodukt her die Feinmechanik schon bald übertraf. Ansatzpunkt für diese Entwicklung war die Fahrradindustrie, die durch Peugeot in dessen Heimatstadt Montbéliard Ende des 19. Jahrhunderts angesiedelt wurde. Das Werk entwickelte sich schnell zu einem der größten Industriebetriebe in Frankreich. Heute werden allein in Sochaux in den Peugeot-Werken über 30000 Personen beschäftigt. Die Peugeot-Werke in Montbéliard-Sochaux sind der größte Industriebetrieb Frankreichs außerhalb von Paris. Neben dem Fabrikationsbetrieb in Sochaux sind in der PR Franche-Comté weitere Zweigniederlassungen der Peugeot-Werke in Vesoul (3000 Beschäftigte), Bart (1250 Beschäftigte) und in Beaulieu-Valentigney (4500 Beschäftigte). Das Zweigwerk in Mülhausen mit 13 500 Beschäftigten hat sich seit 1962 zum zweitgrößten Industriebetrieb im Nordosten des Landes entwickelt.

Die Dynamik der industriellen Entwicklung im französischen Jura spiegelt sich in den erwerbsstrukturellen Wandlungen wider. Während in Frankreich der Anteil der Industriebeschäftigten von 36,4% im Jahre 1954 auf 32,3% im Jahre 1983 anstieg, verzeichnete die PR Franche-Comté eine Zunahme von 41,9% auf 45,8%. Deutlich unterrepräsentiert ist jedoch der tertiäre Sektor mit 45,9% gegenüber 49,7% im nationalen Durchschnitt.

Bezüglich der neugeschaffenen Arbeitsplätze steht die Automobilindustrie mit Abstand an der Spitze. Allein im Zeitraum 1967 bis 1972 brachten Betriebserweiterungen und Neuanlagen fast 16 000 neue Arbeitsplätze. Die Elektroindustrie schuf 3100 und die Feinmechanik 1500 neue Stellen. Verluste verzeichnen demgegenüber die Textilindustrie, die sich von Mülhausen her auch auf den nördlichen Teil der PR besonders in der Stadt Belfort ausgeweitet hatte.

Unter dem Einfluß der industriellen Entwicklung verlor die Landwirtschaft, deren Renommée im Jura besonders auf der Käseherstellung (Gruyère) beruhte, ständig an Bedeutung. Die strukturellen Nachteile und die Möglichkeiten der Beschäftigung im sekundären Sektor haben im ländlichen Raum insgesamt zu starken Extensivierungserscheinungen nach dem Zweiten Weltkrieg geführt.

4.8. Hat die „Décentralisation" versagt?

Die Dezentralisierungs-Politik ist inzwischen 25 Jahre alt, Zeit genug, um den Versuch einer ersten Bilanz zu wagen. Die Hauptfrage, die sich stellt, ist, ob eine Verlagerung des Industriesektors in die ehemaligen Schwächezonen besonders an der Peripherie erfolgt ist und vor allem, ob diese Betriebe auch die erwünschten Rückkoppelungseffekte erzielt haben.

W. BRÜCHER hatte schon 1971 auf einige Probleme hingewiesen, die sich in der Folgezeit noch verstärkt haben. Zwar hat sich der Ring der Industrieansiedlungen im Umland von Paris ausgeweitet, an der Peripherie des Landes blieben dauerhafte Neugründungen jedoch eher sporadisch. Ganz auffällig ist, daß zunächst rasche Zunahmen der Beschäftigten im industriellen Bereich verzeichnet werden konnten. Es zeigte sich aber auch, daß nach einer kurzen, oft euphorischen Anfangsphase die Entwicklung stagnierte und wieder rückläufig wurde. In vielen Peripherregionen liegt die Zahl der Industriebeschäftigten heute nicht höher, teilweise sogar niedriger als zu Beginn der 1960er Jahre, demgegenüber befinden sich die Arbeitslosenzahlen auf Rekordhöhe.

Ob es der sozialistischen Regierung unter Staatspräsident Mitterrand gelingen wird, das Ruder wieder in die positive Richtung zu lenken, ist derzeit fraglich. Im IX. Plan wird postuliert, daß man nunmehr endlich mit der Dezentralisation Ernst zu machen gedenkt. Vieles von dem Elan der neuen Regierung ist indessen schon in den ersten Regierungsjahren verpufft, und heute scheinen die Staatskassen leerer zu sein als je zuvor. Fast scheint es, als ob auch unter dieser Regierung ein altes französisches Sprichwort bestätigt werden würde: „Plus ça change, plus ça reste la même chose."

5. Frankreichs Landwirtschaft im Umbruch

In der wirtschaftlichen Entwicklung Frankreichs hat die Landwirtschaft lange Zeit eine tragende Rolle gespielt. Die nur zögernd vor sich gehende industrielle Entwicklung war ein wichtiger Grund dafür, daß der agrarische Bevölkerungsanteil bis ins 20. Jahrhundert hinein sehr hoch blieb. Allerdings war die Landwirtschaft auch lange das Sorgenkind des Landes.

Nach einer Krise durch Mißernten in den Jahren 1847–1849 erholte sich dieser Wirtschaftszweig zunächst rasch und konnte seine beherrschende Stellung in der Wirtschaft des Landes ausbauen. Steigende Getreidepreise (1853 um 80% über dem Preis von 1848), Verwendung von chemischen Düngemitteln und von Maschinen sowie die Intensivierung der Produktion durch rationellere Fruchtfolgen (allmähliche Aufgabe der Dreifelderwirtschaft mit Brache) führten zu einem starken konjunkturellen Aufschwung. Besonders vorteilhaft wirkten sich die verbesserten Verkehrsverbindungen (Anlage eines Eisenbahnnetzes, Ausbau der Straßen und Wasserwege) aus, die die Absatzmöglichkeiten auch in entferntere Gebiete verbesserten und die erzwungene Isolierung früherer Jahrhunderte beendeten. Durch das Wachsen der Städte stieg der Bedarf an Grundnahrungsmitteln stark an, und mit steigender Nachfrage stiegen die Preise. Der Verkehrswert des ländlichen Grundbesitzes stieg in der Zeit zwischen 1851 und 1879 von 61 auf 92 Milliarden Francs.

Jedoch würde das Bild verfälscht, wenn nicht auch die schwerwiegenden Krisen angesprochen würden, die die französische Landwirtschaft in dieser Zeit mit regional unterschiedlicher Heftigkeit befielen. Dies trifft vor allem für die Spezialkulturen im Süden des Landes zu. Die Seidenraupenzucht, die schon durch die Konkurrenz der Industrie eine ernsthafte Bedrohung erfuhr, erlitt einen empfindlichen Rückschlag durch zahlreiche Raupenkrankheiten, die zu hohen Ertragseinbußen führten. Erst im Jahre 1870 konnte die Krise überwunden werden. Nicht minder waren die Belastungen, die für den Weinbau im Laufe des 19. Jahrhunderts entstanden. Zunächst waren um 1850 durch den Mehltau (Oidium-Krise) erhebliche Ertragseinbußen verursacht worden. Hier konnte durch das verhältnismäßig billige Schwefeln schnell ein wirksames Gegenmittel gefunden werden. Wesentlich einschneidender wurde der Reblausbefall (Phylloxera-Krise), der seit 1865 die Rebbestände im Süden des Landes vernichtete und dem man lange Zeit machtlos gegenüber stand.

Die modernen Anbau- und Schädlingsbekämpfungsmethoden, die im Zusammenhang mit der Reblauskrise entwickelt wurden, waren wesentliche Ursachen für eine weitere Zäsur, die Weinabsatzkrise zu Beginn des 20. Jahrhunderts. Nachdem auf amerikanischen Rebunterlagen phylloxeraresistenter Weinbau möglich war, vermehrte sich die Weinproduktion um fast 70%. Diese enorme Zunahme führte zwangsläufig zu einer Absatzkrise, die sich in einem Preischaos manifestierte.

Während z. B. im Languedoc im Jahre 1890 pro hl Wein 17,5 Francs erlöst wurden, fiel der Preis im Zeitraum von 1905 bis 1909 auf knapp 10 Francs ab. Viele Winzer konnten ihren Wein überhaupt nicht verkaufen, da dem steigenden Angebot gleichzeitig eine geringere Nachfrage gegenüberstand.

Gegen Ende des 19. Jahrhunderts wurde auch die übrige Landwirtschaft unter den Auswirkungen der steigenden Importe aus Übersee in eine Krise gesteuert, die bis zum Beginn des 20. Jahrhunderts anhielt. Die Krisen des 19. Jahrhunderts waren auch für die Herausbildung der Besitzstrukturen von nicht unerheblicher Bedeutung. Viele Bauern sahen sich zum Verkauf ihres Besitzes gezwungen, da sie nicht in der Lage waren, die hohen Investitionskosten für die Beseitigung der Krankheiten aufzubringen. Andere konnten unter dem Druck der Konkurrenz ihre Produkte nicht mehr gewinnbringend vermarkten. Da nur wenige ihrer Berufskollegen finanziell in der Lage waren, diesen Besitz zu erwerben, bildete sich allmählich ein bürgerlicher Großgrundbesitz heraus, wie er bereits in der vorrevolutionären Zeit für das Land typisch gewesen war. Dabei spielten die Kapitalanlage, aber auch reine Prestigegründe eine wesentliche Rolle. Besonders stark ausgeprägt waren die Veränderungen der Besitzverhältnisse in der Nähe der sich allmählich entwickelnden Großstädte (Paris, Lyon, Toulouse), aber auch in den landschaftlich reizvollen Gebieten, in denen die Güter als Jagd- und Ruhesitz erworben wurden.

Eine Folge dieser Entwicklung ist die starke Ausbildung des Pachtwesens, das die französische Landwirtschaft bis heute kennzeichnet. In Südfrankreich hat sich dabei stärker das System der Anteils(Halb-)pacht entwickelt (metayage), während nördlich der Loire praktisch nur die Geldpacht (fermage) existiert.

Im 20. Jahrhundert hat sich die französische Landwirtschaft, trotz vielerlei Verhaftungen in traditionellen Strukturen, allmählich modernisiert, wobei die sehr unterschiedlichen natürlichen Voraussetzungen im Lande zu einer noch stärkeren regionalen Spezialisierung geführt haben, als dies im Laufe der Jahrhunderte der Fall gewesen ist.

5.1. Regionale Differenziertheit als Ausdruck natürlicher und historischer Einflußfaktoren

Die Gesamtfläche Frankreichs umfaßte im Jahre 1982 54 909 000 ha. 46 347 000 ha, also rund 85%, wurden zu diesem Zeitpunkt als landwirtschaftliche Nutzflächen ausgewiesen, wobei der Wald mit einem Anteil von 31,5% statistisch einbezogen wird. Dominierend, jedoch seit Beginn des 20. Jahrhunderts rückläufig, ist der Ackerbau. Der Grünlandanteil überwiegt im Nordwesten und in den Höhengebieten. Der Anteil der Sonderkulturen, vor allem der Rebflächen, ist zwar flächenmäßig im Vergleich dazu gering, wertmäßig haben diese Kulturen jedoch eine große Bedeutung für die französische Landwirtschaft. (Tab. 39)

Bei einem so heterogenen Naturraum, wie ihn Frankreich darstellt, sagen diese Zahlen jedoch relativ wenig über die Bedeutung der Teilregionen und ihre spezielle Ausrichtung auf bestimmte Nutzungsschwerpunkte aus. Entsprechend der Zugehörigkeit des Landes zu verschiedenen Klimabereichen ändert sich auch die dominierende landwirtschaftliche Nutzung erheblich. (Tab. 40)

Als Gebiete mit überwiegendem Ackerbau erscheinen die Programmregionen des Bekkens von Paris, allen voran die Région Ile-de-France mit über 90% Ackeranteil. Als eigentliche Kornkammern Frankreichs sind die lößüberwehten Gebiete südwestlich von Paris (Beauce) und nördlich der Hauptstadt anzusehen.

Der Nordwesten des Landes unterscheidet sich demgegenüber deutlich. Vor allem in der Normandie, die klimatisch unter atlantischem Einfluß steht, überwiegt der Grünlandanteil. Fast die gesamte Normandie gehört zum westeuropäischen Heckengürtel (Bocage), der sich von Südschweden über

Jütland, Norddeutschland, die Beneluxstaaten bis in die Bretagne erstreckt. Fast überall ist die Bocagelandschaft von einer intensiven Viehwirtschaft gekennzeichnet. In der Normandie überwiegt in der Agrarproduktion ganz eindeutig der Veredlungssektor, vor allem die Milchwirtschaft. Eine sehr leistungsfähige Rinderrasse (race normande), die in diesem Gebiet gezüchtet worden ist, steht heute zahlenmäßig hinter dem schwarzbunten Niederungsvieh (race frisonne) an zweiter Stelle. Eine gewisse Unterbrechung erfährt der westeuropäische Grünlandgürtel im nordwestlichen Teil Frankreichs. In der PR Nord – Pas-de-Calais hat sich auf schweren Lehmböden der Zuckerrübenanbau stark konzentriert. Er wird hier überwiegend auf Großbetrieben betrieben.

Auch die Bretagne hat innerhalb Westeuropas eine Sonderstellung. Obwohl unter extrem atlantischem Klimaeinfluß dominiert eindeutig der Ackeranteil, jedoch überwiegt mit Abstand die tierische Produktion. Dies bedeutet, daß die Ackerflächen stark durch Futterbau genutzt werden und daß praktisch die gesamte pflanzliche Produktion über die Viehwirtschaft „veredelt" wird.

Naturbedingt dominiert vor allem in den Gebirgsgegenden der Grünlandanteil. Das Zentral-Massiv hat insgesamt ein Acker-Grünlandverhältnis von 0,5:1, d. h. rund zwei Drittel der landwirtschaftlichen Nutzfläche dienen der Viehwirtschaft. Entsprechend nimmt hier der Veredlungssektor über drei Viertel der Agrarproduktion ein, wobei er vor allem durch Rindermast getragen wird (race charolaise), da in dem rauhen Gebirgsklima die Milchviehhaltung nicht optimal gestaltet werden kann. Auch das Gebiet des französischen Jura, der Westalpen und Teile der Pyrenäen sind durch hohe Grünlandanteile gekennzeichnet, wenngleich sie nach Süden hin aufgrund des klimatischen Wandels abnehmen.

Eine Sonderstellung nehmen die beiden Programmregionen Provence – Côte d'Azur und Languedoc-Roussillon ein. Sie haben die niedrigsten Ackerlandanteile, jedoch überraschend viel Grünlandflächen. Allerdings handelt es sich dabei überwiegend um Weideareale, die teilweise bis heute durch transhumante Schafhaltung genutzt werden. Wertmäßig ist die Viehhaltung im mediterranen Frankreich praktisch unbedeutend. Demgegenüber besitzt die Bewässerungslandwirtschaft hier eine besondere Bedeutung, wobei insbesondere im Laufe der letzten 30 Jahre große Anstrengungen zur weiteren Intensivierung gemacht worden sind. Nicht immer waren diese Maßnahmen dauerhaft erfolgreich, dennoch ist die Bewässerungswirtschaft heute bei der zunehmenden Obst- und Gemüseproduktion nicht mehr wegzudenken.

Naturgemäß spielt die Bewässerung im nördlichen Landesteil nicht diese hervorragende Rolle, dennoch ist auffallend, daß gerade im Bereich des Pariser Beckens ein relativ großer Anteil der Betriebe über entsprechende Einrichtungen verfügt, ein Indiz für die intensive Nutzung in diesem Gebiet.

Aber nicht nur die Verteilung der Nutzflächen und der Bewässerungswirtschaft weisen große Unterschiede im Lande auf. Unterschiede bestehen auch bezüglich der Betriebsgrößenstrukturen, die durch ein deutliches Gefälle vom mehr großbetrieblich strukturierten Norden des Landes zu den Gebieten mit starker Besitzersplitterung und Dominanz der Kleinbetriebe im Süden gekennzeichnet sind. Ihre Ursache haben diese Verhältnisse in der historischen Entwicklung. Die Konzentration des Bodenbesitzes, die das vorrevolutionäre Frankreich gekennzeichnet hatte, war zwar mit der französischen Bauernbefreiung, der Zerschlagung des Staatseigentums und des adeligen Großgrundbesitzes und den Bemühungen um eine gerechtere Verteilung des Grundbesitzes während der Revolution ansatzweise zerstört worden, in der weiteren Entwicklung konnte sich jedoch eine neue ländliche Großgrund-

Tab. 39: Die land- und forstwirtschaftliche Nutzfläche Frankreichs 1909, 1976 und 1982

Nutzung als	1909 (in 1000)		1976 (in 1000)		1982 (in 1000)	
Ackerland	23 615 ha =	47,5%	16 914 ha =	34,0%	16 066 ha =	34,6%
Grünland	10 043 ha =	20,2%	13 596 ha =	27,3%	12 630 ha =	27,3%
Wald	9 329 ha =	18,7%	14 577 ha =	29,3%	14 620 ha =	31,5%
Sonderkulturen	1 220 ha =	2,5%	651 ha =	1,3%	1 381 ha =	3,0%
Rebfläche	1 687 ha =	3,4%	1 310 ha =	2,6%	1 110 ha =	2,4%
unbebaut, Ödland	3 844 ha =	7,7%	2 740 ha =	5,5%	540 ha =	1,2%
	49 738 ha =	100,0%	49 788 ha =	100,0%	46 347 ha =	100,0%

Quelle: für 1909: H. See, 1936; für 1976: Min. d'Agriculture, 1977; für 1982: INSEE 1984b

Tab. 40: Nutzflächenanteile und Bewässerung in den Programmregionen 1982

Programmregion	Anteil in % der LN			Bewässerung	
	Ackerland	Grünland	Sonstiges[1]	Betriebe (%)[2]	Fläche (%)[3]
Ile-de-France	92,3	4,6	3,1	20,4	4,2
Champagne-Ardenne	71,6	26,4	2,0	1,5	0,7
Picardie	79,4	19,0	1,6	2,6	2,4
Haute-Normandie	57,1	41,8	1,1	1,3	0,6
Centre	81,2	16,0	3,8	11,1	8,4
Basse-Normandie	32,6	66,7	0,7	1,1	0,6
Bourgogne	51,6	46,2	2,2	4,6	1,4
Nord-Pas-de Calais	68,9	29,5	1,6	3,4	0,3
Lorraine	44,4	53,9	1,7	1,5	0,2
Alsace	61,5	32,5	6,0	8,0	10,1
Franche-Comté	27,9	70,8	1,3	1,4	0,5
Pays de la Loire	57,2	39,0	3,8	7,9	3,3
Bretagne	81,0	17,7	1,3	2,5	1,2
Poitou-Charentes	68,3	24,4	7,3	5,5	2,7
Aquitaine	53,4	35,8	10,8	17,7	11,2
Midi-Pyrénées	56,7	39,0	4,3	16,1	7,3
Limousin	30,0	68,8	1,2	2,0	0,3
Rhône-Alpes	34,3	58,7	7,0	14,8	4,7
Auvergne	21,3	67,5	1,2	1,9	0,7
Languedoc-Roussillon	20,4	41,8	37,8	32,9	14,5
Provence-Alpes-Côte d'Azur	23,1	56,6	20,3	55,8	27,0
Corse	2,8	88,3	8,9	39,9	16,2
Frankreich gesamt	54,4	40,2	5,4	11,8	4,5

[1] Rebfläche, Baumkulturen, Hausgärten usw.
[2] Anteil an Gesamtzahl der landw. Betriebe > 1 ha LN
[3] Anteil an LN

Quelle: Min. d'Agriculture, Annuaire Statistique 1977, INSEE 1984a und Mélot, 1983

Tab. 41: Die Betriebsgrößenstrukturen der französischen Landwirtschaft in der zweiten Hälfte des 19. Jahrhunderts

	Betriebe (absolut)		Genutzte Fläche (ha)	
	1862	1905	1862	1908
unter 1 ha	?	2 087 851	1 243 000	1 228 000
1 – 10 ha	2 435 401	2 523 713	10 383 000	11 559 000
10 – 40 ha	636 309	745 862	12 946 000	14 825 000
41 – 100 ha	154 167	118 497	} 18 579 000	16 270 000
über 100 ha	?	29 541		

Quelle: H. See, 1936

besitzerschicht, namentlich aus den Reihen des neu erwachsenden städtischen Bürgertums, entwickeln. Die von Napoleon im Code Napoléon eingeführte Realteilung hatte nur geringe Auswirkungen, da sie Frankreich in einer Phase demographischer Regression traf und zum Teil wohl auch dazu beigetragen hat, daß die Geburtenraten zu Beginn des 19. Jahrhunderts gerade auf dem Lande besonders stark zurückgingen.

Namentlich im Bereich der größeren Städte vermehrte sich aber im 19. Jahrhundert der Klein- und Splitterbesitz ausgesprochen stark, vor allem während der ersten Hälfte bis 1850 und in der Zeit nach 1880, als die französische Landwirtschaft in eine deutliche Krise steuerte. So bildete sich allmählich die zahlenmäßige Dominanz des landwirtschaftlichen Kleinbesitzes heraus, die das Land auch noch bis lange in das 20. Jahrhundert hinein kennzeichnete. (Tab. 41)

Zwei Besonderheiten zeichnen sich bei der Entwicklung im 19. Jahrhundert ab. Die Umstrukturierung der Landwirtschaft geht ganz offensichtlich auf Kosten der großen Betriebe, die sich zahlenmäßig vermindern. So verzeichnet die Betriebsgrößenklasse 41–100 ha im Zeitraum zwischen 1862 und 1892 einen Rückgang von 154 167 auf 105 391 Einheiten. Danach ist wieder eine allmähliche Zunahme zu erkennen. Zwischen 1862 und 1905 fehlen die Werte für die Größenkategorien unter 10 ha und über 100 ha. Die Zahl der Kleinbetriebe unter 10 ha erreichte ebenfalls im Jahre 1892 ihren statistischen Höhepunkt, ist seitdem aber wieder rückläufig.

Bei der genutzten Fläche ergibt sich das umgekehrte Bild. Die wenigen Betriebe der Kategorie über 40 h bewirtschaften weit über 50% der Gesamtnutzfläche. Jedoch verringerte sich dieser Anteil im Laufe des späten 19. Jahrhunderts ebenfalls zugunsten der mittleren Betriebsgrößenklassen, die damit strukturell erste Anzeichen einer Gesundung aufweisen.

Dieser Prozeß der strukturellen Gesundung ist für die französische Landwirtschaft im 20. Jahrhundert kennzeichnend, wenngleich einschränkend gesagt werden muß, daß die Veränderungen nur sehr langsam vor sich gehen. Viele Eigentümer halten nach wie vor an dem überkommenen Besitz fest und sträuben sich gegen jede Art von strukturellen Verbesserungsmaßnahmen, namentlich im stärker parzellierten Südfrankreich mit hohen Sonderkulturanteilen. Erst viel später als beispielsweise in Deutschland wurde mit der Flurbereinigung begonnen, und diese wurde in dem strukturell gesünderen Nordfrankreich in wesentlich stärkerem Maße durchgeführt als im Süden des Landes.

Die zahlenmäßige Verringerung der Betriebe, die einhergeht mit dem starken Rückgang der Erwerbsbevölkerung in der Landwirtschaft von 26,8% im Jahre 1955 auf 10,1% im Jahre 1977, ist sicherlich die auffälligste Erscheinung der strukturellen Veränderungen in der französischen Landwirtschaft. Die Tendenz zur Vergrößerung der mittleren Betriebe, die sich mit den Bestrebungen der rationelleren Bewirtschaftung durch verstärkten Maschineneinsatz verbindet, führt gleichzeitig auch zu einer noch stärkeren Konzentration des Besitzes in den Betriebsgrößenklassen über 50 ha. (Tab. 42)

Für die Beschleunigung dieser Entwicklung sind indessen nicht nur nationale Vorgänge entscheidend. Den Bestrebungen der nationalen Behörden, die Situation im Agrarsektor durch Strukturmaßnahmen zu verbessern, standen allzu häufig die Schwierigkeiten der Integration der aktiven Bevölkerung in andere Wirtschaftszweige entgegen. Erst im Zusammenhang mit den Zielvorstellungen, die von Brüssel aus durch die EG-Kommission für den Gesamtraum der Europäischen Gemeinschaft entwickelt wurden, kommt es in den letzten Jahren zu einem geradezu revolutionierenden Strukturwandel der französischen Landwirtschaft. Als eine der effektivsten Maßnahmen hat sich dabei die Landabgaberente (rente viagère de dé-

Tab. 42: Die Betriebsgrößen in der französischen Landwirtschaft 1955, 1970, 1982

1955

Größenklasse	Betriebe	%	Landw. Nutzfläche	%
unter 10 ha	1 265 070	55,8	5 255 000	16,4
10 - 19,99 ha	532 400	23,5	7 536 100	23,4
20 - 49,99 ha	375 200	16,5	11 167 200	34,7
50 - 99,99 ha	74 900	3,3	4 968 200	15,5
100 - 199,99 ha	16 700	0,7	2 196 700	6,8
über 200 ha	3 500	0,2	1 037 300	3,2
	2 267 770	100,0	32 160 500	100,0

1970

1 - 4,99 ha	457 700	29,5	940 800	3,1
5 - 9,99 ha	250 500	16,1	1 845 600	6,2
10 - 19,99 ha	354 800	22,8	5 164 600	17,3
20 - 49,99 ha	369 600	23,8	11 345 200	38,0
50 - 99,99 ha	93 200	6,0	6 241 100	20,9
über 100 ha	27 200	1,8	4 335 500	14,5
	1 553 000	100,0	29 872 800	100,0

1982

1 - 4,99 ha	326 863	27,3	638 946	2,2
5 - 9,99 ha	150 860	12,6	1 103 634	3,8
10 - 19,99 ha	228 684	19,1	3 339 945	11,5
20 - 49,99 ha	338 836	28,3	10 716 867	36,9
über 50 ha	152 057	12,7	13 243 608	45,6
	1 197 300	100,0	29 043 000	100,0

Quelle: Recensement 1955 und 1970 und INSEE, 1984a

part) ausgewirkt, die es vielen Kleinlandwirten ermöglichte, ihren Besitz zur Vergrößerung anderer Betriebe zur Verfügung zu stellen, ohne dabei das Risiko der Existenzgefährdung einzugehen. Seit 1970 wurden jährlich im nationalen Durchschnitt 2 % der LNF aufgrund der Freisetzung im Zusammenhang mit der Landabgaberente zur Verfügung gestellt, die entsprechend den Brüsseler Vereinbarungen insgesamt zur Vergrößerung bestehender Betriebe verwendet wurden.

Bei der regionalen Betrachtung der Betriebsgrößenverhältnisse ergibt sich ein breites Spektrum innerhalb der verschiedenen Landesteile (Tab. 43 und 44). Grundsätzlich besteht die Tendenz einer zunehmenden Besitzersplitterung zum Süden des Landes hin. Die höchsten durchschnittlichen Betriebsgrößen verzeichnet das Pariser Becken, wobei vor allem die Picardie, aber auch die Beauce (PR Centre) und die PR Champagne-Ardenne auffallen. In der Région Ile-de-France lag im Jahre 1982 die durchschnittliche Betriebsgröße bei 53,6 ha, was gegenüber 1955 eine Steigerung um 18 ha bedeutet. Champagne-Ardenne und Picardie wiesen ebenfalls durchschnittliche Betriebsgrößen zwischen 40 und 50 ha aus. (Abb. 19 und Abb. 20)

Die Getreidebaulandschaften Nordfrankreichs sind so insgesamt durch die günstigsten strukturellen Gegebenheiten gekennzeich-

Tab. 43: Die regionalen Unterschiede der Betriebsgrößenstrukturen Frankreichs im Jahre 1981
(Angaben in % der Betriebe)

Programmregion	unter 5	5–10	10–20	20–50	50–100	über 100
Ile-de-France	29,1	4,1	7,8	20,9	19,1	19,0
Champagne – Ardenne	37,2	4,9	4,9	16,6	24,2	12,0
Picardie	17,9	3,6	11,5	32,3	21,9	12,9
Haute-Normandie	24,3	12,4	15,9	27,3	15,7	4,4
Centre	23,8	7,5	12,4	26,1	21,3	8,8
Basse-Normandie	20,5	15,4	20,9	33,7	8,2	1,2
Bourgogne	23,2	9,4	10,9	24,0	23,5	8,9
Nord – Pas-de-Calais	17,6	8,3	20,1	43,9	8,9	1,3
Lorraine	27,3	10,4	12,0	21,7	20,7	7,9
Alsace	44,0	15,4	17,1	19,5	3,5	0,4
Franche-Comté	20,8	9,1	13,3	37,5	17,5	1,8
Pays de la Loire	21,4	9,7	18,2	42,4	7,9	0,4
Bretagne	24,2	15,1	27,3	31,6	1,8	0,0
Poitou – Charentes	24,6	10,4	14,6	33,7	14,0	2,7
Aquitaine	25,2	17,8	27,4	25,3	3,7	0,7
Midi – Pyrénées	17,7	12,4	25,1	33,6	9,2	2,0
Limousin	12,7	15,3	25,1	33,4	11,7	1,8
Rhône – Alpes	31,8	17,4	22,5	23,5	4,2	0,7
Auvergne	15,1	12,2	21,4	34,3	14,0	3,0
Languedoc – Roussillon	54,1	15,3	14,1	11,3	3,5	1,7
Provence – Alpes – Côte d'Azur	58,3	13,7	13,8	10,3	2,5	1,4
Corse	36,2	13,1	20,4	20,3	6,6	3,4
Frankreich	27,3	12,6	19,1	28,3	9,8	2,9

Quelle: INSEE, 1984a

Tab. 44: Die Nutzflächenanteile der Betriebsgrößenklassen im Jahre 1981 (in % der Gesamtnutzfläche)

Programmregion	unter 5	5–10	10–20	20–50	50–100	über 100
Ile de France	0,9	0,6	2,2	13,3	26,0	57,1
Champagne – Ardenne	1,3	0,8	1,6	13,8	39,8	42,7
Picardie	0,6	0,5	3,4	21,5	29,9	44,1
Haute-Normandie	1,9	3,0	7,7	30,0	35,3	21,5
Centre	1,0	1,3	4,6	22,5	36,9	33,7
Basse-Normandie	2,4	5,1	13,9	47,7	24,1	6,9
Bourgogne	1,0	1,6	3,9	20,6	41,1	31,7
Nord – Pas-de-Calais	1,4	2,5	12,1	54,0	22,9	7,0
Lorraine	1,4	2,1	4,7	20,3	40,4	31,1
Alsace	5,3	8,5	18,8	44,7	17,5	5,1
Franche-Comté	1,1	2,2	6,8	43,4	39,1	7,3
Pays de la Loire	1,6	3,1	11,9	60,0	21,4	2,0
Bretagne	3,4	6,9	25,3	57,7	6,6	0,1
Poitou – Charentes	1,5	2,9	8,0	40,7	34,0	12,9
Aquitaine	3,3	7,8	23,6	44,4	14,0	7,0
Midi – Pyrénées	1,5	3,7	15,1	42,7	24,9	12,1
Limousin	1,4	4,5	14,2	40,3	30,3	9,4
Rhône – Alpes	4,3	7,9	20,3	44,1	16,8	6,6
Auvergne	1,2	3,1	10,9	37,2	32,2	15,3
Languedoc – Roussillon	6,9	8,5	15,2	26,0	17,8	25,6
Provence – Alpes – Côte d'Azur	8,3	8,6	16,9	26,7	14,8	24,7
Corse	3,2	5,0	13,6	28,5	20,2	29,6
Frankreich	2,2	3,8	11,5	36,9	27,2	18,4

Quelle: INSEE 1984a

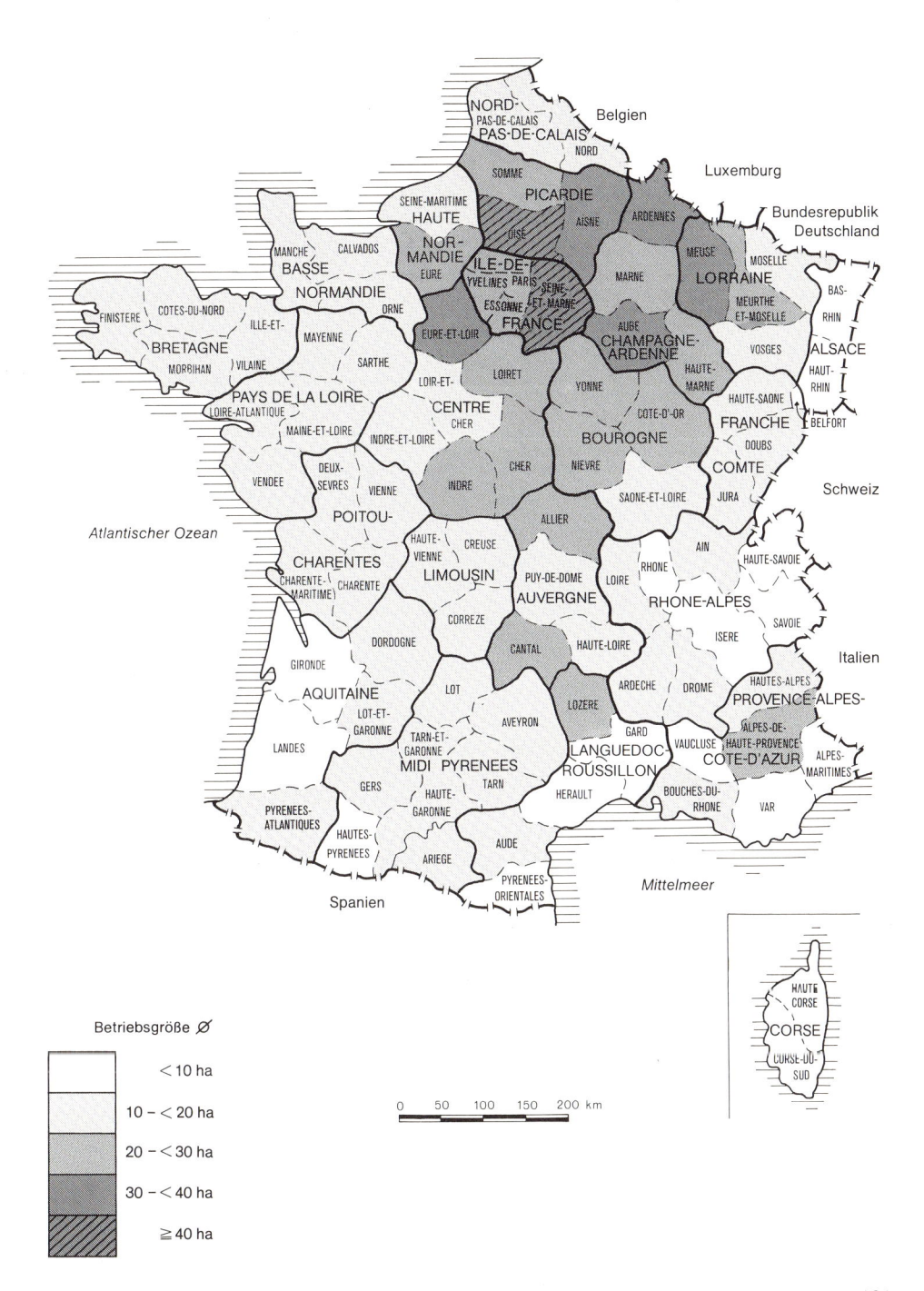

Abb. 19: Die landwirtschaftlichen Betriebsgrößen in Frankreich im Jahre 1955

Quelle: Recensement Général de l'Agriculture 1955

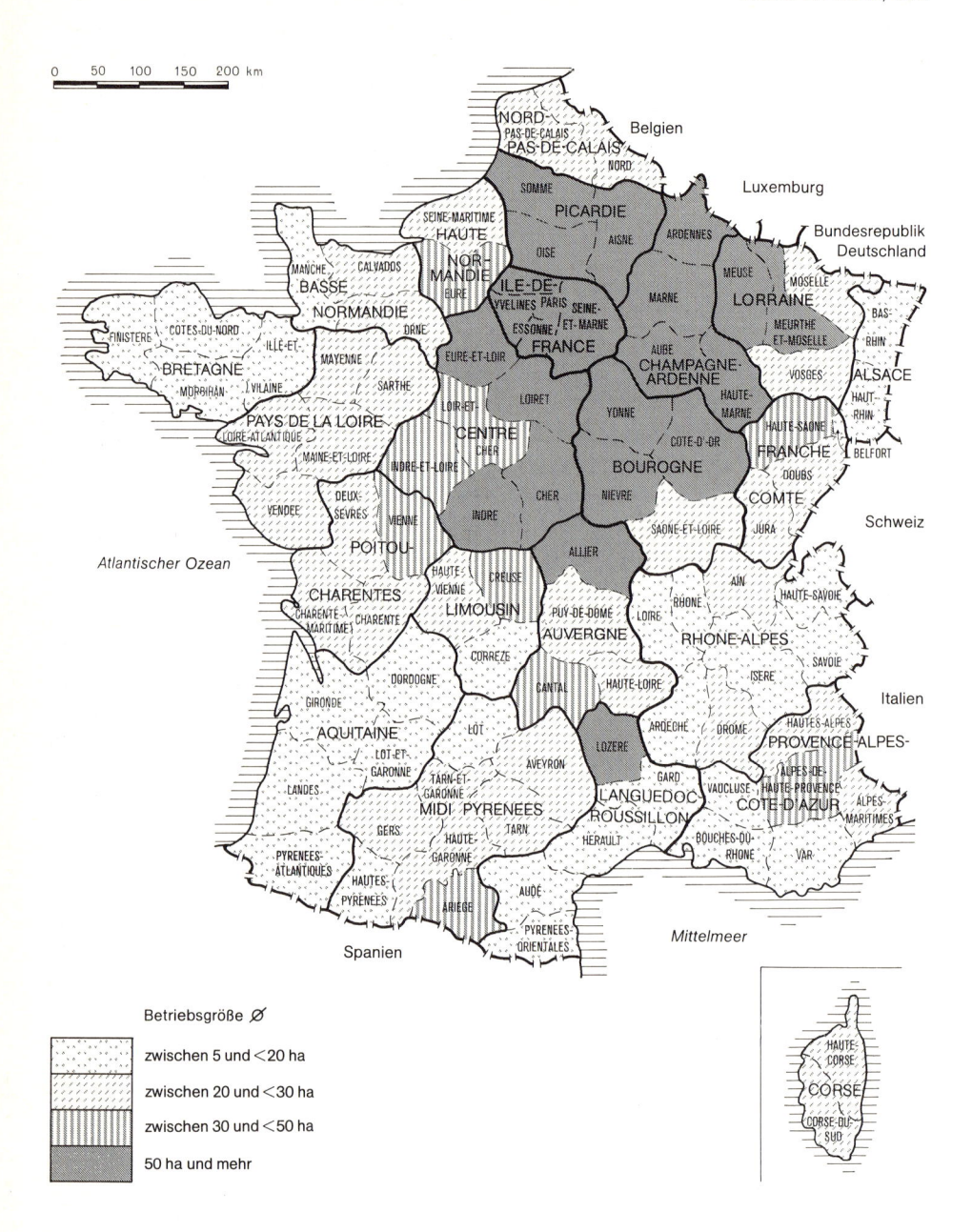

Abb. 20: Die landwirtschaftlichen Betriebsgrößen in Frankreich im Jahre 1982

Quelle: A. Pletsch, 1984

Betriebsgröße ⌀
- zwischen 5 und <20 ha
- zwischen 20 und <30 ha
- zwischen 30 und <50 ha
- 50 ha und mehr

net, gleichzeitig auch durch die stärkste Dynamik in der Konzentration des landwirtschaftlichen Besitzes.

Weniger dynamisch verläuft die Entwicklung im Westen des Landes. Zwar lassen sich auch hier Zunahmen der mittleren Betriebsgrößen erkennen, die eindeutige Ausrichtung auf die Viehwirtschaft, die vorwiegend mit Familienarbeitskräften betrieben wird, läßt hier jedoch nur bedingt eine Vergrößerung zu. Großbetriebe sind in diesen Bereichen sogar ausgesprochen selten anzutreffen.

In Gebieten mit starker Rückläufigkeit des ländlichen Erwerbsbevölkerungsanteils bzw. verstärkter Abwanderung steigen die durchschnittlichen Betriebsgrößen ebenfalls stark an. Dies gilt namentlich für die Höhengebiete, in denen die frei werdenden Flächen noch relativ häufig von anderen Betrieben übernommen werden. Allerdings kommt es regional auch zu starken Auflassungserscheinungen, vor allem in Gebieten mit schwierigen Bearbeitungsbedingungen wie etwa in den Westalpen oder den Cevennen. Die hier ehemals künstlich angelegten Ackerterrassensysteme sind heute größtenteils im Zerfall begriffen.

Gebiete mit ausgesprochenen Kleinstrukturen, häufig noch durch eine zusätzliche starke Besitzersplitterung gekennzeichnet, finden sich im Nordosten Frankreichs, namentlich im Elsaß, dann aber vor allem im mediterranen Raum. Hier liegt die durchschnittliche Betriebsgröße auch heute noch, trotz einiger Wandlungen in den letzten Jahren, unter 15 ha. Allerdings sind dies häufig lebensfähige Betriebe, wenn sie durch den Anbau von Sonderkulturen oder durch Weinbau eine intensive Nutzung betreiben. Selbst bei reiner Massenweinproduktion ist beispielsweise ein Betrieb im Languedoc bei ca. 6 ha Rebfläche lebensfähig. Kommen Gemüse und Obst hinzu, wie im Rhônetal, so genügt häufig schon eine noch geringere Fläche zur Erwirtschaftung einer Ackernahrung.

Ein weiterer struktureller Nachteil der französischen Landwirtschaft liegt in der starken Besitzersplitterung vieler Betriebe, namentlich in den Realteilungsgebieten im südlichen Landesteil. Um diesem Nachteil zu begegnen, wurden in den letzten Jahren die Anstrengungen verstärkt, durch Flurbereinigungsverfahren (remembrement) die Betriebsflächen nach rationellen Gesichtspunkten zusammenzufassen. Auch hier ergeben sich innerhalb des Landes bezüglich Stand und Erfolg dieser Maßnahmen erhebliche Unterschiede.

Von rund 5 Millionen ha LN, die im Jahre 1960 von Zusammenlegungsverfahren erfaßt waren, lagen über 80% im Becken von Paris und in den landwirtschaftlichen Intensivräumen im Norden Frankreichs, während der Westen und Süden fast überhaupt keine Maßnahmen dieser Art aufwies. Es wird lediglich erwähnt, daß in diesen Agrarräumen erste Tendenzen einer Zusammenlegung zu erkennen sind.

Die Gründe für den regional unterschiedlichen Stand der Flurbereinigung in Frankreich sind vielfältiger Art. Häufig wird als Antwort auf den sprichwörtlichen Traditionalismus Südfrankreichs gegenüber dem modern denkenden Nordfrankreich hingewiesen. Wenngleich sicherlich Unterschiede in der Bereitschaft zu strukturbereinigenden Maßnahmen und zur Einführung neuer Techniken bestehen, so scheint doch vor allem der Aspekt der sehr unterschiedlichen Nutzung eine größere Rolle zu spielen. Im Pariser Becken ist die Flächentaxierung bei relativ einheitlichen Böden und Bodennutzungssystemen mit jährlich wechselnden Anbaupflanzen relativ einfach vorzunehmen, ohne daß bei der Umlegung die Gefahr einer Benachteiligung sehr groß wäre.

In Gegenden mit einer eindeutigen Dominanz von Sonderkulturen ist dieser Vorgang ungleich viel schwieriger abzuwickeln. Während die Ackerbauflächen im allgemeinen alljährlich neu bestellt werden, werden die Rebbestände über Jahrzehnte genutzt, ähnlich wie es auch für Obstbau oder die Olivenbestände zutrifft.

Um den speziellen Schwierigkeiten in den Weinbau- und Sonderkulturgebieten zu begegnen, sind regionale Organisationen geschaffen worden, die sich um die Verbesserung der Agrarstruktur bemühen. Es sind dies die Sociétés d'Aménagement Foncier et d'Etablissement Rural (SAFER), die im Rahmen des Landwirtschaftsgesetzes aus dem Jahre 1960 zunächst für die südfranzösischen Landesteile vorgesehen wurden, jedoch inzwischen das gesamte Land abdecken. Schwerpunktmäßig arbeiten sie nach wie vor im mediterranen Frankreich.

Bei einer weiteren strukturellen Schrumpfung wird die Flurbereinigung in Zukunft noch stärker als bisher durchgeführt werden müssen. Der Rückstand, der hier durch das erst sehr späte Angehen des Problems nach 1960 gegenüber anderen Ländern entstanden ist (in Deutschland wurden die meisten Gemeinden bereits zu Beginn des Jahrhunderts erstmals bereinigt, heute werden vielerorts Zweitbereinigungen durchgeführt), ist jedoch auch aus finanziellen Gründen nicht so schnell aufzuholen.

Da diese offiziellen Maßnahmen nicht so rasch durchgeführt werden können, werden zahlreiche Privatinitiativen gefördert, die eine rationellere Betriebsführung ermöglichen. Hierzu zählen insbesondere die betrieblichen Zusammenarbeitsformen (Groupement Agricole d'Exploitation en Commun – GAEC), deren Zahl sich in den letzten Jahren ständig vermehrt hat, oder aber die Produktionsgemeinschaften (Groupements de producteurs), die vor allem in West- und Südwestfrankreich stark verbreitet sind. Diese und zahlreiche andere Kooperationsformen werden staatlich unterstützt. (Tab. 45)

Ein weiteres Kennzeichen der strukturellen Verhältnisse in der Landwirtschaft

Tab. 45: Der Stand der Flurbereinigung und Kooperationsformen in Frankreich 1965, 1975 und 1981/82

Programmregion	Bereinigte Flächen %			GAEC* abs.		Groupements de producteurs 1982
	1965	1975	1981	1975	1982	
Ile-de-France	62,7	79,1	84,4	20	190	12
Champagne-Ardenne	37,6	61,1	73,9	351	1 264	33
Picardie	44,4	64,1	72,2	142	1 090	52
Haute-Normandie	28,9	40,6	45,9	69	486	19
Centre	25,3	42,9	50,7	201	1 497	60
Basse-Normandie	7,5	17,6	25,0	125	720	39
Bourgogne	19,7	33,9	39,9	326	1 533	49
Nord-Pas-de-Calais	9,2	20,7	29,9	73	763	53
Lorraine	26,8	48,3	57,7	275	1 182	17
Alsace	20,2	56,4	75,3	65	356	14
Franche-Comté	12,3	54,5	66,3	233	955	13
Pays de la Loire	5,0	20,1	28,4	393	3 357	100
Bretagne	9,2	38,9	48,7	354	2 702	118
Poitou-Charentes	14,0	28,8	34,5	240	1 633	51
Aquitaine	2,2	12,0	16,7	173	1 010	110
Midi-Pyrénées	1,2	6,8	8,7	291	1 530	95
Limousin	3,1	15,9	17,3	85	582	34
Rhône-Alpes	4,4	11,3	14,1	472	1 522	106
Auvergne	6,4	21,7	28,1	241	1 139	46
Languedoc-Roussillon	0,9	4,3	6,6	86	519	141
Provence – Alpes – Côte d'Azur	1,0	6,2	8,2	105	423	55
Corse	0,5	1,5	2,4	15	56	9
Frankreich	13,8	28,7	35,3	4 335	24 509	1 226

* GAEC = Groupement Agricole d'Exploitation en Commun   Quelle: INSEE, 1977 und 1984a

Abb. 21: Der Stand der Flurbereinigung in Frankreich 1982

Quelle: A. Pletsch, 1985 d

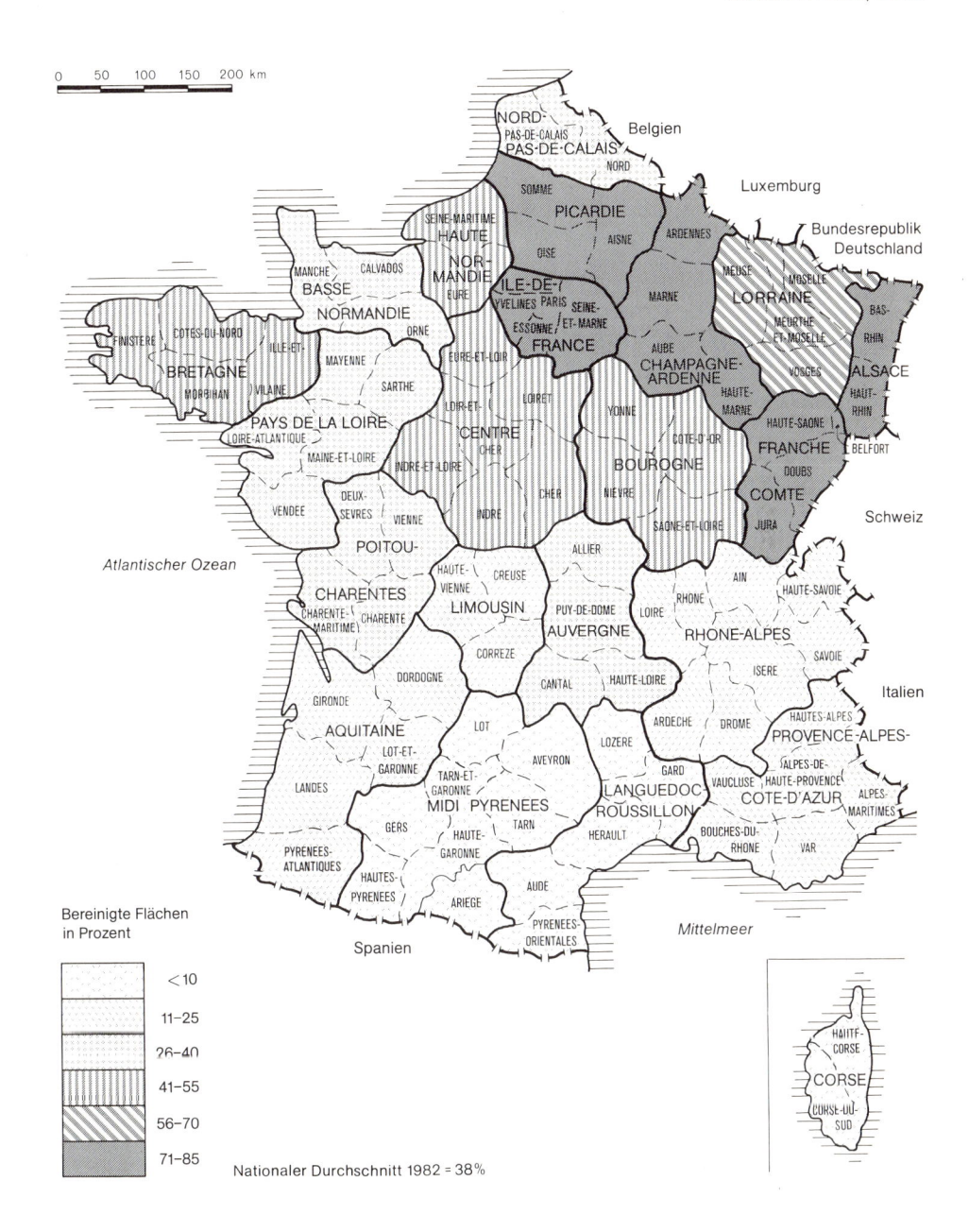

Bereinigte Flächen in Prozent:
- <10
- 11–25
- 26–40
- 41–55
- 56–70
- 71–85

Nationaler Durchschnitt 1982 = 38%

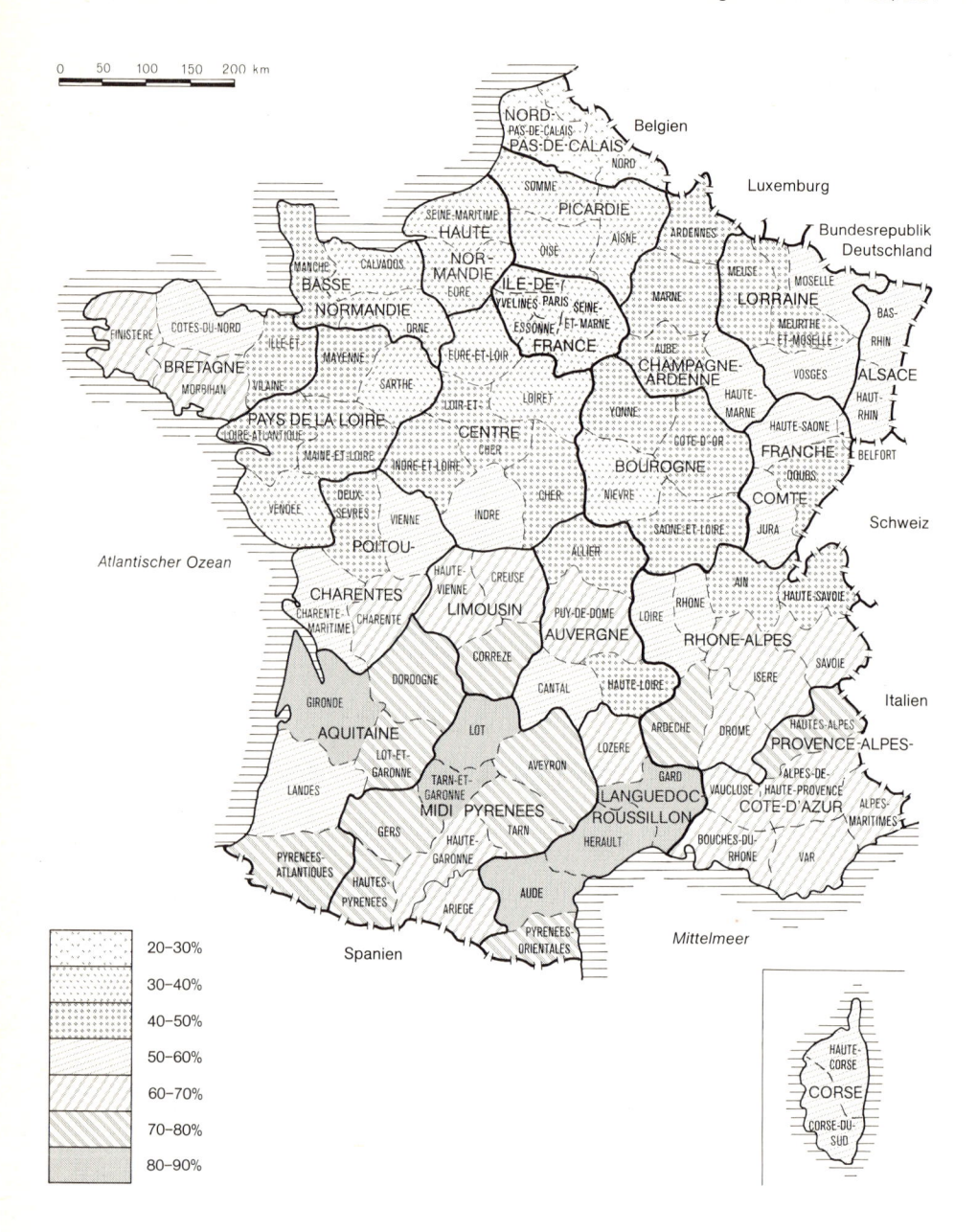

Abb. 22: Anteil der Selbstbewirtschaftung (Faire-valoir direct) 1979

Quelle: Stat. Agricole No. 4/6, 1983, S. 24

- 20–30%
- 30–40%
- 40–50%
- 50–60%
- 60–70%
- 70–80%
- 80–90%

Abb. 23: Veränderungen des Selbstbewirtschaftungsanteils der landwirtschaftlichen Betriebe 1946–1979
Quelle: A. Pletsch, 1985 d, S. 105

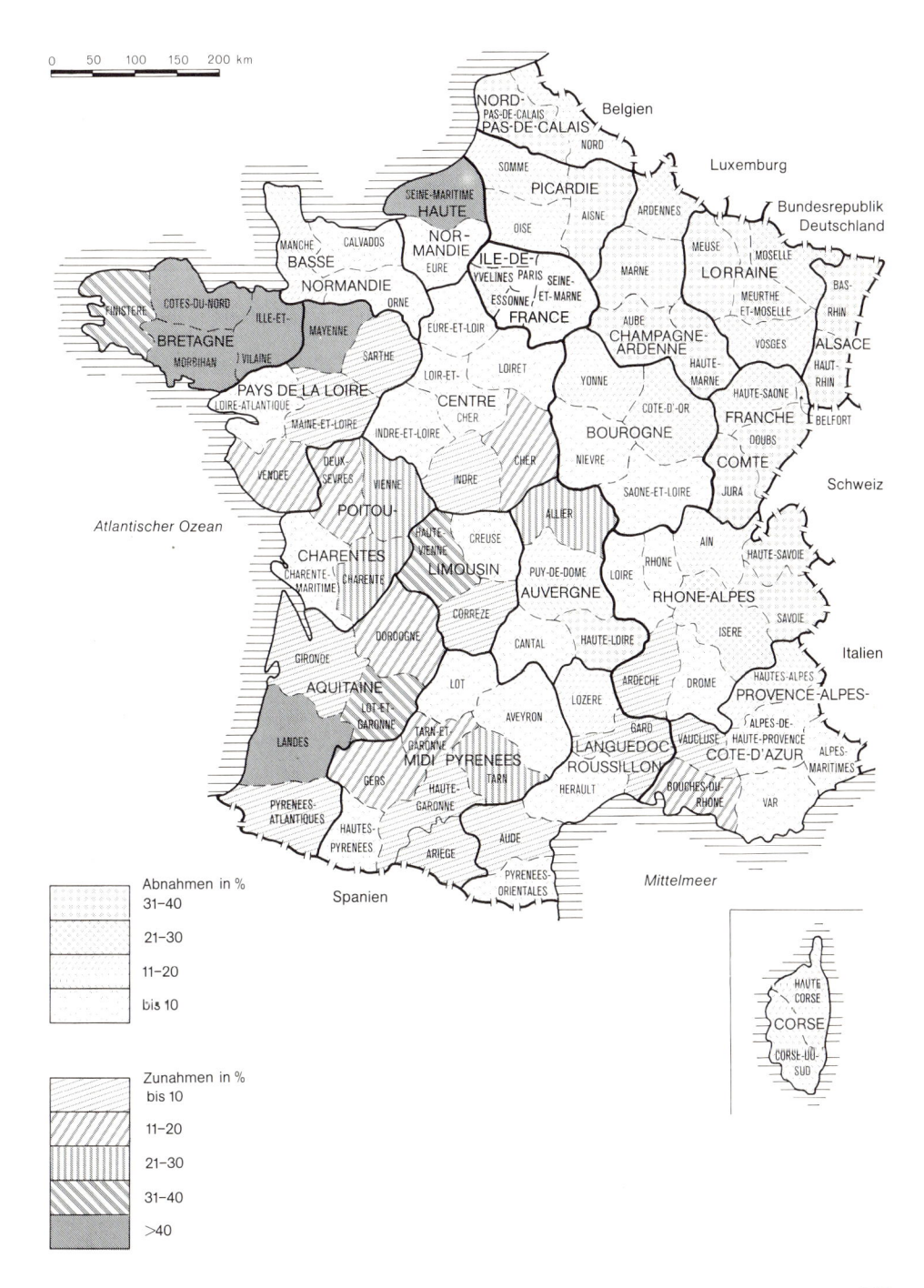

Tab. 46: Die Bewirtschaftungsformen in der französischen Landwirtschaft 1929 bis 1980

Bewirtschaftungsform	1929* 1000 ha	%	1955** 1000 ha	%	1970** 1000 ha	%	1980** 1000 ha	%
Eigenbewirtschaftung	27 674	60	16 359	50,4	16 438	51,8	14 765	50,1
Geldpacht (Fermage)	13 877	30	16 067	49,6	14 368	45,9	14 387	48,8
Naturalpacht (Metayage)	4 654	10			732	2,3	344	1,1
	46 205	100	32 426	100,0	31 538	100,0	29 496	100,0

* Landwirtschaftliche Fläche, ** Landwirtschaftliche Nutzfläche
Quelle: Ph. ROUDIE, 1983: 96 (verändert)

sind die unterschiedlichen Bewirtschaftungsformen. Bereits historisch verankert, durch die Veränderungen der letzten Jahrzehnte jedoch teilweise noch verstärkt, sind verschiedene Pachtformen bis heute sehr verbreitet. (Tab. 46)
Die Zeitpacht, die regional im Norden des Landes eindeutig überwiegt, nahm aufgrund der wirtschaftlichen Veränderungen seit der zweiten Hälfte des 19. Jahrhunderts stark zu, ein Trend, der sich auch im 20. Jahrhundert verlangsamt fortsetzte. Die Halbpacht (Metayage) unterlag dagegen immer wieder Schwankungen. Sie wurde verstärkt in Krisenzeiten angewandt, da sie sowohl dem Eigentümer als auch dem Pächter eine Ertragsbeteiligung garantierte. Sie verminderte sich aber stets in Zeiten relativen wirtschaftlichen Wohlstandes. Besonders ausgeprägt fand sich das Metayage-System in Südfrankreich mit Schwerpunkten im Gebiet der Gironde, im Languedoc und Bourbonnais. Diese regionalen Schwerpunkte haben sich auch in der weiteren Entwicklung während des 20. Jahrhunderts kaum verändert. Der Anteil der Pachtbetriebe ist besonders im Gebiet nördlich von Paris weiter gestiegen. Hier waren die Transaktionen besonders häufig; als Käufer traten Industrielle, Bankiers, Gesellschaften etc. auf, die den Betrieb zur Bewirtschaftung weiter verpachteten.
Spiegelbildlich dazu ergibt sich in Südfrankreich die starke Dominanz der Eigenbewirtschaftung, die bei einem auch heute noch hohen Anteil aktiver Erwerbsbevölkerung im agraren Sektor den Normalfall bedeutet. Auch hier haben sich vor allem in Stadtnähe Pachtformen ausgebildet, ohne jedoch flächenmäßig von besonderer Bedeutung zu sein. (Abb. 22 und Abb. 23)
Die strukturellen Bedingungen, aber auch die Anbauverhältnisse sind entscheidend für die Ausbildung von Nebenerwerbstätigkeiten und Lohnarbeitertum. Im Durchschnitt des Landes gehen 22,1% der landwirtschaftlichen Betriebsleiter einem Nebenerwerb nach. Besonders hoch liegt dieser Anteil in Gegenden mit extrem kleinen Betriebsstrukturen z.B. im Elsaß und Languedoc, wo auch die Anbauverhältnisse die dauernde Präsenz des Betriebsleiters nicht erfordern. Beim Weinbau mit ausgesprochen saisonalem Arbeitsbedarf ist durch den Einsatz von Saisonarbeitern, der Familienarbeitskräfte und der Verlegung des Jahresurlaubs des Betriebsleiters auf die Hauptarbeitszeit (Weinlese) häufig die Zeit zur Ausübung eines Nebenberufs vorhanden. Im Elsaß liegt der Nebenerwerbsanteil mit 39% am höchsten in ganz Frankreich. Die niedrigsten Werte finden sich im Limousin und in der Bretagne, wo nur relativ geringe Nebenerwerbsmöglichkeiten (wenig industrialisiert, relativ schlechte Verkehrsverhältnisse etc.) bestehen.

Tab. 47: Anteile der pflanzlicher und tierischen Produktion der französischen Landwirtschaft 1980

Programmregion	Betriebsgröße (Ø ha)	StBE/ ha[1]	Anteil (PP %)	Pflanzliche Produktion (PP) darunter					Anteil (TP %)	Tierische Produktion (TP) darunter				
				Getreide	Gemüse	Obst	Wein	Sonst.		Rindermast	Schweinemast	Milch	Eier u. Geflügel	Sonst.
Ile-de-France	52,5	2,64	89,3	42,8	11,5	0,8	0,0	34,2	10,7	1,9	0,9	1,6	4,6	1,7
Champagne-Ardenne	42,1	3,21	74,6	34,7	2,9	0,3	16,8	19,9	25,4	8,9	1,4	10,3	1,5	3,3
Picardie	48,7	2,13	66,8	32,3	7,1	1,2	0,9	25,3	33,2	11,0	2,8	12,9	3,1	3,4
Haute-Normandie	29,3	1,57	41,6	24,1	3,8	0,8	0,0	12,9	58,4	22,0	3,3	25,1	4,4	3,6
Centre	38,3	1,72	71,5	48,0	9,3	2,1	1,9	10,2	28,5	6,6	2,4	6,9	6,5	6,1
Basse-Normandie	21,3	1,82	13,7	5,5	4,6	2,1	0,0	1,5	86,3	23,1	3,6	43,0	4,9	11,7
Bourgogne	38,6	1,70	47,6	26,1	3,2	0,7	9,4	8,2	52,4	28,4	3,5	9,5	4,6	6,4
Nord-Pas-de-Calais	23,5	2,45	43,9	14,2	12,4	0,3	0,0	17,0	56,1	13,3	11,6	19,7	7,0	4,5
Lorraine	33,1	1,43	28,3	17,6	4,1	0,7	0,2	5,7	71,7	20,3	4,4	32,9	4,9	9,2
Alsace	12,0	4,66	57,8	14,5	5,8	3,5	21,9	12,1	42,2	10,0	4,4	14,3	7,4	6,1
Franche-Comté	28,5	1,39	13,8	6,2	3,8	0,2	0,7	2,9	86,2	21,8	4,3	46,4	2,7	11,0
Pays de la Loire	21,9	2,16	22,8	6,9	6,3	3,2	2,5	3,9	77,2	25,4	5,7	26,3	12,0	7,8
Bretagne	15,8	2,76	7,9	1,6	4,2	0,7	0,0	1,4	92,1	9,5	25,2	28,8	19,3	9,3
Poitou-Charentes	26,1	1,47	45,0	23,2	2,1	1,0	11,5	7,2	55,0	13,8	4,5	15,9	6,5	14,3
Aquitaine	16,2	1,92	56,1	19,8	6,7	7,0	17,1	5,5	43,9	6,1	4,9	10,4	11,2	11,3
Midi-Pyrénées	23,6	1,44	43,7	20,0	6,2	6,0	4,5	7,0	56,3	9,3	6,9	13,1	8,8	18,2
Limousin	25,4	1,41	12,0	2,3	3,5	3,1	0,1	3,0	88,0	39,1	7,0	10,4	4,3	27,2
Rhône-Alpes	15,6	2,10	42,5	10,0	5,4	9,1	10,5	7,5	57,5	8,7	5,3	20,2	11,8	11,2
Auvergne	27,9	1,31	18,0	9,5	4,3	0,8	0,4	3,0	82,0	25,5	6,8	27,1	6,5	16,1
Languedoc-Roussillon	12,9	2,56	88,4	4,2	12,6	12,2	56,5	2,9	11,6	1,2	1,1	2,3	3,3	2,7
Prov.-Alpes-Côte d'Azur	11,4	2,82	85,7	5,3	24,0	19,0	17,8	19,6	14,3	0,9	3,0	1,3	3,4	5,7
Corse	19,2	0,79	77,8	0,1	8,6	15,8	48,1	5,2	22,2	2,0	4,7	6,3	3,3	5,9
Frankreich insgesamt	23,4	1,99	45,0	17,3	6,8	3,7	8,0	9,2	55,0	13,1	7,0	17,9	8,2	8,8

[1] StBE = Standardbetriebseinkommen (1000 FF)

Quelle: A. Pletsch, 1985b, errechnet nach Daten des INSEE

Weitere regionale Unterschiede zeigen sich bezüglich der agrarischen Produktion (Tab. 47). Deutlich fallen die Ackerbaulandschaften Nordfrankreichs, in denen die pflanzliche Produktion eindeutig dominiert, vom nationalen Durchschnittswert dieser Produktionsrichtung ab. In der Ile-de-France nimmt sie z.B. fast 90% der Agrarproduktion ein. Es sind dies die Gebiete, in denen die Anteile der agrarischen Erwerbsbevölkerung besonders niedrig liegen, außer im mediterranen Frankreich, wo der hohe Anteil pflanzlicher Produktion überwiegend durch arbeitsintensiven Weinbau getragen wird.

Die tierische Produktion dominiert dagegen in Westfrankreich. An der Spitze des Landes steht diesbezüglich die Bretagne, die heute zum bedeutendsten Produktionsgebiet für Schweinemast und Geflügelhaltung geworden ist, aber auch im Gemüsebau eine wichtige Rolle spielt. Das Agrareinkommen pro ha LN liegt in der Bretagne heute am höchsten in ganz Frankreich und übertrifft sogar die Gebiete mit hohen Sonderkulturanteilen. Im Jahre 1980 betrug es z.B. 10554 FF/ha LN, gefolgt von der PR Alsace mit 9290 FF. Die Ile-de-France liegt mit 8483 FF/ha erst an vierter Stelle. Am Ende der Skala stehen die PRn Limousin und Korsika mit 2932 respektive 1543 FF/ha.

In der Bretagne wird jedoch die Produktion nach wie vor durch hohen Einsatz an menschlicher Arbeitskraft erreicht, während die Landwirtschaft im Pariser Becken und in anderen Gebieten des Landes einen höheren Mechanisierungsgrad aufweist. Insofern zeigt sich beim Standardbetriebseinkommen eine etwas andere Reihenfolge (Tab. 47).

Generelles Kennzeichen der französischen Landwirtschaft bleibt jedoch, daß sie insgesamt in den letzten 30 Jahren einen tiefgreifenden strukturellen Wandel durchlaufen hat, der sich mit einer sehr starken Intensivierung der Agrarproduktion koppelt. Heute gehört Frankreich zu den bedeutendsten Agrarexportländern der EG.

5.2. Agrarische Intensivräume im Pariser Becken

5.2.1. Die Beauce, Kornkammer des Landes

Das Becken von Paris wird heute stark durch die Ausweitung der Hauptstadt und die Verlagerung zahlreicher Industriebetriebe in die Städte des erweiterten Pariser Umlandes gekennzeichnet. Dadurch wird der ursprüngliche Wirtschaftscharakter dieser Landschaften modifiziert, wenngleich nicht beseitigt. Die wirtschaftliche Bedeutung des Beckens von Paris lag in der historischen Entwicklung eindeutig bei der Landwirtschaft, wobei aufgrund unterschiedlicher naturgeographischer Voraussetzungen der Raum nicht als Einheit zu verstehen ist. Im Norden und Osten streichen die Kalkschichten der Kreide aus. Sie sind nur stellenweise mit einer dünnen Lehmschicht überdeckt. Für die Landwirtschaft ergibt sich auf diesem durchlässigen Untergrund in Verbindung mit der relativen Niederschlagsarmut eine nicht allzu günstige Voraussetzung, dennoch ist zumindest der Getreideanbau im allgemeinen ohne größere Probleme möglich.

Sehr viel günstiger sind die Voraussetzungen im Süden und Südwesten, wo die Sedimentpakete tief absinken und durch Löß- und Lehmauflagen verdeckt sind. Dieses Gebiet hat sich schon früh zur Kornkammer von Frankreich entwickelt, wobei besonders das Gebiet um Chartres, die *Beauce*, hervorzuheben ist. Das südliche Pariser Becker umfaßt im wesentlichen das Gebiet der PR Centre, die sich aus den sechs Departements Cher, Eure-et-Loir, Indre, Indre-et-Loire, Loir-et-Cher und Loiret zusammensetzt. Sie umspannt damit die lößüberlagerten Teile des Beckens, die sich im wesentlichen auf das Gebiet nördlich der Loire beschränken.

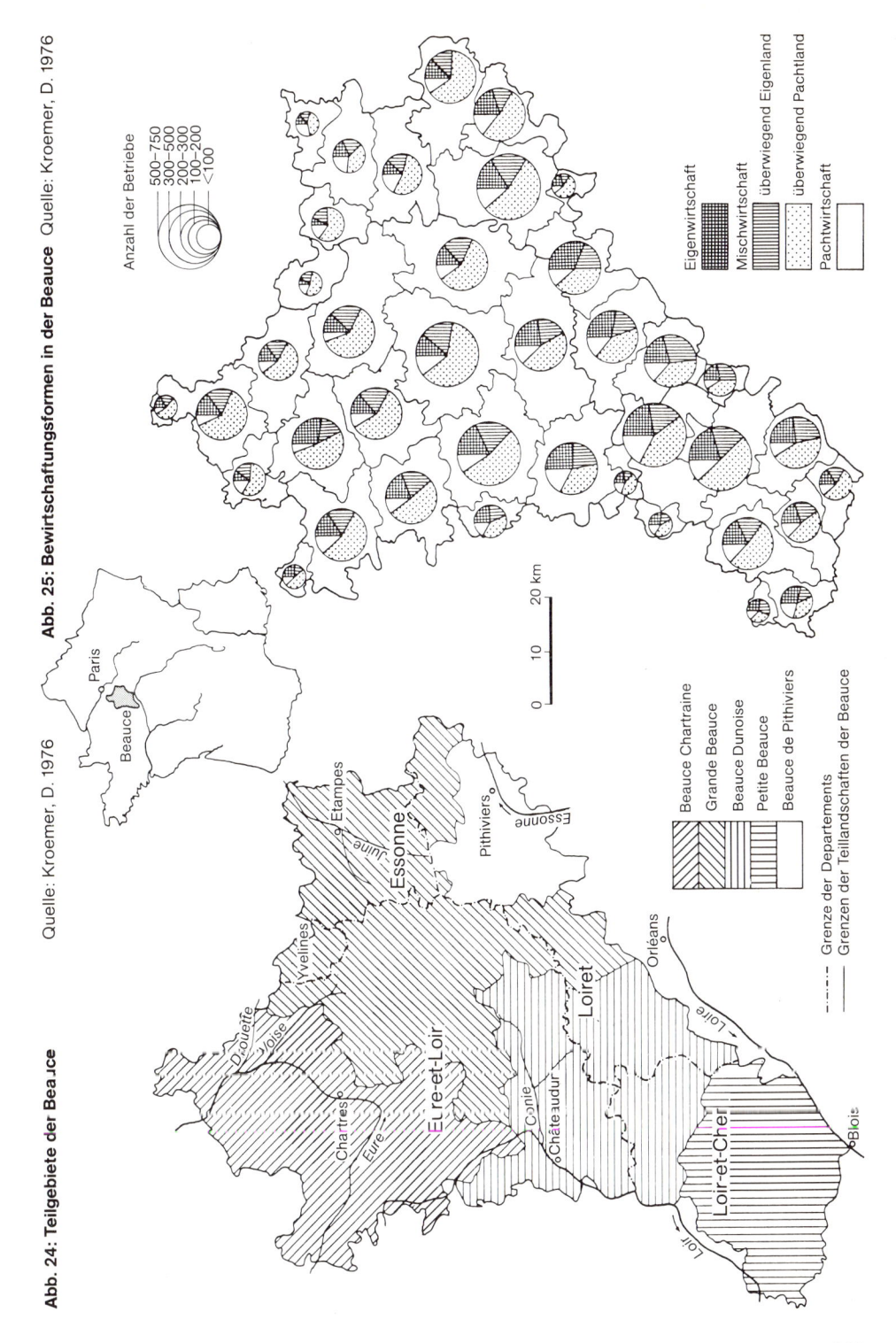

Abb. 24: Teilgebiete der Beauce Quelle: Kroemer, D. 1976

Abb. 25: Bewirtschaftungsformen in der Beauce Quelle: Kroemer, D. 1976

Tab. 48: Der erwerbsstrukturelle Wandel in der PR Centre seit 1962 (%)

Sektor	1962 Centre	1962 Frankr.	1968 Centre	1968 Frankr.	1975 Centre	1975 Frank.	1982 Centre	1982 Frank.
Landwirtschaft	28,9	19,9	20,7	15,1	12,7	10,1	11,1	9,8
Industrie/Gewerbe	31,8	38,2	37,2	38,9	40,5	38,1	37,4	35,5
Tertiär	39,3	41,9	42,1	46,0	46,8	51,8	51,5	54,7

Tab. 49: Die Betriebsgrößenstrukturen in den Departements der PR Centre 1975/1982 (%)

Departement (1975)	bis 2 ha	2–5 ha	5–10 ha	10–20 ha	20–50 ha	50–100 ha	>100 ha
Cher	14,9	5,9	6,4	10,4	23,7	22,1	16,6
Eure-et-Loir	8,3	7,4	5,6	7,7	30,4	26,2	14,4
Indre	17,6	7,2	8,9	11,9	28,7	18,7	7,0
Indre-et-Loire	30,4	9,3	9,4	11,2	24,9	12,8	2,0
Loir-et-Cher	17,4	6,4	10,2	15,7	30,0	16,2	4,1
Loiret	19,1	7,6	7,9	10,3	30,4	17,8	6,9
1975 Région Centre	19,2	7,5	8,3	11,4	27,9	18,2	7,5
1982 Région Centre	23,8		7,5	12,4	26,1	21,3	8,8

Tab. 50: Die Getreideproduktion in der PR Centre 1971–1982/83 (Angaben in t)

Departement	1971/72	1973/74	1975/76	1982/83
Cher	623,9	805,3	620,1	975,3
Eure-et-Loir	1 752,2	1 892,8	1 435,5	2 192,8
Indre	570,5	742,5	583,7	803,2
Indre-et-Loire	468,2	663,7	517,6	839,6
Loir-et-Cher	904,1	1 014,6	718,7	1 040,9
Loiret	1 058,4	1 124,5	880,0	1 404,0
Région Centre	5 377,3	6 243,4	4 755,6	7 255,8
Frankreich	25 801,3	31 347,6	25 327,5	45 890,0

Quelle: Tab. 48, 49, 50: Chambre de Commerce et de l'Industrie du Centre et INSEE: L'économie d'une région. Orléans 1977 und INSEE-Centre 1984

Dieser Agrarraum war seit Beginn des 19. Jahrhunderts durch Bevölkerungszunahmen gekennzeichnet. Die günstigen agrarischen Produktions- und Absatzbedingungen und die steigende Nachfrage nach Brotgetreide in der explosionsartig wachsenden Hauptstadt kamen diesem Raum gleichermaßen zugute. Erst in der ersten Hälfte des 20. Jahrhunderts, als die Mechanisierung der Landwirtschaft Arbeitskräfte freisetzte, kam es zu einem starken Bevölkerungsrückgang durch Wanderungsverluste. Die rückläufige Tendenz kehrte sich schließlich nach dem Zweiten Weltkrieg erneut um, da im Zusammenhang mit der Ansiedlung von Betrieben des sekundären und tertiären Sektors der wirtschaftliche Umwandlungsprozeß verstärkt vor sich ging. Die Programmregion Centre ist das Teilgebiet Frankreichs, das am stärksten von den Dezentralisierungsbestrebungen der französischen Wirtschaft Nutzen gezogen hat. Im Zeitraum von 1954 bis 1975 entfielen 23% der im Rahmen der Dezentralisierung neu geschaffenen Arbeitsplätze auf diesen Raum. Über 600 Industriebetriebe siedelten sich an und ermöglichten die Schaffung von mehr als 80 000 Arbeitsplätzen. Der starke Rückgang der agrarischen Bevölkerung, die nach dem Zweiten Weltkrieg noch fast die Hälfte der Gesamtbevölkerung dieses Gebietes ausmachte, erklärt sich aus diesem wirtschaftsstrukturellen Wandel. (Tab. 48) Diese Verhältnisse kommen auch beim Vergleich der Betriebsgrößenstrukturen der Departements zum Ausdruck, wenngleich sie sich in den letzten Jahrzehnten aufgrund der verstärkten Besitzkonzentration in Gebieten ehemaligen Kleinbesitzes erheblich gewandelt haben. Schon seit Jahrhunderten sind die Landschaften Beauce und Gatinais (Departement Eure-et-Loir und Teile der Departements Loiret und Loir-et-Cher) als Gebiete des landwirtschaftlichen Großgrundbesitzes anzusehen, während die südlichen Departements ehemals durch die Dominanz von Kleinbesitz gekennzeichnet waren. (Tab. 49) Das Schwergewicht der Agrarproduktion liegt im Bereich der pflanzlichen Produkte. Sie nehmen über zwei Drittel der Gesamtproduktion ein, wobei der Getreidebau mit 43% zu Buche schlägt. In der Campagne 1982/83 wurden in der Programmregion Centre 7,3 Mio dz Weizen geerntet, das waren etwa 1/6 der Gesamtweizenproduktion Frankreichs. Allerdings lagen die Erträge in diesem Jahr aufgrund günstiger Witterungsverhältnisse relativ hoch im Vergleich zu den vorangegangenen Jahren. In der Campagne 1982/83 wurden beispielsweise im Durchschnitt 46 dz/ha geerntet und damit rund 2–5 dz mehr als in den Jahren zuvor. Trotz dieser Schwankungen kann das Gebiet die höchsten Durchschnittserträge im Lande aufweisen. (Tab. 50)

Die eigentliche Kernlandschaft des Getreidebaus ist die Beauce, die im Norden bis unmittelbar an die Agglomeration von Paris heranreicht, im Süden durch die Loire begrenzt ist. Entsprechend unterschiedlicher naturräumlicher Gegebenheiten ist das Gebiet in fünf Teillandschaften untergliedert: Beauce Chartraine, Grande Beauce, Beauce Dunoise, Petite Beauce und Beauce de Pithiviers. (Abb. 24)

Die Abschaffung der Grundherrenrechte durch die Französische Revolution hatte in diesem Gebiet ehemaligen bäuerlichen Besitzes kaum strukturelle Wandlungen verursacht. Zwar war der Kirchenbesitz im Rahmen der Nationalgüterveräußerung in den ersten Revolutionsjahren ausnahmslos verkauft worden, allerdings konnten hiervon die landlosen oder nur wenig Land besitzenden Bauern nur in geringem Maße profitieren, weil ihnen meistens das Geld für den Kauf fehlte. Vielmehr waren es oft die ehemaligen Pächter dieser Höfe, die als Käufer auftraten, so daß der Großgrundbesitz nicht abgeschafft, sondern lediglich in andere Hände übertragen wurde. Auch Stadtbewohner erschienen häufig als Käufer, in den meisten Fällen Beamte, Adelige, Kaufleute, Notare oder Juristen.

Der Besitz des Adels wurde von den Wandlungen nach der Revolution noch weniger erfaßt als der der Kirche. Zwar wurden auch hier teilweise Besitzveräußerungen erzwungen, aber in vielen Fällen war es möglich, daß die Besitzrechte zurückgekauft wurden oder daß der Besitz in die Hände anderer Adeliger überging. Somit ergab die Nationalgüterveräußerung zwar eine gewisse Beeinträchtigung des Großgrundbesitzes, es blieben dennoch viele zusammenhängende Großländereien bestehen, so daß die historische Kontinuität weitgehend erhalten blieb.

Mit dieser Veränderung der Besitzverhältnisse wurde eine Besonderheit des Raumes gefestigt, die ihn bis heute charakterisiert,

Tab. 51: Pachtlandanteil in der Beauce 1970

Beauce im Departement	Pachtland in ha	in % der Gesamt-LNF
Eure-et-Loir	209 647	70
Loiret	79 420	68
Loir-et-Cher	66 034	64
Essonne	29 825	71
Yvelines	6 311	68
Gesamt	391 237	69

Quelle: D. Kroemer, 1976

Tab. 52: Die Betriebsgrößenklassen in der Beauce 1970 (in % der Betriebe)

Unterregion	bis 15 ha LN	15 bis 30 ha LN	30 bis 100 ha LN	über 100 ha LN
Grande Beauce	1,0	6,0	43,0	50,0
Beauce Dunoise	3,0	7,0	47,0	43,0
Beauce Chartraine	3,0	7,0	54,0	37,0
Petite Beauce	3,0	11,0	66,0	20,0
Beauce de Pithiviers	3,0	17,0	49,0	31,0

Quelle: D. Kroemer, 1976

nämlich der hohe Anteil von Pachtbetrieben. Ähnlich wie auch im nördlichen Teil des Pariser Beckens, in dem sich die Verhältnisse analog entwickelten, bildete sich durch die Besitzverlagerung in die Hände von Nichtlandwirten das Pachtwesen noch stärker aus, als dies vor der Revolution der Fall gewesen war. Diese Situation hat sich seither kaum verändert, so daß die Beauce heute als einer der Teilräume Frankreichs mit dem höchsten Anteil an Pachtländereien erscheint. (Tab. 51)

Der Rückgang des agrarischen Erwerbsbevölkerungsanteils in den letzten Jahren impliziert auch eine Verringerung der absoluten Zahl der Betriebe. Sie nahm allein zwischen 1970 und 1975 um 15 000 Einheiten ab. Dies bedeutet, daß sich die durchschnittlichen Betriebsgrößen in diesem ohnehin durch landwirtschaftliche Großbetriebe geprägten Gebiet noch zusätzlich ständig vergrößern. (Tab. 52)

Der Anbau auf dem Ackerland wird überwiegend vom Getreidebau bestimmt. Dabei spielt der Weizen eine hervorragende Rolle, der bereits zu Beginn des 19. Jahrhunderts über ein Viertel der Anbauflächen einnahm. Dieser Anteil hat sich bis zum Jahr 1970 auf über 40% erhöht, wobei 31% auf Weichweizen und 9% auf Hartweizen entfallen. Die ehemals bedeutenderen Gerste- und Haferflächen sind heute stark zurückgegangen, da sie wesentlich geringere Erträge bringen.

Die ursprünglich charakteristische Blattfrucht der Beauce war die Zuckerrübe. Im Zusammenhang mit der von Napoleon verhängten Kontinentalsperre war die Verbreitung der Zuckerrübe in Frankreich propagiert worden und hatte zu Beginn des 19. Jahrhunderts auch in der Beauce beträchtlich an Bedeutung gewonnen. Die starke Ausweitung des Zuckerrübenanbaus führte schon bald zu Engpässen bei den nicht mechanisierbaren Arbeiten des Jätens und Hackens. Die vorhandenen Arbeitskräfte reichten nicht aus, um diese während eines kurzen Zeitraums notwendigen Arbeiten durchzuführen. Wie in anderen Gebieten mit Spezialkulturen holte man für diese Arbeiten Saisonarbeiter aus anderen Landesteilen zur Hilfe. Für die Beauce wurden die bretonischen Landarbeiter zum typischen Bild der Frühjahrsarbeiten beim Zuckerrübenanbau. Heute werden für diese Arbeiten, so weit sie noch durchgeführt werden, meistens spanische Saisonarbeiter verpflichtet. Sie wohnen, wie früher die Bretonen, für einen Zeitraum von drei bis fünf Wochen auf den Betrieben und kehren danach wieder in ihre Heimat zurück.

Die traditonelle Fruchtfolge der Beauce, die sich seit Beginn des 19. Jahrhunderts herausgebildet hatte, war der Wechsel zwischen Zuckerrübe, Weichweizen als Winterfrucht und Gerste als Sommerfrucht. In vielen Klein- und Mittelbetrieben ist diese Fruchtfolge bis heute erhalten. In den Großbetrieben ist heute die Fruchtfolge Mais – Weichweizen – Hartweizen typischer. Sie ist wesentlich arbeitsextensiver, dabei ertragsintensiver, verlangt aber hohe Investitionen, die sich die kleinen Betriebe meist auch von Maschinenbanken oder Kollektivbewirtschaftung nicht leisten können.

Der Mais hat besonders nach dem Zweiten Weltkrieg an Bedeutung gewonnen. In der Fruchtfolge nimmt er die Stellung der Blattfrüchte ein und ersetzt in zunehmendem Maße den sehr arbeitsaufwendigen Zuckerrübenanbau. Besonders durch die Industrialisierung der Städte im Randbereich des Pariser Beckens stieg das Lohnniveau so stark an, daß die Landwirtschaft zur Umorientierung in der Auswahl der Blattfrüchte gezwungen war.

Allerdings ist die Einführung des Maisanbaus, der im größten Teil der Beauce als Körnermaisanbau betrieben wird, mit hohen Kosten verbunden. Sä- und Erntemaschinen, Trocknungseinrichtungen, Bewässerungsanlagen etc. können nur auf großen Anbauflächen amortisiert werden. Klein- und Mittelbetriebe sind häufig aus Gründen der Fruchtfolge gezwungen, den arbeitsaufwendigen Zuckerrübenanbau weiter zu betreiben oder aber den Maisanbau im Lohnarbeitsverfahren zu vergeben.

Im Jahre 1970 wurden 22% der landwirtschaftlich genutzten Flächen mit Mais ausgestellt. Zentren des Maisanbaus sind die Beauce Dunoise und das nördliche Randgebiet der Petite Beauce.

Da das Maiskorn bei der Ernte in der Beauce noch etwa 30 bis 40% Wasser enthält, ist eine Lagerung in geschlossenen Räumen unmöglich. Die Trocknung auf eine Lagerfeuchtigkeit von etwa 15% ist sehr aufwendig, deswegen wird die Lufttrocknung in Maishisten vorgezogen. Die 200 bis 300 m langen, 0,7 bis 0,8 m breiten und 2,5 bis 3 m hohen Drahtverschläge dokumentieren in jüngster Zeit das Bild dieser veränderten Anbauverhältnisse.

Diese Art der Maisernte ist relativ billig und wird daher vor allem von den mittleren Betrieben angewandt, während die Großbetriebe mit einer Maisanbaufläche von 50–60 ha Mais mit dem Maisheller arbeiten, der die Kolben unmittelbar ausdrischt. Die verbreitetste Form der Ernte ist die mit dem Mähdrescher, wobei das Gerät mit einem „Maisgebiß" versehen wird. Bei diesen Ernteverfahren ist die Trocknung des Mais in Trocknungsanlagen unerläßlich.

Ein Betriebszweig, der während des 19. Jahrhunderts noch eine wesentliche Rolle gespielt hat, ist die Schafzucht. Ursprünglich wurden die Brachfelder in der Dreifelderfruchtfolge durch die Überweidung genutzt, wobei die Schafe gleichzeitig für eine natürliche Düngerzufuhr sorgten. Die Einschränkung der Brachflächen durch Hackfrüchte verursachte aber schon im 19. Jahrhundert den allmählichen Rückgang der Schafbestände. Bis zur Mitte des 19. Jahrhunderts spielte die Wollproduktion in der Beauce nach der Weizenproduktion die wichtigste Rolle. Die Verarbeitung der Wolle erfolgte zum größten Teil in den größeren Städten im Randgebiet der Beauce, aber auch in den Verarbeitungszentren im Norden des Landes: Amiens, Beauvais und Lille/Roubaix. Als während der Restauration der Außenhandel aktiviert und billige Wolle aus Übersee eingeführt wurde, geriet die Schafhaltung der Beauce in eine ernste Krise. Ihr wurde mit der Umstellung auf Fleischschafhaltung begegnet. Trotz dieser Umstellung verlor aufgrund der geringeren Weidemöglichkeiten die Schafhaltung immer mehr an Bedeutung, und die für die Beauce einstmals charakteristischen Schafherden sind heute mit wenigen

Tab. 53: Schafhaltung im Dept. Eure-et-Loir seit 1862

1862	830 000 Schafe
1910	530 000 Schafe
1920	250 000 Schafe
1929	255 000 Schafe
1938	305 000 Schafe
1947	100 500 Schafe
1952	200 000 Schafe
1955	195 000 Schafe
1957	192 000 Schafe
1963	66 000 Schafe
1967	49 000 Schafe
1970	45 500 Schafe
1983	39 100 Schafe

Quelle: D. Kroemer, 1976 und INSEE-Centre 1984

Ausnahmen, die sich hauptsächlich auf die Beauce de Pithiviers beschränken, weitgehend verschwunden. (Tab. 53)

Die Änderungen in den Bewirtschaftungsformen der Landwirtschaft und die Industrialisierung des ländlichen Umlandes von Paris haben die Beauce im heutigen Bild erheblich beeinflußt. In einem ehemals reinen Agrargebiet siedelten sich seit den 50er Jahren Industriebetriebe an, weil sie hier einerseits die Standortvorteile der Hauptstadt durchaus noch vorfanden, andererseits aber mit erheblich geringeren Investitionen auskamen. Außerdem setzte die Landwirtschaft im Zuge ihrer Umorganisation Arbeitskräfte frei, die in die Industrie übernommen werden konnten. Obwohl die Beauce nicht in den Vorzug staatlicher Subventionierung für die Ansiedlung von Industriebetrieben gelangt, da sie innerhalb der 150 km Zone von Paris liegt, veranlaßten diese Vorteile zahlreiche Unternehmen, sich hier niederzulassen.

Bei den Industrieansiedlungen überwiegen Betriebe der feinmechanischen und elektronischen Branche, chemische und pharmazeutische Betriebe oder aber Betriebe der Lebensmittelindustrie, die teilweise die Anbauprodukte des Raumes direkt weiterverarbeiten. Auch die Ansiedlung mehrerer Industriebetriebe der Landmaschinenbranche steht im direkten Zusammenhang mit der großen landwirtschaftlichen Bedeutung dieses Gebietes.

Wenn somit die Beauce heute einem allmählich wirtschaftlichen Wandel unter dem Einfluß der nahe gelegenen Hauptstadt unterliegt, so bleibt sie doch nach wie vor eines der wichtigsten agrarischen Produktionsgebiete des Landes. Günstige ökologische Voraussetzungen für den Getreideanbau, vorteilhafte Betriebsgrößenstrukturen für eine Mechanisierung und günstigste Absatzchancen in einem nahe gelegenen Markt prädestinieren dieses Gebiet auch in Zukunft dazu, in der Agrarproduktion Frankreichs eine hervorragende Stellung einzunehmen. Trotz dieser landwirtschaftlichen Bedeutung wird sich aber zweifellos die ausweitende Industrie zunehmend in diesen Raum vorschieben und vor allem den Städten wie Chartres, Chateaudun und Orleans ein neues Gepräge verschaffen.

5.2.2.
Die Picardie, Zentrum des Zuckerrübenanbaus

In vielerlei Hinsicht stellt das nördliche Pariser Becken ein Spiegelbild des südlichen Teiles dar. Auch hier sinken die Kreideformationen aus Cenoman und Turon, die in der Champagne ausstreichen, in einer zwischen den Antiklinalen von Bray und Artois eingebetteten Synklinalen ab und werden teilweise von mächtigen Lehm- oder Lößböden überdeckt. So waren auch hier die Voraussetzungen für eine intensive landwirtschaftliche Nutzung geschaffen, und der Intendant der Provinz Picardie berichtete im Jahre 1701, daß dieser Raum der am intensivsten genutzte ganz Frankreichs sei. Um so überraschender ist das Urteil Arthur Youngs, der die Picardie anläßlich seiner Reise durch Frankreich Ende des 18. Jahrhunderts als ein ,,Gebiet ohne wirtschaftliches Interesse" bezeichnete. Wenngleich sich im Laufe des 19. Jahrhunderts die Picardie zwischen den beiden entstehenden Industriepolen von Lille-Roubaix/Tourcoing im Norden und Paris im Süden allmählich industrialisiert hat, so blieb doch die Landwirtschaft ein dominierendes Element seiner Wirtschaft. Die günstigen Anbaubedingungen für Getreide und Zuckerrüben brachten der Picardie während des 19. Jahrhunderts einen beachtlichen Reichtum ein.

Was die Landwirtschaft dieses Gebietes neben den ökologischen Gunstmerkmalen kennzeichnet, sind die günstigen strukturellen Gegebenheiten. Die Picardie weist die größten durchschnittlichen Betriebsgrößen auf, wobei innerhalb der Region allerdings erhebliche Unterschiede bestehen. In den Agrarregionen Valois und Vexin am Nordrand der Agglomeration von Paris beträgt die durchschnittliche Betriebsgröße 115 ha LN, wobei sich hier besonders im 20. Jahrhundert durch die Aufgabe vieler kleinerer Betriebe im Zusammenhang mit der Abwanderung nach Paris eine ständige Vergrößerung ergab. Aber auch für die Gesamtregion liegt die durchschnittliche Betriebsgröße bei 40 ha LN und damit weit über dem nationalen Mittelwert. (Tab. 54)

Die Konzentration des landwirtschaftlichen Besitzes hat sich auch in den letzten Jahren noch weiter fortgesetzt. Im Zeitraum zwischen 1963 und 1982 stieg die durchschnittliche Betriebsgröße in der Picardie von 39,1 ha auf 50,6 ha, in Frankreich demgegenüber im gleichen Zeitraum von 15,9 ha auf 24,3 ha LNF an.

Wenn damit die strukturelle Besonderheit der Picardie deutlich hervortritt, so fällt auch die Bewirtschaftungsform aus dem nationalen Rahmen heraus. Mehr als zwei Drittel aller landwirtschaftlichen Betriebe sind Pachtbetriebe oder verfügen neben Eigenland über erhebliche Pachtlandanteile. Ausschließliche Eigentumsbewirtschaftung findet sich lediglich in den kleineren Betrieben. Hierin zeigt sich das Ergebnis der historischen Entwicklung, vor allem des stark im ländlichen Umland investierenden erstarkten Finanzbürgertums von Paris während des 19. Jahrhunderts. Der größte Teil der Betriebe ging im Laufe des 19. Jahrhunderts in die Hände von städtischen Besitzern über, wobei der Ankauf mehrerer Kleinbetriebe zu größeren Betriebseinheiten typisch war. Ergebnis dieses „Zusammenkaufens von Landbesitz" war, wie in vielen anderen Landesteilen heute noch typisch, eine extreme Besitzzersplitterung. Für eine rationelle Bearbeitung dieses Besitzes war eine Zusammenlegung unabdingbar.

Bis zum Jahre 1981 waren knapp drei Viertel aller Nutzflächen der Picardie bereinigt, wobei in vielen Gemarkungen bereits eine Zweitbereinigung durchgeführt wurde. Bereits vor dem Ersten Weltkrieg setzte die Flurbereinigung in der Picardie ein, da sich seither jedoch weitere Besitzkonzentrationen ergeben haben, ist es erneut zu einer Besitzersplitterung gekommen. (Abb. 26)

Entsprechend der ökologischen Bedingungen und der Betriebsstrukturen überwiegt auch in der Picardie, ähnlich wie in der Beauce, Getreidebau. Die Blattfrucht ist jedoch nicht in gleicher Weise durch Mais ersetzt worden. In der Picardie spielt in der Fruchtfolge auf schweren Böden nach wie vor die Zuckerrübe eine wichtige Rolle. Die Region erzeugte in den letzten Jahren mehr als ein Drittel der nationalen Zuckerrübenproduktion. Auf den leichteren Böden ist der Kartoffelanbau stärker verbreitet. Er nimmt lokal zwar nur 5,4% des Produktionswertes ein, dies bedeutet jedoch 20,8% der nationalen Kartoffelproduktion. (Tab. 55)

Der Grund für die geringe Bedeutung des Maisanbaus liegt in den veränderten klimatischen Bedingungen im Vergleich zum südlichen Pariser Becken. Bereits im Norden der Grande Beauce sind die Klimagegebenheiten für den Anbau von Körnermais kaum noch gegeben, so daß hier schon der Grünmaisanbau überwiegt. Die Picardie ist zumindest in ihrem westlichen Teil stark den ozeanischen Einflüssen ausgesetzt, so daß hier der Körnermaisanbau überhaupt nicht mehr möglich ist.

Die sich somit ökologisch begründende Beibehaltung des Zuckerrübenanbaus und die Weiterverarbeitung der Kartoffel haben dazu geführt, daß sich zahlreiche Betriebe der Nahrungsmittelindustrie angesiedelt haben. Die seit Napoleon eingeführte Zuckerrübe hat während des gesamten 19. Jahrhunderts eine ständige Ausweitung erfahren und erst in den letzten 20 Jahren ist teilweise eine Mechanisierung erfolgt. Die gleichmäßig über das Gebiet verteilten Zuckerfabriken erzeugen über 40% der nationalen Zuckerproduktion. Die Verarbeitung der Nebenprodukte in den Raffinerien hat zur Entwicklung eines weiteren Industriezweiges, nämlich der Viehfutterbereitung in Großmühlen und in Spezialbetrieben beigetragen.

Der Kartoffelanbau ist besonders im Soissonnais und im Santerre verbreitet und hat ebenfalls in der Nachkriegszeit eine bedeutende Mechanisierung erfahren. Der Absatz ist fast ausnahmslos, wie bei den Zuckerrüben, genossenschaftlich organisiert. Die Weiterverarbeitung zu Pürree, Pommes Frites und anderen Produkten haben den Kartoffelanbau zu einem sehr einträglichen Betriebszweig werden lassen. Der Absatz erfolgt nicht nur in Frankreich, sondern darüber hinaus in zahlreiche europäische Länder. Die Kartoffelmehlherstellung erfolgt zu 70% der Landesproduktion in der Picardie. Neben diesen traditionellen Industriezweigen, die, ebenso wie der Anbau der Grundprodukte, in den letzten Jahren eine tiefgreifende Umwandlung erfahren haben, sind neue Zweige der Nahrungsmittelindustrie hinzugetreten. Hierzu gehört vor allem die Konservengemüseverarbeitung. Der Anbau von Konservengemüse ist in den letzten Jahren neben die schon traditionell bedeutsamen Spezialkulturen wie Champignon (Champignon de Paris, der in zahlreichen Steinbrüchen gezüchtet wird), Kressenanbau in den feuchteren Tallagen, Blumenzwiebelanbau etc. getreten. Auch der Endivienanbau hat in den letzten Jahren eine erhebliche Ausweitung erfahren.

Vom prozentualen Wert her relativ unbedeutend ist der Obstbau. Dennoch verdient er zumindest Erwähnung, da sich insbesondere in der südlichen Picardie, im Valois, regional ein kleines Obstbaugebiet herausgebildet hat, in dem heute Qualitätsobst, insbesondere Äpfel, erzeugt wird, das qualitätsmäßig zu dem besten des Landes zählt. Die Produktion wird zu einem großen Teil exportiert, wobei es durch besondere Kon-

Abb. 26: Flurbereinigung in der Picardie
Quelle: Mission Régionale: La Picardie 1976

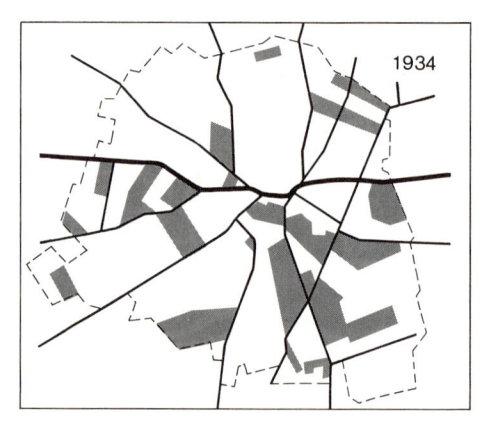

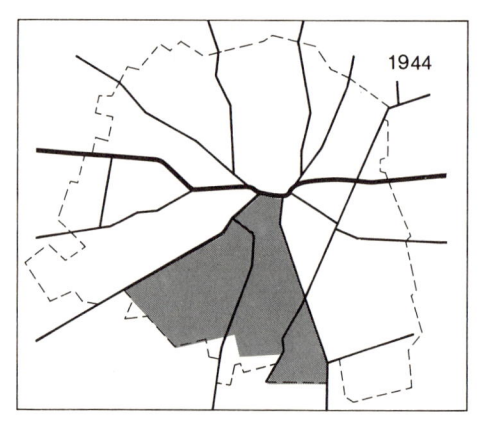

Erläuterung:
Dargestellt ist die Besitzzersplitterung eines 180 ha großen Betriebes in der Gemeinde Bosquel, Dept. Somme, vor Erst- und Zweitbereinigung.

Abb. 27: Landwirtschaftliche Nutzung in der Picardie   Quelle: Mission Régionale: La Picardie 1976

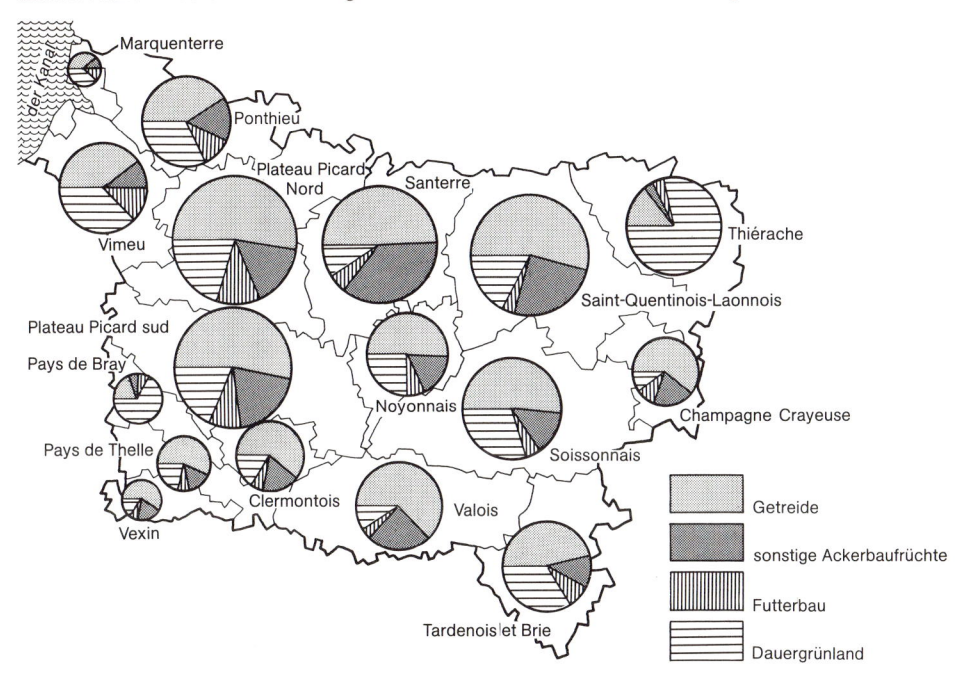

Tab. 54: Die Betriebsgrößenstrukturen in der Picardie im Vergleich zu Frankreich 1976 und 1982 (in %)

Größenklasse	Picardie				Frankreich			
	Betriebe		LN		Betriebe		LN	
	1976	1982	1976	1982	1976	1983	1976	1983
bis 5 ha LN	17,0	17,9	1,0	0,6	21,0	27,3	2,0	2,2
5–20 ha LN	21,0	15,1	6,0	3,9	39,0	31,7	19,0	15,3
20–50 ha LN	35,0	32,3	27,0	21,5	29,0	28,3	38,0	36,9
50–100 ha LN	17,0	21,9	26,0	29,9	8,0	9,8	26,0	27,2
über 100 ha LN	10,0	12,9	40,0	44,1	3,0	2,9	15,0	18,4

Quelle: Picardie Information 24, 1976 und INSEE 1984a

servierungsverfahren (Lagerung in Spezialkuhlhausern in Stickstoffgas) gelungen ist, den Markt dann zu beschicken, wenn für das Obst die höchsten Preise zu erzielen sind. Die Äpfel des Valois gelten als ausgesprochen aromatisch.

Demgegenüber sind andere Spezialkulturen in ihrer Bedeutung zurückgegangen. Hierzu gehört vor allem der Flachs, der ehemals im Zusammenhang mit der industriellen Verarbeitung in der benachbarten flandrischen Textilindustrie einen interessanten Betriebszweig darstellte. Die Umstellung der Textilindustrie auf chemische Fasern hat den Flachsanbau in der Picardie dann aber bereits zu Beginn des 20. Jahrhunderts eingeschränkt. In den letzten Jahren zeigt sich eine erneute Belebung dieses Anbauproduktes. Der Flachsanbau hatte auch für die industrielle Entwicklung in der Picardie selbst in

Tab. 55: Die Wertanteile der Agrarprodukte in der Picardie im Vergleich zu Frankreich 1976 und 1983

Produkt	Picardie				Frankreich			
	Mio. FF		in %		Mio. FF		in %	
	1976	1983	1976	1983	1976	1983	1976	1983
Weichweizen	1 036	⎫	18,3	⎫	8 500	24 738	7,3	9,8
Gerste	297	⎬ 5 181	5,2	⎬ 38,0	3 250	6 310	2,8	2,5
Sonst. Getreide	277	⎭	4,9	⎭	5 474	12 622	4,7	5,0
Kartoffel	334	734	5,9	5,4	2 000	3 534	1,7	1,4
Gemüse	352	826	6,2	6,1	6 400	17 165	5,5	6,8
Obst	98	146	1,7	1,1	3 250	11 107	2,8	4,4
Wein	51	309	0,9	2,3	9 840	24 233	8,5	9,6
Zuckerrüben	1 045	2 412	18,4	17,7	3 000	6 310	2,6	2,5
Sonstige	26	171	0,4	1,2	7 626	13 379	6,6	5,3
Pflanz. Prod.	3 516	9 779	61,9	71,8	49 340	119 402	42,5	47,3
Tier. Prod.	2 161	3 859	38,1	28,2	66 890	133 033	57,5	52,7
Gesamt	5 678	13 638	100,0	100,0	116 230	252 435	100,0	100,0

Quelle: Picardie-Information 24, 1976, INSEE-Picardie 1984 und INSEE, 1984b

den vergangenen Jahrhunderten eine große Bedeutung. Einige der großen traditionellen Textilindustriebetriebe des Landes befinden sich noch heute in diesem Gebiet. Zu ihnen gehören vor allem die „Fabrique de Saint Quentin" und die „Fabrique d'Amiens". Bereits im 16. Jahrhundert waren diese Fabriken für ihre Wollverarbeitung berühmt, um 1600 trat dann die Tuchherstellung hinzu. Seit dieser Zeit bestand eine enge Symbiose zwischen den Industriebetrieben und der Landwirtschaft sowohl in Bezug auf die Lieferung des Rohmaterials, als auch durch die Weiterverarbeitung in den bäuerlichen Betrieben oder im Nebenerwerb.

Ende des 17. Jahrhunderts lieferte z.B. die Fabrique de Saint Quentin 60000 Stück Tuch, bis zur Mitte des 18. Jahrhunderts verdoppelte sich ihre Produktion, und am Vorabend der Revolution wurden 140000 Stück hergestellt, von denen 30000 in Frankreich selbst, 30000 in Spanien, 24000 in Deutschland, 12000 in Holland und 10000 in England abgesetzt wurden. 70000 Spinnerinnen und 6000 Weber waren allein für diese Fabrik beschäftigt.

Die Fabrik von Amiens hatte dagegen die allergrößte Bedeutung in der Stoffärberei. Die Stadt hatte bereits im 13. Jahrhundert das Monopol der Färbergerechtsame. Später kamen auch in Amiens die Stoffherstellung und die Wollverarbeitung hinzu. Im 18. Jahrhundert wird hier der berühmte Velours d'Utrecht hergestellt, der binnen kurzer Zeit auf dem internationalen Markt zu höchsten Preisen gehandelt wurde und der Stadt zu großem Reichtum verhalf.

Mit dem Niedergang dieser traditionellen Industrien im 19. Jahrhundert erklärt sich auch die Beibehaltung der intensiven Landwirtschaft dieses Gebietes. Erst in den letzten zwei Jahrzehnten kommt es zu einer verstärkten Industrialisierung im Zusammenhang mit der Erweiterung der Agglomeration Paris von Süden oder auch der Agglomeration Lille von Norden her. Dabei sind es vor allem die Metallbranchen, die besonders stark vertreten sind. Stahlerzeugung, Gießereien und Eisenverarbeitung spielen inzwischen eine wichtige Rolle, noch stärker haben sich aber die Automobilindustrie und die Landmaschinenherstellung im Gebiet angesiedelt. Besonders die südliche Picardie steht dabei völlig im Einflußbereich von Paris.

Unter dem Einfluß dieser industriellen Nachbarschaft hat sich somit auch die Picardie in den letzten Jahrzehnten deutlich industrialisiert, was in der erwerbsstrukturellen Zusammensetzung zum Ausdruck kommt. Der Anteil der Erwerbsbevölkerung in der Landwirtschaft ist in den letzten 7 Jahren zwischen 1968 und 1975 von 15,9 auf 10,0% abgesunken, demgegenüber steht der industrielle Sektor mit über 45% deutlich über dem nationalen Durchschnitt.

Die wirtschaftliche Gliederung der Picardie zeigt sowohl eine Zonierung der Landwirtschaft als auch eine industrielle Schwerpunktbildung. Im äußersten Nordwesten reicht die Region in den westfranzösischen Bocagegürtel hinein und ist durch den starken maritimen Klimaeinfluß für die Grünlandwirtschaft prädestiniert. Im Osten schließen sich dann die stärker ackerbaulich bestimmten Agrarlandschaften an, die als die Schwerpunkte des Zuckerrüben- und Weizenanbaus gelten. Mit dem Übergang zu den Ardennen im Nordosten nimmt der Grünlandanteil wiederum stark zu.

Die Industrieschwerpunkte der nördlichen Picardie sind eindeutig Amiens und Saint Quentin, die damit an ihre traditionelle Vergangenheit anknüpfen. Trotz erheblicher Umwandlungen in der Branchenstruktur spielt die Textilindustrie noch eine wichtige Rolle. Zahlreiche neue Industrieansiedlungen in den kleineren Städten gehören ebenfalls zur Textilbranche und setzen damit die industrielle Tradition dieses Raumes als Schwerpunkt der Textilverarbeitung auch in der Gegenwart noch fort.

Als traditioneller Industriezweig der südlichen Picardie gilt die Glasverarbeitung. In der Glasmanufaktur von Saint Gobain, die bereits durch Colbert im Jahre 1665 eingerichtet wurde, wurden die Spiegel für das Schloß von Versailles hergestellt. Auch während des 18. und 19. Jahrhunderts entwickelte sich die Glasindustrie der Picardie stark weiter und gehörte zu den bedeutendsten in Europa. Diese Stellung blieb auch im 20. Jahrhundert erhalten, obwohl während des Ersten Weltkrieges zahlreiche Fabriken zerstört worden sind. Heute sind Schwerpunkte der Glasindustrie vor allem Compiègne und zahlreiche kleinere Städte im Industriegebiet von Creil.

5.3. Intensivierungsbestrebungen in der französischen Landwirtschaft

5.3.1. Die Bretagne – Entwicklung zum agrarischen Intensivraum nach dem Zweiten Weltkrieg

Der westlichste Teil Frankreichs, die Bretagne, ist seit seiner Annexion an Frankreich im Jahre 1532 eines der Sorgenkinder des Landes. Die Eigenart des Volksstammes der Bretonen, die sich immer wieder als krasse Separatisten manifestierten, aber auch die Besonderheiten in der physischen Struktur und die damit verknüpften wirtschaftlichen Verhältnisse der Halbinsel brachten immer wieder Probleme, die zeitweise auch in Form blutiger Auseinandersetzungen ausgetragen wurden. Traurige Berühmtheit erlangte diesbezüglich der Aufstand der Chouans während der Revolution, als sich die royalistisch eingestellten Bretonen gegen die republikanischen Truppen stellten.

Naturräumlich stellt die Bretagne einen in sich abgeschlossenen Teil des paläozoischen Rumpfes dar, der die armorikanische Halbinsel aufgrund seiner morphologischen und tektonischen Struktur in mehrere Einzellandschaften untergliedert. An einem mehr oder weniger breiten Küstensaum, der die Bretagne von drei Seiten her umgibt, schließen sich mit den Montagnes Noires im Süden und den Monts d'Arrée im Norden zwei Härtlingszüge in west-östlicher Erstreckung durch den gesamten Westteil der Halbinsel an, die ihrerseits das innerbretonische Hügelland umrahmen. Nach Osten hin folgen die administrativen Grenzen fast genau dem geologischen Übergang vom armorikanischen Rumpf zu den schräggestellten Sedimentabfolgen aus Jura und Kreide, die durch ihre Schichtstufenstruktur mehrere Barrieren nach Zentralfrankreich hin darstellen.

Die wirtschaftliche Entwicklung der Bretagne ist nicht zu verstehen ohne die Skizzierung der Auswirkungen der industriellen Revolution für diesen Raum. Sie brachte eine fast hermetische Isolierung, indem sich in Großbritannien und in Frankreich mit der Orientierung auf die Kohlereviere eine faktische wirtschaftliche Abwanderung von der Bretagne abzeichnete. Da die Bretagne selbst kaum nennenswerte Bodenschätze aufzuweisen hat, ging die weitere wirtschaftliche Entwicklung bis ins 20. Jahrhundert hinein an diesem Raum vorbei. Die ehemals blühende Leinweberei und die Segeltuchherstellung kamen fast völlig zum Erliegen, die Häfen verloren ihre Bedeutung, und auch neue Erwerbszweige wie die Schuhfabrikation, Lederverarbeitung, später die Fischverarbeitung in Konservenfabriken konnten nicht über die wirtschaftlichen Schwierigkeiten hinwegtäuschen. Die Anlage einer Eisenbahnverbindung im Jahre 1860 hatte im wesentlichen den Erfolg, daß die bereits seit Beginn des 19. Jahrhunderts einsetzende Abwanderung noch schneller vor sich ging. Im Zeitraum von 1850 bis 1950 verlor die Bretagne über 1 Million Menschen, meist junge, arbeitsfähige Bevölkerung, die dem eigenen wirtschaftlichen Aufbau fehlte.

In jüngerer Zeit dokumentiert sich dieses Wanderungsverhalten in einer starken Land-Stadtwanderung, die zu einer regionalen Verlagerung der Bevölkerung in die Küstengebiete führte. Während 1954 nur 33,5% der bretonischen Bevölkerung in den Städten lebte, stieg der urbane Bevölkerungsanteil bis 1968 auf 49% und hat heute 60% erreicht (Frankreich 66%). Trotz starker Abwanderungstendenzen in andere Landesteile verbleibt der Bretagne aufgrund hoher Geburtenraten auch heute noch ein Wachstumsüberschuß. Sie gehört zu den dichtbesiedeltsten Gebieten Frankreichs. Allerdings sind ihre wirtschaftsstrukturellen Voraussetzungen ungleich viel ungünstiger als in sämtlichen anderen Programmregionen mit gleicher oder höherer Bevölkerungsdichte.

Die starke Migration innerhalb der Bretagne und in andere Landesteile steht in deutlichem Zusammenhang mit tiefgreifenden erwerbsstrukturellen Umschichtungen. Der primäre Sektor, der bis in die 30er Jahre rund zwei Drittel der aktiven Erwerbsbevölkerung umfaßte, verliert seitdem an Bedeutung. Im Jahre 1954 bewegte er sich bei rd. 50% und war damit im Vergleich zu anderen Gebieten Frankreichs noch sehr hoch. Er fiel bis 1968 auf 33,5% ab, lag im Jahre 1985 bei rd. 18% und damit immer noch um rd. 8% über dem nationalen Durchschnitt. Demgegenüber zeigt der sekundäre Sektor, der seit dem 19. Jahrhundert rückläufig war, seit 1954 einen leichten Anstieg. Er liegt jedoch noch deutlich unter dem nationalen Durchschnitt. Nur 29% (Frankreich 32,3%) der Erwerbspersonen waren im Jahre 1982 in Industrie und Gewerbe tätig.

Der primäre Sektor, der ganz zweifellos besonders durch die Rückläufigkeit der aktiven Agrarbevölkerung erhebliche Modifizierungen erfahren hat, wird von 2 Säulen getragen, der Landwirtschaft und der Fischerei. In den letzten 30 Jahren hat die bretonische Landwirtschaft aufgrund verbesserter Anbau- und vor allem Absatzbedingungen eine spürbare Intensivierung erfahren, die sich in wenigen Zahlen belegen läßt. Auf 6% der landwirtschaftlichen Nutzfläche Frankreichs werden in der Bretagne 12% der Agrarproduktion erzeugt, bezüglich der Veredlungswirtschaft liegt dieser Anteil mit 20% noch erheblich höher. Innerhalb der bretonischen Landwirtschaft liegt der Anteil der pflanzlichen Produktion heute nurmehr bei 8,4%, gegenüber 23% im Jahre 1960, was die Stellung der Veredlungswirtschaft eindrucksvoll hervorhebt. Die Notwendigkeit einer solchen Umsetzung der pflanzlichen Produktion leitet sich im wesentlichen aus zwei Faktoren ab:

a) aus dem hohen Anteil der Agrarbevölkerung, der trotz starker Rückläufigkeit in den letzten 20 Jahren immer noch rd. ein Viertel der aktiven Erwerbsbevölkerung ausmacht,

b) aus dem hohen Anteil von Kleinbetrieben, die nur bei intensiver Bewirtschaftung und eben durch die Veredlung eine Ackernahrung (oft aber auch nur annähernd und bei sehr geringen Lebensansprüchen) darstellen.

Die in Tabelle 56 zusammengestellte Übersicht hebt den hohen Anteil landwirtschaftlicher Kleinbetriebe hervor. Allerdings haben sich innerhalb der Betriebsgrößenklassen in den letzten 10 Jahren deutliche Verschiebungen ergeben, die im Sinne einer strukturellen Gesundung der bretonischen Landwirtschaft zu verstehen sind. In diesen Veränderungen spiegeln sich neben der Abwanderungstendenz auch die Strukturmaßnahmen, vornehmlich die Flurbereinigung wider, die bis zum Jahre 1983 996000 ha erfaßt (über die Hälfte der gesamten LN der Bretagne) und die aufgrund von Flurzusammenlegungen eine Vergrößerung der durchschnittlichen Betriebsgröße von 9,6 ha (1955) auf 16,5 ha (1983) ermöglicht hat.

Die naturräumliche Großgliederung und die klimatischen Verhältnisse der Bretagne bedingen eine deutliche agrarräumliche Differenzierung. Diese klimatische Beeinflussung wirkt sich vor allem unmittelbar im nördlichen und südlichen Küstensaum, sowie auf der Halbinsel Crozon günstig aus, wo durch einen extrem maritimen Einfluß Januarmitteltemperaturen erreicht werden, die den Werten an der französischen Mittelmeerküste entsprechen. Lediglich die stark windexponierte Westküste stellt sich diesbezüglich etwas ungünstiger dar.

Betrachtet man die Agrarregionen der Bretagne, so ergibt sich in Anlehnung an die morphologische Struktur eine Parallelanordnung verschieden geprägter Nutzungszonen. Deutlich ausgegliedert erscheinen die beiden Küstenstreifen, die von der pflanzlichen Nutzung her auch die intensivsten Züge tragen. Es handelt sich hierbei um Agrargebiete mit intensivem Gemüseanbau. Anders das Landesinnere, das in einen westlichen Teil mit dominierender Viehhaltung auf Weidebasis und in einen östlichen Teil mit intensiveren Bodennutzungssystemen untergliedert ist.

Tab. 56: Betriebsgrößenstrukturen in der bretonischen Landwirtschaft 1955–1983 (in % der Betriebe)

Jahr	Gesamtzahl der Betriebe (abs.)	< 5 ha	5–10 ha	10–20 ha	20–50 ha	> 50 ha
1955	196 800	30,5	22,9	32,8	13,3	0,5
1965	178 900	28,8	20,4	34,5	15,8	0,5
1975	126 200	25,4	15,3	30,2	27,6	1,5
1983	108 905	23,5	14,5	26,0	34,0	2,0
Frankreich 1982		27,3	12,6	19,1	28,3	12,7

Quelle: 1955–1975: J. Dodt, 1984; 1983: INSEE-Bretagne 1984

Tab. 57: Die Produktion der bretonischen Landwirtschaft 1984

a) Pflanzliche Produktion (in Tsd. dz)

Produkt	Côtes-du-Nord	Finistère	Ille-et-Vilaine	Morbihan	Bretagne
Weizen	3 120	2 254	3 600	2 280	11 254
Mais	495	500	660	440	2 095
Roggen	24	20	16	84	144
Gerste	2 253	1 420	1 330	1 478	6 481
Hafer	855	431	529	528	2 343
Futterrüben	3 500	4 200	4 800	3 575	16 075
Futtermais	44 280	39 780	45 408	33 480	162 948
Kartoffeln	1 500	2 607	1 231	1 678	7 026
Artischocken	54	509	1	–	564
Karotten	36	400	150	94	680
Blumenkohl	450	1 602	613	3	2 668
Bohnen	30	209	3	243	485
Erbsen	41	247	9	232	529
Tomaten	15	140	119	15	289

b) Milchproduktion (in Tsd. hl)

	Côtes-du-Nord	Finistère	Ille-et-Vilaine	Morbihan	Bretagne
Gesamtprod. incl. Eigenverbrauch	15 276	14 360	17 979	12 900	60 515

c) Viehbestand (Stück in Tsd.)

	Côtes-du-Nord	Finistère	Ille-et-Vilaine	Morbihan	Bretagne
Pferde	4,4	5,3	4,5	2,7	17,1
Milchkühe	328,0	295,0	400,0	285,0	1 308,0
Rinder (sonst.)	433,5	465,0	496,0	292,0	1 686,5
Schweine	1 761,0	1 670,0	911,0	900,0	5 242,0
Schafe	44,8	31,0	62,5	32,1	170,4

d) Fleischproduktion (in Tonnen)

	Côtes-du-Nord	Finistère	Ille-et-Vilaine	Morbihan	Bretagne
Rindfleisch	48 595	62 000	59 023	33 745	203 363
Kalbfleisch	24 126	22 000	36 850	14 098	97 074
Schaffleisch	914	499	1 132	619	3 164
Schweinefl.	216 402	212 000	125 700	116 225	670 321
Sonst.	259	200	87	124	670
Geflügel	→	→	→	→	485 275

Quelle: Zusammengestellt aus: INSEE-Bretagne: Bilan Annuel 1984

Bei der Gemüseproduktion ergibt sich eine Differenzierung in den wesentlich intensiveren nördlichen Küstenstreifen mit dominierendem Frischgemüseanteil und in einen extensiveren südlichen Teil, in dem vorwiegend Gemüsebau für die Konservenindustrie, häufig in Verbindung mit der Fischkonservenverarbeitung, betrieben wird. Die beiden Gemüsebauzentren um Rennes und Nantes müssen im Zusammenhang mit den lokalen Absatzmöglichkeiten in diesen beiden Städten gesehen werden. Bezüglich der Spezialkulturen ist zweifellos der Raum um Roscoff/Saint Pol de Léon an der Nordküste der interessanteste und wirtschaftlich bedeutendste. Hier lassen sich in der historischen Entwicklung des Gemüsebaus Merkmale erkennen, die auf die geringe Verbindung zum französischen Markt hinweisen. Kuriosestes Beispiel hierfür sind die Zwiebel-Johnnys, bretonische Bauern der Gegend um Roscoff, die alljährlich ihre Zwiebelernte in den südenglischen Städten und in London als Straßenhändler absetzen. Eine Verbindung nach Frankreich war so gut wie inexistent.

Seit Beginn dieses Jahrhunderts ist eine ständige Ausweitung des Gemüsebauareals um Roscoff festzustellen, wobei gleichzeitig eine zunehmende Spezialisierung auf Blumenkohl und Artischocken erfolgte. Diese Ausweitung der Gemüsebauflächen, hat inzwischen die für den Gemüsebau nur noch bedingt geeignete Vorlandzone der Monts d'Arrée erreicht, so daß mit einer weiteren

Ausdehnung in Zukunft kaum mehr zu rechnen ist. (Abb. 28) Allerdings kommt es, vor allem in jüngerer Zeit bei verbesserten Absatzchancen im Binnenland und im Export und aufgrund neuer Anbau- und Bearbeitungsmethoden, zu einer ständigen Intensivierung der Produktion, die sich in wachsenden Produktionsziffern niederschlägt. Sieht man von den jährlichen Schwankungen ab, die aufgrund klimatischer Gegebenheiten verursacht sind, so kann eine ständige Zunahme der Produktion seit 1965 verzeichnet werden. Diese Steigerungen wurden ausgelöst durch die immer besser werdenden Verkehrsanbindungen an die großen Absatzzentren in Frankreich. Bei Blumenkohl spielt besonders in jüngerer Zeit auch der Export eine größere Rolle. Der Absatz von Artischocken dagegen erfolgt fast ausschließlich auf dem Binnenmarkt. Dies liegt einerseits daran, daß das Gebiet um Roscoff über zwei Drittel der französischen Produktion erzeugt und die Artischocke in Frankreich sehr beliebt ist, andererseits aber auch im Konsumverhalten der übrigen europäischen Länder, in die dieses Gemüse bisher nur wenig Eingang gefunden hat. Umfangreiche Werbekampagnen in den EG-Ländern und in Skandinavien haben bisher kaum den Absatz steigern können. Anders verhält sich die Situation beim Blumenkohl, der seit Mitte der 60er Jahre überwiegend exportiert wird. Auch hierbei wird die Monopolstellung der Bretagne deutlich, die nämlich rund 80% der französischen Gesamtproduktion erzeugt. Unter den Export-Ländern steht die Bundesrepublik Deutschland mit Abstand an der Spitze vor Großbritannien und den Niederlanden. Die Vermarktung erfolgt zu 90% auf Genossenschaftsbasis.

Im Landesinnern gewinnt die Veredlungswirtschaft zunehmend an Bedeutung. Auch hier hat die Entwicklung der letzten Jahre zahlreiche Veränderungen bewirkt, so daß

Abb. 28: Die Entwicklung des Gemüseanbaus an der bretonischen Nordküste
Quelle: nach C.T.I.F.L.: Le chou-fleur en France, Paris 1966

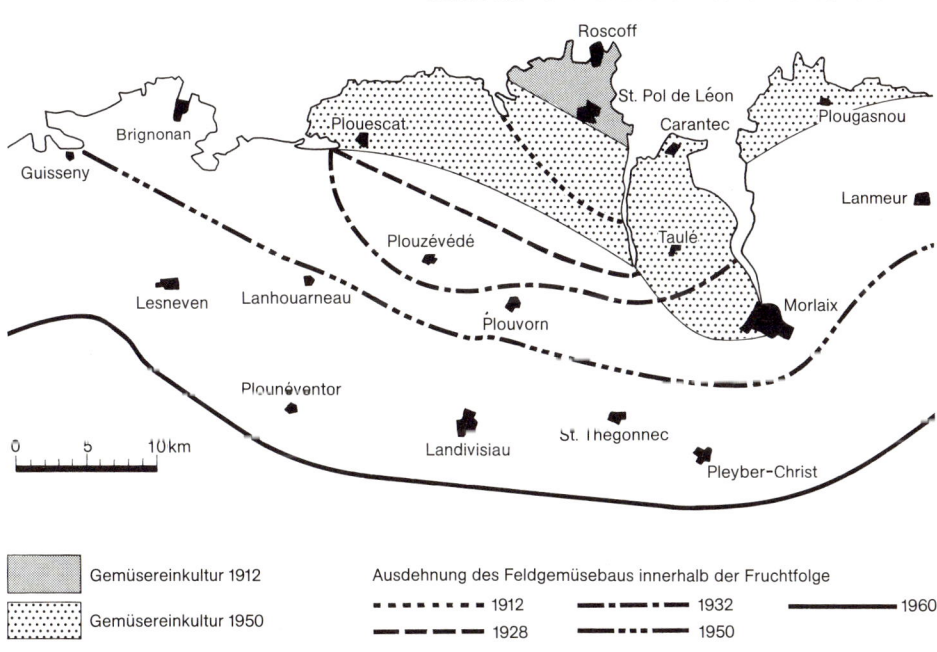

heute die Bretagne auf dem nationalen Markt eine wichtige Stellung einnimmt. Besondere Schwerpunkte in der Veredlungswirtschaft stellen Schweinemast, Milchviehhaltung und Geflügelhaltung dar. Einige Zahlenbeispiele mögen die Entwicklung der letzten 10 Jahre verdeutlichen. So hat sich der Schweinebestand innerhalb der letzten 10 Jahre praktisch verdoppelt. Mit über 5,2 Mio Mastschweinen produziert die Bretagne über ein Drittel der nationalen Produktion. Besondere Schwerpunkte sind die beiden Departements Finistère und Côtes-du-Nord. Wenngleich nicht im gleichen Maße monopolisiert, hat die Rindviehhaltung mit fast 3 Millionen Tieren (12% des Gesamtbestandes von Frankreich) eine sehr große Bedeutung. Innerhalb der letzten 20 Jahre ist hier eine Steigerung der Bestände um 55% zu verzeichnen. Besonders die Milchviehhaltung spielt eine große Rolle, indem 20% der nationalen Milchproduktion auf die Bretagne entfallen. Der Absatz ist inzwischen auch hier überwiegend genossenschaftlich organisiert, ebenso die Weiterverwertung zu Butter und Käse.

Große Bedeutung hat die Geflügelhaltung, obwohl sie aufgrund von Billigimporten auch immer wieder Schwankungen und Krisen ausgesetzt ist. Auch in dieser Hinsicht hat die Bretagne inzwischen die Spitzenstellung in Frankreich inne und die traditionellen Geflügelmastregionen, wie z.B. die Bresse, deutlich überholt. Bei den Masthähnchen beträgt der bretonische Anteil an der nationalen Produktion fast ein Drittel, bei Truthähnen rd. zwei Drittel, bei der Eierproduktion rd. ein Viertel. Fast überall sind die Intensivhaltungen an den großen Gebäudekomplexen mit den dazugehörigen Futtersilos, die meisten mit automatischer Futterentnahme, zu erkennen. Häufig ist auch der Geruch ein Kennzeichen, das die Differenzierung eines Schweinemast- oder Geflügelbetriebes untrüglich zuläßt. Insgesamt hat die Landwirtschaft der Bretagne im Verlauf der letzten 30 Jahre einen Wandel erfahren, der in seiner Dynamik in Frankreich keine Parallelen findet. Dies betrifft sowohl den hohen Spezialisierungs- als auch Modernisierungsgrad, was sich mit ganz erheblichen Ertragssteigerungen verbindet. Beispielsweise verdoppelten sich die Ernteerträge im Getreidebau innerhalb von nur 20 Jahren, bei Hackfrüchten liegen die Steigerungsraten ähnlich, und in der Viehwirtschaft teilweise noch höher.

Gleichwohl muß berücksichtigt werden, daß diese Entwicklung nicht alle Teile der Bretagne in gleicher Weise erfaßt hat. Bis heute finden sich durchaus, vor allem im Landesinneren, noch Spuren der traditionellen, rückständigen Strukturen und Arbeitsmethoden, verbunden mit Lebensverhältnissen, die nicht mehr zu dieser modernen Entwicklung zu passen scheinen. Sicherlich sind diese Relikte jedoch ein Generationenproblem, das sich im Laufe der nächsten 20 bis 30 Jahre lösen wird.

Die zweite Stütze des primären Sektors in der Bretagne ist die Fischerei, die für die Halbinsel seit Jahrhunderten eine zentrale wirtschaftliche Bedeutung einnimmt. Trotz zahlreicher Schwierigkeiten in den letzten Jahren, bedingt durch steigende Kosten auf dem Lohn- und Energiesektor, Beschränkungen der Fanggebiete und Auflagen bei den Fangtechniken, konnte sich dieser Zweig behaupten. Nach wie vor nimmt er in der nationalen Gesamtproduktion eine eindeutig dominierende Stellung ein. So stellte die in der Bretagne angelandete Tonnage an Frischfisch im Jahre 1984 48,6% des nationalen Fangwertes dar, bei Schalentieren lag der Anteil gar bei 79,5%. Die Intensität des Fangs in der Bretagne wird nicht zuletzt dadurch verdeutlicht, daß jeder fünfte Kutter der französischen Fischereiflotte in einem der bretonischen Häfen gemeldet ist.

Unter den Fischereihäfen der bretonischen Halbinsel nehmen Lorient und Concarneau die Spitzenstellung ein. In Lorient wurden

z. B. 1984 68622 t Frischfisch registriert. Von der Tonnage her wird Lorient jedoch von Concarneau übertroffen, allerdings macht hier der Anteil des in tropischen Gewässern gefangenen Thunfisches an der Gesamttonnage von 87800 Tonnen rd. zwei Drittel aus. Bezüglich der Schalentiere steht Le Guilvinec mit knapp 6000 Tonnen (1984) mit Abstand an der Spitze. An zweiter Stelle steht diesbezüglich Morlaix an der Nordküste.

Innerhalb der Bretagne stellt das Departement Finistère den eindeutigen Schwerpunkt der Fischerei dar. Dies verdient besondere Hervorhebung, da sich, vor allem in den letzten 30 Jahren, im Zusammenhang mit der Fischerei auch die Konservenindustrie ausgeweitet hat. Ein deutlicher Zusammenhang besteht diesbezüglich mit der Ausweitung des Feldgemüseanbaus, der ebenfalls zum Teil in Konserven verarbeitet wird. Erst durch die Erweiterung des Produktionsspektrums ist dieses Gebiet für die Konservenindustrie im Zuge dieser Entwicklung interessant geworden.

5.3.2.
Das Niederlanguedoc – Rekultivierung und Intensivierung durch Bewässerung

Das mediterrane Frankreich hat lange Zeit in seiner wirtschaftlichen Entwicklung hinter dem Norden des Landes zurückgestanden. Hierfür waren neben den territorialgeschichtlichen Hintergründen auch die natürlichen Voraussetzungen und die strukturellen Gegebenheiten wesentliche Faktoren. In besonderem Maße hatte die Landwirtschaft unter der natürlichen Ungunst des Gebietes zu leiden, was sich im Languedoc, dem mediterranen Küstengebiet zwischen Rhône-Tal und Pyrenäen, nachhaltig ausgewirkt hat.

Die Landesnatur des Languedoc ist durch eine deutliche Dreigliederung in küstenparalleler Anordnung gekennzeichnet. An die im wesentlichen quartär und holozän angelegten Küstenebenen mit einer Breitenausdehnung zwischen 5 und etwa 50 km schließt sich eine ausgedehnte Hügelzone an. Sie ist durch anstehendes Kalkgestein aus Kreide und Jura in den Vollformen, aus tertiären Ablagerungen in den Hohlformen gekennzeichnet. Aus diesem Nebeneinander ergibt sich das differenzierte Nutzungsgefüge dieser Zone, charakterisiert durch ausgedehnte Garriguevegetation im Bereich des anstehenden Gesteins, durch mehr oder weniger intensive landwirtschaftliche Nutzung in den Beckenlagen.

Nur durch die das Aquitanische Becken und das Niederlanguedoc verbindende Synklinale am Nordrand der Pyrenäenkette unterbrochen schließt sich als dritte Zone das gebirgige Hinterland an. Klimatisch bewirkt die zonale Gliederung des Naturraumes mit dem markanten Abschluß nach Westen hin eine eindeutige Leelage für die von W her aufstreichenden feuchten Luftmassen, so daß entsprechend dem Stockwerksbau eine rasche Abnahme der Niederschläge zur Küste hin erfolgt. Im Bereich der Küstenebene liegen die jährlichen Niederschläge im 30jährigen Mittel bei 500 bis 600 mm, steigen dann aber zum Gebirge hin relativ rasch an und erreichen in den höchsten Gebirgslagen teilweise über 2000 mm. Da der Raum insgesamt bereits durch den typisch nordmediterranen Klimarhythmus mit Niederschlagsmaxima im Herbst und Frühjahr gekennzeichnet ist, fällt damit die Hauptniederschlagstätigkeit mit den Perioden geringen Wasserbedarfs in der Landwirtschaft zusammen, während der Sommer ausgesprochen niederschlagsarm ist. Ein weiteres klimatisches Kennzeichen ist die extreme interannuelle und regionale Niederschlagsvariabilität.

Von besonderer Bedeutung sind die lokalen Windsysteme, die für die agrarische Nutzung große Probleme aufwerfen. Vor allem der Mistral, der sich im Languedoc bis nach Montpellier hin auswirkt, in etwas geringerem Maße der Cers im Biterrois (Gegend um Beziers) und schließlich der Tramontane im Roussillon verstärken durch ihre austrocknende Wirkung das Niederschlagsdefizit in den Küstenebenen und verlangen umfangreiche Schutzmaßnahmen bei der Anlage von Spezialkulturen.

In Anbetracht dieser klimatischen Schwierigkeiten überrascht es nicht, daß gerade im Niederlanguedoc, d.h. im wesentlichen im Gebiet der Küstenebenen, die Meliorationsbestrebungen bereits seit Jahrhunderten bestehen. Nach den Maßnahmen der Römer waren es im Hochmittelalter die Klöster, später die Landesherren, die eine mehr oder weniger planmäßige Trockenlegung der ausgedehnten Sumpfgebiete anstrebten. Mindestens ebenso ernst wurde aber auch bereits die Frage der Bewässerungsmöglichkeiten behandelt. Noch heute finden sich Bewässerungssysteme, die in der Anlage bereits auf das 16. Jahrhundert zurückgehen. Diese historischen Bemühungen haben jedoch insgesamt nicht zur dauerhaften Beseitigung der durch die ökologische Situation bedingten Ungunstfaktoren geführt, so daß erst im 20. Jahrhundert mit hohem technischem Aufwand eine durchgreifende Entwicklung eingeleitet wurde. Die bisher nur in bescheidenem Maße erfolgte – und unter der Konkurrenz benachbarter Industrieschwerpunkte auch in Zukunft kaum zu erwartende – Industrialisierung des Languedoc hat zur Folge, daß der Landwirtschaft eine bedeutende Stellung in der Erwerbsstruktur zukommt. Der Anteil der landwirtschaftlichen Erwerbsbevölkerung lag 1982 bei 12,6% und damit erheblich über dem nationalen Mittelwert (9,8%). Im industriellen Sektor sind dagegen 27% der Erwerbstätigen beschäftigt, und lediglich im tertiären Sektor ist mit 60,5% ein Wert ausgewiesen, der deutlich über dem nationalen Mittel liegt (54,7%). Im Rahmen der Dezentralisierungspolitik stellten der Agrarsektor und der Tourismus die Wirtschaftszweige dar, in denen schwerpunktmäßig eine Förderung erfolgte. Die Bestrebungen einer verstärkten Industrialisierung scheiterten schon früh an den mangelnden infrastrukturellen Voraussetzungen und an der Konkurrenzsituation, die sich etwa mit dem Ausbau des Industriezentrums Marseille-Fos bildete. Die seit Mitte der 50er Jahre durchgeführten Meliorationsmaßnahmen im Niederlanguedoc führten gebietsweise zur völligen Umstellung der Bodennutzung. Seit dem 16. Jahrhundert hatte sich das Languedoc allmählich zum größten zusammenhängenden Rebareal Europas entwickelt. In den Küstenebenen hatte der Weinbau dabei den Charakter einer Monokultur, allerdings zeichneten sich vor allem die Sumpfgebiete und die leicht reliefierten Terrassenkomplexe auch durch teilweise extensive Nutzung aus. Aufgrund der geringen Weinqualität gestalten sich die Absatzmöglichkeiten seit dem 19. Jahrhundert in dem Maße immer schlechter, in dem durch die Ausweitung des Rebareals mit teilweise guten Rebarten ein qualitativ besseres Angebot aus anderen Landesteilen und vor allem aus den Kolonien bestand.

In jüngster Zeit sind im Zusammenhang mit dem europäischen Agrarmarkt und durch die vertraglich vereinbarten Weinimporte aus den Maghreb-Ländern für die Weinbauern des Languedoc erneut Absatzschwierigkeiten entstanden, die zu teilweise spektakulären Protestaktionen geführt haben.

Als wesentlicher Faktor für die Ausweitung des Rebareals und für das Festhalten an dieser Nutzung auch in Krisenzeiten müssen die agrarstrukturellen Gegebenheiten gesehen werden. Das Vorherrschen von Kleinbesitz ist auch heute noch, trotz gewisser struktureller Verbesserungen in den letzten Jahren, kennzeichnend. Das Fortbestehen dieser Kleinbetriebe erklärt sich u.a. dadurch, daß die Arbeitsmöglichkeiten in anderen Wirtschaftszweigen gering sind. (Tab. 58)

Die enge Verbindung des Weinbaus zum Kleinbesitz dokumentiert sich bei einem

Tab. 58: Die Veränderungen der Betriebsgrößenklassen im Languedoc – Roussillon 1955–1982

Größenklassen	Zahl der Betriebe					
	1955	1963	1967	1970	1975	1982
unter 2 ha	65 995	43 160	37 501	35 621	32 500	} 42 300
2– 5 ha	36 458	28 270	22 235	20 731	18 400	
5–10 ha	25 416	22 550	18 284	16 673	14 300	12 000
10–20 ha	17 573	16 680	15 578	15 331	14 900	11 900
20–50 ha	11 571	11 490	11 088	11 565	12 500	8 700
über 50 ha	5 028	5 360	5 579	5 487	5 400	4 500
Gesamt	162 041	127 510	110 265	105 408	98 000	79 400

Quelle: R.G.A. 1970, 1975 (Fortschreibungsergebnis R.G.A.) und INSEE, 1984a

Tab. 59: Die Beziehung zwischen Betriebsgrößen und Weinbau im Languedoc 1970

Betriebsgrößen-klasse	%-Anteil an Gesamtzahl der Betriebe	%-Anteil der Betriebe mit Weinbau	Rebflächenanteil am Gesamt-LN (in %)
unter 5 ha	53,4	91,2	74,6
5–20 ha	30,4	87,9	64,6
20–50 ha	11,0	65,5	31,2
über 50 ha	5,2	47,1	14,9
insgesamt	100,0	86,5	38,7

Quelle: R.G.A. 1970

Tab. 60: Die landwirtschaftliche Bodennutzung im Bereich der Costières du Gard 1960 und 1970

Nutzungsart	1960	1970
Obstbau	1,4 %	23,0 % der LNF
Gemüsebau	1,6 %	15,0 % der LNF
Getreidebau	14,0 %	11,0 % der LNF
Futterbau	10,0 %	5,0 % der LNF
Weinbau	40,0 %	40,0 % der LNF
Brachflächen, z. T. Garrigue	33,0 %	6,0 % der LNF

Quelle: Chambre de Commerce et d'Industrie, Nîmes 1973

Tab. 61: Veränderungen in der landwirtschaftlichen Bodennutzung im Languedoc – Roussillon seit 1946 (in ha)

Jahr	Acker-land	Grün-land	Obst-bestände	Oliven	Kastanien, Reh-Nüsse etc.	Wald und fläche	Pappel-Garrigue	pflanzung
1946	348 409	529 400	12 180	22 443	52 870	454 993	515 349	586
1951	343 426	538 800	13 750	13 950	46 380	463 973	543 930	566
1956	338 810	682 310	17 500	13 800	39 960	455 780	570 040	500
1961	357 174	665 200	16 987	9 290	33 740	449 837	571 038	2 730
1966	335 495	657 750	28 322	7 070	17 590	447 225	617 845	4 755
1971	252 890	569 100	35 817	5 510	4 057	447 540	750 700	4 945
1975	239 229	521 700	31 995	4 443	1 248	451 283	791 000	5 520
1982	236 371	505 700	33 939	?	?	409 970	794 700	1 770

Quelle: Min. d'Agriculture, Service Régional de Stat. Agricole, Montpellier 1976; für 1982 INSEE Languedoc-R. 1984

Abb. 29: Landwirtschaftliche Nutzung auf dem Plateau von Beaucaire im Jahre 1960   Quelle: rekonstruiert nach Unterlagen der CNARBRL vom Verfasser

160

Abb. 30: Landwirtschaftliche Nutzung auf dem Plateau von Beaucaire im Jahre 1976

Quelle: eigene Kartierung Herbst 1976

Vergleich der Betriebsgrößenklassen und der Bodennutzung, wobei regional die Betriebsgrößenklassen aufgrund des naturräumlichen Gefüges des Languedoc stark variieren. Die Situation ist gekennzeichnet durch eine Zunahme extensiv genutzter Großbetriebe in den Gebirgsbereichen, vor allem in den Causses, und einem auch heute noch starken Vorherrschen von Kleinbetrieben unter 10 ha LN in den Küstenebenen mit hohen Weinbauanteilen. (Tab. 59)

Die Notwendigkeit zur Durchführung meliorativer Maßnahmen im Agrarsektor war um so größer, als seit 1956, in verstärktem Maße nach 1962 durch die Unabhängigkeit der nordafrikanischen Landesteile und Protektoratsländern, eine starke Bevölkerungszunahme durch rückwandernde Kolonen erfolgte, die zum großen Teil in den südfranzösischen Departements nach neuen Existenzmöglichkeiten suchten.

Das Spektrum der durchgeführten Maßnahmen ist breit. Wesentlichste Voraussetzung für die Umgestaltung der Agrarnutzung im Languedoc war die Anlage des „Canal d'Irrigation du Languedoc", der inzwischen die Küstenebenen des Languedoc zwischen Beaucaire im Rhônetal und Montpellier versorgt. Das Kernstück dieses Projekts stellt die Pumpstation bei Bellegarde (Departement Gard) dar, die bis zu 75 m³/sec Wasser aus der Rhône entnehmen kann. Dies entspricht der Wasserführung der Seine in Paris bei Niedrigwasserstand.

Über ein ausgedehntes Kanalsystem und mit Hilfe einer Vielzahl von Hochbehältern ist die Bewässerung von insgesamt 120 000 ha LN im östlichen Teil der Küstenebene des Languedoc im Bereich zwischen Rhône und Montpellier vorgesehen. Bisher verfügen hier etwa 55 000 ha LNF über einen Anschluß an das Druckleitungssystem.

Der westliche Teil des Konzessionsgebietes der Compagnie d'Aménagement du Bas-Rhône et du Languedoc (CNARBRL) umfaßt rund 110 000 ha LNF und soll vorwiegend aus Stausperren, die in den Flüssen des gebirgigen Hinterlandes angelegt werden, versorgt werden. Dadurch wird gleichzeitig die Gefahr der Überschwemmung aufgrund der Hochwasserwellen gemindert und eine nutzbringende Anwendung des Niederschlagswassers aus dem Gebirge gewährleistet. Bisher sind Stausperren im Salagou, Nebenfluß des Hérault, mit einer Staukapazität von 125 Mio cbm und im Oberlauf des Orb mit einer Staukapazität von 33 Mio cbm verwirklicht. Von den geplanten 110 000 ha LNF sind hier bisher lediglich knapp 15 000 mit Druckleitungsanschluß versehen.

Der für die Bewässerung vorgesehene Bereich der Küstenebene ist in 7 sogenannte Casiers mit einer Gesamtbewässerungsfläche von rund 230 000 ha LN unterteilt. Für die kommenden Jahre ist eine Ausweitung im Minervois (35 000 ha LNF), Lauragais (40 000 ha LNF) und im Roussillon (70 000 ha LNF) geplant, so daß insgesamt annähernd 400 000 ha durch die Bewässerungsanlagen versorgt werden sollen.

Das wohl beeindruckendste Beispiel der Meliorationsmaßnahmen stellt das Plateau de Beaucaire bei der gleichnamigen Stadt im Departement Gard dar. Ein rund 800 ha großer Gemarkungsteil der Stadt war durch eine extreme Besitzersplitterung und Parzellierung gekennzeichnet. Im östlichen Teil dieser Gemarkung untergliederte sich die 420 ha große LNF in 1392 Einzelparzellen die 1603 Besitzern gehörten. Die Hälfte dieser Besitzer kannte die Lage ihrer Parzelle nicht, ein Viertel ignorierte den Besitz vollkommen. Diese Situation erklärt sich daraus, daß das Plateau seit etwa 100 Jahren allmählich verödete, da sich im Zusammenhang mit der Trockenlegung der Sumpfgebiete in Stadtnähe ein intensiver Agrarraum entwickelt hatte. Das Plateau überzog sich allmählich mit einer Garriguevegetation. Nur etwa 25% der Parzellen wurden noch extensiv genutzt. (Abb. 29)

Die Meliorationsmaßnahmen auf dem Plateau de Beaucaire waren nur durchführbar, indem die Flächen so weit als möglich von der CNARBRL aufgekauft wurden. Allein die Grundstückserwerbsaktion nahm über 2 Jahre in Anspruch. Die Rekultivierung und Neuordnung der Flur wurden in den Jahren 1962 bis 1964 durchgeführt, wobei der gesamte Reb-, Baum- und Vegetationsbestand zusammengeschoben und verbrannt und eine völlig neue Flurautteilung vorgenommen wurde. (Abb. 30) Die Bilanz der Maßnahmen auf dem Plateau de Beaucaire ist beispielhaft. 10 Betriebe konnten im Rahmen der Neuordnung der Flur weitgehend arrondiert werden. Weitere 14 Betriebe konnten über die Arrondierung hinaus zu lebensfähigen Betriebseinheiten aufgestockt werden. Schließlich wurden 17 Betriebe mit einer durchschnittlichen Betriebsfläche von 25 ha LN neu angelegt. Mit einer Ausnahme wurden diese Betriebe an nordafrikanische Immigranten vergeben.

Die Veränderung der Anbauverhältnisse in der Landwirtschaft des Languedoc werden im wesentlichen durch die Zunahmen der Obst- und Gemüseareale getragen. In den Gebieten mit Bewässerungsmöglichkeiten und umfangreicher Ansiedlung ehemaliger Koloniallandwirte ist der Anteil intensiver Nutzpflanzen besonders hoch. Dies trifft insbesondere für den Raum der Costières du Gard zu. (Tab. 60)

Die Meliorationsmaßnahmen in der Landwirtschaft des Languedoc haben insgesamt vor allem in den 1960er Jahren zu einer deutlichen Veränderung der traditionellen Landwirtschaft dieses Gebietes geführt. Die traditionelle Massenweinproduktion wurde vielerorts durch Gemüse und Obstbau auf Bewässerungsgrundlage ersetzt.

Allerdings hat dieser rasche Wandel der 1960er Jahre schon in der darauffolgenden Dekade vielerorts stagniert. Die Gründe dafür liegen in den hohen Produktionskosten (intensive Bewässerung auf teilweise sehr durchlässigem Schotteruntergrund) und zeitlichen Nachteilen gegenüber anderen EG-Ländern bei der Beschickung der Märkte, u. a. mit Frühgemüse und Frühobst. So ging zwischen 1970 und 1980 die Zahl der Betriebe, die Bewässerung betrieben, um fast 20% zurück. Der Anteil der tatsächlich bewässerten an der für Bewässerung ausgestatteten Fläche fiel innerhalb des gleichen Jahrzehnts von 70,5% auf 52,8%. Vieles deutet derzeit darauf hin, daß die tatsächlichen Möglichkeiten zur Intensivierung der Landwirtschaft des Languedoc planerisch überschätzt worden sind.

5.3.3. Meliorations- und Kolonisationsbemühungen auf Korsika

Einen Schwerpunkt der Meliorationsbemühungen stellt Korsika dar, wo im Zusammenhang mit der Rückgliederung ehemaliger Koloniallandwirte zahlreiche Betriebe neu entstanden sind. Allerdings sind auch hier, ähnlich wie in den übrigen mediterranen Küstengebieten, die Meliorationsbestrebungen nicht erst im 20. Jahrhundert entstanden.

Korsika wird naturräumlich überwiegend durch seine Gebirge gekennzeichnet, die sehr dünn bevölkert und nur in den unteren Hangpartien nutzbar sind. In der Höhenstufe zwischen 400 und 800 m konzentrieren sich die Kastanienwälder, die einen wichtigen ökonomischen Faktor darstellen. Oberhalb schließen sich fast überall ausgedehnte Wälder an, denen in den Gipfellagen Almflächen folgen.

Die 8722 km² große Insel, die seit 1768 zu Frankreich gehört, gliedert sich geologisch in einen herzynisch gefalteten westlichen und in einen „alpinen" östlichen Teil, in dem Sedimentgesteine vorherrschen.

An der Westküste fällt das Gebirge steil zum Meer hin ab, und lediglich in einzelnen Buchten siedelte der Mensch, da nur hier eine ackerbauliche Tätigkeit möglich war. Diese Buchten waren jedoch nicht a priori günstige

Siedlungsräume, da sie oft versumpft und verseucht waren. Aus diesem Grund legten die Bewohner ihre Siedlungen vorzugsweise in den oberen Hangbereichen der Insel an, die sie entweder als Dauerwohnungen nutzten oder nur während des Sommers bezogen, wenn die klimatischen Bedingungen in den Küstenebenen unerträglich wurden.

Insgesamt stellt die westliche Küste (Riasküste) jedoch einen ungünstigen Siedlungsraum dar. Lediglich in den größeren Küstenbecken von Porto Pollo, Ajaccio und Calvi ist es zur Anlage größerer Städte gekommen.

Völlig verschieden stellt sich die Situation in Ostkorsika dar, wo im Zusammenhang mit der alpidischen Orogenese die Sedimentgesteine gefaltet wurden. Auch hier sind die unmittelbaren Küstenebenen, die wesentlich breiter angeschwemmt sind als im Westen, nicht ursprünglich günstiges Siedlungsland gewesen, sondern erst durch Melioration nutzbar geworden.

Die Bevölkerung der Insel konzentriert sich heute überwiegend in Ostkorsika. Bastia ist die größte Stadt mit 60 000 Einwohnern. Insgesamt wird Korsika von rund 220 000 Menschen bewohnt, das bedeutet eine Bevölkerungsdichte von nur 25 Einw. pro km².

Umfangreiche Kolonisationsmaßnahmen in der Landwirtschaft Korsikas sind seit der Antike bekannt. Sie wurden jedoch im Laufe der Geschichte wieder zerstört. Nachhaltiger war das Kolonisationswerk der Genueser, dessen Höhepunkt in das 15./16. Jahrhundert fällt. Jährlich wurden 10 000 bis 20 000 landwirtschaftliche Hilfskräfte von der italienischen Gegenküste nach Korsika geschickt, um bei der Trockenlegung der Sumpfflächen, der Anlage von Baumkulturen und von Bewässerungseinrichtungen eingesetzt zu werden. Auf diese Maßnahme geht auch die starke Ausweitung der Baumkulturen zurück. Sie wurden insbesondere in den Hangbereichen und teilweise bis in die unteren Gebirgsstufen angelegt. Hier spielte aber auch der Einfluß der Kirche eine erhebliche Rolle.

Die rentenkapitalistische Struktur der Kolonisation war einer der Hauptgründe für den allmählichen Niedergang der Kulturlandschaft. Die ursprünglich recht intensiv genutzten Ackerareale der Küstenebenen wurden zunehmend zu extensiv genutzten Weideflächen der transhumanten Schafhaltung. Es entwickelte sich ein extensives Feld-Brache-System, das den Landeigentümern immer geringere Einnahmen brachte.

Die Erfolge der Kolonisationsbestrebungen im Binnenland waren demgegenüber nachhaltiger. Hier wurden die Baumkulturen von der einheimischen Bevölkerung gepflegt, die Areale durch eigene Initiativen sogar noch teilweise ausgeweitet. Sie sind bis heute ein dominierendes Element der Kulturlandschaft geblieben.

Ein durchgreifender Wandlungsprozeß setzte mit der Annexion der Insel durch Frankreich im Jahre 1768 ein. Mit dem Ausbau der Hafenstadt Bastia wurde der Kontakt mit dem Kontinent intensiver, die dort beginnende wirtschaftliche Umstrukturierung veranlaßte zahlreiche Korsen, die Insel zu verlassen und sich in den entstehenden Industrien Arbeit zu suchen. Dies bedeutete eine weitere Extensivierung in der agrarischen Nutzung. Die extensive Viehhaltung nahm weiter zu, gleichzeitig erfolgte die Auflassung ehemals als Ackerland benutzter Teile der Küstenebenen.

Die Agrarreform der Französischen Revolution hatte nur unzureichend in Korsika Anwendung erfahren, so daß hier keine neue bäuerliche Schicht entstanden ist, die zu einer Intensivierung der Agrarlandschaft hätte beitragen können. Bis in die Mitte des 20. Jahrhunderts blieben die Besitzverhältnisse und die Nutzungsformen weitgehend unverändert. Große Teile der Küstenebene waren völlig ungenutzt, teilweise wieder versumpft oder hatten nur als Winterweiden für die transhumante Schafhaltung eine gewisse Bedeutung. Die wirtschaftliche Basis der Inselbewohner stellten häufig das Handwerk, die

Fischerei oder aber die Arbeit auf dem Festland dar. Kolonisatorischen Ansätzen – etwa während des Second Empire – waren keine Erfolge beschieden. Während auf dem französischen Festland oder auch in Italien in den versumpften Küstengebieten während des 19. Jahrhunderts große Kolonisationsprojekte geplant oder durchgeführt wurden, blieb Korsika in Vergessenheit.

Erste Vorarbeiten für eine künftige Kolonisation der Küstenebenen Ostkorsikas erfolgten während des Zweiten Weltkrieges. Im Jahre 1943 wurde durch eine großflächig durchgeführte chemische Bekämpfung mit DDT ein Sumpfgebiet von über 40 000 ha malariafrei gemacht. Im Jahre 1949 wurde der „Plan de mise en valeur de la Corse" erstellt, der Grundlage für die weiteren Maßnahmen wurde, jedoch zunächst auch noch nicht zu greifbaren Ergebnissen führte.

Erst im Zusammenhang mit der Rückgliederung der französischen Kolonialbevölkerung aus Nordafrika ergab sich schließlich der Zwang, mögliche Meliorationsgebiete schnell landwirtschaftlich nutzbar zu machen, um der immer größer werdenden Zahl von Rückwanderern eine Existenzgrundlage zu bieten. Im Zeitraum zwischen 1962 und 1966 verzeichnete Korsika eine Zuwanderung von 16 282 ehemaligen Kolonialfranzosen. Die Berufsstruktur der Zuwanderer war deutlich durch die Dominanz der Landwirte geprägt. 85% der zugewanderten Bevölkerung waren Landwirte oder in mit der Landwirtschaft verbundenen Berufen tätig gewesen und suchten in diesem Sektor eine neue Existenzgrundlage. Vor diesem Hintergrund wurde eine sehr rasche Aktivierung der vorliegenden Sanierungspläne betrieben, wobei zunächst besonders die unmittelbaren Küstenebenen in Angriff genommen wurden. Die Art der Maßnahmen war dabei unterschiedlich, ein gemeinsamer Faktor war aber die Bewässerung, ohne die der Anbau von Spezialkulturen in diesem Gebiet nicht möglich gewesen wäre. Von einer Gesamtfläche von 38 000 ha Meliorationsfläche im tiefländischen Erschließungsgebiet wurden im Zeitraum bis 1965 fast 24 000 ha an ein Bewässerungssystem angeschlossen.

Viele der ungenutzten Ländereien dieses Gebietes hatten sich im Laufe von fast zwei Jahrhunderten, in denen sich die Nutzung ständig extensiver gestaltete, allmählich mit einer Buschvegetation (Macchie) überzogen, die zunächst gerodet werden mußte, bevor weitere Meliorationsmaßnahmen durchgeführt werden konnten. Um langwierigen Verhandlungen auszuweichen, wurden diese Maßnahmen zunächst nur auf Gemeindeländereien durchgeführt. Nach der Beseitigung der Macchie (démaquisation) wurde der Boden mit Tiefscharen gepflügt (80 cm). Dies bedeutete zwar eine Durchlockerung und Durchlüftung der oberen Bodenschichten, aber auch ein Unterpflügen der Humusbestandteile und eine Förderung von Schottern und Steinen an die Bodenoberfläche. Ein sofortiger Anbau war nicht möglich, da zunächst durch Kalkung und den Anbau von Pionierpflanzen wieder eine tragfähige Akkerkrume ausgebildet werden mußte. Erst nach zwei bis drei Jahren konnte dann eine Nutzung mit Dauerkulturen, meistens Baumkulturen, erfolgen.

Zu Beginn der Erschließungsmaßnahmen im Jahre 1957 waren nur rd. 1% der landwirtschaftlichen Nutzfläche der Insel Bewässerungsland. Dies konzentrierte sich in der ostkorsischen Küstenebene und in den Hangpartien, wo die Bewohner Torrentenwasser auf ihre Felder leiteten, es bestand jedoch kein großräumliches technisches System. Die Voraussetzung für die Einrichtung eines Bewässerungssystems waren dabei durchaus gegeben. Die Nähe des relativ niederschlagsreichen Gebirges bedingte eine große Wasserzufuhr in die Küstenebenen, vor allem während des Frühjahrs. Nach hydrologischen Berechnungen beträgt der nutzbare Oberflächenwasserabfluß aus den Gebirgen im Bereich der Küstenebenen jährlich rund 100

Mio m³, ein Volumen, das bei einer Nutzung für Obst-, Agrumen- oder Gemüsebau für ein Bewässerungsareal von fast 25 000 ha LN ausreicht.

Der Nachteil liegt in der ungleichen jährlichen Verteilung des Abflusses mit einem deutlichen Frühjahrsmaximum. Ohne die Anlage von Rückhaltebecken und Stauseen ist eine Nutzung praktisch unmöglich. Diese Einrichtungen haben gleichzeitig den Vorteil, daß sie das Abfließen der Torrenten regulieren und damit die Verwüstungen durch Hochwasserfluten verhindern können.

Ähnlich wie im Bewässerungsgebiet des Niederlanguedoc zeigten sich auch im Meliorationsgebiet von Ostkorsika zunächst spektakuläre Veränderungen. Im Zeitraum 1957–1970 nahm einerseits der Umfang der Rebflächen in einem vorher sehr extensiv genutzten Gebiet enorm zu. Vor allem aber waren es die Wandlungen bei den Agrumenkulturen und bei anderen Baumkulturen sowie im Gemüseanbau, die für diesen Zeitraum eine Intensivierung der Agrarlandschaft dokumentieren (Tab. 62). Der Schwerpunkt dieser Veränderungen vollzog sich in den drei Hauptbewässerungssektoren, die in sich jedoch sehr unterschiedliche Voraussetzungen für die Intensivierung der Nutzung und für die Bereitstellung des notwendigen Bewässerungswassers hatten.

Im Sektor I (Gebiet Marana-Sasinca) konnten z. B. die Wasserreservoire aufgrund der topographischen Verhältnisse nicht im Bewässerungsareal angelegt werden. Sie mußten bereits im gebirgigen Hinterland vorgesehen werden. Hauptwasserbringer für diesen Sektor ist der Fluß Golo mit seinen Nebenflüssen, die im Stausee von Calacuccia aufgefangen werden.

Der Sektor II umfaßt das miozäne Hügelland zwischen dem Fium Alto und dem Bravone. Die Versorgung der rd. 3200 ha umfassenden Bewässerungsfläche erfolgt überwiegend durch den Stausee von Alesani. Dieser Sektor ist aufgrund seiner Hanglage und der damit verbundenen geringen Frostgefährdung für den Agrumenanbau besonders geeignet.

Sektor III umfaßt im wesentlichen die Ebene von Aleria (Tavignano-Abatesco) und stellt das größte Areal dar. Zwischen dem Bravone und dem Solenzara befinden sich hier fast 36 250 ha bewässerte Fläche. Im Norden wird die Ebene durch miozäne Ablagerungen aufgebaut, die für eine Bewässerung wenig geeignet sind. Hier überwiegt der Trockenfeldbau, extensiver Getreideanbau, aber auch Weinbau, der mit geringerer Wasserzufuhr durchführbar ist. Südlich des Tavignano befinden sich alluviale Böden, die Reliefunterschiede sind sehr gering. Hier wurde bereits seit 1959 eine rasche Ausweitung der Bewässerungseinrichtungen angestrebt, da die ersten Ergebnisse sehr erfolgversprechend waren. Allerdings sind bis heute die wichtigsten Bewässerungsanlagen noch nicht fertiggestellt.

In diesen drei Sektoren spielte die Ausweitung der Agrumenflächen eine besondere Rolle (Tab. 63). In diesem Zusammenhang sei erwähnt, daß Korsika klimatisch den einzigen Raum innerhalb des mediterranen Frankreich darstellt, in dem der Agrumenanbau rentabel betrieben werden kann. Schon Ende der 1950er Jahre wurden spezielle Versuchs- und Beraterstationen eingerichtet, um den Zitruskulturen eine rasche Verbreitung zu ermöglichen. Die Erfolge dieser Bemühungen zeigten sich u. a. darin, daß innerhalb von nur 10 Jahren zwischen 1960 und 1970 die Anbaufläche von 615 auf 2859 ha anstieg.

Die Einrichtung eines Bewässerungsnetzes stellte zweifellos die wichtigste Meliorationsmaßnahme in Korsika dar. Allerdings war das Spektrum der Maßnahmen damit nicht erschöpft. Auch die Verbesserung der Produktionsbedingungen der bestehenden landwirtschaftlichen Betriebe mußte im Rahmen der Planungen betrieben werden. Zwar zeigten die einheimischen Landwirte zu Beginn der

Tab. 62: Die Wandlungen der Bodennutzung im ostkorsischen Meliorationsgebiet 1957–1970 (Angaben in ha)

Nutzung	1957	1965	1970
Getreide	1 500	500	932
Rebfläche	2 500	12 000	18 000
Agrumen	145	1 200	2 525
Obst	200	560	1 831
Gemüse	380	500	643
Futterbau	30	100	1 405
Dauerweiden	11 000	18 000	21 000
Gesamt	15 755	32 860	46 336

Quelle: H. Lücke, 1976

Tab. 63: Die Entwicklung des Agrumenanbaus in Ostkorsika 1970–1975

Gebiet	1970 Fläche/ha	Bäume	1975 Fläche/ha	Bäume
Sektor I	373,6	108 702	603,6	185 502
Sektor II	623,2	176 905	1 048,4	326 815
Sektor III	1 260,9	379 938	2 270,7	707 204
Gesamt	2 257,7	665 545	3 922,7	1 219 521

Quelle: H. Lücke, 1976

Tab. 64: Bodennutzungsveränderungen in Korsika 1960–1980

Nutzungsart	1960 (Tsd. ha)	1970 (Tsd. ha)	Veränder. 1980/1970 (%)	1980 (Tsd. ha)	Veränder. 1980/1970 (%)
Ackerland	14,6	10,0	− 31,5	8,7	−13,0
Grünland	375,0	376,0	+ 0,3	390,0	+ 3,7
Rebfläche	9,6	29,0	+202,1	32,0	+10,3
Eßkastanien	25,3	25,0	− 1,2	25,0	−
Oliven	10,5	10,6	+ 1,0	10,5	− 1,0
Obstbau	3,2	4,7	+ 46,9	5,0	+ 6,4
Agrumen	0,6	2,8	+366,7	2,6	− 7,2
Gemüse	2,1	0,4	− 81,0	0,7	+75,0
LN gesamt	441,5	456,8	+ 3,5	472,6	+ 3,5
Wald/Macchie	180,0	252,2	+ 40,1	252,2	−
Ödland	218,7	130,5	− 40,3	105,0	−19,5

Quelle: H. Lücke, 1983, leicht verändert

Maßnahme nur geringe Bereitschaft zu Innovationen, dennoch wurden ständig größere Areale der sogenannten „bonification" unterstellt. Eine gewisse psychologisch begründbare Abneigung gegenüber den Meliorationsmaßnahmen war wohl auch der Grund für die Tatsache, daß von den neu entstandenen Betrieben in den Küstenebenen nur wenige von korsischen Landwirten übernommen wurden. Rund drei Viertel dieser Betriebe wurden an immigrierte Koloniallandwirte vergeben. Die „bonification" erfolgte nicht nach einem stereotypen Muster, sondern richtete sich individuell nach den Anforderungen und Gegebenheiten der betroffenen Betriebe. Vordringlich erschien in den meisten Fällen die Melioration der Böden, wobei die Rodung von Buschvegetation oder von veralteten Baum- oder Strauchkulturen, das Tiefpflügen, Kalken und die Anlage einer Bewässerungsmöglichkeit die wichtigsten Maßnahmen waren. Aber auch die infrastrukturelle Bereinigung der Gemarkungen, Flurbereinigungsmaßnahmen etc. erwiesen sich als sehr dringlich.

Gerade in dieser Hinsicht zeigen sich indessen bis heute große Probleme. Stellt Südfrankreich aufgrund des hohen Anteils an Dauerkulturen für die Flurbereinigung insgesamt ein Problemgebiet dar, so gilt dies in Korsika in besonderer Weise. Bis 1981 waren lediglich 2,4 % der LN der Insel im Zuge einer Erstbereinigung umgelegt worden, das ist der mit Abstand niedrigste Wert in ganz Frankreich.

Zeigt sich diesbezüglich eine geringe Entwicklungsdynamik, so trifft dies insgesamt auch für die Wandlungen der letzten 15 Jahre zu. Auch in Korsika folgte dem anfänglichen Boom eine Phase der Verlangsamung, teilweise sogar der Rückläufigkeit (Tab. 64). Zwischen 1960 und 1970 fallen insbesondere die Zunahmen beim Rebareal und im Agrumenanbau ins Auge. Sie gehen einher mit einem deutlichen Rückgang des Ödlandareals, das teilweise im Zuge der Meliorationstätigkeit rekultiviert, teilweise aber auch aufgeforstet wurde. Auch der Rückgang des Ackerlandanteils ist zum großen Teil im Zusammenhang mit der Anlage von Dauerkulturen zu interpretieren.

Für die Dekade 1970 bis 1980 ergibt sich ein völlig anderes Bild. Der Rückgang des Akkerlandes setzt sich nur noch sehr verhalten fort. Er kommt fast ausschließlich einer Vermehrung der Rebflächen zugute, jedoch ist die Zunahme des Weinbaus unbedeutend im Vergleich zum ersten Zeitabschnitt. Dies ist, in Anbetracht der Überproduktion an Wein, sicherlich nicht unbedingt negativ zu bewerten. Demgegenüber ist die Entwicklung beim Obstbau und vor allem auf dem Agrumensektor gravierender. Auch hier scheint sich, wie in anderen südfranzösischen Meliorationsgebieten, zu zeigen, daß an den tatsächlichen Möglichkeiten, evtl. sogar an den Bedürfnissen, vorbeigeplant worden ist. Lediglich der Gemüseanbau hat in den letzten Jahren wieder eine leichte Zunahme erfahren, obwohl er flächenmäßig nicht sehr bedeutend ist.

Daß die Entwicklung längst nicht alle Planungsziele erreicht hat, zeigt sich am Stand der Realisierung der Maßnahmen. Allein im Meliorationsgebiet Ostkorsikas sollten bis 1985 rd. 53 400 ha LN an das Bewässerungsnetz angeschlossen sein. Bis zum Jahr 1980 waren auf der gesamten Insel aber erst knapp 22 000 ha LN mit entsprechenden Anschlüssen versehen, wobei sich diese Fläche gegenüber 1970 fast verdoppelt hatte. Allerdings erfolgten während der 1980er Jahre kaum noch weitere Ausbaumaßnahmen, so daß insgesamt weniger als 40 % des Planziels erreicht wurden. Berücksichtigt man weiter, daß von den angeschlossenen Flächen im Jahr 1980 weniger als 50 % tatsächlich auch bewässert wurden, so bestätigt sich der eindeutig negative Entwicklungstrend.

Es ist unzweifelhaft, daß sich die Agrarlandschaft Korsikas im Zuge der Meliorationsmaßnahmen intensiviert hat. Allerdings sind gerade in den letzten Jahren erhebliche Schwierigkeiten aufgetreten, die teilweise nicht rational begründbar sind. Die starken separatistischen Strömungen haben sich in Korsika vermehrt, sie richten sich oft gerade gegen die Kolonisten, die aus Nordafrika hier angesiedelt worden sind. Zerstörungen von Bewässerungseinrichtungen, Abbrennen von Gehöften, persönliche Bedrohungen sind nur einige Auswüchse, die diesen Separatismus kennzeichnen. Als ein nicht zu unterschätzendes Ergebnis der separatistischen Strömungen ist die Herauslösung der Insel Korsika aus der Programmregion Provence – Côte d'Azur zu werten, die im Jahre 1970 erfolgte. Unter dem Eindruck der politischen Spannungen, auch nach dieser administrativen Lösung, scheint es fraglich, ob von Paris aus eine schwerpunktmäßige Förderung der Wirtschaft in Korsika in den nächsten Jahren erfolgen wird. Auch der zweite Entwicklungsschwerpunkt in Korsika, der Tourismus, leidet zweifellos unter diesen politischen Wirren.

5.4.
Die Gebirgslandschaften – landwirtschaftliche Problemgebiete

5.4.1.
Bevölkerungsentleerung im Zentralmassiv, Intensivierung der Viehwirtschaft

Das französische Zentralmassiv kann als eines der großen Problemgebiete der Landwirtschaft Frankreichs angesehen werden. Dies beruht in erster Linie auf den physischen Ungunstfaktoren, die die Produktionsbedingungen in diesem paläozoischen Rumpfgebirge, das in seinen höchsten Lagen bis auf fast 2000 m aufsteigt, erheblich beeinträchtigen. Allerdings ist das Massiv weder morphologisch noch klimatisch als Einheit anzusehen. Im Süden herrscht ein völlig anderer Landschaftscharakter vor. Hier sind vegetationsarme Karsthochflächen entstanden, die alternierend den mediterranen Klimabedingungen und den Westwinden als Regenbringern ausgesetzt sind. Der Wechsel der klimatischen Beeinflussung innerhalb zweier Klimazonen beschert dem Zentralmassiv meist recht trockene Sommer, dagegen feuchte und wegen der Höhenlage auch sehr kühle Winter. Die Böden sind auf Grund der petrographischen Vielfalt des Ausgangsmaterials recht heterogen und nur selten für anspruchsvollere Anbaufrüchte geeignet.

Das äußere Bild der Agrarlandschaft wird, besonders im Bereich des West- und Nordabfalls des Gebirges, durch die Heckenlandschaft geprägt (Bocagelandschaft), die als Ausdruck einer frühkapitalistischen Grundherrschaft seit dem 16. Jahrhundert entstanden ist. Die Bocagelandschaft wird in den höheren Lagen jedoch durch eine offene Agrarlandschaft abgelöst, die überwiegend als extensives Weideareal genutzt wird.

Während somit der nördliche Teil des Zentral-Massivs durch den Gegensatz des Bocage und des Openfields mit entsprechenden unterschiedlichen Nutzungsformen gekennzeichnet ist, ist der südliche Gebirgsteil durch die Einflüsse vom Languedoc her geprägt. In die mächtigen Kalksedimente haben die wasserreichen Flüsse tiefe Erosionsrinnen geschnitten und damit einzelne große Kalkschollen herausgeprägt. Die Täler waren landwirtschaftlich nur unter großen Schwierigkeiten nutzbar. Die Bewohner bemühten sich über Jahrhunderte hinweg um die Nutzung durch die Anlage von Terrassensystemen, die bis in die oberen Talbereiche hinaufreichten. Durch die klimatische Gunst innerhalb der Täler wurde schon von Beginn der Besiedlung im 10. Jahrhundert an der Weinbau praktiziert. Später folgten die Edelkastanie und im 18. Jahrhundert der Maulbeerbaum. Die damit verbundene Seidenraupenzucht verhalf dem Gebiet (besonders den Cevennen) zu einem relativ hohen Wohlstand und verursachte eine starke Vermehrung der Bevölkerung und der Siedlungen.

Der Kernraum des Zentralmassivs, überwiegend vulkanisch geprägt und deutlich gegenüber den ländlichen Plateaulandschaften in ein höheres Stockwerk aufsteigend, gliedert sich in einen unterschiedlich genutzten westlichen und östlichen Teil. Im westlichen Teil dominieren die extensiven Weidegebiete, in denen die Schafhaltung und die Verarbeitung der Milch zu Käse als wichtigste Zweige der Agrarwirtschaft anzusehen sind. Dauerackerland nimmt hier nur einen verhältnismäßig geringen Anteil an der Nutzfläche ein, als

169

Anbaufrüchte dominieren die Kartoffel oder anspruchslose Getreidearten wie Roggen oder Gerste. Bis heute haben sich hier extensive Wechselsysteme in Form von Trieschen oder aber auch von Brandfeldbau erhalten. Auch Kollektivformen der Nutzung und des Besitzes (Allmenden, Gemeinschaftsherden etc.) sind bis heute zu finden.

Der östliche Teil erhält durch zunehmenden Waldanteil auch schon äußerlich ein anderes Gepräge. Im Lee der Vulkanketten gelegen sind die Niederschläge hier etwas geringer und erlauben stärkeren Getreidebau bei gleichzeitiger geringerer Bedeutung der Viehhaltung. Wichtiger für die wirtschaftliche Situation dieses Teiles ist jedoch die schon früh beginnende Industrialisierung in den Städten, wo zum Teil Filialbetriebe der Textilindustrie Lyons entstanden oder aufgrund lokaler Kohle- und Erzvorkommen eigenständige Industrien, die sich erwerbsstrukturell und bevölkerungsgeographisch stark auswirkten.

Die Stellung des Zentralmassivs als agrarisches Schwächegebiet ist vor allem durch die Entwicklung seit Beginn des 19. Jahrhunderts begründet. Auch hier müssen die unterschiedlichen Vorgänge im Westen und Osten des Gebirges gegenübergestellt werden. Im Westen hatte sich bereits seit dem späten Mittelalter eine starke Handwerker- und Händlertätigkeit ausgebildet, die einherging mit einer saisonalen Abwanderung aus dem Gebiet in die Städte, besonders nach Paris, um hier die Produkte zu verkaufen und neue Aufträge einzuholen. Die Landwirtschaft bekam damit schon früh den Charakter des Nebenerwerbs. Die Auflösung der Grundherrschaft während der Revolution ermöglichte die Freizügigkeit der landwirtschaftlichen Bevölkerungsschicht und führte zu einer raschen Bevölkerungsabwanderung in diesem Bereich.

Anders im östlichen Teil. Auch hier war eine Saisonwanderung ausgebildet, sie konzentrierte sich aber vorwiegend auf eine winterliche Wanderungsphase. Nebenerwerbsmöglichkeiten bestanden in der entstehenden Industrie oder waren auch schon traditionell in den Waldgebieten des Landes (etwa Teilen der Normandie, Lothringens, der Alpen) vorhanden, wo sich die Bauern des Zentralmassivs während des Winters als Holzfäller, Köhler etc. Beschäftigung suchten. Hier setzte die eigentliche Abwanderung erst um die Mitte des vorigen Jahrhunderts ein, als sich die Industrie in den Städten rasch entwickelte und die Verkehrsverbindungen besser wurden. Sie erfolgte dann aber sehr rasch, da die Agrarstrukturen aufgrund der herrschenden Realteilung sehr ungünstig waren und die Ertragsverhältnisse sich aufgrund fallender Getreidepreise und des Rückgangs der Seidenraupenzucht schnell verschlechterten.

Während das Zentralmassiv im Laufe des 18. Jahrhunderts noch als eines der dicht besiedelten Gebiete Frankreichs angesprochen werden kann, vollzieht sich seit Beginn des 19. Jahrhunderts die Entwicklung zum demographischen Schwächegebiet. Die langanhaltenden und zahlenmäßig umfangreichen Abwanderungen hatten für die Landwirtschaft, aber auch für die generative Struktur der verbleibenden Bevölkerung katastrophale Auswirkungen. Überalterung der Bevölkerung, Nachfolgeprobleme und Wanderungsverluste zeigten schon bald ihre tiefgreifenden Folgen in der Agrarwirtschaft. Neuerungen fanden keinen Zugang, die Nutzflächen fielen zunehmend brach bzw. wurden ständig extensiver bearbeitet. Die schon vorher kennzeichnende Polarität zwischen Groß- und Kleinbesitz verstärkte sich rasch, indem aufgelassene Flächen von den Großbesitzern hinzugekauft wurden bzw. in die Nutzung übernommen wurden, während die verbleibenden kleinbäuerlichen Betriebe auf die Subsistenzstufe herabsanken.

Auch die Auflösung vieler Allmenden und die damit verbundene Vergrößerung der Betriebe bedeutete keine Verbesserung der Situation, da diese

Flächen nicht intensiv genutzt wurden, sondern häufig sogar völlig ungenutzt wüst fielen. Die Folgen dieses Vorgangs in der Agrarwirtschaft können wie folgt zusammengefaßt werden (nach Lichtenberger, 1966):

Im Kerngebiet des Zentralmassivs erfolgte:
– ein deutlicher Rückgang des Roggenanbaus, der sich vor allem aus den fallenden Getreidepreisen gegen Ende des 19. Jahrhunderts ergab. Hiervon war der westliche Teil besonders stark betroffen.
– Die Schafhaltung verlor an Bedeutung, wobei die Aufteilung von Allmendflächen und die damit verbundene Umorganisation in der Viehhaltung von Kollektiv- zu Individualhaltung ein entscheidendes Kriterium war.
– Damit verbunden erfolgte ein Rückgang der traditionellen Almwirtschafts- oder Transhumanzformen, die mit den Wechselsystemen gekoppelt waren.

In den ehemals intensiver genutzten Randgebieten zeichneten sich ab:
– ein Verfall der arbeitsintensiven Terrassenkulturen, da verschiedene Nutzungsformen einer Krise unterlagen und die Arbeitskräfte fehlten;
– ein Zusammenbruch des Weinbaus, ebenfalls arbeitsintensiv, der während des 19. Jahrhunderts zusätzlich durch mehrere Krisen stark erschüttert wurde. Seine Verbreitung bis hoch in die Täler der Cevennen und der Causse sowie in der Limagne ging erheblich zurück.
– eine Verwilderung der Kastanienkulturen, besonders in den Cevennen und im südwestlichen Teil des Massivs, der Chataigneraie, die nach diesen Kulturen ihren Namen erhielt (Kastanie = frz. chataigne)

Somit brachte das 19. Jahrhundert im wesentlichen den Verlust der traditionellen Agrarwirtschaftsformen, jedoch ist teilweise eine neue Nutzung hinzugetreten, die der verbleibenden Bevölkerung neue Erwerbsquellen sicherte. Von diesen Neuerungen ist der Kernraum des Gebirges stärker betroffen als die Randgebiete, in denen sich zwar der Obstanbau, teilweise auch der Gemüseanbau ausweitete, wo aber die Verdienstmöglichkeiten in den nahe gelegenen Städten einer Intensivierung der Landwirtschaft entgegenstand.

Im Kernraum des Gebirges eröffnete vor allem die zunehmende Bedeutung der Rindviehhaltung, verbunden mit wachsendem Fleischkonsum bei einer wachsenden Bevölkerung, eine neue Einnahmemöglichkeit. Das Gebiet eignete sich aber weniger für die Milchwirtschaft, die in dem Grünlandgürtel des Nordwestens wesentlich günstigere Standorte hatte, als vielmehr für die extensivere Masthaltung, die sich allmählich zu einem bedeutenden Zweig der Landwirtschaft herausbildete. Die Ertragssteigerungen im Bereich des Ackerbaus, die in anderen Gebieten aufgrund neuer Anbautechniken, Düngungs- und Bodenbearbeitungsmethoden erreicht wurden, spielten im Zentralmassiv nicht die gleiche Rolle, da hier die klimatischen Bedingungen eine natürliche Barriere darstellten. Trotzdem konnte aber durch die Veredlung der Ackerproduktion (etwa die Kartoffelmast) eine Intensivierung konstatiert werden. Die verbesserten Kommerzialisierungsbedingungen durch den Ausbau des Verkehrsnetzes eröffneten schließlich auch der Verarbeitung der Milchprodukte eine neue Möglichkeit. So erfuhr die Schafkäseherstellung (etwa Roquefort) einen beträchtlichen Aufschwung.

Diese Intensivierungsansätze blieben jedoch auf einzelne Regionen bzw. oft auf einzelne Betriebe beschränkt. Für das Gesamtgebiet setzte sich die Extensivierungstendenz und die Bevölkerungsentleerung auch im 20. Jahrhundert fort. Im Gesamtgebiet des Zentralmassivs in der Abgrenzung des „förderungsbedürftigen Höhengebiets" betrug die Bevölkerungsdichte pro km^2 1984 38 Personen und damit weniger als die Hälfte des nationalen Mittelwerts. Die extremsten Werte findet man in den Cevennen, wo in zahlreichen Gemeinden weniger als 10 Pers/km^2 verzeichnet sind. Wenngleich heute die absoluten Bevölkerungsverluste der Gesamtregion statistisch nicht mehr so gravierend erscheinen, so verschleiern sie doch eine starke interregionale Bevölkerungsverschiebung. Als Konzentrationspunkte kristallisieren sich die städtischen Zentren heraus, in denen in den letzten beiden Jahrzehnten kleinere In-

Tab. 65: Programm zur Förderung benachteiligter Agrarzonen

Zone	Zahl der betroffenen Gemeinden	Landwirtschaftliche Betriebe
Berggebiete (zone de montagne)	5 547	171 248
davon:		
Alpenregion	1 310	34 740
Zentralmassiv	2 309	98 121
Vogesen	212	5 491
Jura	534	8 702
Pyrenäen	851	18 759
Korsika	331	5 435
Gebirgsrandzone (zone de piedmont)	1 715	248 907
Sonstige benachteiligte Alpenzonen (zone défavorisée)	5 701	
Gesamt	12 963	420 155

Quelle: A. Pletsch, 1985d

dustriebetriebe angesiedelt werden konnten bzw. traditionellen Industrien neue Impulse verliehen worden sind. Demgegenüber ist jedoch der größte Teil der ländlich geprägten Gemeinden auch in den letzten Jahren durch hohe Bevölkerungsverluste gekennzeichnet. Beispielhaft sind diese Wandlungen in der PR Auvergne zu beobachten. Die ländlichen Gemeinden in diesem Raum haben ausnahmslos im Laufe der letzten zwanzig Jahre teilweise beträchtliche Bevölkerungseinbußen hinnehmen müssen. Als Konzentrationspunkte für diese Abwanderung aus den ländlichen Gebieten kommen die Städte des Gebirgsraumes jedoch nur in geringem Maße in Frage, da auch der Industrialisierungsprozeß nur an wenigen Stellen, etwa in Clermont Ferrand, für eine Ausweitung des Arbeitsplatzangebotes sorgt. Vor allem viele junge Menschen verlassen die Region und setzen damit einen Prozeß fort, der verstärkt schon im 19. Jahrhundert eingesetzt hat.

Die Folgen dieser Entwicklung schlagen sich unter anderem in einer relativen Überalterung der verbliebenen Bevölkerung nieder. So beträgt der Anteil der Bevölkerung unter 20 Jahren in der Auvergne lediglich 26,7% gegenüber 28,7% im Landesdurchschnitt. Andererseits ist die Altersgruppe über 65 Jahre mit 16,7% um knapp 3 Prozent höher vertreten als im nationalen Mittel.

Die räumliche Bevölkerungsverlagerung hat insbesondere in den ländlichen Gebieten zu einer extremen Ausdünnung geführt. Während die Bevölkerungsdichte für die PR Auvergne insgesamt mit 51 Einwohnern pro km^2 schon lediglich die Hälfte des nationalen Wertes erreicht, so halbiert sich diese Zahl nochmals, wenn man nur die ländlichen Gemeinden berücksichtigt.

Unbeschadet der Verstädterungstendenz im Zentralmassiv und des damit verbundenen Überwechselns der Erwerbsbevölkerung in nichtagrarische Sektoren bleibt das Gebiet bis heute noch stark durch seine Landwirtschaft geprägt. Jedoch hat gerade der primäre Sektor innerhalb nur eines Jahrzehnts eine außerordentlich starke Rückläufigkeit erfahren.

Für diese rasche Umschichtung der Erwerbsbevölkerung sind nicht zuletzt einige Förderungsprogramme verantwortlich, die speziell für Gebirgsräume und sonstige agrarische Problemgebiete entwickelt worden

Tab. 66: Staatliche Hilfsprogramme in der PR Auvergne

	Zahl der Förderungsfälle			
	1981	1982	1983	1984
Landabgaberente	2281	2191	2418	1899
Förderung für Junglandwirte	633	102	971	866
Förderungsprogramm für Höhengebiete etc.	29614	29728	28816	28696
Programm zur betrieblichen Modernisierung	626	523	500	451
Programm zur betrieblichen Umstrukturierung	17	22	15	10
Gesamt	33171	32566	32720	32922

Quelle: Préfecture de la région d'Auvergne: L'Auvergne en chiffres. masch.schrift. vervielf. Clermont Ferrand 1986

sind. Die geförderten Gebiete wurden dabei in drei Prioritätszonen eingeteilt:

- die eigentlichen Berggebiete (zone de montagne)
- die Gebirgsrand- und Übergangsgebiete (zone de piedmont)
- sonstige benachteiligte Agrargebiete (zone défavorisée)

Der größte Teil der ländlichen Gemeinden des Zentralmassivs mit fast 100000 landwirtschaftlichen Betrieben gehört im Sinne dieser Differenzierung in die Prioritätsstufe 1, wo vordringlich Sanierungsmaßnahmen durchgeführt werden (Tab. 65). Jährlich werden allein durch das Gebirgsförderungsprogramm 30000 Betriebe unterstützt.

Darüber hinaus gibt es zahlreiche Programme mit anderen Zielsetzungen. Äußerst wirksam wurde gerade in den letzten Jahren die Landabgaberente (Indemnité viagère de départ), die älteren Betriebsleitern dann gewährt wird, wenn sie ihren Betrieb nicht weiterführen und das verbleibende Land aufstockungswilligen und förderungswürdigen Betrieben zur Verfügung stellen. Allein in der PR Auvergne nahmen in den vergangenen Jahren jährlich zwischen 1900 und 2400 Betriebsleiter diese Möglichkeit in Anspruch, so daß sich damit auch die absolute Zahl der landwirtschaftlichen Betriebe rasch verringerte.

Die durch diese Maßnahmen frei werdenden Flächen werden zum Teil aufgeforstet, zum überwiegenden Teil jedoch zur Aufstockung anderer Betriebe verkauft oder verpachtet. Bei den relativ extensiven Nutzungsmöglichkeiten im Zentralmassiv sind die traditionellen Kleinbetriebe heute praktisch nirgends mehr lebensfähig, da auch die früheren Nebenerwerbsmöglichkeiten häufig nicht mehr vorhanden sind.

Von der Nutzung her hat sich gegenüber früher relativ wenig geändert. Auf den kargen Kalkplateaus im Süden des Gebirges ist es vor allem Schafhaltung, im Westteil des Massivs stärker die Milch- oder Mastviehhaltung, wobei die weißen Mastrinder der „Charolais"-Rasse heute besonders charakteristisch geworden sind. Die für die Auvergne ehemals kennzeichnende Schweinehaltung ist heute rückläufig.

Durch ein ganzes Bündel von Planungsmaßnahmen, zu denen selbstverständlich auch die

Flurbereinigung zählt, ist die strukturelle Ungunst des Zentralmassivs in den letzten Jahren somit gemildert worden. Allerdings liegt bei der geringen Produktivität der Flächen aufgrund der natürlichen Gegebenheiten die Ackernahrungsgrenze wesentlich höher als im übrigen Frankreich, so daß der Vergleich mit den nationalen Durchschnittswerten nur bedingt eine Einschätzung der lokalen Situation erlaubt.

Die regionalen Unterschiede zeigen sich auch im Nord-Süd-Profil innerhalb des Gebirges. Besonders im Cevennengebiet dominieren nach wie vor die Kleinstbetriebe unter 5 ha, wobei sie ihre Lebensfähigkeit durch den Anbau von Spezialkulturen oder aber durch Nebenbeschäftigung der Landwirte in der örtlichen Kleinindustrie, im Handwerk ober im allmählich an Bedeutung gewinnenden Fremdenverkehr erhalten. Demgegenüber liegen die durchschnittlichen Betriebsgrößen im Departement Lozère hoch. Hier ist auf den Karstflächen der Causse nur eine sehr extensive Landwirtschaft möglich.

Trotz dieser Veränderungen sind die Verhältnisse nur teilweise für eine Existenzsicherung ausreichend. Zwar sind die durchschnittlichen Betriebsgrößen innerhalb von 25 Jahren bis 1970 fast generell um über 50% angewachsen, bei einer extensiven Viehhaltung liegt die Ackernahrungsgrundlage eines Familienbetriebes jedoch bei mindestens 25 ha. Bei der extensiven Schafhaltung der Causse liegt sie weit darüber. Ein besonderes Problemgebiet bleiben bis heute die Cevennen. Auch hier hat die Zahl der Betriebe rasch abgenommen, jedoch werden die freigesetzten Flächen nur selten von den verbleibenden Landwirten übernommen. Besonders die maschinell schwer zu bearbeitenden Ackerflächen fallen häufig brach und verwildern sehr rasch. Vergrünlandung und Aufforstung sind weitere Extensivierungserscheinungen, die das Gebiet in starkem Maße kennzeichnen. Besonders die Terrassenflächen zeichnen sich durch extreme Wüstungserscheinungen aus, da hier die Vernachlässigung der komplizierten Systeme sehr schnell zu einer Abspülung des Bodens, zur Zerstörung der Mauern und der Zufahrtswege führte, so daß mit der Abwanderung ein irreversibler Wüstungsprozeß eingeleitet wurde. Dieser Prozeß betrifft nicht nur die Fluren, sondern in zunehmendem Maße auch die Siedlungen. Durch die Schaffung eines Nationalparks wird versucht, zumindest teilweise diese Landschaft zu erhalten und ihr durch den Tourismus neue wirtschaftliche Impulse zu geben, die die Bevölkerung veranlassen sollen, in diesem Gebiet zu bleiben. Ähnlich intensiv wie in den Cevennen geht der Wüstungsprozeß auch im südwestlichen Teil des Gebirgsmassivs vor sich. In den Montagne de l'Espinousse werden, trotz entsprechender Verbote, heute noch teilweise Heideflächen abgebrannt und in der archaischen Form der Wechselwirtschaft genutzt. Die Zerstörungen sind dabei weitaus größer als der wirtschaftliche Nutzen, so daß die Agrarwirtschaft nur noch wenigen Bewohnern eine Existenzgrundlage garantiert. Die Intensivierungsmöglichkeiten sind zweifellos auf den südlichen Kalkplateaus am geringsten. Hier erlauben die extremen Klima- und Bodenbedingungen nur eine sehr schüttere Grasvegetation, die nur für die extensive Schafhaltung nutzbar scheint. Die geringe Bodendeckung auf den Plateauflächen, soweit überhaupt vorhanden, reicht für eine ackerbauliche Nutzung nicht aus.

Insgesamt werden die Produktionsmöglichkeiten nach Norden hin günstiger, aber auch hier kann nicht überall eine postive Entwicklungstendenz beobachtet werden. Auf den Hochflächen der Margeride, einem ehemaligen Zentrum der transhumanten Schafhaltung, die hier während des Sommers ihre Hochweiden fand, hat sich heute die Heidevegetation ausgebreitet, die Transhumanz ist fast völlig zum Erliegen gekommen. Die Landwirtschaft hat sich auf die wenigen Taleinschnitte zurückgezogen, wo auf Kleinbetrieben teilweise Spezialkulturen angebaut werden. Die Produktion reicht jedoch selten für die Belieferung eines Marktes, zumal die Absatzentren auch heute noch für leicht verderbliche Produkte durch die verkehrsmäßige Ungunst schwierig erreichbar sind. Demgegenüber sind die Intensivierungserscheinungen im Gebiet des Cantal und des Levezou deutlich erkennbar. Begünstigt durch relativ günstige Agrarstrukturen und vergleichsweise gute physische Ausgangsbedingungen hat sich hier die Viehhaltung stark ausgeweitet, ehemalige Heideflächen werden heute als Wiesen und Weiden rationell genutzt. Auch der Getreidebau wurde teilweise erheblich ausgeweitet.

Eine relativ ungünstige Entwicklung durchlief die Landwirtschaft im Bereich der Vulkanketten südlich von Clermont Ferrand, in den Dômes. Hier ist die Nähe der aufstrebenden Industriestadt für die Stagnation der Landwirtschaft verantwortlich. Die Kleinbetriebe reichten auch bei intensiverer Produktion nicht für den Unterhalt der Familie aus, so daß die Arbeit in den Fabriken vorgezogen wurde. Die Siedlungen dieses Gebietes haben bis heute einen sehr ärmlichen Charakter behalten, die Flur zeigt starke Wüstungserscheinungen.

Neben diesen Wüstungsvorgängen, die fast überall das Zentralmassiv charakterisieren, ist auch die zunehmende Waldbedeckung Zeugnis der Schwierigkeiten in der Landwirtschaft. In den letzten 50 Jahren sind große Flächen aufgeforstet worden, namentlich in den Cevennen, aber auch auf den Plateauflächen im Kerngebiet des Massivs. Die Waldbedeckung, die zu Beginn des Jahrhunderts noch bei etwa 10% der registrierten Katasterflächen lag, ist bis zum Jahre 1982 auf 29% angestiegen. In den Cevennen sind in vielen Gemeinden schon über 50% der ehemaligen landwirtschaftlichen Nutzflächen mit Wald bestanden.

5.4.2.
Die Transhumanz – typische Viehhaltungsform mediterraner Gebirgslandschaften

Unter den extensiven Viehhaltungsformen ist die Transhumanz die im mediterranen Europa am weitesten verbreitete. Es handelt sich dabei um eine Form der Wanderviehwirtschaft, bei der die Herden (meist Schafe) im jahreszeitlichen Rhythmus zwischen Sommer- und Winterweidegebieten wechseln. Die Weidegebiete sind dabei im allgemeinen in Gebirgsweiden und Küstenweiden unterschieden, wobei im französischen Raum die Gebirgsweiden durchweg die Sommerweiden darstellen. Im Gegensatz zur Almwirtschaft erfolgt im allgemeinen bei der Transhumanz keine saisonale Aufstallung der Herden. Der räumliche Gegensatz zwischen Hochgebirgen und Küstenebenen, verbunden mit einem deutlichen klimatischen Gegensatz, ist somit die Voraussetzung für die Ausbildung der Transhumanz im mediterranen Raum. Diese physische Ausgangssituation ist in Südfrankreich praktisch überall gegeben.

Typische Gebiete für diese Viehhaltungsform sind die Alpen, deren natürliche Weideergänzung die Küstenebenen der Camargue darstellen, und die Pyrenäen, wo sich beiderseits des Gebirges in den Senkenzonen die komplementären Weidegebiete befinden. Ebenfalls stark ausgeprägt war die Transhumanz im Languedoc mit einem Alternieren der Herden zwischen dem Niederlanguedoc und dem Zentralmassiv.

Die Alpentranshumanz erfaßt praktisch den gesamten östlichen „Midi" zwischen dem östlichen Languedoc und der italienischen Grenze, wobei die Crau, eine weitläufige Aufschotterungsfläche der Rhône und der Durance, das Hauptzentrum darstellt. Über ein Viertel der insgesamt etwa 500 000 Schafe, die in der Alpentranshumanz gehalten werden, entfallen auf die Schafhaltung in der

Crau. In der sich südlich anschließenden Camargue ist der Anteil der Schafbestände mit der Ausweitung des Reisanbaus zwar zurückgegangen, aber auch hier werden heute noch fast 70000 Schafe gehalten.

Camargue und Crau sind für die transhumanten Herden damit auch die wichtigsten Winterweiden. In der Camargue unterscheidet man dabei zwei Weidetypen, die „sansoires" und die „enganes". Die Sansoire-Weiden zeichnen sich durch eine relativ hohe Feuchtigkeit aus, die auch in der trockenen Jahreszeit noch ausreicht, um einen recht üppigen Graswuchs zu sichern. Allerdings sind es gerade diese feuchten Teile, die im wesentlichen für den Reisanbau umgebrochen wurden. So überwiegen heute die Enganes-Weiden, die schon im zeitigen Frühjahr von der Austrocknung bedroht sind. Mit dem Rückgang der Weideflächen in der Carmargue verlagerte sich die Schafhaltung in noch stärkerem Maße in die Crau, ein Vorgang, der schon seit dem Ersten Weltkrieg zu beobachten ist. Auf dem würmeiszeitlichen Schwemmkegel der Durance haben sich die „Coussoul"-Weiden ausgebildet, die ohne natürliche Wasserzufuhr schnell den Eindruck einer Steppe vermitteln. Der karge Boden der Crau, der sich auf den mächtigen Schottern ausgebildet oder abgelagert hat, muß an vielen Stellen durch künstliche Bewässerung melioriert werden, um eine ausreichende Grasvegetation zu ermöglichen. Das Bewässerungswasser wird aus der Durance abgeleitet. Durch die mitgeführten Mineralstoffe und Feinbestandteile wird die Bodenoberschicht ständig erneuert und „natürlich" gedüngt. Wo diese aufgelagerte Feinsedimentschicht stärker ausgebildet ist, kommt es zu intensivem Graswuchs, der mehrere Heuschnitte im Jahr erlaubt und der während des gesamten Winters zusätzlich als Weidegebiet für die Schafherden zur Verfügung steht.

Von den insgesamt 45000 ha Coussoul-Weiden (davon 27000 ha in der großen Crau) werden etwa 15000 ha bewässert. Auf etwa 11000 ha werden Klee und Luzerne angebaut, die entweder der Winterfütterung beigegeben werden oder die in futterarme Gebiete des Landes verkauft werden.

Wesentlich ungünstiger gestalten sich die Weideverhältnisse in den Garrigues, deren Hauptverbreitung im Languedoc liegt. Sie tragen keine geschlossene Grasflora, sondern sind im wesentlichen durch Hartlaubgewächse gekennzeichnet, die für die Schafe kaum verwertbar sind. Aber auch die Grasvegetation, die sich zwischen der Strauch- und Kräuterschicht ausbildet, ist im allgemeinen nur von geringem Futterwert, so daß die jungen Triebe der Sträucher ebenfalls abgefressen werden. Die Zerstörung der Vegetation ist die unmittelbare Folge; sie hat eine starke Erosionsanfälligkeit des Untergrundes bewirkt, deren Ergebnisse vielerorts zu beobachten sind.

Im Bereich der Provence, die über keine ausgedehnten Küstenebenen verfügt, beschränken sich die Winterweidegebiete auf die oft weit ausgeräumten Talhänge der Flüsse. Dies gilt vor allem für das Durance-Tal, das in seinem Mittellauf von den Plateaux de la Haute Provence flankiert wird. Aber auch im östlichen Abschnitt der Provence sind die hier sehr viel engeren Täler für die transhumanten Herden beliebte Winterweidegebiete.

Die Sommerweidegebiete sind relativ weit über die Alpen verstreut. Dies ist jedoch erst das Ergebnis einer jüngeren Entwicklung. Ursprünglich beschränkten sich die Sommerweiden fast ausschließlich auf die Südalpen und auf das Vercors-Massiv. Zu Beginn des 19. Jahrhunderts werden dann auch die Nordalpen stärker mit einbezogen. Sie sind insgesamt feuchter und bergen somit nicht das Risiko sommerlicher Dürrezeiten, die etwa im Vercors besonders stark ausgeprägt sein können. Um die Mitte des 19. Jahrhunderts waren sowohl das Massiv der Grande Chartreuse als auch das Belledonne Massiv und die sog. Préalpes de Savoie erreicht.

Wesentlich für die Erweiterung des Transhumanz-Gebietes war die Möglichkeit, die Wanderungen mit der Eisenbahn durchzuführen. Vorher mußten die Wanderungen auf festen Triftwegen (carraires) erfolgen, dabei waren 8–10 Tage Umtriebszeit das Maximum, was Hirten und Herden zugemutet werden konnte. Im Jahre 1878 wurden die ersten Spezialzüge für die transhumanten Herden eingesetzt. Diese Möglichkeit führte zu einer starken regionalen Ausweitung und zu einem starken Rückgang der echten Herdenwanderung. Als später im 20. Jahrhundert der LKW-Transport noch hinzukam, nahm der Wanderanteil noch mehr ab. Heute werden nur noch 10–15% der Herden getrieben, der Anteil des Bahntransportes ist im Laufe der letzten Jahrzehnte wieder stark zugunsten des LKW-Transportes rückläufig gewesen und beträgt ebenfalls etwa 15%. In den Westalpen ist heute der LKW-Transport eindeutig dominant.

Die Bedeutung der Transhumanz im Bereich der Alpen scheint, entgegen den Vermutungen vieler Beobachter, nicht so stark geschwunden zu sein, wie dies in anderen Gebieten der Fall gewesen ist. Obwohl die statistischen Quellen für die frühen Jahrzehnte keine exakten Zahlenangaben enthalten und auch die heutigen Statistiken u. U. wegen einer gewissen „Unterschlagungsquote" nicht immer das exakte Bild widerspiegeln, so ist doch die Alpentranshumanz in ihrer Bedeutung in den hundert Jahren zwischen 1850 und 1950 eher gestiegen denn gefallen. Dies beruht überwiegend auf der Zunahme der Weidegebiete in den Alpen, die sich in dieser Zeit bereits entvölkerten und wo mit der Auflassung von ehemaligem Ackerland neue Weideflächen zu den bereits vorhandenen hinzutraten. Die Einengung der Winterweideflächen (z.B. in der Camargue) wurde durch die Futtervorratsgewinnung aufgefangen, so daß häufig eine Zufütterung der Herden während des Winters bei Beibehaltung des Weidegangs möglich war. Erst in den letzten Jahren zeigen sich Anzeichen für einen Rückgang der Alpentranshumanz.

Anders sind die Verhältnisse in der Cevennentranshumanz, also im Gebiet des Languedoc, wo die Herden zwischen den Winterweiden der Küstenebenen und den Sommerweiden der Hochplateaus der Causses oder in den Cevennen alternierten. Auch hier hatte sich die transhumante Schafhaltung vor allem während des 19. Jahrhunderts stark ausgeweitet. Diese Ausweitung war eine Folge der Krisen, die die Landwirtschaft des Niederlanguedoc zu diesem Zeitpunkt kennzeichneten (Mehltaukrise, Reblauskrise, Absatzkrise der Weinproduktion etc.). Die Abwanderung vieler Landwirte (überwiegend in die nordafrikanischen Kolonien) brachte die Freisetzung großer Flächen mit sich, die zunehmend für die transhumanten Herden zur Verfügung standen. Auch auf den größeren Domänen, die vor allem in der zweiten Hälfte des 19. Jahrhunderts in großer Zahl in die Hände finanzstarker Stadtbewohner übergingen, die an einer intensiven Ackernutzung nur geringes Interesse hatten, breitete sich die Schafhaltung aus.

Das Problem der Transhumanz im Languedoc bestand in den Sommerweiden, da die Kalkplateaus der Causses in trockenen Jahren keine ausreichende Futterbasis garantierten. So mußten die Herden teilweise bis tief in das Zentralmassiv weiterziehen, um die Sommerzeit zu überbrücken. Auf der stufenweisen Wanderung wurde dabei als Wanderetappe die Garrigue mit einbezogen. Bei den Intensivierungsbestrebungen der Behörden bezüglich der Ackerflächen in der Garrigue wurde von den Gemeinden immer wieder darauf hingewiesen, daß Teile der Gemarkung für die Schafherden bereitstehen müßten und nicht gerodet werden dürften. Dies galt vor allem für die Gemeinden entlang der „Drailles", der Wanderwege für die Herden.

Der Niedergang der Transhumanz im Languedoc ist im wesentlichen auf den Verlust der Winterweideflächen in den Küstengebieten zurückzuführen, steht aber auch im Zusammenhang mit den strukturellen Wandlungen der Landwirtschaft in diesen Gebieten. Im Gegensatz zur Alpentranshumanz waren die Herdenbesitzer bei der Cevennentranshumanz meist ortsansässige Bewohner der Cevennengemeinden oder der Causses. Die Abwanderung der Bevölkerung aus diesem Gebiet dezimierte auch die Zahl der Schafhalter, so daß sich die Herdengrößen verminderten.

Vor allem in den letzten 20 Jahren wurden dann durch umfangreiche Rekultivierungsmaßnahmen im Niederlanguedoc auch die ehemaligen Winterweidegebiete eingeengt, so daß die Cevennentranshumanz heute praktisch zum Erliegen gekommen ist.

Demgegenüber ist diese Viehhaltungsform in den Pyrenäen bis heute sehr bedeutend geblieben und in ihrem Ausmaß der Alpentranshumanz vergleichbar. Ein grundlegender Unterschied besteht jedoch auch hier gegenüber der Alpentranshumanz darin, daß sie überwiegend absteigend ist, d. h. die Herdenbesitzer leben in den Gebirgsdörfern, während bei der aufsteigenden Transhumanz die Herdenbesitzer im Winterweidegebiet leben. Auch die Entfernungen zwischen Sommer- und Winterweiden sind im Pyrenäenbereich wesentlich geringer. Betragen sie im Westalpenraum teilweise bis zu 450 km, so beträgt die maximale Entfernung zwischen Sommer- und Winterweidegebiet in den Pyrenäen zwischen 30 und 75 km. Ausnahmen bilden lediglich die Winterweidegebiete in Katalonien und im Roussillon. Allerdings müssen die absteigenden Herden im Winter zum Teil auch im aquitanischen Tiefland erhebliche Entfernungen zurücklegen. So befinden sich zahlreiche Pachtweiden im Armagnac westlich von Toulouse und in der Gegend von Bordeaux. In Extremfällen ziehen die andorranischen Herden im Winter bis in die Camargue.

Die Sommerweidegebiete befinden sich beiderseits der spanisch-französischen Grenze auf dem Pyrenäenkamm, der schon seit Jahrhunderten Ziel der transhumanten Schafhaltung ist. Die Aufenthaltsdauer auf diesen Sommerweiden liegt im allgemeinen bei 5 bis 7 Monaten und damit erheblich über der Sommerweidezeit in den Westalpen. Hier ist der Abtrieb schon nach 4 bis 5 Monaten notwendig.

Entsprechend der geringeren Entfernungen zwischen den einzelnen Weidegebieten wird der Weidewechsel in den Pyrenäen noch stärker über die Triftwege betrieben. Vor allem in den spanischen Pyrenäen sind die „cañadas" noch in Aragon und Navarra erhalten. In den Westpyrenäen beträgt der Anteil der Herdenwanderung noch rund 50%. Lediglich auf dem zentral- und ostpyrenäischen Abschnitt der französischen Pyrenäen überwiegen heute andere Transportformen.

Die Entwicklung der Transhumanz in den kommenden Jahren ist in Frankreich ebenso wie in anderen mediterranen Ländern von verschiedenen Faktoren abhängig. Es hat sich gezeigt, daß nur teilweise die strukturellen Veränderungen in der Hochgebirgslandschaft unmittelbar auf die Transhumanz Auswirkungen hatten, in vielen Fällen haben sie sich sogar belebend ausgewirkt. Die Einbeziehung der Hochgebirgslandschaft in den Fremdenverkehr stellt heute jedoch eine ernsthafte Gefahr für diese Nutzungsformen dar. Zahlreiche Planungsbehörden sind der Auffassung, daß das Hochgebirge als Erholungslandschaft anzusehen sei und entsprechend eine ungestörte Welt darzustellen habe. Die ökologische Belastung durch die Transhumanz ist zweifellos vorhanden, was sich im Bereich der Garrigue in den letzten 100 Jahren deutlich gezeigt hat. Hier haben wachsende Herden durch die Zerstörung der Vegetation zur Erosionsanfälligkeit des Bodens beigetragen, und die heutigen Narben und die immer wieder aufbrechenden Wunden der Naturlandschaft können als Folgen dieser Zerstörung angesehen werden.

5.5. Gebiete mit Sonderkulturen und Sonderformen der landwirtschaftlichen Nutzung

5.5.1. Frankreich – größter Weingarten Europas

Frankreich steht heute in der Weinproduktion der Welt an der Spitze aller weinproduzierenden Länder. Vor allem in Südfrankreich nimmt der Weinbau stellenweise monokulturellen Charakter an. Hier liegen auch die historischen Ursprünge des Weinanbaus. Schon die Phönizier haben an der französischen Mittelmeerküste Weinbau betrieben. Nicht eindeutig geklärt ist, ob sie die einheimischen Weinreben oder aber eingeführte Reben aus dem östlichen Mittelmeerraum nutzten.

Als die Griechen im 6. vorchristlichen Jahrhundert Massilia (Marseille) gründeten, legten sie auch den Grundstein für eine Intensivierung des Weinbaus. Marseille wurde zum Umschlagplatz für den Weinhandel, der Anbau wurde auf den gesamten Küstenstreifen des Languedoc und Teile der Provence ausgedehnt. Die stärkste Verbreitung erfolgte jedoch durch die Römer. Narbonne als Hauptstadt der Provincia Narbonensis stellte den Mittelpunkt eines großen Rebareals dar. Von hier aus fand die Rebe auch den Weg nach Aquitanien und in nördlichere Regionen. An der Côte d'Or wuchsen schon im 3. Jahrhundert n. Chr. berühmte Weine, die Burgund zu hohem Reichtum verhalfen.

Die weitere Geschichte des Weinbaus in Frankreich ist durch ein ständiges Ausgreifen nach Norden gekennzeichnet. Die extremste Verbreitung fand die Rebe im Hoch- und Spätmittelalter, als auch die nördlichsten Teil des Landes mit einbezogen wurden. In der Folgezeit wurden diese extremen Lagen jedoch wieder zunehmend gemieden, da die Anbaubedingungen schlecht waren und die Qualitätsansprüche höher wurden. Allmählich bildeten sich die Anbaugebiete heraus, die bis heute ihre Bedeutung erhalten haben. (Tab. 67)

Die mit Abstand größte flächenmäßige Verbreitung findet die Rebe heute im *Languedoc*. Hier hatte das Areal durch die Klöster im 10. bis 12. Jahrhundert bereits eine starke Ausweitung erfahren. Der Weinhandel konzentrierte sich in Narbonne und Beziers, aber auch Montpellier gewann zunehmend an Bedeutung. Die schlechten Verkehrsverbindungen stellten indessen bis ins 17. Jahrhundert hinein einen Hemmfaktor dar, der eine noch weitere Verbreitung der Rebe verhinderte. Erst mit der Öffnung des Canal du Midi (1681) und mit dem Bau des Kanals von Sète nach Aigues Mortes, der dann im 19. Jahrhundert bis nach Beaucaire verlängert wurde, erfolgte eine Aktivierung des Handels und des Absatzes in die größeren Absatzzentren.

Die Ausweitung der Rebflächen hatte schon bald eine Überproduktion zur Folge, die schon im Jahre 1731 zu ersten Anbaurestriktionen führte. In der Hügelzone wurde hierdurch eine deutliche Zunahme der Rebflächen nicht verhindert, während sie im Niederlanguedoc zumindest bis zum Ende des 18. Jahrhunderts relativ konstant blieben. Hier erlangte das Rebareal erst in der postrevolutionären Ära an Bedeutung. Als entscheidender Impuls ist hierbei der „freie Handel" zu sehen, der es ermöglichte, Getreide aus dem Norden zu importieren und den Wein auch in den Städten Nordfrankreichs abzusetzen. Die Einfuhr von Pflanzenfetten brachte den Olivenanbau in eine Krise, die der Wolle beeinträchtigte die Viehhaltung nachdrücklich. So ist es nicht überraschend, daß auch im Niederlanguedoc der Weinbau an Bedeutung gewinnt. Seit dem beginnenden 19. Jahrhundert beginnt damit die eigentliche Entwicklung der Weinmonokultur des Niederlanguedoc. Seitdem ist der

179

Tab. 67: Rebflächen und Weinproduktion in Frankreich 1960 bis 1980

Jahr	Rebflächen in Tsd. ha	Weinprod. in Tsd. hl	davon Weißwein	davon Rotwein	Ertrag hl/ha
1960	1 294,9	63 113	?	?	48,7
1964	1 251,1	60 875	?	?	48,7
1968	1 232,4	65 120	?	?	52,8
1972	1 185,0	58 498	?	?	49,4
1976	1 205,5	73 035	22 295	50 740	60,6
1980	1 117,7	69 202	17 283	51 919	61,8

Quelle: H. G. Woschek / P. Galant, 1981

hohe Anteil der Rebflächen zum eigentlichen Problem der Landwirtschaft des Languedoc geworden. Zwar ermöglichte der Weinbau in günstigen Jahren (keine Rekordernten, hoher Alkoholgehalt) bei gesichertem Absatz einen guten Verdienst, jedoch gab es zwischen den guten Absatzjahren immer wieder Krisen, die allein in den letzten 100 Jahren zu einer sehr starken Umwandlung der Besitz- und Anbauverhältnisse geführt haben.

Die erste entscheidende Zäsur wurde durch die Reblaus-Krise in den 70er Jahren des vorigen Jahrhunderts bewirkt. Besonders die kleineren Winzer wurden durch die fast völlige Vernichtung der Rebbestände zur Aufgabe ihrer Betriebe und zur Abwanderung gezwungen, da sie nicht in der Lage waren, die finanziell aufwendigen Bekämpfungsmaßnahmen durchzuführen bzw. später ihre Bestände mit amerikanischen Rebunterlagen zu erneuern.

Die Absatzkrisen des Weines sind seitdem ständig wiederkehrende negative Begleiterscheinungen der Landwirtschaft des Languedoc und vor allem in den letzten Jahren durch die Öffnung des Marktes für ausländische Weinimporte besonders ausgeprägt.

Zu einem zusätzlichen Problem sind heute die Organisationsformen der Weinerzeugung und des Absatzes geworden. Konnten noch zu Beginn des 20. Jahrhunderts die Winzergenossenschaften geradezu als „revolutionär" angesehen werden, weil sie es ermöglichten, die Weinqualität zu vereinheitlichen und damit Märkte zu eröffnen, so sind sie heute sehr häufig das Hemmnis einer modernen Weiterentwicklung, weil sie praktisch auf dem Stand stehen geblieben sind, auf dem sie sich bereits zu Beginn dieses Jahrhunderts befanden. Die Kapazität der Genossenschaften ist häufig zu gering, um moderne Methoden der Weinherstellung anwenden zu können. Oft sind die Großbetriebe, vor allem die Weinbetriebe repatriierter Kolonen, besser ausgerüstet als die Genossenschaften, denen sie nur selten angehören. Die Genossenschaften erhalten somit zwar teilweise die Kleinwinzer am Leben, allerdings zu Bedingungen, die einer modernen Wettbewerbslandwirtschaft nicht mehr standhalten können. Häufig sind nur einige Dutzend Mitglieder mit einer Produktionsmenge von 10 000 oder 20 000 hl zu einer Genossenschaft zusammengeschlossen. Gerade für die kleinen und mittleren Winzerbetriebe wären jedoch auch genossenschaftliche Zusammenschlüsse auf anderen Gebieten notwendig, etwa in Fragen der Maschinennutzung, der Schädlingsbekämpfung, der Bewässerung etc. Hier zeigen sich bisher sehr wenig Ansätze, so daß auch in absehbarer Zeit eine Reihe ungünstiger Faktoren bestehen bleiben werden.

Auch in *Burgund* haben die Klöster des frühen Mittelalters an der Verbreitung des Reblandes entscheidenden Anteil. Inwieweit die Römer, denen die ersten Anbauversuche zugeschrieben werden, dem Weinbau schon Bedeutung verschafft haben, läßt sich nicht genau nachvollziehen. Seit dem frühen Mittelalter wird der Weinbau dann durch die

Tab. 68: Export von Qualitäts- und Tafelwein nach Herkunftsgebieten (in hl)

Qualitätsgruppe oder Herkunft/Behältnis	1970	1975	1978	1980
Champagne/Flasche	239 974	212 771	371 201	402 064
Bordeaux/Flasche	238 105	467 865	833 592	793 622
Bordeaux/Faß	286 373	533 369	387 356	362 640
Bourgogne/Flasche	153 957	219 378	357 356	272 525
Bourgogne/Faß	134 550	88 417	73 548	81 494
Beaujolais/Flasche	90 125	206 510	195 282	270 051
Beaujolais/Faß	186 171	229 902	182 836	204 867
Côtes du Rhône/Flasche	63 688	162 481	177 316	250 332
Côtes du Rhône/Faß	127 728	255 544	210 000	265 950
Elsaß/Flasche	40 621	99 461	169 863	166 207
Elsaß/Faß	14 047	–	–	–
Anjou/Flasche	61 982	99 461	132 052	130 806
Anjou/Faß	59 964	80 995	57 140	57 591
Andere A.C./Flasche	30 428	107 611	132 525	331 094
Andere A.C./Faß	35 138	155 549	239 369	171 449
V.D.Q.S./Flasche	10 070	53 322	120 570	136 762
V.D.Q.S./Faß	6 629	24 943	101 654	113 522
Schaumweine/Flasche	193 613	390 482	30 110	389 865
Schaumweine/Faß			36 747	–
Tafelweine/Flasche	120 766	431 508	614 424	956 420
Tafelweine/Faß	898 203	1 427 304	1 530 764	2 810 330

Quelle: H. G. Woschek / P. Galant, 1981

Tab. 69: Exportvolumen (1973–1984) und Exportländer (1984) für Weine aus Burgund (in hl)

Jahr	Burgunder	davon Beaujolais	Exportland	Burgunder	davon Beaujolais
1973	734 316	387 194	USA	250 745	91 249
1974	689 931	415 552	Schweiz	206 683	149 852
1975	744 115	436 428	Groß-Brit.	175 820	83 162
1976	723 105	324 995	BRD	158 811	93 040
1977	785 377	347 334	Benelux	154 790	63 568
1978	819 331	385 005	Kanada	68 094	37 151
1979	842 660	475 163	Dänemark	22 652	7 451
1980	828 939	474 919	Japan	20 195	7 296
1981	918 656	547 365	Sonstige	78 096	40 184
1982	896 702	524 579			
1983	1 012 713	543 942			
1984	1 135 886	582 953			

Quelle: INSEE-Bourgogne, 1986

Klöster stark aktiviert. Das Renommé der Burgunderweine ist eng mit dem berühmten Weingut Clos de Vougeot verbunden, das im 12. Jahrhundert durch die Mönche von Citaux angelegt wurde. Bei den Burgunderherzögen, und später am Königshof Frankreichs, erfreute sich der Burgunder immer größerer Beliebtheit, er entwickelte sich zu einem der exklusivsten Weine des Landes. Die flächenmäßig größte Ausdehnung erreichte der Weinbau in der ersten Hälfte des 19. Jahrhunderts, allerdings bewirkte die Reblauskrise auch hier einen starken Rückgang. Viele Weinbauern und Händler waren in den letzten Jahrzehnten des 19. Jahrhunderts zur Aufgabe ihrer Betriebe gezwungen, und erst seit dem beginnenden 20. Jahrhundert stabilisiert sich die Anbaufläche wieder.

Das Rebareal Burgunds untergliedert sich in 6 Gebiete:

Die „Chablis-Lagen" im nördlichsten Teilgebiet befinden sich isoliert im Departement

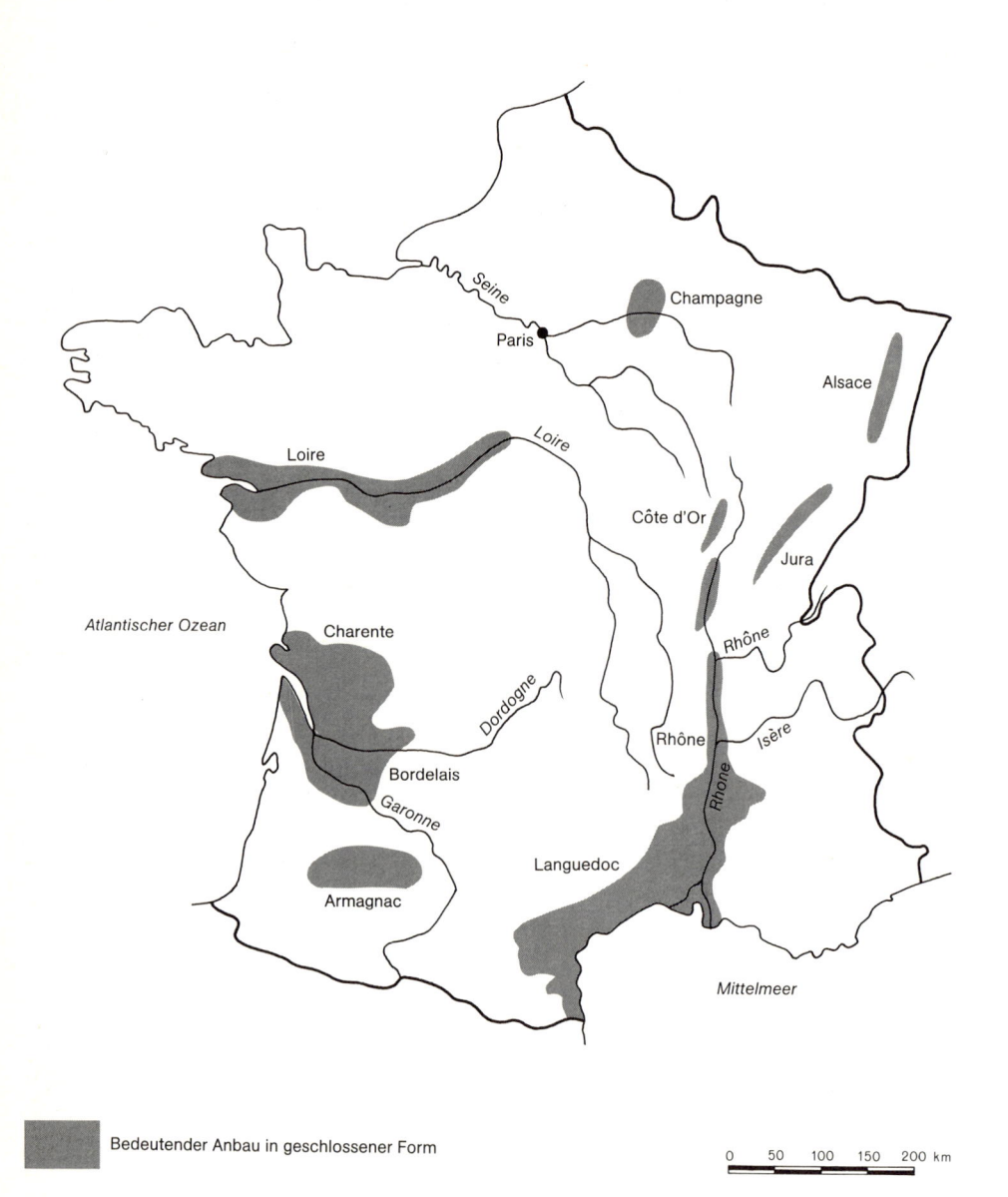

Abb. 31: Die Weinbaugebiete Frankreichs Quelle: Vereinfacht nach Johnson, H., 1972

Bedeutender Anbau in geschlossener Form

Yonne zwischen Auxerre und Tonnerre. Südlich von Beaune befinden sich die berühmtesten Anbaugebiete in der „Côte de Nuits" und der sich unmittelbar anschließenden „Côte de Beaune".

Das Anbaugebiet von „Mercurey" gehört ebenfalls zu den hervorragenden Burgunderlagen.

Im sich südlich anschließenden „Maconnais" dominieren dann bereits leichtere Weine, ebenso wie im südlichsten Teilgebiet, dem „Beaujolais", das bereits in die Programmregion Rhône-Alpes hinüberreicht.

Im Gegensatz zum Languedoc werden in Burgund fast ausschließlich Güteweine der „Appellation d'Origine Controlée" produziert. Die Klassifikation der Weine wird seit den 30er Jahren auf gesetzlicher Grundlage festgelegt. Die Güteweine Burgunds werden im allgemeinen in fünf Stufen unterteilt, den Grand Cru, den absoluten Spitzenwein, sodann den Premier Cru, ebenfalls ein erstklassiger Wein, den „Communal", der nach der Herkunftsgemeinde benannt wird, den „Bourgogne" und schließlich den „Bourgogne Grand Ordinaire".

Die Spitzenweine Burgunds kommen fast ausschließlich aus der Côte d'Or. Ein Grand Cru ist kaum über den Handel zu erhalten. Er wird nur in elf Gemeinden produziert, die sich über die Côte de Nuits und die Côte de Beaune verteilen. Es sind dies: Gevrey-Chambertin, Morey-St.-Denis, Chambolle-Musigny, Vougeot, Flagey-Echézeaux, Vosne-Romanée, Ladoix-Serrigny, Aloxe-Corton, Pernand-Vergelesses, Puligny-Montrachet, Cassagne Montrachet. Die Doppelnamen ergeben sich aus dem Recht der Gemeinden, den Namen ihres Spitzenweines im Ortsnamen zu führen. Das größte zusammenhängende Areal eines Grand Cru befindet sich heute in der Gemeinde Vougeot (Clos de Vougeot, rund 50 ha).

Zahlreicher, aber auch noch überwiegend auf die Côte de Nuits und die Côte de Beaune beschränkt, sind die Premier Cru-Weine. Er wird in 26 Gemeinden in rund 360 verschiedenen Lagen produziert. Ein Premier Cru unterscheidet sich vom Grand Cru lediglich dadurch, daß sein Mindest-Alkoholgehalt um 0,5° niedriger und der Maximal-Ertrag um 5 hl/ha höher liegt als beim Grand Cru (11° und 35 hl/ha). Neben den etablierten Lagen gibt es noch Rebareale, die jährlich in einem Prüfverfahren je nach Ertrag und Alkoholgehalt entweder in die Kategorie der Premier Cru oder der Communal-Weine eingestuft werden können.

Die Communal-Weine tragen im allgemeinen nur den Namen ihrer Herkunftsgemeinde oder des Anbaugebietes. Diese Kategorie trägt auch heute noch das Renommée des Burgunderweines über die Grenzen Frankreichs hinaus, da die beiden Spitzenkategorien nur selten öffentlich erhältlich sind und weil sie auf Grund ihrer Preislage einem breiten Zugang verschlossen bleiben. Der Communal kommt in allen Teilgebieten vor. Sein Mindestalkoholgehalt beträgt 10,5°, der maximale ha-Ertrag darf auch bei ihm 35 hl nicht übersteigen.

Die drei Spitzenkategorien sind im Bereich der Côte d'Or und der Côte de Nuits nur in den unteren Hangpartien zu finden. Die großen Anbaugebiete der Hautes-Côtes dagegen fallen fast ausschließlich in die beiden unteren Kategorien, den Bourgogne und den Bourgogne Grand-Ordinaire. Bei diesen Kategorien erfolgt die Bezeichnung mit den sogenannten „Appellations Régionales" im Gegensatz zu den „Appellations Communales" der oberen drei Klassen. Auch diese Kategorien sind noch Qualitätsweine und unterliegen genauen Ertrags- und Alkoholvorschriften. So darf der maximale ha-Ertrag 50 hl nicht übersteigen, der Mindestalkoholgehalt liegt, je nach Weinart, zwischen 9 und 10°. Weine dieser Qualitätsstufen werden zwar in allen Teilgebieten produziert, besonders stark aber in den südlichen Anbauarealen des Mâconnais und des Beaujolais sowie in den Hautes-Côtes der Côte d'Or.

Die Besitzstrukturen in den Anbaugebieten Burgunds sind, als Folge der Zerschlagung des klösterlichen und adeligen Besitzes durch die Revolution, heute stark durch Kleinbesitz gekennzeichnet. Die durchschnittliche Besitzgröße der Weinbetriebe liegt zwischen 3 und 5 ha, wobei die Ackernahrungsgrenze bei ca 3 ha Rebfläche anzusetzen ist.

Dies schließt nicht aus, daß sich auch heute noch einige Großbetriebe in Burgund befinden, es handelt sich dabei jedoch um Ausnahmen. Die Besitzgrößenstruktur kann somit auch in Burgund als eines der wesentlichen Probleme gesehen werden. Durch die jahrhundertelange Realteilung, durch die Verschiedenheit der Lagen, durch immer wieder erfolgende Transaktionen ist die Zersplitterung ständig stärker geworden, andererseits ist aber auch eine Bereinigung so gut wie unmöglich, da die berühmten Lagen nicht durch planmäßige Umlegungen neu verteilt werden können. Besonders bei den Spitzenlagen erfolgt in jüngster Zeit durch Prestige- und Investitionskäufe eine zusätzliche Zersplitterung. Das Grand Cru-Areal Clos de Vougeot war z. B. im Jahre 1920 unter 38 Besitzern, 1957 unter 64 und 1970 unter 70 Besitzern aufgeteilt.

Vor dem Hintergrund dieser strukturellen Schwierigkeiten sind auch die Veränderungen der letzten Jahrzehnte zu sehen, die einerseits durch den Rückgang der Zahl der Winzer, andererseits durch die Zunahme der Qualitätsareale gegenüber den Massenweinlagen gekennzeichnet sind.

Während die Zahl der Winzer, gemessen an der Zahl der Ernteertragsmeldungen, in allen betroffenen Departements rückläufig war, hat sich die Rebfläche für Qualitätsweine überall vergrößert. Diese Ausweitung des Rebareals ist auch der wesentliche Grund für die starke Zunahme der Produktion. Die Massenweine, deren Anteil in Burgund unter dem Gütewein liegt, verlieren ständig an Bedeutung. Allein zwischen 1950 und 1970 ist die Massenweinproduktion um 36,5% zurückgegangen. Heute beträgt ihr Anteil an der Gesamtproduktion Burgunds lediglich noch etwa 15%. Verbesserte Anbautechniken, Dünge- und Bearbeitungsmethoden haben es in den letzten Jahrzehnten ermöglicht, daß ehemalige Massenweinareale in Güteflächen umgewandelt werden konnten.

Die Kommerzialisierung der Güteweine Burgunds erfolgt in aller Welt und wird zum größten Teil durch große Weinhändler durchgeführt. Weinherstellung und Verkauf sind in Burgund weitgehend in privater Hand, das Genossenschaftswesen ist nur wenig ausgebildet. Aufgrund der geringen Besitzgrößen neigen die meisten Winzer dazu, den Most selbst zu keltern und den jungen, noch unfertigen Wein einem Händler (Négociant) zu verkaufen. Dieser nimmt dann die eigentliche Weinbereitung vor und organisiert auch den Absatz.

Daneben gibt es aber auch, vor allem bei etwas größeren Betrieben, häufig den Fall, daß der Winzer den Wein selbst ausbaut und erst den ausgereiften, fertigen Wein einem Händler überläßt. Am seltensten finden sich Weinherstellung und Absatzorganisationen gemeinsam beim Winzer, jedoch ist die private Kommerzialisierung auch bei den kleinen Winzern nicht unbeliebt. Vor allem in den letzten Jahren hat sich der Privatverkauf an Touristen oder auch an eine Stammkundschaft stark ausgeweitet.

Die Bedeutung des Weinhandels durch eine regelrechte Händlerschicht ist dadurch bisher jedoch kaum geschmälert. Allein in Beaune gibt es ca. 150 Händler, darunter einige Großunternehmer wie Bouchard Ainé et Fils. Diese Händler sind häufig auch zugleich Besitzer von Rebländereien. Bouchard z. B. gehört mit 67,8 ha Rebfläche zu den Großbesitzern der Côte d'Or. Neben Beaune sind Nuits St. Georges, Savigny les Beaune, Meursault und Dijon wichtige Umschlagplätze.

Unter den aus Frankreich exportierten Weinen steht der Burgunder mit Abstand an der Spitze. Burgund produziert nur 15,4% des französischen Qualitätsweines, hat aber 44,5% Anteil am Exportwert. Der Bordeauxwein, der 34,3% der Qualitätsweine darstellt, erreicht nur einen Exportanteil von 34,8%. Der Export wird in ca. 150 Länder aller Kontinente durchgeführt. An der Spitze stehen die USA, die Schweiz und Großbritannien, gefolgt von der Bundesrepublik Deutschland und den Beneluxstaaten.

In vielerlei Hinsicht verschieden von Languedoc und Burgund ist das Weingebiet um *Bordeaux*, das Bordelais. Zwar ist auch hier anzunehmen, daß der Weinbau schon mit den Römern einsetzte, dokumentarische Belege finden sich jedoch erst ab dem 10. Jahrhundert. Die Ausweitung des südwestfranzösischen Rebareals, das ganz Aquitanien und nördlich daran das anschließende Gebiet bis zur Loire erfaßte, wurde maßgeblich unter englischer Herrschaft während des 12. bis 15. Jahrhunderts betrieben. Durch die Heirat Eleonores von Guyenne mit dem Herzog der Normandie war diese Verbindung entstanden, Südwestfrankreich entwickelte sich zum Weingarten der Engländer. Auch nach der Rückeroberung Aquitaniens durch die französisches Krone gehörte England zu den Hauptabnehmern der Bordeaux-Weine. Im 17. und 18. Jahrhundert kommen aber auch die Holländer als Händler hinzu, viele von ihnen etablieren sich in der Stadt. Dies erfolgte im Zusammenhang mit Kolonisationsmaßnahmen in den versumpften Niederungen der Garonne, die ebenfalls von Holländern durchgeführt wurden. Auf den meliorierten Flächen wurden zum großen Teil Rebflächen angelegt.

Im 18. Jahrhundert findet der Bordeaux-Wein auch innerhalb Frankreichs am Hofe und in der Aristokratie Zugang. Dies bedeutete eine zusätzliche Motivation für den weiteren Ausbau des Rebareals. Die erste Krise wurde durch die napoleonischen Schutzmaßnahmen bewirkt, die den Hauptabnehmer England ausschalteten. Erst die Freigabe des Handels und die verbesserten Verkehrs- und Handelsbeziehungen während des 19. Jahrhunderts brachten wieder einen Aufschwung. Die Anbaufläche vergrößerte sich zwischen 1789 und 1873 von 135000 auf 188000 ha, die produzierte Weinmenge von 445000 hl im Jahre 1847 auf 1,5 Mio hl im Jahre 1875.

Bedeutende Rückschläge brachten jedoch auch hier die Mehltaukrise, die das Bordelais im Jahre 1858 erfaßte, und die Reblauskrise, die sich vom Rhônetal nach Norden und Westen seit 1864 ständig ausweitete und die das Gebiet Mitte der 70er Jahre erreichte. Sie wirkte sich indessen nicht mehr so katastrophal aus wie im Languedoc, da schon im Jahre 1886 die Bewältigung des Problems durch die Verwendung von reblausresistenten amerikanischen Rebunterlagen, die mit einheimischen Reben aufgepfropft wurden, gelang. Trotzdem wurden vor allem kleinere Winzer auch im Bordelais von diesen Krisen stark betroffen.

Die Aufgabe zahlreicher Kleinbetriebe während des 19. Jahrhunderts verstärkte die relativ großbetriebliche Struktur, die für das Bordelais typisch ist. Es sind die großen Domänen und Schlösser, zu denen hier die Weinbaugebiete gehören und die den berühmtesten Bordeaux-Weinen ihren Namen geben.

Das Rebareal des Bordelais untergliedert sich in 4 Hauptanbaugebiete, denen weitere kleine Areale zuzurechnen sind:

— Nordwestlich von Bordeaux auf dem linken Ufer der Garonne erstreckt sich die Landschaft Medoc, die sich in zwei große Lagen nämlich das ,,Medoc und Pomerol Gebiet" im Norden und die ,,Haut-Medoc und St. Emilion"-Lagen im Süden untergliedern. Es ist ein Gebiet mit fast ausschließlicher Rotweinerzeugung.

— Zwischen Bordeaux im Norden und Lagnon im Süden erstreckt sich die Landschaft

„Graves", die im nördlichen Teil überwiegend Rotweine, im südlichen Teil fast ausschließlich Weißweine produziert. Hier befinden sich um die Städte Barsac und Sauternes besonders erwähnenswerte Lagen, in denen sehr süße, goldgelbe Weine wachsen.
- Von Garonne und Dordogne begrenzt befindet sich das große Anbaugebiet „Entre deux Mers" südöstlich von Bordeaux. Hier dominieren die Weißweine. Lediglich in einem schmalen Streifen entlang der Garonne im Gebiet der Premières Côtes de Bordeaux finden sich hochklassige Rotweine. Das gleiche gilt für ein kleineres Anbauareal um Vayres (Graves de Vayres) und um St. Foy à la Grande (Ste Foy-Bordeaux) im Dordogne-Tal.
- Auf dem rechten Ufer der Dordogne/Garonne schließen sich die ausgedehnten Anbaugebiete der Côtes de Blaye, Côtes de Bourg und südlich sich fortsetzend die kleineren Areale von Fronsac, Pomerol, Néac und St. Emilion an. Mit Ausnahme dieser kleineren Areale, die für ihre Rotweine bekannt sind, ist dieser nordöstliche Teil des Bordelais durch das Nebeneinander von Rotweinen und Weißweinen charakterisiert.

Die Klassifizierung der Bordeaux-Weine ist nicht vereinheitlicht wie in Burgund, sondern jede der Teilregionen hat eine eigene Abstufung. So wird im Medoc zwischen fünf „Crus" unterschieden, die von der ersten bis zur fünften Kategorie differenziert sind. Daneben finden sich aber auch die Grands Crus, so etwa in Saint-Emilion oder in Pomerol. Bedingt durch die frühe Exportorientierung gehört der Bordeaux-Wein auch heute noch in der Welt zu den bekanntesten französischen Weinen, der aufgrund seines etwas niedrigeren Preisniveaus auf dem ausländischen Markt teilweise auch zügiger gekauft wird. Der Anteil des exportierten Bordeaux am Gesamtweinexport Frankreichs beträgt mengenmäßig fast 40%, wertmäßig wird er jedoch vom Burgunder deutlich übertroffen. Neben diesen etwas ausführlicher dargestellten Weingebieten Frankreichs gibt es noch zahlreiche Gegenden, in denen teilweise nicht minder bekannte Weine produziert werden. Unmittelbar nördlich an das Bordelais schließen sich die ausgedehnten Anbauflächen der Charentes mit dem Zentrum *Cognac* an. Ein großer Teil der Weinproduktion findet hier den Weg in die Cognac-Verarbeitung, deren Ruf sich weltweit etabliert hat. Die Cognac-Herstellung hat vor allem seit dem 17. Jahrhundert stark an Bedeutung gewonnen, vorher waren die Weine aus diesem Anbaugebiet aber ebenfalls schon international bekannt.

Zu den großen Anbaugebieten zählt auch das *Loiretal* mit einer Anbaufläche von über 200 000 ha, die sich vom unmittelbaren Küstengebiet bis an den Austritt der Loire aus dem Zentralmassiv verteilt finden. Die Schwerpunkte befinden sich im unteren und mittleren Talabschnitt mit dem großen Anbaugebiet um Nantes, wo der Muscadet, ein herber Weißwein, wächst, der sich in der Bretagne großer Beliebtheit erfreut und neben dem Cidre als Nationalgetränk betrachtet wird. Östlich schließen sich die berühmteren Qualitätsweinlagen des Anjou, der Touraine und südlich die Côteaux de Saumur an. Im oberen Loire-Lauf haben die Weine aus dem Anbaugebiet von Sancerre (nördlich Nevers) einen guten Namen. Unter den Weingebieten der Loire ist das von Anjou und Saumur mit 25 000 ha Rebfläche am bedeutendsten (Touraine 7000 ha, Muscadet 9000 ha). Hier werden jährlich im Durchschnitt 1 Mio hl Wein erzeugt, davon etwa 55% Roséweine, 30% Weißweine und 15% Rotweine. Das besondere Renommee verdankt das Anjou-Gebiet seinem halbtrockenen, fruchtigen, spritzigen und sehr erfrischenden Rosé. Das Rhône-Tal ist durch seine *Côtes du Rhône-Weine* ebenfalls als bedeutendes Anbaugebiet bekannt. Über 6 Departements verteilt findet sich hier eine Rebfläche von ca. 30000 ha, der eindeutige Schwerpunkt liegt im südlichen Teil des Tales. Auf dem linken Rhône-Ufer zwischen Chateauneuf-du-Pape und dem Abfall des Vercors-Massivs befindet sich das größte Rebareal mit den besten Côtes-du-Rhône-Lagen, unter denen der Chateauneuf-du-Pape aufgrund seiner Schwere, seiner purpurnen Färbung und seines etwas herben Beigeschmacks besonders berühmt wurde und wohl nicht nur deshalb, weil er das Getränk der Exilpäpste von Avignon während des 14./15. Jahrhunderts war. Das Kerngebiet der Côtes-du-Rhône liegt bei Cairanne und Rasteau östlich von Orange. Auf dem rechten Rhône-Ufer befinden sich aber nicht minder bekannte Lagen zwischen Pont-Saint-Esprit und Tavel, wobei die Rot- und Roséweine von Chusclan, Laudun und von Tavel (besonders Rosé) schon während des 17. Jahrhunderts bei Hofe gerühmt wurden.

Weiter nördlich zwischen Valence und Vienne befinden sich kleinere Areale. In der Hermitage ist der Anbau bis ins 4. vorchristliche Jahrhundert bereits belegt. Bei Vienne wächst an der Côte Rôtie einer der berühmtesten Weißweine Frankreichs, der Condrieu, der aus der nur hier verbreiteten Viognierrebe stammt.

Die Anbaugebiete im Nordosten des Landes sind flächenmäßig sehr viel kleiner, deshalb aber nicht unbekannter. In der *Champagne* ist es die Besonderheit der Verarbeitung, die dem Wein hier zu weltweitem Ruf verholfen hat. Von der geographischen Lage her ist die Champagne bereits an der nördlichen Grenze der natürlichen Rebverbreitung, und nur die günstige Exposition an den Kalkhängen der Schichtstufen von Reims und Epernay mit einer höheren Sonneneinstrahlung macht es überhaupt möglich, daß hier der Wein ausreift. Dies ist aber auch nicht in jedem Jahr in gleichem Maße der Fall, so daß vielen „sauren Jahrgängen" nur ab und zu ein „süßer Jahrgang" gegenübersteht. Diese Tatsache hat schon seit dem 17. Jahrhundert dazu geführt, daß die Champagnerweine nicht jahrgangsmäßig zum Angebot kamen, sondern in einer Mischung von guten und schlechteren Jahrgängen, so erzeugte man eine gut verkäufliche Qualität. Besondere Verdienste um die Champagnerweinherstellung erwarb sich der Benediktinermönch Dom Perignon, Kellermeister in der Benediktiner-Abtei von Hautvilliers bei Epernay zwischen 1668 und 1715. Auf ihn geht das „Mischen" der Champagnerweine, aber auch die Technik des stufenweisen Vergärens zurück. Einer ersten Gärphase nach der Ernte folgt eine Ruhepause des Champagners über den Winter. Der Gärvorgang wird dann im kommenden Jahr durch Zuckerzusatz erneut aktiviert. Dieser zweite Gärprozeß erfolgt in der verschlossenen Flasche und führt zu der starken Kohlesäurebildung, die ein typisches Merkmal des Champagners ist.

Die besondere Klimagunst des Oberrheingrabens hat im *Elsaß* einem weiteren Anbaugebiet zu internationalem Ruf verholfen. Auch hier ist zumindest seit dem späten Mittelalter Wein angebaut worden. Kirche und Adel hatten über Jahrhunderte hinweg einen wichtigen Teil ihrer Einnahmen aus dem rheinabwärts erfolgenden Export nach England und Skandinavien gezogen. Die ehemalige Großbesitzstruktur wurde jedoch nach der französischen Revolution auch im Elsaß zerschlagen, und es entstand eine breite Schicht kleinbäuerlicher Besitzungen. Dies bedeutete für die Weine einen deutlichen Qualitätsverlust, da viele dieser Winzer die Techniken nicht genügend verstanden, ihre Produktion nur auf kleine Mengen ausrichteten und sich im Absatz nicht organisierten. Im Laufe des 19. Jahrhunderts entwickelten sich dann aber allmählich die großen Qualitätsweine, was vor allem auf die zunehmende Verbreitung der Traminer-Trauben zurückgeht. Die Beliebtheit herberer Weine, die vor allem in den letzten Jahrzehnten wieder zunimmt, macht den Elsäßer Wein heute zu einem begehrten Artikel der französischen Weinproduktion.

Die Palette der Weinanbaugebiete Frankreichs ist damit bei weitem nicht erschöpft. Zahlreiche weitere Qualitätslagen begründen das Renomee des Landes als bedeutendstem Weinland der Welt, was sich auch darin dokumentiert, daß der Pro-Kopf-Weinkonsum in Frankreich mit 120 Liter pro Jahr rund das fünffache des Weinverbrauchs in der Bundesrepublik Deutschland beträgt.

5.5.2. Obst, Gemüse, Reis – Sonderkulturen im Rhônetal

Das untere Rhônetal gehört heute zu den landwirtschaftlich am intensivsten genutzten Gebieten Frankreichs. Das Bild der Agrarlandschaft trägt aber überall den künstlichen Charakter, der durch den Eingriff des Menschen zustande kommt, und der diese Intensität der Nutzung mit großem technischem und materiellem Aufwand vollbracht hat. Schon seit der Antike stellt die Rhôneachse einen wirtschaftlichen Kernraum dar, in dem nicht nur die Verkehrsverbindungen nach Norden, sondern auch der Weinbau und der Getreidebau eine erhebliche Ausweitung erfuhren. Sowohl der verkehrsmäßigen Nutzung als auch der landwirtschaftlichen Nutzung standen jedoch zahlreiche Hindernisse entgegen, die endgültig erst im Laufe des 19. und 20. Jahrhunderts beseitigt werden konnten.

Die gravierendsten Nachteile für die landwirtschaftliche Nutzung lagen in der klimatischen und hydrographischen Situation begründet. Vor allem der Mistral, jener kalte Fallwind aus dem Zentralmassiv, der im Rhônetal unter ständiger Erwärmung und mit zunehmender Geschwindigkeit als lokale Windserscheinung berühmt und gefürchtet ist, machte viele Versuche einer agrarischen Nutzung durch seine austrocknende Wirkung und durch seine Heftigkeit zunichte. Als zweiter wesentlicher Faktor sind die hydrographischen Verhältnisse zu sehen. Die Rhône wurde seit dem 19. Jahrhundert kanalisiert, damit wurden die verheerenden Hochwassergefahren gebannt. Die Schwankungen des Rhônewasserabflusses zwischen Niedrigwasser während der Monate September/Oktober mit durchschnittlich 600 m³/sec und dem mittleren Niedrigwasser bei 1600 m³/sec lassen schon die Schwankungsbreite erkennen. Bei extremen Hochwassern wurden aber oft über 10 000 m³/sec gemessen. Solche sich fast alljährlich wiederholenden Hochwasserstände hatten immer wieder die Überschwemmung des Tales zur Folge und machten eine regelmäßige Nutzung weiter Teile unmöglich.

Die Bestrebungen zur Regulierung der Rhône reichen bis ins Mittelalter hinein und wurden von verschiedenen Interessen getragen. Vor allem die Schiffahrt hatte ein großes Interesse an einer Verbesserung der Transportbedingungen, da sie nur unter größten Gefahren durchgeführt werden konnte. Die Landwirtschaft der Provence und des Languedoc sah in der Abzweigung des Rhônewassers eine Möglichkeit, die Probleme, die sich aus den klimatischen Verhältnissen ergaben, zu beseitigen.

Die Realisierung erster Projekte der Rhôneregulierung betrafen jedoch zunächst nicht direkt die Landwirtschaft, sondern vorwiegend die Schiffahrt. Die im Jahre 1820 gegründete Compagnie du Rhône wurde vom französischen König beauftragt, Vorschläge zur Regulierung des Flusses zu erarbeiten mit dem Ziel, eine Sicherung der Schiffahrt und die Verbesserung der Transportbedingungen auf der Rhône zu erreichen. Die ersten Erfolge wurden durch die Eindeichungen des Flusses über weite Strecken erreicht, die das Hochwasserrisiko erheblich herabsetzten, wenngleich nicht gänzlich beseitigten. Allerdings erfolgte schon recht bald nach diesem ersten Schritt der Regulierung auch eine

Umwandlung der Agrarlandschaft, vorher im überschwemmungsgefährdeten Bereich nur als Grünland genutzt, indem intensivere Kulturen angebaut wurden. Ausgangspunkt für diese Intensivierung war der untere Rhôneabschnitt im Gebiet zwischen Avignon und Beaucaire. Die ehemaligen Sumpfgebiete von Beaucaire wurden beispielsweise in den 40er Jahren des 19. Jahrhunderts nach erfolgter Eindeichung der Rhône systematisch durch Kanalanlagen trockengelegt. Anstelle der vorher charakteristischen Weideflächen traten auf kleinparzellierter Flur nun Gemüse- und Obstbau, die im wesentlichen von den Stadtbewohnern betrieben wurden. Dieser Intensivierung der Landwirtschaft stand eine Extensivierung der vorher ackerbaulich genutzten Flächen auf den höher gelegenen Teilen im Randbereich des Tales (colline Stufe) gegenüber.

Groß angelegte Be- und Entwässerungsprojekte wurden indessen zunächst nicht verwirklicht, da die Interessen der Landwirtschaft und die der Schiffahrt kollidierten. Die Schiffahrt befürchtete durch die Inanspruchnahme von Rhônewasser für Bewässerungszwecke die Absenkung des Wasserspiegels und verhinderte mit ihrem Einspruch erfolgreich die Anlage von Bewässerungskanälen, die schon seit Mitte des vorigen Jahrhunderts konkret für das Languedoc und für die Provence vorgesehen worden waren, deren Verwirklichung aber erst ein Jahrhundert später erfolgte. Die Bewässerung beschränkte sich somit lediglich auf wenige Areale im Randbereich des Tales, wo das Wasser der Nebenflüsse seit dem 17. Jahrhundert bereits in bescheidenem Maße zu Bewässerungszwecken Verwendung fand. Eine Intensivierung der landwirtschaftlichen Nutzung war jedoch nicht allein von der Regulierung der Rhône abhängig. Entscheidend waren zweifellos auch die verbesserten Transportbedingungen aufgrund verbesserter Verkehrswege, das Anwachsen der Städte und damit die Verbreiterung der Konsumentenschicht, die Einführung neuer Düngungsmethoden, die Verbreitung neuer Sorten etc. Gegen Ende des 19. Jahrhunderts ist das Rhônetal für seine hervorragende Obst- und Gemüseproduktion bereits weithin bekannt.

Vom Rhônetal aus weitete sich das Anbauareal der Sonderkulturen auch auf die geschützten Seitentäler aus, insbesondere in das Ardèchetal, das bis heute ein Zentrum der Obstproduktion ist. Die größte Ausweitung der Sonderkulturflächen erfuhr das Rhônetal in der Zeit nach dem Ersten Weltkrieg, als die Obstpreise relativ hoch waren und als vor allem durch die Fortschritte der Schädlingsbekämpfung sowie die Möglichkeiten der Mechanisierung der Obst- und Gemüsebau zum einträglichen Betriebszweig avancierte, dem selbst Rebflächen geopfert wurden. Bis zum Zweiten Weltkrieg hatte sich die Entwicklung zu einem regelrechten „Obstfieber" ausgeweitet, insbesondere durch die Ausweitung des Pfirsichanbaus, der rasch zur wichtigsten Obstkultur wurde. Mit der endgültigen Kanalisierung der Rhône, die heute fast abgeschlossen ist, wurden auch die Bewässerungsmöglichkeiten im Abschnitt zwischen Vienne und der Mündung ausgebaut, so daß die Voraussetzungen für eine weitere Intensivierung der landwirtschaftlichen Nutzung ständig verbessert wurden. Allerdings sind gerade in den letzten Jahren durch Absatzschwierigkeiten, die im wesentlichen auf der ausländischen Konkurrenz und einer Überproduktion bestimmter Obstkulturen (besonders Pfirsich) beruhen, erhebliche Probleme für die Landwirtschaft des Rhônetales aufgetreten, die das goldene Zeitalter der Rhônelandwirtschaft zu beenden scheinen. Auch die Bestrebungen, den Problemen des Pfirsichabsatzes durch verstärkte Apfelproduktion aus dem Wege zu gehen, sind aufgrund der enormen Ausweitung der Apfelanbaufläche in Frankreich und im Rahmen der EG nur teilweise von Erfolg gekrönt.

Weiteres Kennzeichen der Landwirtschaft des unteren Rhônetales sind die geringen Besitzgrößen. (Tab. 71) Sie sind entstanden im Zusammenhang mit der Umverteilung des ländlichen Grundbesitzes im 19. Jahrhundert und vor allem mit der Trockenlegung der Sumpfgebiete, die im allgemeinen von den Städten und Gemeinden getragen wurden, wobei die Gemeindemitglieder jeweils anteilmäßig berücksichtigt wurden. Die Kleinparzellierung im Gebiet des Sonderkulturanbaus, durchsetzt mit Windschutzhecken und Bewässerungseinrichtungen, ist heute das charakteristische Bild der Agrarlandschaft des unteren Rhônetales.

Diese Betriebsstrukturen bedingen, daß es sich meistens um ausgesprochene Familienunternehmen handelt, die nur selten Fremdarbeitskräfte beschäftigen. Die Vermarktung der Produkte erfolgt schon seit früher Zeit genossenschaftlich, da die Produktionsmengen bei den einzelnen Betrieben nicht zur Belieferung größerer Märkte ausreichen. Als Umschlagplatz für die Vermarktung der Obst- und Gemüseproduktion hat sich die Stadt Cavaillon entwickelt.

Ein großer Nachteil besteht in der starken Produktionsschwankung. Hauptgrund für diese Schwankungen sind klimatische Einflüsse, etwa Frosteinbrüche, Hagelschauer, starker Mistral unmittelbar vor der Ernte etc. Diese schwer kalkulierbaren Faktoren machen den Sonderkulturanbau seit Beginn seiner Verbreitung besonders problematisch und lassen eine betriebswirtschaftliche Kalkulation nur schwer zu. Auch die Verzögerung des Erntezeitpunkts durch Kälteeinbrüche kann, besonders bei Frühgemüse oder frühen Obstsorten, gegenüber anderen Produktionsräumen erhebliche Beeinträchtigungen bewirken. Die Produktionsmengen einiger Sonderkulturen sind in Tab. 72 für 1984 festgehalten.

Im südlichsten Abschnitt des Rhônetales, in der Camargue, spielt der Obstbau nur eine untergeordnete Rolle. Hier ist seit den Meliorationsmaßnahmen im 19. Jahrhundert der Reisanbau ausgeweitet worden, wobei die ersten Anbauversuche bereits in das 18. Jahrhundert fallen. Der Reisanbau in der Camargue spielte jedoch bis in die Zeit des Zweiten Weltkrieges keine nennenswerte Rolle, obwohl die Produktionsbedingungen nicht ungünstig schienen. Allerdings war die Einfuhr aus dem Kolonialreich oder der Import aus den reisproduzierenden Ländern im allgemeinen billiger als die eigene Produktion. Eine nennenswerte Ausweitung des Reisareals in der Camargue erfolgte erst im Zusammenhang mit den Bestrebungen der Behörden, von den ausländischen Lieferungen unabhängig zu werden. Nach dem Verlust Indochinas war auch der Import erheblich teurer geworden.

Im Jahre 1942 werden lediglich 250 ha Reisfläche ausgewiesen. Die gezielte Förderungspolitik führte dann zu einem raschen Anwachsen der Anbaufläche, die im Jahre 1961 ihren Höchststand mit 33 000 ha erreichte. Seither ist die Reisanbaufläche wieder rückläufig. (Abb. 32/33) Im Jahre 1972 wurden noch 20 000 ha ausgewiesen, bereits zwei Jahre später waren es nur noch 15 000 ha. Gegenüber 1961 fiel die Produktion von 140 000 t (Paddy) bis 1975 auf 48 000 t ab (Abb. 33). Seither hat sich die Produktion bei rund 40 000 t eingependelt (1984 = 38 200 t). Damit wird lediglich ein Fünftel des nationalen Reisbedarfs gedeckt. Eines der wesentlichen Probleme sind die steigenden Produktionskosten. Nur bei äußerst rationeller und mechanisierter Durchführung ist der Reisanbau gegenüber der ausländischen Konkurrenz wettbewerbsfähig. Die Voraussetzungen für ein solches modernes Management sind jedoch aufgrund der strukturellen Probleme in der Camargue, aufgrund der hohen Mechanisierungs- und Lohnkosten sehr schlecht, so daß auch in den nächsten Jahren nicht mit einer Zunahme der Reisanbaufläche zu rechnen sein wird.

Tab. 70: Die landwirtschaftliche Bodennutzung im unteren Rhônetal 1984

Nutzung	Departement Bouches-du-Rhône		Departement Vaucluse	
	1000 ha	%	1000 ha	%
Ackerland	83,6	41,2	54,5	28,6
Dauergrünland	53,5	26,4	10,3	5,4
Obstbau	20,5	10,1	19,0	10,0
Gemüse, Blumen	12,6	6,2	11,1	5,8
Rebfläche	19,0	9,4	58,2	30,6
Sonstige	13,5	6,7	37,4	19,6
Gesamt LN	202,7	100,0	190,5	100,0

Quelle: INSEE-Provence-Alpes-Côte d'Azur 1986

Tab. 71: Die Agrarstrukturen im unteren Rhônetal 1979

Betriebsgrößen-klasse	Departement Bouches-du-Rhône		Departement Vaucluse	
	Betriebe	%	Betriebe	%
< 5 ha LN	8 990	65,9	5 228	40,6
5–20 ha	3 225	23,6	5 878	45,7
20–50 ha	918	6,8	1 503	11,7
> 50 ha	509	3,7	254	2,0
Gesamt	13 642	100,0	12 863	100,0

Quelle: INSEE-Provence-Alpes-Côte d'Azur 1986

Tab. 72: Produktionsmengen einiger Sonderkulturen im unteren Rhônetal 1984 (Tsd. dz)

Kulturart	Departement Bouches-du-Rhône	Departement Vaucluse	Region P.A.C.A.	Gesamt franz. Prod.	Anteil P.A.C.A./Frankreich
Reis	382	–	382	425	89,9%
Tomaten	1 501	1 386	3 028	7 810	38,8%
Melonen	312	481	882	2 126	41,5%
Karotten	180	415	685	5 646	12,1%
Oliven	30	8	66	108	61,1%
Äpfel	1 655	2 450	4 936	18 584	26,6%
Birnen	876	387	1 484	4 405	33,7%
Pfirsich	394	84	601	4 469	13,4%
Tafeltrauben	180	699	912	912	100,0%
Wein (Tsd. hl)	939	2 595	5 898	64 468	9,1%

Quelle: INSEE-Provence-Alpes-Côte d'Azur 1986

Abb. 33: Reisanbau in der Camargue: Flächenentwicklung und Produktionszahlen
Quelle: Beaux, J. P. 1975

Abb. 32: Der Reisanbau in der Camargue 1975
Quelle: Beaux, J. P. 1975

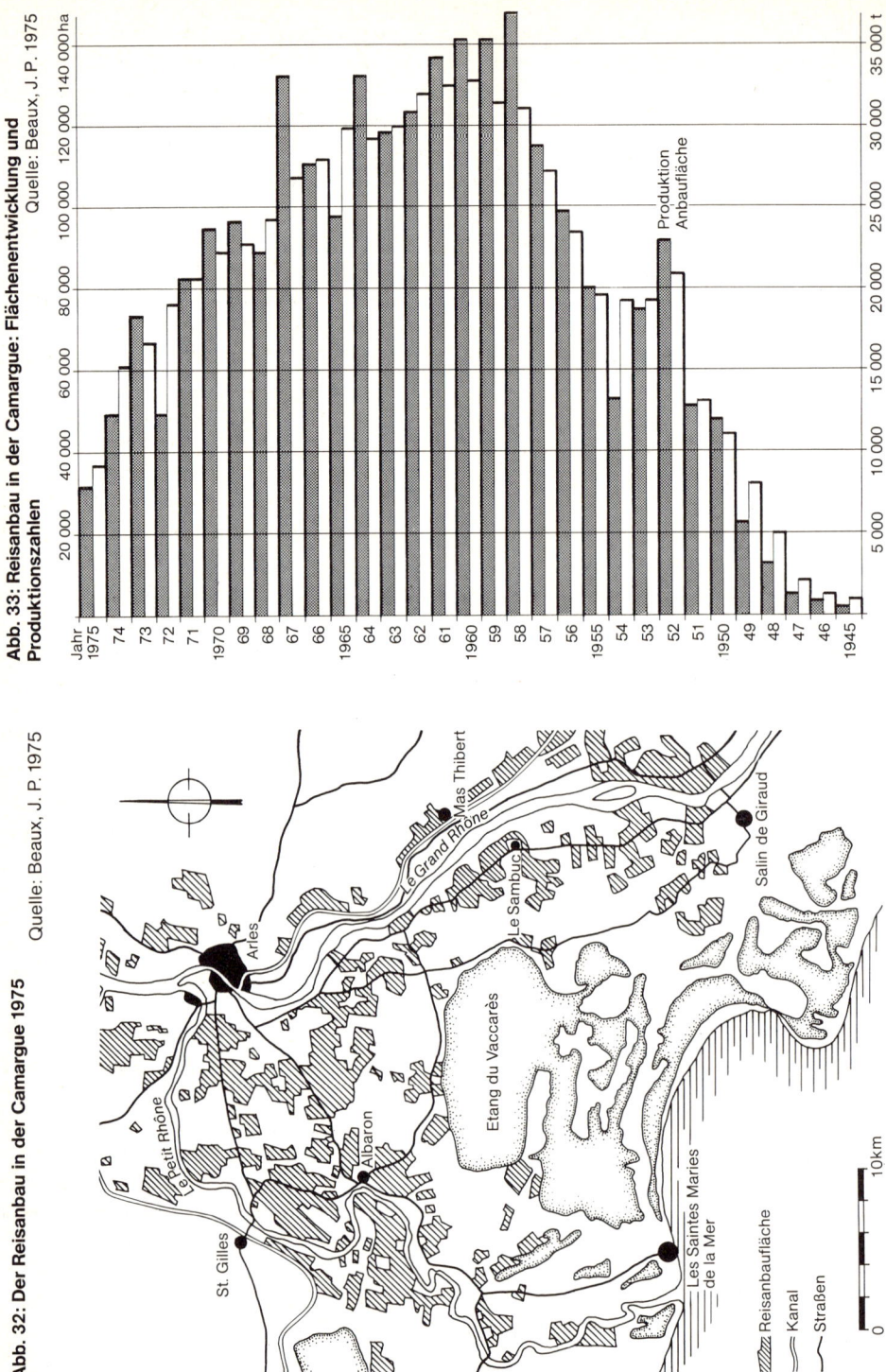

5.5.3.
Sonderform der agrarischen Nutzung: die Teichwirtschaft

Die Teichwirtschaft stellt eine der interessantesten landwirtschaftlichen Sondernutzungsformen Frankreichs dar. Sie beschränkt sich in ihrem Vorkommen indessen nicht auf dieses Land, sondern kommt auch in zahlreichen anderen europäischen Ländern vor. Frankreich verfügt über mehrere Gebiete, in denen die Teichwirtschaft von besonderer Bedeutung ist. Die wichtigsten sind die Dombes mit ihrer nördlichen Verlängerung, der Bresse, nordöstlich von Lyon, die Sologne im Loire-Bogen südlich Orléans, die Brenne, die sich südwestlich an die Sologne anschließt, und das lothringische Plateau im Nordosten des Landes. Darüber hinaus finden sich zahlreiche Teichwirtschaften im Schichtstufenland des Nordostens, vor allem im Woëvre-Tal und in der Champagne humide, entlang der Somme in der nördlichen Picardie, verbreitet im Limousin, der Teichlandschaft Double westlich von Perigueux, schließlich im Bereich der Vogesen, vor allem im SW-Teil und im Sundgau sowie im nördlichen und östlichen Zentralmassiv. (Abb. 34) Die physisch-geographischen Voraussetzungen ähneln sich in allen Gebieten insofern, als sie über einen undurchlässigen Untergrund verfügen, der für die Anlage der Teiche unerläßlich ist. Dieser undurchlässige Untergrund kann jedoch in verschiedenen geologischen Facies ausgeprägt sein, was das breite regionale Vorkommen dieser Nutzungsformen erklärt.

Mit dem Begriff der Teichwirtschaft verbindet sich nicht die Nutzung natürlicher Gewässer durch Fischzucht, sondern im wesentlichen ein Wechselsystem der land- und fischwirtschaftlichen Nutzung, das in Frankreich besonders ausgeprägt ist. Kennzeichen dieser Wechselsysteme ist, daß eine geeignete Fläche über mehrere Jahre als Teich und dann wiederum als Ackerland genutzt wird.

Dieses Wechselsystem ist, wenngleich die Ursprünge bisher nicht genau bekannt sind, recht alt. Auch die Bedeutung der frühen Teichwirtschaft ist weitgehend in Dunkel gehüllt. Erst mit der Verbreitung des Karpfen als Speisefisch gewinnen die Teiche kommerzielle Bedeutung. Vieles spricht für die Hypothese, daß sich die Karpfenzucht im Zusammenhang mit den Kreuzzügen entwickelt hat. Zumindest ist für diese Zeit auf Initiative von Klostergemeinschaften und adeliger Grundherren eine starke Ausweitung der Teichgebiete und der Karpfenzucht nachweisbar. Im 13. Jahrhundert erreicht der Ausbau der Teiche in Frankreich, aber auch in anderen Ländern Mitteleuropas, einen Höhepunkt. Dabei ist vor allem in Frankreich die Fischzucht selbst zwar ein wichtiger Gesichtspunkt, aber auch andere Nutzungsformen waren nicht unbedeutend. So wurden die Teiche als Wasserreservoir während der trockenen Jahreszeit, zum Antrieb von Mühlen, zur Futtergewinnung usw. genutzt.

Als eigentliche Blütezeit der französischen Teichwirtschaft kann die Zeit zwischen dem 14. und 16. Jahrhundert angesehen werden. In zahlreichen Urkunden finden sich aus dieser Zeit Belege über die Anlage und Nutzung der Teiche, vor allem auch Hinweise auf den erfolgenden Wechsel in der fischwirtschaftlichen und ackerbaulichen Nutzung. Dieser Zeit größter Verbreitung der Teichwirtschaft folgte vom 17. bis 19. Jahrhundert eine Phase des Niedergangs, für die es zahlreiche Gründe gibt. Die Malariagefahr ist dabei noch am wenigsten für den Rückgang verantwortlich. Vielmehr waren es die politischen und wirtschaftlichen Verhältnisse, die sich verändert hatten. Die dünnbesiedelten Teichgebiete wurden durch die anhaltenden Kriege entvölkert, so daß die arbeitsaufwendigen Anlagen nicht mehr in Stand gehalten werden konnten. Der Adel, der die Ausweitung der Teichflächen betrieben hatte, zog in immer stärkerem Maße nach Paris, wo sich das Hofleben stark ausweitete. Dies bedeu-

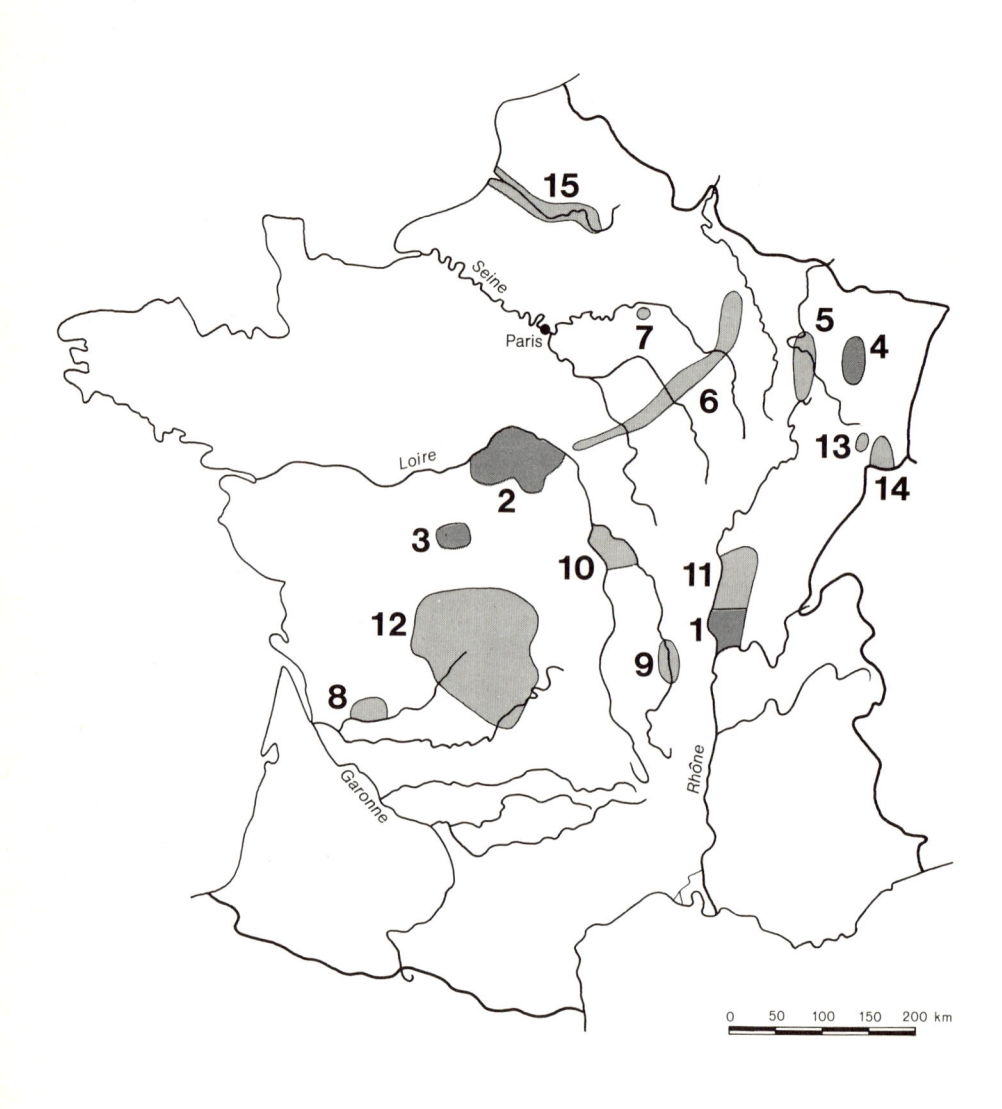

Abb. 34: Die französische Teichwirtschaft Quelle: Dalichow, F. 1970

Die großen Teichgebiete
1 Dombes
2 Sologne
3 Brenne
4 Plateau Lorrain

Andere Teichgebiete
5 Woëvre
6 Champagne (Unterkreide)
7 Etangs de la Forêt
8 Double
9 Forez
10 Allier
11 Bresse
12 Limousin
13 Luxeuil-Faucogney (sw—Vogesen)
14 Sundgau
15 Somme

tete eine Vernachlässigung der ländlichen Besitzungen und damit auch der kunstvoll angelegten Teichanlagen. Die hohen Steuerlasten trafen die Teichbauern besonders hart, da die Bewirtschaftung der Teiche sehr aufwendig, die Erträge demgegenüber relativ gering waren. Erst in dieser Zeit des Niedergangs entwickelte sich die Malaria zu einer der gefürchtesten Krankheiten in den Teichgebieten; sie wurde durch die Versumpfung in den entstehenden Tümpeln begünstigt. Als Konsequenz forderte die Nationalversammlung im Jahre 1793 die Trockenlegung aller Teichflächen, deren Nützlichkeit nicht durch behördliche Prüfung festgestellt wurde. Allerdings wurde dieses Dekret nur mit relativ geringem Erfolg in die Praxis umgesetzt.

Bereits zwei Jahre später mußte es wieder aufgehoben werden, da es eine Flut von Protesten ausgelöst hatte, die bezeugten, daß trotz des Rückganges für die Wirtschaft der betroffenen Gebiete die Teiche nach wie vor eine große Rolle spielten. So dienten sie als Wasserspeicher, als Viehtränken, zur Wiesenbewässerung, zum Schneiden von Streu, zum Wäschewaschen und zum Rösten von Flachs. Außerdem wurden die Dämme zwischen den Wasserflächen als Verkehrswege genutzt, der Besatz der Flüsse erfolgte mit Fischen aus den Teichen, für viele Teichbauern wurde nur durch die Fischzucht ein regelmäßiges Einkommen garantiert, da die ackerbauliche Nutzung auf den spärlichen Böden keine ausreichende Lebensgrundlage sicherte. Während des gesamten 19. Jahrhunderts hielt die Diskussion um das Für und Wider der Teichwirtschaft an. Verbote der Teichwirtschaft, Erlaubnis zur erneuten Anlage, wieder neue Anweisungen zur Trockenlegung lösten einander ab, ohne daß zunächst durchgreifende Veränderungen in der Ausweitung der Teichflächen erzielt wurden. Erst die Politik Napoleons III. brachte gewisse Veränderungen mit sich. Er beschränkte sich nicht darauf, die Existenz der Teichwirtschaft zu verbieten, sondern verband damit ein Sanierungsprogramm zur Trockenlegung der Sumpfflächen, zur Anlage von Ackerflächen, zur Bereinigung der Strukturverhältnisse, für Straßen- und Kanalbau usw. Die Auflassung ungünstiger Teichanlagen wurde durch Prämien begünstigt.

Durch diese Maßnahmen wurden die Teichflächen erheblich reduziert, allerdings war es nicht Ziel der Maßnahme, sie völlig verschwinden zu lassen. Zu Beginn des 20. Jahrhunderts wurde durch die Einrichtung des „Syndicats des Etangs" und der späteren Nachfolgeorganisationen der Grundstein für eine moderne Nutzung gelegt, die sich bis heute erhalten hat.

Die heutige Bewirtschaftung der Teichflächen unterscheidet sich erheblich von der traditionellen. Trotz der schwierigen Absatzlage, vor allem aufgrund der Konkurrenz aus den osteuropäischen Teichgebieten, spielt die Fischzucht noch eine Schlüsselrolle. Das Spektrum der Nebennutzung hat sich jedoch erheblich ausgeweitet, insbesondere im Hinblick auf die Regulierung des Wasserhaushalts. Dies gilt sowohl für den natürlichen Wasserhaushalt als auch für die Nutzung des Wassers zu Bewässerungszwecken oder zur Speisung der Schiffahrtskanäle. Diese Nutzung hatte sich bereits seit dem 19. Jahrhundert abgezeichnet. Besonders in Lothringen stellen die Teiche das wichtigste natürliche Wasserreservoir für die Ergänzung der Kanalsysteme während der niederschlagsarmen Zeit dar.

Neu hinzu gekommen sind in den letzten Jahrzehnten der Angelsport und die Jagd. Angeln und Jagen kann man in Frankreich durchaus als Volkssport bezeichnen. Vor allem im ländlichen Raum gehören sie zu den beliebtesten Freizeitbeschäftigungen. Aber auch Stadtbewohner werden häufig als Pächter von Weihern für den Angel- oder Jagdsport registriert. Dies bedeutet eine Umfunktionierung der traditionellen Nutzungsform, denn es findet nun keine regelmäßige Nutzung mehr statt. Der Pächter oder der Eigentümer achtet lediglich auf die Ausgewogenheit seines Fischbestandes, ist aber nicht vorwiegend von kommerziellen Interessen geleitet. Dies bedeutet, daß ein Wechsel der Teichflächen mit Ackerland nicht mehr erfolgt. Diese Entwicklung ist besonders in den südelsässischen Teichgebieten weit fortgeschritten. Hier werden die Weiher häufig als Anzuchtbecken für den Besatz größerer Gewässer genutzt.

Die Jagd konzentriert sich insbesondere auf Wasservögel, und hier vornehmlich auf die Entenjagd. Die Jagdeinnahmen bedeuten dabei für die Eigentümer eine erhebliche Verbesserung der Rendite. Schon zu Beginn des Jahrhunderts wurde beispielsweise in der Sologne der Reingewinn eines ha Teichfläche im Falle der Verpachtung zur Jagd verdoppelt. Durch die zunehmende Ausweitung und Beliebtheit des Jagdsports hat sich diese Situation seither ständig verbessert. Die große Nachfrage hat regional sogar zu einer starken Dezimierung der Wildentenbestände geführt, so daß Reglementierungen durch die Behörden vorgenommen werden mußten.

Neu hinzu gekommen ist auch die Bedeutung der Teiche für den Fremdenverkehr, der sich zum Teil mit dem Angel- und Jagdsport verbindet. In der Sologne ist es an Wochenenden während des Sommers praktisch unmöglich, eine Übernachtungsmöglichkeit zu finden. In Lothringen stieg die Zahl der Campingübernachtungen am Grand Etang de Mittersheim innerhalb von 5 Jahren von 6000 auf 60 000. In der Double wurde der Grand Etang de la Jemaye in ein Ferienzentrum verwandelt.

Durch diesen Nutzungswandel in der französischen Teichwirtschaft erklärt sich, daß die Binnenfischerei in den letzten Jahren ständig rückläufig war. Sie könnte zweifellos von den natürlichen Voraussetzungen aus um ein Vielfaches gesteigert werden. So ergibt sich alles in allem eine extensive Nutzung, die mit der ursprünglichen Nutzungsform kaum noch etwas gemeinsam hat. Die französischen Teichlandschaften sind zu einem bevorzugten Gebiet privilegierter Bevölkerungsschichten geworden, die hier ihren Hobbys nachgehen. Zahlreiche Teichwirte versuchen, durch den Tourismus Einkommensquellen zu erschließen. Dies ist um so verständlicher, als die Absatzchancen für die Fischproduktion aufgrund veränderter Konsumgewohnheiten (Zunahme des Seefischkonsums) gesunken sind. Schwierige und teure Transport- und Vermarktungserfordernisse (Lebendverschickung) und hohe Kosten bei einer systematischen Nutzung für die Unterhaltung der Teichflächen spielen gleichermaßen für diese Extensivierungstendenz eine wichtige Rolle.

Für den Export werden heute nur noch 10% der Karpfenproduktion, die rund 90% der Fischproduktion der französischen Teichwirtschaftsgebiete ausmacht, bereitgestellt. Besondere Exportspitzen entstehen um die Weihnachtszeit, in der in vielen europäischen Ländern der Karpfenverzehr stark ansteigt. In Frankreich selbst liegt der Hauptabsatz für die Karpfenproduktion in der Fastenzeit, da hier die Gewohnheit, Weihnachts- und Neujahrskarpfen zu essen, nicht ausgebildet ist. Unter den Exportländern liegt die Bundesrepublik Deutschland eindeutig an der Spitze. Sie nimmt rund 85% der exportierten Karpfen ab. Versuche, die Produktion auf andere Fischarten, die sich besser absetzen lassen, umzustellen, scheiterten häufig an den ungünstigen Voraussetzungen in den Teichgebieten. Die Teiche sind ausgesprochen flache Wasserflächen, in denen die Zucht von Barsch oder Schleie schwieriger ist als die des Karpfens. Lediglich im Teichgebiet der Somme hat sich die Aalzucht als günstige Alternative entwickelt.

Insgesamt unterliegt die französische Teichwirtschaft heute einem Nutzungswandel, der den modernen Konsumgewohnheiten entspricht. Die aufwendige Wechselwirtschaft, die ursprünglich kennzeichnend war, wird praktisch nirgends mehr betrieben. Ungünstige Teichflächen, die nicht für Jagd, Angelsport oder Fremdenverkehr geeignet sind, werden endgültig ausgetrocknet. Dort, wo sich die „moderne" Nutzung als rentabel erweist, werden dagegen neue Wasserflächen angelegt. Ehemalige und neu hinzugekommene Nebennutzungen übernehmen somit die Funktion der Hauptnutzung in einer Wirtschaftsform, die über Jahrhunderte hin in weiten Teilen Frankreichs eine bedeutende Rolle gespielt hat.

5.6.
Wandel und Beharrung im ländlichen Frankreich

Bei aller „Modernisierung" der Landwirtschaft bleiben vielerorts bis heute Elemente der Beharrung in ländlichen Gebieten kennzeichnend. Namentlich in den Gebirgsbereichen wird teilweise eine sehr traditionelle Bewirtschaftung der verbliebenen Höfe betrieben, oft finden sich aber auch in agrarischen Gunstgebieten genügend Elemente traditioneller Wirtschafts- und Lebensform. Unbeschadet dieser regionalen Differenzierung kann man jedoch in Frankreich feststellen, daß sich ein Trend, der das ländliche Frankreich über Jahrhunderte hin gekennzeichnet hat, inzwischen umgekehrt hat. Bis Ende der 1960er Jahre war statistisch stets eine Verringerung der Landbevölkerung zugunsten der städtischen Bevölkerung zu beobachten. Seit Mitte der 1970er Jahre kehrt sich dieser Trend, nach einer kurzen Phase der Stagnation, um. Heute nimmt die Bevölkerung im ländlichen Raum wieder zu, die Stadtbevölkerung flieht aus den Agglomerationen, um auf dem Lande mehr Lebensqualität zu finden. Für diesen Prozeß hat man den Begriff der „rurbanisation" erfunden, der sich immerhin zwischen 1975 und 1982 in einer Zunahme der Bevölkerung in ländlichen Gemeinden um 8,2% niederschlägt. Die Stadtbevölkerung vermehrte sich im gleichen Zeitraum um 1,5%. Mit diesem Prozeß ändert sich auch die Bevölkerungsstruktur im ländlichen Raum, so daß auch die Vormachtstellung der „vieille société" oft in Frage gestellt ist.

Aber auch die Landwirtschaft hat generell einen Wandel erfahren, der die traditionellen Klischeevorstellungen längst überholt hat. So hat sich z.B. die Getreideproduktion des Landes zwischen 1950 und 1982 von 5 auf 12,5 Mio t erhöht. Die Hektarerträge, die 1900 noch bei 6,5 dz/ha lagen, betragen heute im Landesdurchschnitt 26,5 dz, die Milchproduktion pro Milchkuh hat sich innerhalb dieser Zeit verdreifacht. Im Laufe von nur 30 Jahren hat sich die Zahl der landwirtschaftlichen Betriebe halbiert, demgegenüber die durchschnittliche Betriebsgröße, heute rd. 25 ha, praktisch verdoppelt. Neben der rein agrarischen Komponente wird der ländliche Raum in Frankreich heute zunehmend auch durch nichtagrarische Aktivitäten gekennzeichnet. In vielen ehemaligen Marktorten, die traditionell fast ausschließlich von der Landwirtschaft des Umlandes lebten, finden sich heute Industriebetriebe, in denen die ehemals agrarische, aber auch die aus den Städten auf das Land gezogene Bevölkerung Arbeit findet. In bestimmten Gegenden tritt der Tourismus als weitere nichtagrarische Erwerbsquelle hinzu. So verwischt sich der alte Stadt-Land-Gegensatz allmählich, ohne daß deswegen die vielbeschriebenen „campagnes profondes" schon verschwunden wären. Man muß jedoch schon in die Gebirgsregionen der Pyrenäen oder der südlichen Alpen, in die wenig ertragreichen Ebenen der Sologne oder in die kargen Plateaulandschaften der Causses gehen, um diese Reliktlandschaften zu finden. Bevölkerungsdichten von weniger als 20 Ew./km^2, zunehmende Brachflächenanteile, Überalterung der Bevölkerung sind hier bis heute kennzeichnend: „La France du vide", wie es R. Béteille (1981) in einem kürzlich erschienenen Buchtitel genannt hat, dem jedoch „La France dynamique" vielerorts den Rang abläuft.

6. Der Fremdenverkehr, wichtige Devisenquelle der Wirtschaft

Der Fremdenverkehr ist für viele Länder heute zu einem wichtigen Wirtschaftsfaktor geworden. Zweifellos gehört auch Frankreich hierzu. Allerdings standen der Fremdenverkehrsentwicklung vor allem im Zeitalter des modernen Massentourismus zahlreiche Hemmnisse entgegen. Früher als Frankreich, das sich in einigen Zentren seit dem 19. Jahrhundert zum Urlaubsland gehobener Sozialschichten entwickelt hatte, erkannten andere mediterrane Länder die Chance, die der Massentourismus für die Wirtschaft eines Landes bot. In Italien setzte schon in den frühen 50er Jahren die große Urlauberwelle aus den mittel- und nordeuropäischen Staaten ein und verhalf zahlreichen vorher fast unbedeutenden Orten zu einem explosionsartigen wirtschaftlichen Aufschwung. Auch nach Spanien schlug gegen Ende der 50er Jahre die große Fremdenverkehrswelle und brachte dem Land rasch hohe Deviseneinnahmen. Das Zeitalter des Massentourismus schien Frankreich vergessen zu haben und richtete sich stärker auf die südlicheren Länder, die es verstanden, durch billige Angebote das Interesse der mittel- und nordeuropäischen Industrieländer auf sich zu lenken. Frankreich, das während des 19. und auch noch während der ersten Hälfte des 20. Jahrhunderts als das Fremdenverkehrsland mit den besten Einrichtungen, mit dem höchsten Niveau und mit dem anspruchsvollsten Service gegolten hatte, rutschte innerhalb weniger Jahre hinter andere mediterrane Länder in der Fremdenverkehrsstatistik ab und verzeichnete selbst erhebliche Devisenverluste in einer Zeit, in der das Land alle verfügbaren Finanzreserven zu mobilisieren versuchte, um die durch den Krieg beeinträchtigte oder zerstörte Wirtschaft wieder neu aufzubauen. Die Franzosen selbst stellten schon bald das größte Touristenkontingent in Spanien, so daß sich der französische Staat veranlaßt sah, Devisenkontingentierungen aufzuerlegen, um den unkontrollierten Abfluß der französischen Währung einzudämmen.

Als die klassischen Fremdenverkehrsgebiete Frankreichs hatten sich die Riviera im Abschnitt zwischen Hyères und Menton, die aquitanische Küste zwischen Biarritz und Arcachon und die normannischen Seebäder herausgebildet. Sie waren im wesentlichen während des 19. Jahrhunderts entstanden und wurden überwiegend von Ausländern aus Kreisen des Hochadels, des Geldadels oder des Großbürgertums geprägt. Namentlich die Engländer verliehen Fremdenverkehrsorten wie Deauville an der normannischen Küste, Biarritz in der Biscaya-Buch oder Nizza ihr Gepräge.

Mit dem Übergang des Wintertourismus zum Badetourismus zu Beginn des 20. Jahrhunderts traten auch in Frankreich tiefgreifende Veränderungen ein. Vor allem an den Küsten entwickelten sich schnell weitere Fremdenverkehrszentren. Das Aufkommen neuer Ideale (gebräunte oder gestählte Körper) begründete auch verschiedene Sportarten, die sich zwangsläufig mit den neuen Fremdenverkehrszentren verbanden. An den Küsten wurden Segeln und verschiedene Wassersportarten zum Prestigeobjekt, im Hochgebirge entwickelte sich allmählich ein vorher völlig vernachlässigter Fremdenverkehr. Daneben verfügte Frankreich aber über zahlreiche touristische Schwerpunkte, die sich aus seiner Geschichte, aus der Überlagerung verschiedener Kulturepochen und aus der landschaftlichen Vielfalt im Überschneidungsbereich von atlantisch-geprägten Küstensäumen und Hochgebirge, vom mitteleuropäischen Nordosten bis zum mediterranen Midi, ergaben. Über Jahrhunderte hin war das Land geistiges und kulturelles Zentrum Europas, und der Bildungstourismus sowohl des 18. Jahrhunderts als auch der „Moderne" fand je nach Geschmack in diesem Lande attraktive Objekte.

Auch die Frühformen des Fremdenverkehrs wie Pilgerfahrten waren in Frankreich seit dem Mittelalter von Bedeutung, wobei die großen Pilgerströme das Land teilweise durchquerten – vor allem der Weg nach Santiago di Compostela führte quer durch das Land –, teilweise waren aber auch innerhalb des Landes bedeutende Pilgerzentren entstanden. Lourdes am Fuße der Pyrenäen ist heute nach Rom eine der wichtigsten Pilgerstätten der katholischen Gläubigen.

Früh von Bedeutung waren auch Thermalquellen, die schon seit den Römern genutzt wurden, jedoch erst in der Neuzeit auch wirtschaftlich an Bedeutung gewannen.

Die Vielfalt der Landschaft und damit der touristischen Möglichkeiten, das breite Spektrum touristischer Interessen und touristischer Aktivitäten haben den Fremdenverkehr heute zu einem Wirtschaftsfaktor werden lassen, der in Frankreich nach der Automobilindustrie den zweiten Rang einnimmt. Er ist somit volkswirtschaftlich von allergrößter Bedeutung.

6.1. Allgemeine Strukturmerkmale des Fremdenverkehrs in Frankreich

Die Phasenverzögerung, die Frankreich in der Entwicklung des Fremdenverkehrs in der Nachkriegszeit gegenüber anderen europäischen Ländern kennzeichnet, ist zweifellos dadurch begründet, daß sich viele ehemalige Zentren nicht schnell genug auf die Bedürfnisse des aufkommenden Massentourismus umzustellen vermochten. Die Verzögerung ist jedoch auch im Zusammenhang mit dem schwierigen wirtschaftlichen Wiederaufbau nach dem Zweiten Weltkrieg zu sehen, der zusätzlich belastet wurde durch den Unabhängigkeitskampf der Kolonialländer. Die Bevölkerung war somit später als in den östlichen und nördlichen Nachbarländern aufgrund wachsenden Wohlstands in der Lage, diesen Zeitströmungen zu folgen. Während sich Ende der 50er Jahre nur knapp 10 Mio Franzosen einen Ferienaufenthalt von mindestens 5 Tagen leisteten, stieg die Zahl bis zu Beginn der 70er Jahre auf fast 50% der Gesamtbevölkerung an, wobei der Anteil der Bevölkerung unter 40 Jahren bei knapp 53% lag, von den 40–60jährigen fuhren 43% in Urlaub, bei der Bevölkerung über 60 Jahren reduzierte sich der Anteil auf 25%. Allgemeines Kennzeichen des Freizeitverhaltens in Frankreich ist die Bevorzugung der Küsten, also des Sommerurlaubs, was bei der Lage des Landes und der Öffnung zum Meer an einer Küstenlinie von fast 2000 km nicht überrascht. 41% aller Urlauber verbrachten beispielsweise im Jahre 1976 ihren Urlaub am Meer, nur 18,8% im Gebirge, 30% bevorzugten Touristengebiete im Landesinneren. Der Rest verteilte sich auf Rundfahrten oder auf Stadtaufenthalte.

Dabei ist auffällig, daß der Anteil der Badeaufenthalte seit Beginn der 60er Jahre ständig zunimmt. Auch der Wintersport nimmt seit dieser Zeit zu, in beiden Fällen auf Kosten des Fremdenverkehrs auf dem „flachen Lande", dessen Anteil sich ständig verringerte.

Trotz dieser Steigerung bleibt Frankreich nach wie vor ein wenig reisefreudiges Land, was sich einerseits mit dem hohen Anteil ländlicher Bevölkerung, andererseits mit dem relativ niedrigen Lohnniveau und der

Tab. 73: Die Hotelstruktur Frankreichs 1976 und 1983

Programm-region	ohne*		Hotelkategorie 1+2*		3+4+L*		Gesamt		Zimmer (in Tsd.)
	1976	1983	1976	1983	1976	1983	1976	1983	1983
Ile-de-France	7 642	5 213	1 234	1 296	353	396	9 229	6 905	215,5
Champ.-Ard.	980	653	233	261	24	30	1 237	944	12,2
Picardie	1 378	912	145	167	23	24	1 546	1 103	12,1
Hte.-Normandie	1 054	561	293	320	24	30	1 371	911	14,1
Centre	1 991	1 449	516	614	50	64	2 557	2 127	24,2
Bse.-Normandie	1 011	703	387	440	45	51	1 443	1 194	17,5
Bourgogne	1 373	1 020	437	502	64	69	1 874	1 591	19,0
Nord-P.d.C.	1 856	987	266	288	45	48	2 167	1 323	19,4
Lorraine	1 550	979	416	494	44	43	2 010	1 516	23,9
Alsace	581	414	352	472	39	57	972	943	15,7
Franche-Comté	688	474	328	385	16	19	1 032	878	11,8
Pays d. l. Loire	1 518	878	519	639	44	59	2 081	1 576	23,9
Bretagne	1 378	1 053	830	925	70	86	2 287	2 064	35,8
Poitou-Char.	979	663	375	429	47	53	1 401	1 145	14,7
Aquitaine	2 355	1 622	988	1 105	122	126	3 465	2 853	40,2
Midi-Pyrén.	1 961	1 775	1 178	1 311	97	112	3 236	3 198	54,0
Limousin	724	571	222	277	18	20	964	868	10,0
Rhône-Alpes	4 600	3 527	2 275	2 539	378	399	7 253	6 465	105,1
Auvergne	1 675	1 245	731	837	53	54	2 459	2 136	34,2
Languedoc-R.	1 365	989	645	806	110	139	2 120	1 934	32,6
Prov.-A.-C.d'A.	2 594	2 111	2 031	2 237	410	484	5 035	4 832	86,5
Corse	122	114	232	305	62	73	416	429	11,6
Frankreich	39 384	27 913	14 633	16 649	2 138	2 436	56 155	46 998	834,1

Quelle: Statistique du Tourisme 12, 1976 und INSEE 1984a

starken Reglementierung der Ferienzeiten erklärt. Für die Agrarbevölkerung fallen Haupturlaubszeit und Hauptarbeitszeit zeitlich zusammen, außerdem stehen hier häufig mangelnde Kooperationsbereitschaft und traditionelle Denkweise dem Urlaubsverhalten negativ entgegen. Die Reglementierung der Urlaubszeiten mit einer Konzentration auf die Monate Juli und August führt zu einer hoffnungslosen Überfüllung sämtlicher Urlaubsorte Frankreichs während dieser beiden Monate, während die Vor- und Nachsaison praktisch im ganzen Lande völlig unausgelastet bleibt.

Das niedrige Lohnniveau ist auch einer der Gründe für die Bevorzugung der Ferienaufenthalte bei Verwandten und Bekannten. Nur 7% der Urlauber wählten zu Beginn der 70er Jahre das Hotel als Ferienaufenthalt. Wachsende Bedeutung verzeichneten die Appartements- und Ferienhausanmietung, die 18% der gewählten Beherbergungsform ausmachte, Zweitwohnungen stellten 13%

der Kapazität, bei 36% erfolgte die Unterbringung bei Verwandten oder Bekannten, und 17,5% machten Zelt- oder Caravaning-Urlaub.

Die Hotelstruktur Frankreichs ist gekennzeichnet durch ein starkes Überwiegen der unteren Kategorien, wobei die Zahl der nicht qualifizierten Hotels (non-homologué) in den letzten Jahren stark zurückgegangen ist. Lediglich ein Teil davon ist durch bauliche Veränderungen in eine der Stern-Kategorien übergewechselt, die insgesamt leichte Zunahmen verzeichnen. Der Schwund von nahezu 10 000 Hotels innerhalb von knapp 10 Jahren ist jedoch das auffälligste Kennzeichen der französischen Beherbergungsstruktur (Tab. 73). Trotz dieser Zunahme qualifizierter Hotelkapazitäten bei gleichzeitiger Abnahme der nichtklassifizierten Hotels stellt der Anteil der Hotels an der Beherbergungskapazität weniger als ein Drittel der Gesamtkapazität des Landes. Der

Tab. 74: Die Entwicklung der Zweitwohnsitze in Frankreich 1962–1982 (in Tsd.)

Programmregion	1962	1968	62/68%	1975	68/75%	1982	75/82%
Ile-de-France	109,9	130,1	+18,4	133,8	+ 2,8	148,6	+ 11,1
Champ.-Ard.	15,8	19,9	+25,9	25,4	+27,6	30,2	+ 18,9
Picardie	29,5	39,9	+35,3	52,6	+31,8	59,6	+ 13,3
Hte.-Normandie	21,7	30,2	+39,2	38,8	+28,5	44,4	+ 14,4
Centre	52,1	67,5	+29,6	90,1	+33,5	104,8	+ 16,3
Bse. Normandie	36,2	46,9	+29,6	66,3	+41,4	91,0	+ 37,3
Bourgogne	54,1	65,0	+20,1	78,7	+21,1	89,2	+ 13,3
Nord-P.d.C.	16,4	22,7	+38,4	31,5	+38,8	42,2	+ 34,0
Lorraine	13,1	19,4	+48,0	28,4	+46,4	36,1	+ 27,1
Alsace	7,7	10,8	+40,2	14,7	+36,1	20,3	+ 38,1
Franche-Comté	18,1	21,6	+19,3	30,2	+39,8	36,8	+ 21,8
Pays d. l. Loire	58,8	80,6	+37,1	114,4	+41,9	127,5	+ 11,5
Bretagne	58,1	77,5	+33,4	113,0	+45,8	153,7	+ 36,0
Poitou-Char.	33,5	42,8	+27,8	56,4	+31,8	72,3	+ 28,2
Aquitaine	52,2	65,9	+26,2	92,2	+39,9	121,4	+ 31,7
Midi-Pyrén.	47,1	58,4	+24,0	79,6	+36,3	107,6	+ 35,2
Limousin	21,8	26,5	+21,6	35,0	+32,1	45,4	+ 29,7
Rhône-Alpes	110,3	140,9	+27,7	199,8	+41,8	285,1	+ 42,7
Auvergne	44,7	54,0	+20,1	69,0	+27,8	93,6	+ 35,7
Languedoc-R.	51,3	67,1	+30,8	109,4	+63,0	188,8	+ 72,6
Prov.-A.-C.d'A.	92,6	138,8	+39,4	212,8	+63,2	304,8	+ 43,2
Corse	3,4			13,7		34,9	+154,7
Frankreich	952,0	1 226,5	+28,8	1 685,8	+37,4	2 238,3	+ 32,8

Quelle: Statistique du Tourisme 12, 1976 und INSEE 1984a

Auslastungsgrad liegt bei ca. 60% und damit im Vergleich zu anderen mediterranen Ländern relativ hoch. Allerdings sind die Hotels in Spanien oder Italien oft ausschließlich als Saisonbeherbergung konzipiert, während der größte Teil der französischen Hotels auf eine ganzjährige Auslastung angelegt ist. Im Vergleich zu Spanien, wo 80% der Hotelkapazität nach dem Zweiten Weltkrieg gebaut worden ist, ergeben sich damit erhebliche Belastungen für Frankreichs Hotelwesen.

Deutliche Veränderungen ergeben sich bei den wichtigsten Beherbergungsformen, nämlich den Zweitwohnungen und Campingplätzen. Zweitwohnungen und Ferienwohnungen spielten in verschiedenen Teilen Frankreichs schon recht früh eine Rolle, insbesondere in Nachbarschaft zu den größeren Städten, wenn sich diese in nicht allzu großer Entfernung vom Strand oder von Wintersportmöglichkeiten befanden. So ist es ein Kennzeichen der Fremdenverkehrsentwicklung an den Küsten Aquitaniens, daß seit Mitte des vorigen Jahrhunderts durch das gehobene Bürgertum von Bordeaux allmählich die Gestade der Bucht von Arcachon völlig mit Ferienwohnungen bebaut wurden. Ähnliche Tendenzen finden sich an den normannischen Küsten, dem „Badestrand von Paris", oder an der Côte d'Azur, die als Ferienzentrum für die Agglomerationsgebiete des Südostens und Südens anzusehen ist. In jüngerer Zeit werden aber auch im Zuge der Entvölkerung verlassene Gebiete, wie etwa das Zentralmassiv, zu beliebten Feriengebieten mit einem hohen Anteil an Zweitwohnungen. Hier sind es vor allem verlassene Bauernhäuser, die für Ferienaufenthalte in der „ungestörten Natur" umgestaltet werden.

Die Verbreitung der Zweitwohnsitze ist in den einzelnen Regionen durchaus unterschiedlich. Erst in den letzten 20 Jahren ist das weitere Umland von Paris, das auf den kargen Plateauflächen relativ wenig landschaftlichen Reiz hat, stärker für die Wahl von Zweitwohnsitzen in Frage gekommen. In den Hauptfremdenverkehrsgebieten im Bereich der Küste ist die Herkunft der Besitzer breiter regional gestreut. Sehr viele dieser Zweitwohnsitze werden nur während des Urlaubs aufgesucht. Zum Teil stehen sie während der übrigen Zeit für Vermietungen zur Verfügung. Durch die starke Konzentration der Urlaubszeit auf die beiden Sommermonate Juli und August ist die Auslastung jedoch sehr gering. Die Bedeutung der Ferienwohnungen und Zweitwohnsitze ist an der französischen Riviera am größten. Aber auch die übrigen Küstenregionen verzeichnen alle sehr starke Zuwachsraten. (Tab. 74)

Von den absoluten Werten her stehen demgegenüber die Programmregionen im Binnenland zurück. Aber auch hier haben sich zum Teil relativ hohe Steigerungen ergeben. Gerade Gebiete, die sich durch hohe Wanderungsverluste demographisch entleeren, weisen eine spürbare Zunahme der Zweitwohnsitze auf. Der Hang der französischen Bevölkerung nach „mehr Natur" wird gerade unter dem Gesichtspunkt des explosionsartigen Wachstums der französischen Städte nach dem Zweiten Weltkrieg und der häufig stereotypen Bauweise durchaus verständlich. Die verbesserten Einkommens- und Verkehrsbedingungen machen die Überwindung größerer Strecken an Wochenenden auch für die unteren Einkommensschichten möglich, die sich nicht selten die relativ billigen alten Bauernhäuser in den entlegenen Dörfern aufkaufen, um sie für die Freizeit herzurichten.

Zweifellos geht diese Überlagerung des ländlichen Raumes durch die städtische Freizeitbevölkerung nicht ohne Probleme vor sich, zumal sie häufig völlig unkontrolliert erfolgt. Für die verbleibende Restbevölkerung werden potentielle Erwerbsabsichten durch steigende Preise negativ beeinflußt. Außerdem werden ihnen für Installationen, Abwasserbeseitigung, Erschließung mit Wegen etc. Kosten auferlegt. Vorteile entstehen hinge-

Tab. 75: Camping-Plätze und ihre Kapazität in Frankreich 1968–1983

Programmregion	Terrains			Stellplätze (in Tsd.)		
	1968	1975	1983	1975	1983	75/83%
Ile-de-France	79	105	131	27,6	43,7	+58,3
Champ.-Ard.	57	71	94	9,5	18,4	+93,7
Picardie	66	93	156	21,5	37,9	+76,3
Hte.-Normandie	78	85	106	14,8	23,6	+59,5
Centre	208	228	315	38,7	53,5	+37,7
Bse.-Normandie	158	189	246	47,7	71,1	+49,1
Bourgogne	113	129	163	19,5	30,1	+54,4
Nord-P.d.C.	78	120	276	38,8	72,6	+87,1
Lorraine	102	106	152	24,4	42,8	+75,4
Alsace	41	72	95	16,8	24,1	+43,5
Franche-Comté	82	79	124	16,1	27,1	+68,3
Pays d. l. Loire	303	479	633	142,8	201,4	+41,0
Bretagne	387	543	773	145,9	231,6	+58,7
Poitou-Char.	277	341	413	97,1	129,1	+33,0
Aquitaine	391	483	629	153,5	243,2	+58,4
Midi-Pyrén.	319	380	510	52,2	79,6	+52,5
Limousin	74	115	175	18,4	32,5	+76,6
Rhône-Alpes	465	549	782	104,9	164,3	+56,6
Auvergne	134	189	315	31,2	57,2	+83,3
Languedoc-R.	348	503	791	184,9	280,2	+51,5
Prov.-A.-C.d'A.	455	572	747	186,5	273,1	+46,4
Corse	42	63	139	15,6	27,4	+75,6
Gesamt	4 257	5 494	7 765	1 408,4	2 164,4	+53,7

Quelle: INSEE 1977 und 1984a

gen für das örtliche Baugewerbe, das durch die starke Vermehrung von Zweitwohnungen vielerorts in den letzten Jahren einen Aufschwung verzeichnen konnte. Von der absoluten Zahl her gering, jedoch in den letzten Jahren relativ stark zunehmend, ist die Zahl der Zweitwohnungen in den Wintersportgebieten.

Trotz der Erweiterung des sozialen Spektrums bei den Eigentumsverhältnissen bleibt die Mehrzahl der Zweitwohnungen den mittleren bis höheren Einkommensschichten vorbehalten. Da sich jedoch die Urlaubsgewohnheiten auch der niedrigeren Einkommensklassen, deren Urlaubsanspruch in den Jahren nach dem Zweiten Weltkrieg schnell gewachsen ist, stark verändert haben, ist die Zunahme der sogenannten „sozialen Beherbergungsformen" ein besonderes Charakteristikum der Nachkriegsentwicklung. Hierbei ist das Spektrum in Frankreich relativ breit. Neben der inzwischen in ganz Europa stark verbreiteten Campingaktivität sind es sogenannte Maisons familiales, Ferienheime, die außerhalb der Saison häufig als Schulen genutzt werden, oder ganze villages familiaux, Ferienkolonien oder Feriendörfer, die besonders für kinderreiche Familien oder für Kinderfreizeiten vorgesehen sind. Im Jahre 1982 standen in 741 Maisons Familiales fast 80 000 Betten zur Verfügung, in kleinen ländlichen Hotels, die als „Auberges Rurales" oder „Logis de France" deklariert sind, weitere 75 706 Betten.

Diese Formen der „sozialen Beherbergungskategorien" erreichen allerdings bei weitem nicht die Bedeutung des Campings. Die Zahl der Terrains und der Beherbergungskapazität auf den Campingplätzen Frankreichs hat sich in den zehn Jahren von 1960 bis 1970 mehr als verdoppelt, und die aufstrebende Tendenz hat sich auch in den letzten Jahren noch fortgesetzt. (Tab. 75)

Naturgemäß ist die Zahl der Campingplätze aufgrund der Klimabedingungen im Süden und Südwesten des Landes höher als im Norden. Auch hier ist die hohe Konzentration in den Küstengebieten kennzeichnend. Selbst die witterungsungünstige Bretagne, die zwar über ausgesprochen milde Temperaturen, aber über eine relativ hohe Niederschlagshäufigkeit im Sommer verfügt, ist durch eine große Zahl an Campingplätzen geprägt.

Vor dem Hintergrund dieser Entwicklungstendenz in den Beherbergungsbetrieben ist die Entwicklung der effektiven Urlauberzahlen zu sehen, die in den letzten Jahren in Frankreich ebenfalls ständig zugenommen haben. Drei Kennzeichen lassen sich dabei feststellen: (Tab. 76 u. 77)

– Der Anteil an der Bevölkerung, der sich einen Urlaub leistet, ist in den letzten Jahren deutlich angestiegen.
– Der Anteil der Winterurlauber wuchs in den letzten Jahren stark an und beträgt vom Umfang her inzwischen fast die Hälfte der Sommerurlauber.
– Der Anteil der im Ausland verbrachten Ferientage liegt relativ niedrig, was vor allem in den letzten Jahren mit dem relativ schwachen Kurswert der französischen Währung gegenüber anderen europäischen Währungen zu erklären ist.

Bei den Ferienzielen im Ausland dominiert mit Abstand Spanien vor Italien und den übrigen europäischen Ländern. In Spanien stellen die Franzosen zahlenmäßig das größte ausländische Touristenkontingent seit den 50er Jahren. Allerdings zeichnet sich in den letzten Jahren ein Trend nach Fernreisen ab, da mit zunehmender Einkommensverbesserung auch andere Ferienziele ausgewählt werden. (Tab. 78)

Spanien wurde vor allem wegen seines niedrigen Preisniveaus, wegen der geringen Entfernungen und wegen relativ geringer Sprachschwierigkeiten lange Zeit vorgezogen. Vor allem im Südwesten Frankreichs spricht ein hoher Anteil der Bevölkerung Spanisch. Im Südosten wird dagegen Italien als Reiseland bevorzugt.

Innerhalb Frankreichs läßt sich die Konzen-

Tab. 76: Das Sommerurlaubsverhalten der Franzosen 1965–1983

	1965	1969	1973	1976	1983
Bevölkerungszahl absolut	46,7 Mio.	47,9 Mio.	49,6 Mio.	52,8 Mio.	54,5 Mio.
Sommerurlauber absolut	18,7 Mio.	20,5 Mio.	23,6 Mio.	25,6 Mio.	29,6 Mio.
Anteil Urlauber/Bevölkerung	40,0%	42,8%	47,6%	49,3%	55,2%
Zahl der Übernachtungen	507,0 Mio.	556,0 Mio.	606,0 Mio.	672,0 Mio.	732,0 Mio.
davon Inland	430,0 Mio.	470,0 Mio.	491,0 Mio.	557,5 Mio.	608,0 Mio.
davon Ausland	77,0 Mio.	86,0 Mio.	115,0 Mio.	114,5 Mio.	124,0 Mio.

Quelle: Statistique du Tourisme, 14, 1977 und L'économie du Tourisme Nr. 8, 1983

Tab. 77: Das Winterurlaubsverhalten der Franzosen 1973–1983

	1973	1974	1975	1976	1983
Bevölkerungszahl absolut	49,6 Mio.	49,7 Mio.	52,6 Mio.	52,8 Mio.	54,5 Mio.
Winterurlauber absolut	7,8 Mio.	8,0 Mio.	8,7 Mio.	9,4 Mio.	13,1 Mio.
Anteil Urlauber/Bevölkerung	15,7%	16,2%	16,6%	18,1%	24,3%
Zahl der Übernachtungen	116,2 Mio.	119,5 Mio.	123,9 Mio.	145,3 Mio.	188,0 Mio.
davon Inland	99,5 Mio.	104,0 Mio.	106,5 Mio.	125,1 Mio.	158,0 Mio.
davon Ausland	16,7 Mio.	15,5 Mio.	17,7 Mio.	20,2 Mio.	30,0 Mio.

Quelle: Statistique du Tourisme, 14, 1977 und L'économie du Tourisme Nr. 9, 1984

Tab. 78: Die Ferienziele der Franzosen im Ausland 1964–1983 (in Tsd.)

Ferienziel	Zahl der verbrachten Ferientage					Urlauber	
	1964	1969	1973	1976	1983	1976	1983
Iber. Halbinsel	19 600	40 200	54 000	50 000	54 668	2 260	2 555
Italien	19 900	16 900	18 800	19 000	22 756	1 040	1 288
Schweiz	6 800	5 700	7 100	5 600	3 013	360	331
BR Deutschland	4 800	4 400	4 300	4 000	2 978	280	235
Benelux	4 100	3 200	4 400	4 800	3 195	330	268
Großbritannien	3 700	4 700	5 400	6 900	6 951	370	462
Sonstige	11 600	23 700	37 600	44 000	59 884	1 830	2 907
Gesamt	70 500	98 800	131 600	134 300	153 445	6 470	8 046

Quelle: Statistique du Tourisme, 14, 1977 und L'économie du Tourisme Nr. 8, 1983 und 9, 1984

Tab. 79: Das Urlaubsverhalten der Franzosen 1983 (in %)

Zielgebiet und Besuchsart	Sommerurlaub			Winterurlaub		
	in Frankreich	im Ausland	Gesamt	in Frankreich	im Ausland	Gesamt
Rundfahrten	4,2	12,5	5,6	1,7	17,5	4,1
Meer (Badeurlaub)	48,8	40,4	47,3	20,4	22,3	20,7
Berge (Wanderung etc.)	17,4	8,1	15,9	6,0	4,5	5,7
Berge (Skiurlaub)				27,4	12,8	25,1
Ländliche Gebiete	25,2	22,1	24,7	30,3	12,8	27,6
Städte	4,4	16,9	6,5	14,2	30,3	16,7

Quelle: L'économie du Tourisme Nr. 8, 1983 und 9, 1984

tration der Urlaubsbevölkerung während der Sommermonate im Küstenbereich deutlich statistisch belegen. (Tab. 79) Von den Sommerurlaubern bevorzugen knapp 50% die Küsten des Landes, wobei die höchsten absoluten Werte im Bereich der provençalischen Küste und in der Bretagne ausgewiesen werden. Die Bretagne hat sich in den letzten Jahren zu einem immer beliebteren Reiseziel der französischen Urlauber entwickelt, nachdem die Verkehrsverbindungen zur armorikanischen Halbinsel wesentlich verbessert und die Beherbergunsmöglichkeiten vor allem billiger Kategorien stark ausgebaut worden sind. Die aquitanische Küste, die noch Mitte der 60er Jahre bezüglich der Übernachtungszahlen nach der Provence an zweiter Stelle lag, ist inzwischen deutlich überflügelt worden. Zweifellos spielt hier der Lokalcharakter des Tourismus eine Rolle. Die Côte d'Argent war seit Beginn der Fremdenverkehrsentwicklung stark durch Kurzzeittourismus aus den Städten des Landesinneren, besonders von Bordeaux her, charakterisiert.

Der einzige Küstenabschnitt, in dem rückläufige Übernachtungszahlen zu beobachten sind, ist der normannische Küstensaum. Dies hängt mit der starken Verlagerung zur Bretagne, aber auch mit dem in den letzten Jahren stark ausgeweiteten Autobahnnetz zusammen, das schnelle Verbindungen an die mediterranen Küsten zuläßt.

Zu den bemerkenswerten Besonderheiten des französischen Urlaubsverhaltens zählt die sehr unausgewogene Beanspruchung der verschiedenen Beherbergungsarten (Tab. 80). Die Hotels machen dabei einen vergleichsweise geringen Anteil aus, was eine deutliche Umkehr der Verhältnisse gegenüber dem Beginn des Fremdenverkehrs im 19. Jahrhundert darstellt. In den letzten Jahren ständig zugenommen hat die Belegung von Appartements bzw. Ferienhäusern, wobei sich insbesondere in den Küstenlandschaften eine rasante Entwicklung abzeichnet. Beispielhaft ist diesbezüglich die Bretagne, wo durch die Vermietungen von Ferienwohnraum während der Saison in den letzten Jahren ein wichtiger Nebenverdienst für die Bevölkerung erschlossen worden ist. Fast ebenso hoch wie dieser Anteil liegt jedoch auch die Inanspruchnahme von Zweitwohnungen, auf deren Bedeutungszuwachs bereits hingewiesen wurde (Tab. 74). Erstaunlich ist jedoch insbesondere der hohe Anteil der Urlauber, die bei Freunden oder Verwandten ihren Urlaub verbringen. Für die Bewertung des Fremdenverkehrs als Wirtschaftsfaktor ist der Ausländertourismus von großer Bedeutung. Er nimmt heute als Devisenquelle einen wichtigen Rang in der nationalen Wirtschaftsstatistik ein. Dabei ist zu berücksichtigen, daß ein großer Anteil der ausländischen Gäste nicht ausschließlich zu Erholungszwecken nach Frankreich reist, sondern daß der Anteil an Bildungsreisen, Gruppenfahrten, Geschäftsreisen etc. relativ hoch ist. Dies dokumentiert sich beispielsweise an der großen Zahl der Gäste, die Paris als Reiseziel wählen. Ihr Anteil beträgt fast ein Drittel an der Gesamtzahl, die französischen Küsten sind dagegen erst an zweiter Stelle mit 20% vertreten.

Die regionale Herkunft der ausländischen Besucher in Frankreich ist breit gestreut, konzentriert sich aber stark auf die europäischen Nachbarländer im Norden und Nordosten. Von den absoluten Besucherzahlen her steht die Bundesrepublik Deutschland an erster Stelle (rd. 2,5 Mio.), gefolgt von Großbritannien, das bis Ende der 1960er Jahre die Ausländerstatistik traditionell angeführt hatte. Traditionsgemäß wird Frankreich auch sehr stark von Besuchern aus den Benelux-Ländern aufgesucht.

Daß Paris in der Fremdenverkehrslandschaft des Landes eine Sonderstellung einnimmt, wurde bereits kurz angedeutet. Dies gilt nicht nur für den Ausländertourismus. Auch die Franzosen selbst nutzen ausgiebig das Angebot ihrer Hauptstadt.

Tab. 80: Beanspruchung der Beherbergungsarten in Frankreich 1984

Beherbergungsart	Sommer abs. (Tsd.)	%	Winter abs. (Tsd.)	%
Hotel	1 478	5,0	2 140	14,9
Appartement/Ferienhaus	4 906	16,6	1 983	13,8
Zweitwohnung	4 078	13,8	1 652	11,5
Eltern und Freunde	10 551	35,7	7 154	49,8
Camping/Caravaning	6 413	21,7	237	1,9
Sonstige	2 128	7,2	1 164	8,1
Gesamt	29 554	100,0	14 366	100,0

Quelle: INSEE 1984b, L'économie du Tourisme 8, 1983 und 9, 1984

Tab. 81: Frequentierung ausgewählter Besuchsziele Frankreichs 1981/1982

Besuchsziel	Besucher 1981	Besucher 1982
Centre G. Pompidou, Paris	8 064 308	7 408 320
Schloß von Versailles	2 572 108	2 849 932
Louvre-Museum, Paris	2 539 253	2 645 640
Eiffelturm, Paris	3 393 208	2 399 683
Jeu de Paume, Paris	798 417	699 849
Triumphbogen, Paris	630 441	637 523
Notre-Dame, Paris	577 716	607 899
Hochkönigsburg, Elsaß	486 608	541 103
Chambord, Schloß	501 801	533 911
Fontainebleau, Schloß	436 300	433 653
Mont-St.-Michel, Abtei	397 322	430 813
Sainte-Chapelle, Paris	564 616	409 559
Azay-le-Rideau, Schloß	335 038	342 636
Carcassonne, Festungsstadt	208 959	216 715
Aigues-Mortes, Stadtmauer	184 064	187 365
Angers, Schloß	167 475	158 039
Malmaison, Schloß	145 573	146 028
Château d'If, Marseille	130 476	137 560
Pau, Schloß	129 262	134 267
Compiègne, Schloß	151 119	131 045
Pierrefonds, Schloß	119 836	118 890

Quelle: Zusammengestellt aus L'économie du Tourisme, Nr. 8, 1983

Die Vorrangstellung von Paris zeigt sich nicht zuletzt in der Frequentierung der meistbesuchten Besichtigungsziele Frankreichs (Tab. 81). Mit großem Abstand führt das Kulturzentrum Centre Pompidou die Besucherstatistik an. In Spitzenjahren wurde hier bereits die 10-Mio.-Grenze überschritten. Das Schloß von Versailles, der Louvre und der Eiffelturm registrieren ebenfalls konstant seit vielen Jahren Besucherzahlen zwischen 2 und 3 Millionen pro Jahr.

Mit diesen Zahlen können sich die beliebtesten Besucherziele außerhalb der Hauptstadt, etwa die Loireschlösser, der Mont-St.-Michel oder Hochkönigsburg im Elsaß, nicht messen, wenngleich sie in der „Provinz" den stärksten Besucherandrang erfahren.

Die Bestrebungen, dem internationalen Tourismus in Frankreich mehr Gewicht zu verleihen, haben in den letzten Jahren nicht überall Erfolg gehabt, da die Konkurrenz der billigeren Nachbarstaaten nach wie vor einen großen Teil der niedrigeren Verdienstklassen stärker anzieht; hinzu kommt aber auch, daß die höheren Verdienstklassen zahlenmäßig immer stärker werden. Sie erschließen sich neue Urlaubsziele, wobei Entfernungen und finanzieller Aufwand kaum noch eine Rolle spielen. Frankreich hat dennoch in den letzten Jahren seine Stellung als eines der führenden Touristenländer Europas festigen und ausbauen können.

6.2. Die klassischen Fremdenverkehrszentren

6.2.1. Die Riviera – Treffpunkt des Großkapitals im 19. Jahrhundert

Für die Entwicklung des Fremdenverkehrs waren an der provencalischen Küste zweifellos die landschaftliche Schönheit und die klimatische Gunst ausschlaggebend. Zwischen Menton und Cannes reichen die Meeralpen bis an das Mittelmeer heran, ermöglichten aber schon früh in Küstenhöfen die Anlage von Siedlungen. Wesentlich unwirtschaftlicher, aber landschaftlich nicht weniger reizvoll sind die sich im Westen anschließenden Massive von Esterel und Maures. Diese aus alten, sehr klüftigen Gesteinen (Porphyr, Granite, Gneise) aufgebaute Gebirgslandschaft wird noch weiter im Westen von den südlichen Ausläufern der Kalkprovence abgelöst, für die klüftige Klippen ebenso typisch sind wie die „Calanquen", fjordartige ertrunkene Talzüge, die von pittoresken Felsbildungen flankiert werden. Insgesamt ist die Küste zwischen Marseille und Menton durch eine Vielfalt gekennzeichnet, die jedem Abschnitt ihren besonderen Reiz verleiht.

Bedingt durch den Schutz der Gebirge im Norden ist der provencalische Küstenbereich durch eine besondere Klimagunst charakterisiert. Die durchschnittlichen Temperaturen im August betragen 22°C und sind damit nicht extrem, während die Januarisotherme bei 8°C liegt und damit die günstigsten Wintertemperaturen Frankreichs aufweist. Die ausgleichende Wirkung des Mittelmeeres bezüglich der Temperaturextreme spielt hierbei eine ebenso wichtige Rolle wie der Schutz der Gebirge von Norden her, der gleichzeitig auch für die relativ geringen Niederschläge verantwortlich ist. Marseille erhält lediglich 550 mm Niederschlag pro Jahr, nach Osten hin erfolgt eine allmähliche Zunahme bis auf 880 mm, die jedoch überwiegend im Herbst und Frühjahr fallen und damit die Fremdenverkehrssaison nur wenig beeinflussen. Die Winter- und Sommermonate sind relativ niederschlagsfrei.

Bedingt durch die Vielfalt des Ausgangsgesteins und des Klimas gehört die Flora der Provence zu einer der artenreichsten im gesamten Mediterrangebiet. In den Kalkgebieten im Westen sind es große Aleppokiefernbestände, die in den kristallinen Massiven von Maures und Esterel von Seestrandkiefern abgelöst werden. Daneben finden sich immergrüne Laubbäume, vor allem Kork- und Steineichen, von denen besonders die Korkeiche schon früh auch wirtschaftlich genutzt wurde. Wo der Wald zurücktritt, nimmt seine Stelle meistens Garrigue, seltener die Macchie ein, die für Korsika landschaftsbestimmend ist. Als charakteristische Pflanzen der Macchie sind verschiedene Zistus- und Ginsterarten, Erdbeerbaum, Mastix, Kermeseiche, Wacholder, Lorbeer, Myrthe, Oleander, baumartige Erika, Judasbaum etc. anzusehen. In der Garrigue, die als weitere Degradationsform durch niedrigere Sträucher und teilweise hervortretendes Gestein gekennzeichnet ist, treten Lavendel, Thymian, Wolfsmilch, Salbei, Rosmarin, Asphodelus und Wildtulpen stärker hervor.

Zu diesem natürlichen Pflanzenreichtum, der als ein indirektes Produkt der menschlichen

Zerstörung angesehen werden muß (ursprünglich war die Waldverbreitung wesentlich größer, durch Abholzung, Brände etc. wurden große Waldgebiete vernichtet, die sich unter Klima- und Wachstumsbedingungen nicht regenerierten, sondern durch Degradationsformen wie Macchie oder Garrigue ersetzten), treten zahlreiche Charakterpflanzen, die durch den Menschen hier angesiedelt wurden. Bereits die Griechen brachten den Ölbaum nach Südfrankreich, und heute findet sich hier die nördliche Grenze seiner natürlichen Verbreitung, die als ein wesentliches Abgrenzungsmerkmal für den mediterranen Raum gilt.

Auch die Weinrebe und die Feige gehen auf die Griechen zurück. Die Römer brachten die Säulenzypresse in die Provence und damit eine Baumart, die heute als eine der typischsten Vegetationselemente anzusehen ist. Die Araber schließlich brachten von Süden her den Johannisbrotbaum mit, den sie im gesamten westlichen Mittelmeerraum stark verbreiteten, und die beginnende Neuzeit mit der Erschließung neuer Kontinente und der Herstellung der Seeverbindungen brachte dem Mittelmeerraum die Agrumen (Zitrusfrüchte), die überwiegend aus dem ostasiatischen Raum stammen (Apfelsine = Apfel-Sine, chinesischer Apfel).

Als jüngste Überlagerung ist schließlich die Ausbildung jener Parklandschaft zu sehen, die im 19. Jahrhundert unter dem Einfluß der Engländer entstand. Sie brachten aus der ganzen Welt neue Pflanzen mit und schufen um ihre zahlreich entstehenden Villen weitläufige Parks, regelrechte botanische Gärten, die teilweise bis heute zu den besonderen Sehenswürdigkeiten der Provence gehören. Besonders hervorzuheben unter den neu eingeführten Pflanzenarten sind die Palme, von der etwa 30 verschiedene Arten zu finden sind, der Eukalyptusbaum, der peruanische Pfefferbaum, Kasuarinen, Araukarien, Zedern, Mimosen, Drachenbäume, Yuccas, Agaven, Opuntien, Stechapfel, Pittosporum, Glyzinen, Geranien und die besonders farbenprächtige Bougainvillea.

Das die Vegetation am stärksten bedrohende Problem in der Provence ist die Brandgefahr, die sich besonders im letzten Jahrzehnt bei ständiger Zunahme der Touristen stark vergrößert hat. Das Poblem ist indessen nicht neu, denn schon im 16. Jahrhundert wurde demjenigen mit dem Strang gedroht, der nicht mindestens eine halbe Meile vom Wald entfernt sein Feuer entfacht. Napoleon erließ die Anweisung, daß gestellte Brandstifter sofort am Orte ihrer Missetaten zu erschießen seien. Vom 19. Jahrhundert an wird der Brandschutz in der Provence stark forciert, allerdings werden die Gefahren ständig größer aufgrund einer immer größer werdenden Zuwanderung in das Gebiet. Nur etwa 5% der Entzündung von Bränden gehen auf natürliche Ursachen (Blitzschlag) zurück. Der größte Anteil entfällt auf Fahrlässigkeit, der jährlich tausende von ha Waldfläche zum Opfer fallen. Die Regeneration vernichteter Vegetationsbestände dauert lange Jahre, wenn sie überhaupt erfolgt. Meistens sind jedoch vernichtete Wälder trotz Bestrebungen zur Wiederaufforstung nicht mehr zu ersetzen. Die klimatischen Verhältnisse stellen ein zu großes Handicap dar.

Die Entwicklung der französischen Riviera zum Fremdenverkehrsgebiet beginnt bereits im 18. Jahrhundert, wobei die Bedeutung zunächst auf dem Winterkurverkehr lag. Maßgeblich die Engländer, die ihrem rauhen winterlichen Klima zu entfliehen versuchten, bevorzugten die südfranzösische Küste für längere Winteraufenthalte, wobei die Industrialisierung des Landes eine wohlhabende Bevölkerungsschicht hervorbrachte, die sich zum Teil sehr aufwendige Aufenthaltsorte leisten konnte. Daneben spielte der reine Kurverkehr in dem Gebiet milder und trockener Winter für Tuberkulöse, Asthmatiker, Rheuma- und Gichtkranke, Bleichsüchtige und Katarrhanfällige eine bedeutende Rolle. Dieser Kurverkehr war Grund für das Entstehen eines ersten Winterkurortes an der Küste im Jahre 1750: Hyères. Der östliche Rivieraabschnitt gehörte damals noch zu Italien und wurde erst im Jahre 1860 an Frankreich angegliedert (Comtat de Nice). Hyères war neben Montpellier und Aix en Provence der dritte Kurort an der französischen Mittelmeerküste, der erste in unmittelbarer Lage am Meer. Nachdem im 18. Jahrhundert ausschließlich die Engländer als Besucher registriert wurden, kamen um 1800 auch Russen, Deutsche und Franzosen hinzu.

Im Winter 1787 hielten sich in Nizza, vor allem aus Krankheitsgründen, 115 Familien als Gäste auf. Die mondänen Kureinrichtungen entstanden bereits zu dieser Zeit. 1772 wurde das Meeresufer terrassiert, 1777 bekam Nizza ein Theater und ein Casino. In den Jahren 1822–1824 entstand mit finanzieller Unterstützung der Engländer die berühmte „Promenade des Anglais", die ständig ausgeweitet wurde und heute eine Länge von 7 km aufweist. Entlang dieser Prachtstraße entstanden zahlreiche luxuriöse Villen mit berühmt gewordenen Parkanlagen und Gärten. Viele dieser Villen wurden in den folgenden Jahrzehnten durch die großen Hotelbauten ersetzt, die teilweise bis heute existieren und die auch vom Namen her noch an die große Bedeutung der englischen Touristen für den Ausbau dieses vornehmsten Winterkurortes, der dieses Prädikat im Laufe des 19. Jahrhunderts dem vorher berühmteren Hyères allmählich abrang, erinnern.

Im 19. Jahrhundert werden dann auch zahlreiche andere Küstenorte zu Erholungsorten ausgebaut. 1834 wurden auf englische Initiative im 3000 Einwohner zählenden Cannes, einem unbedeutenden Fischerstädtchen, die ersten Villen und Hotels angelegt, 1850 begann der Tourismus in Menton, das klimatisch im Winter noch günstiger ist als Nizza. In Monaco, das im Jahre 1804 in einer Ortsbeschreibung noch als der „traurigste Ort im ganzen Departement" beschrieben wurde, begann die Entwicklung mit der später berühmt gewordenen Anlage des Casinos im Jahre 1863. Aufgrund des Spielverbots, das damals in Frankreich noch herrschte, verzeichnete Monaco mit dieser Möglichkeit einen ungewöhnlich raschen Aufschwung. Bis zum Jahre 1932, als das Glückspielverbot in Frankreich aufgehoben wurde, war Monaco (Monte Carlo) Treffpunkt für all diejenigen, die in Europa Rang und Namen besaßen. Der große Reichtum dieses kleinen Fürstentums begründete sich ausschließlich in der Spielbank, die zu den berühmtesten der Welt zählt. Die mit dem Bau der Eisenbahn von Paris nach Marseille im Jahre 1855 günstiger gewordenen Verkehrsbedingungen (die Bahn wurde schrittweise bis zum Jahre 1872 bis nach Ventimiglia, dem französisch-italienischen Grenzort, weitergeführt) verhalfen dann der Côte d'Azur zum Durchbruch für die Besuche aus ganz Europa. Der Bau der Grandhotels mit aufwendigen Fassaden, riesigen Auffahrten und weitläufigen, üppigen Parks, mit allem verfügbaren Luxus, den diese Zeit zu bieten hatte, beginnt im Jahre 1860. Von da ab waren sie die Zentren der Fremdenverkehrsorte und blieben es teilweise bis heute, wenngleich sie häufig ihre Hotelfunktion nicht mehr beibehalten haben, weil sie den veränderten Ansprüchen nicht entsprachen oder auch wirtschaftlich nicht mehr haltbar waren. Viele dieser Hotels sind zu Appartementhäusern umgestaltet worden.

Ebenfalls in der Mitte des 19. Jahrhunderts beginnt aber auch eine verstärkte Siedlungstätigkeit im Randbereich der Städte, wo sich zunächst die Engländer, dann aber auch zahlreiche Franzosen prachtvolle Villen anlegten, die die Hotelfronten miteinander verbanden oder aber die Prachtpromenaden verlängerten. Dieses Nebeneinander von Prunkbauten mit ihren Parkanlagen ist bis heute das typische, unverwechselbare Bild der frühen Fremdenverkehrsorte an der französischen Riviera geblieben. Unabhängig davon entstanden, so etwa am Abhang des Esterelgebirges, große Villengebiete, die sich in die weitläufigen Wälder eingliederten. Die stetige Zunahme des Fremdenverkehrs in der zweiten Hälfte des 19. Jahrhunderts führte dann auch zur Anlage weiterer Siedlungen in der Nähe der größeren Zentren. Das wegen seiner hohen Temperaturen „Petite Afrique" genannte Beaulieu wurde zu einem beliebten Ausflugsziel der Bewohner oder Gäste von Nizza, der Bau der unteren Corniche erschloß die Küste zwischen Nizza und Monaco mit dem Cap d'Ail. In Cap d'Antibes entstanden zahlreiche Villen, Schlößchen und Hotelbauten, von Saint-Raphael aus kam es zur Erschließung der Bucht von Saint-Tropez. Auch Orte im Hinterland der Küste entwickelten sich zu Fremdenverkehrsorten, so Grasse und Vence, da der Badetourismus noch keinerlei Rolle spielte. Hieraus erklärt sich auch die Tatsache, daß viele der berühmten Fremdenverkehrsorte nicht über weitläufige Sandstrände verfügen, sondern über eher unwirtliche Kies- oder Schotterstrände.

Erste Veränderungen, besonders in der sozialen Struktur der Fremdenbesucher, setzten nach dem Ersten Weltkrieg ein. Die russischen und österreichischen Aristokraten verschwanden schlagartig, der Anteil der Engländer ging stark zurück. An ihre Stelle traten Nordamerikaner, in geringerem Maße Südamerikaner und auch die ersten Besucher aus den orientalischen Ländern. Der wachsende Wohlstand der Bevölkerung ließ zunehmend auch niedrigere Sozialschichten in den Genuß von Urlaubsreisen kommen. Mit dieser sozialen Umschichtung war eine Wandlung der Vorstellungen, die an einen solchen Aufenthalt geknüpft wurden, verbunden. Waren es im 19. Jahrhundert vor allem Salonaufenthalte, Konzerte, Literaturzirkel und Casino, die den eigentlichen Inhalt des Aufenthaltes ausmachten (wobei der blütenweiße Teint ein erstrebtes Attribut der Damenwelt war), so wurde jetzt die sportliche Betätigung, die Stählung des Körpers und dessen Bräunung als Zeichen der Gesundheit das erstrebte Ideal. Dies bedeutete, daß Orte mit Sandstränden mehr und mehr bevorzugt wurden. Vor allem das in der westlichen Bucht von Cap d'Antibes bereits im Jahr 1882 angelegte Juan les Pins entwickelte sich rasch zu einem Seebad, das nach dem Ersten Weltkrieg durch amerikanische Investitionen weiter ausgebaut wurde.

Der Übergang vom Wintertourismus zum sommerlichen Badetourismus vollzieht sich an der französischen Riviera somit allmählich seit dem Ersten Weltkrieg. In den ersten Jahren lag der Anteil der Wintergäste noch bei 60%, aber bereits Ende der 20er Jahre dominieren allmählich die Sommergäste, die nach 1930 dann das eindeutige Übergewicht haben. Die vorher im Sommer geschlossenen Hotels verlegten mehr und mehr ihre Ruhezeiten in die Wintermonate. Diese „Revolution des Fremdenverkehrs" hatte auch zur Folge, daß sich die Ansprüche an die Unterkünfte grundlegend wandelten. Vorher hatte das Hotelzimmer eine Wohnfunktion, nun lediglich noch Aufenthalts- und Schlaffunktion. Die Bedeutung der Luxushotels sank ständig zugunsten der Mittelklassehotels mit einem immer größer werdenden Besucheranteil.

In Menton, dem ehemals wohl berühmtesten Winterkurort, sind heute lediglich noch 20% der Touristen während des Winters registriert. Die gleichen Veränderungen gingen in Cannes vor sich, das aufgrund günstiger Strandverhälnisse eine völlige Umwandlung zum Sommertourismus hin erlebte, gleichzeitig aber seine Exklusivität als Vergnügungsmetropole behielt. Nizza ist demgegenüber wegen seines schlechten Strandes eher ein Durchgangsort für den großen Tourismus geworden, in dem heute andere Wirtschaftszweige des tertiären Sektors, aber auch teilweise Industrieansiedlungen, an Bedeutung gewinnen. Trotzdem ist Nizza nach Paris die Stadt Frankreichs mit der höchsten Hotelbettenkapazität. Die Übernachtungszahl liegt bei etwa 6 Mio pro Jahr, wobei die durchschnittliche Aufenthaltsdauer heute auf 2 Übernachtungen abgefallen ist. Sie betrug vor dem Ersten Weltkrieg 5 Wochen. Auch die Umwandlung zum Sommertourismus ist in Nizza nicht in gleicher Weise zu erkennen wie etwa in Cannes. Die französischen Gäste bevorzugen hier mit Abstand die Wintersaison, während der Sommer vorwiegend den Ausländern vorbehalten ist.

Mit dem Aufkommen des Massentourismus war man auch an der französischen Riviera gezwungen, neue Dimensionen zu erschließen, die nur noch wenig mit den traditionellen Einrichtungen gemeinsam hatten. Die Zahl der Campingplätze wuchs ständig, vor allem im westlichen Abschnitt, in dem die Strandverhältnisse günstiger sind als im Osten. Daneben setzte nach dem Zweiten Weltkrieg eine rege Bautätigkeit im gesamten Küstenbereich ein, wobei tausende und abertausende von Appartementhäusern und Villen entstanden, die architektonisch immer gewagter und in ihrer Dimension immer gewaltiger wurden. Ein neuer Stil und eine neue Touristenschicht prägt heute die ehemals exklusive Küstenlandschaft der Provence. Die landschaftlichen Schönheiten scheinen dabei oft in Vergessenheit zu geraten.

Inzwischen sind fast alle Baulücken im Bereich der alten Fremdenverkehrsstandorte aufgesiedelt, zahlreiche alte Parkanlagen sind der Zersiedlung bereits zum Opfer gefallen. In Cannes, Nizza, Juan les Pins und in anderen Orten werden alte Häuser abgerissen und durch Appartementhäuser ersetzt, meistens wegen der hohen Grundstückskosten durch Hochhäuser, um den Boden maximal auszunutzen. Diese neue Bausubstanz ist nicht ausschließlich dem internationalen Tourismus vorbehalten. Im Bereich der nahen Großstädte Marseille, Toulon oder Nizza sind es häufig Zweitwohnsitze der Stadtbewohner, die die Wochenenden hier verbringen, oder von Familien, die an der Küste leben, während der Familienvorstand seinem Beruf in der Stadt weiter nachgeht. Eine sehr bedeutende Gruppe der Bewohner sind Rentner aus dem ganzen Land, die ihren Ruhestand in diesem klimatisch begünstigten Teil Frankreichs verbringen.

Seit den 50er Jahren hat sich der Kauf von Zweitwohnungen stark ausgeweitet, häufig mit der Absicht, sie außerhalb der eigenen Urlaubszeit zu vermieten. Es handelt sich oft um reine Kapitalanlagen. Die Vermittlung der Ferienmieter erfolgt über Agenturen, die im In- und Ausland Werbung betreiben. Obwohl viele Gesellschaften daran interessiert waren – und nicht zuletzt auch der französische Staat –, daß diese Wohnungen oder Appartements auch von Ausländern gekauft wurden um damit dem Land einen Devisengewinn zu bringen, wurde dieses Ziel nur selten erreicht. Der größte Teil der Zweitwohnungsbesitzer sind Franzosen; der Anteil der ausländischen Mieter ist nicht sonderlich hoch, da viele Ausländer Camping oder Caravaning wegen der wesentlich geringeren Kosten bevorzugen.

Besonders charakteristisch für diese junge Entwicklung ist die Durchsetzung der Küstenlandschaften mit „Lotissements", d.h. mit der planmäßigen Erschließung und Besiedlung ganzer Viertel oder Hangpartien, wobei ein einheitlicher Baustil unter Verwendung provencalischer Stilelemente bevorzugt wird. Nachdem sich mit dem beginnenden Massentourismus die ehemals für die Küstenorte typischen reicheren Besuchergruppen mehr ins Hinterland zurückgezogen hatten, wurden zu Beginn der 50er Jahre die ersten Lotissements erstellt. Im Jahre 1949 war ein „provencalisches" Dorf an der Bucht von Les Issambres entstanden, seitdem sind besonders an der Maurenküste zahlreiche weitere Lotissements angelegt worden. Während in den Lotissementssiedlungen die individuellen Besitzungen in Form von Einfamilienhäusern dominieren, gibt es als weiteren Typ heute das moderne Appartementhochhaus. Eine der gigantischsten Anlagen dieser Art entstand in Marina Baie des Anges zwischen Antibes und Nizza auf einem 16 ha großen Gelände (Abb. 35). Geplant waren hier vier pyramidenförmige, geschwungene Appartementhochhäuser, die in der Mitte bis zu einer Höhe von 21 Geschossen aufragen und seitlich bis 14 Etagen abfallen sollten. Außerdem war ein 24 Stockwerke hohes Hotel vorgesehen. Natürlich waren in der Planung auch Infrastruktureinrichtungen wie ein Einkaufszentrum, mehrere Boutiquen, Sport- und Grünanlagen, ein Tennisterrain, Schwimmbad, Golfplatz, Gokartbahn, Bogenschießanlage u. a. berücksichtigt.

Besucht man den Ort heute, so stellt man fest, daß nur ein Bruchteil der Planungen verwirklicht worden ist. Nur zwei der geplanten Pyramiden sind fertiggestellt worden, die dritte ist zu 60% gebaut, der Rest ist vorerst zurückgestellt, die Baukräne sind verschwunden. Sie wird allerdings genutzt, denn die spezielle Element-Bauweise erlaubte es, daß der Bau nicht von der gesamten Grundfläche aus, sondern jeweils nur in Abschnitten erfolgte. So konnten die fertiggestellten Bauabschnitte bereits vermietet werden, während man mit dem nächsten Bauabschnitt begann. Der vierte Appartementblock sowie das Hotel werden nach dem jetzigen Stand der Planungen (1986) wohl überhaupt nicht mehr erstellt.

Das Hauptproblem, dem sich die Planer gegenübergestellt sahen, lag in der geringen Nachfrage nach den Appartementwohnungen. Dies wurde zu einem generellen Problem für die französische Fremdenverkehrsplanung im Laufe der 1970er Jahre, besonders in der wirtschaftlichen Rezessionsphase ab 1973, und hat auch andere Großprojekte (z. B. an der Languedoc-Küste) betroffen. In Marina Baie des Anges kam jedoch hinzu, daß sich die Anlage denkbar schlecht in die Siedlungslandschaft der Engelsbucht einfügte, daß praktisch überhaupt keine Strandfläche zur Verfügung stand und daß darüber

Abb. 35: Marina Baie des Anges Quelle: Schott, C. 1973

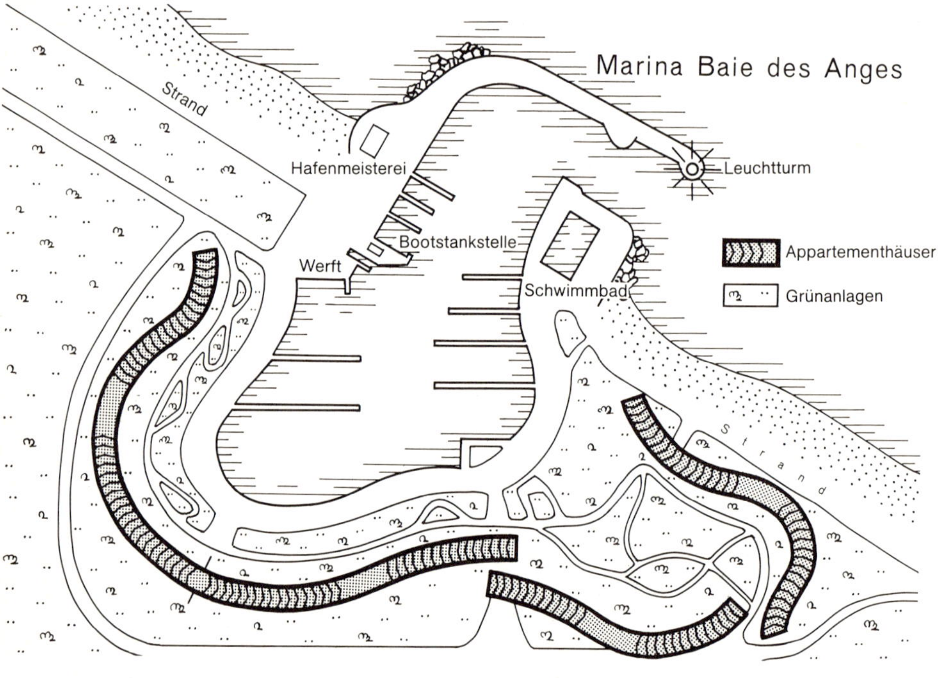

Tab. 82: Entwicklung des Privatjachtbestandes in Frankreich 1979–1984

Jahr	Jachten bis 2 Tonnen		Jachten über 2 Tonnen		Gesamt	
	DAM[1] Marseille	Frankreich	DAM[1] Marseille	Frankreich	DAM[1] Marseille	Frankreich
1979	148 999	367 904	50 729	119 157	199 228	487 061
1980	157 793	390 265	55 529	131 098	213 322	521 363
1981	165 649	410 778	59 700	141 136	225 349	551 914
1982	173 332	430 262	62 898	149 166	236 230	579 428
1983	180 455	448 037	65 738	156 686	246 193	604 723
1984	186 351	463 200	68 275	163 100	254 626	626 300

[1] Direction des Affaires Maritimes

Quelle: INSEE-Provence-Alpes-Côte d'Azur 1986

Tab. 83: Privatjachten in den Seeamtsbezirken der DAM[1] Marseille 1984

Bezirk	Jachten gesamt	davon < 2 Tonnen abs.	%	davon > 2 Tonnen abs.	%
Port Vendres	22 806	17 914	78,6	4 892	21,4
Sète	40 677	29 726	73,1	10 951	26,9
Martigues	10 788	8 669	80,4	2 119	19,6
Marseille	43 297	33 308	76,9	9 989	23,1
Toulon	69 269	49 599	71,6	19 670	28,4
Nizza	49 509	31 388	63,4	18 121	36,6
Ajaccio	15 979	13 790	86,3	2 189	13,7
Bastia	2 301	1 957	85,0	344	15,0
Gesamt	254 626	186 351	73,2	68 275	26,8

[1] Direction des Affaires Maritimes

Quelle: INSEE-Provence-Alpes-Côtes d'Azur 1986

Tab. 84: Hotelstruktur und Campingplätze in der PR Provence-Alpes-Côte d'Azur 1984

	4 Sterne	3 Sterne	2 Sterne	1 Stern	Gesamt
Hotels abs.	123	367	952	1 293	2 735
Hotelzimmer	9 113	12 404	22 837	20 556	64 910
Ø Zimmerzahl	74,1	33,8	24,0	15,9	23,7
Campingplätze abs.	84	240	376	107	807
Standplätze	50 756	122 679	101 201	16 546	291 182
Ø Standpl./ Campingplatz	604,2	511,2	269,2	154,6	360,8

Quelle: INSEE-Provence-Alpes-Côte d'Azur 1986

hinaus die Appartements relativ teuer waren. Marina Baie des Anges verkörpert einen auch in anderen Küstenorten verwirklichten Typus des neuen Sommertourismus – die Marinasiedlung. Prinzip dieser Siedlungen ist die direkte Verbindung zum Meer bzw. zum Hafen, der oft den Mittelpunkt der ganzen Anlage darstellt. Diese Siedlungen zeugen von der zunehmenden Bedeutung des Segel- und Jachtsports, der sich zwar ebenfalls bereits schon im vorigen Jahrhundert von Cannes aus entwickelte, aber doch erst in jüngster Zeit eine bedeutende Ausweitung erfahren hat.

Die vielen kleinen Fischerhäfen konnten schon bald die zunehmende Zahl der Jachten und Segelboote nicht mehr aufnehmen, so daß mit den Siedlungen auch Hafenanlagen geschaffen werden mußten. An der Côte d'Azur stieg die Zahl der registrierten französischen Boote von 5748 im Jahre 1950 auf 22 537 im Jahre 1970 an. In Frankreich verzehnfachte sich die Zahl der Privatboote und Jachten im gleichen Zeitraum.

Dieser dynamische Entwicklungstrend setzte sich in den 1980er Jahren verstärkt fort (Tab. 82). Der mediterrane Küstenabschnitt stellt dabei innerhalb Frankreichs den eindeutigen Schwerpunkt dar, wo rund 40,1% aller Privatjachten des Landes registriert sind. Weitere diesbezügliche Schwerpunkte sind die Biscaya Bucht, besonders aber die Bretagne und die Küstenabschnitte der Niedernormandie.

Angesichts der starken Zunahme des Bootstourismus haben fast alle Häfen der mediterranen Küste bedeutende bauliche Veränderungen, vor allem aber auch Erweiterungen erfahren. Teilweise wurden ehemals kommerziell genutzte Hafenbereiche in die Jachthäfen mit einbezogen, neben den alten Hafenanlagen wurden neue Becken angelegt, Molen wurden verlängert, häufig finden sich während des Sommers mobile Erweiterungen der Anlegekais. Am spektakulärsten ist wohl die völlig künstliche Anlage des neuen Jachthafens von Monaco, wo man dem Meer durch Aufschüttungen ca. 30 ha Neuland abgerungen hat, um die neuen Hafenbecken anzulegen. Aber auch in Menton, Antibes, Juan-les-Pins, Beaulieu, Saint-Raphaël oder Cannes (Abb. 36) können teilweise beträchtliche Erweiterungen beobachtet werden.

Nicht nur die Küste hat durch den modernen Massentourismus ein neues Gepräge erhalten. Auch das Hinterland wurde nach dem Zweiten Weltkrieg zunehmend vom Tourismus erschlossen, wobei auch hier verschiedene Sozialgruppen beteiligt sind. Einmal sind es „sich vertrieben fühlende" Personen der oberen Einkommensschichten – Künstler, Schauspieler etc. –, die sich hier vor den Massen zu verbergen suchen. Daneben nehmen die Wohnungen für die Ruhestandsbevölkerung stark zu, die sich abseits vom großen Gedränge an der Küste an der hier noch besser erhaltenen provencalischen Landschaft erfreut. Inzwischen sind viele Orte auch in den Küstentourismus integriert, da in den Sommermonaten die Kapazitäten im unmittelbaren Küstenbereich nicht mehr ausreichen oder aber der Preisunterschied die Touristen veranlaßt, Orte in einiger Entfernung zur Küste vorzuziehen. Durch diese neue Entwicklung werden die Siedlungen des Raumes, die sich unter dem Einfluß der Entwicklung im Küstenbereich während des vorigen Jahrhunderts oft entleerten, tiefgreifend umgestaltet. Neue Häuser wurden gebaut, die Siedlungen weiteten sich zum Teil beträchtlich aus. Gleichzeitig entstanden neue Versorgungszentren und Dienstleistungsbetriebe, so daß auch die einheimische Bevölkerung in stärkerem Maße von den veränderten Bedingungen profitiert. Preissteigerungen, Überlagerung durch fremde Bevölkerung, Lärm und zunehmender Verkehr stellen jedoch auch gravierende Nachteile dar, die diese noch bis in die jüngste Zeit weitgehend unberührte Landschaft heute kennzeichnen.

Deutliche Wandlungen haben sich auch beim Beherbergungsangebot ergeben. Die ehemalige Bedeutung der Hotels ist deutlich geschwunden, wenngleich das Hotelgewerbe gerade an der Côte d'Azur noch am ehesten einen Teil seines traditionellen Publikums hat halten können. Allerdings haben die preisgünstigeren Beherbungsarten längst auch hier ihre Vorrangstellung ausbauen können. Zwar gibt es in der PR 3,5mal mehr Hotels als Campingterrains, jedoch entfallen inzwischen auf ein Hotelzimmer fast 5,5 Campingstellplätze (Tab. 84). Darüber hinaus stehen über 200 000 Plätze in Ferienheimen, Jugendherbergen und Sozialeinrichtungen zur Verfügung. Gerade durch die Einbeziehung des Hinterlandes sind teilweise neue Beherbergungsmöglich-

Abb. 36: Cannes Marina   Quelle: Schott, C. 1973

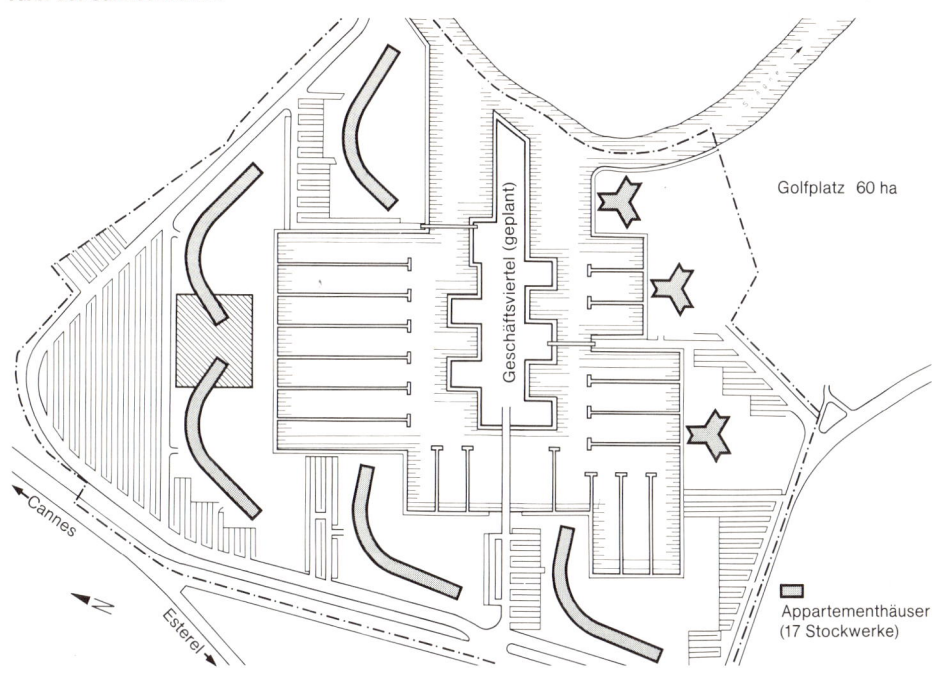

- Golfplatz 60 ha
- Geschäftsviertel (geplant)
- Appartementhäuser (17 Stockwerke)
- Cannes
- Esterel

keiten entstanden, indem die traditionelle Bausubstanz für die touristische Nutzung revalorisiert worden ist.

Der zunehmenden Konzentration auf den Sommertourismus versucht man seit einigen Jahren durch die Schaffung von Wintersportzentren eine zweite Saison entgegenzusetzen. In den Departements Hautes-Alpes und Alpes-de-Haute-Provence sind zahlreiche Wintersportzentren entstanden, die bereits 80 000 Betten aufweisen und in denen über 250 Lifte installiert sind. Von den etwa 60 Wintersportorten haben Serre-Chevalier, Pra-Loup, Auron, Montgenèvre, Vars, Valberg, Orcières-Merlette, Le Foux-d'Allos und Isola 2000 internationales Gepräge. Der Anteil der Programmregion am Gesamtumsatz des Wintersports in Frankreich beträgt heute bereits 15%, im Vergleich zum Sommertourismus nimmt er jedoch noch einen relativ geringen Anteil ein.

Die Côte d'Azur, die einstmalige Königin der Riviera, hat somit in den letzten 30 Jahren eine tiefgreifende strukturelle Umwandlung erfahren und sich dem Zeitalter des Massentourismus angepaßt. Von der ehemaligen Bedeutung des Wintertourismus und des Kurtourismus ist nur noch wenig übriggeblieben. Auch die alten Prunkhotels und Villen verschwinden in zunehmendem Maße oder werden auf die neuen Bedürfnisse umgestellt. Mit dem beginnenden Massentourismus kamen neue Beherbergungsformen hinzu, die sich nicht immer glücklich in die Landschaft einpassen.

Während der Sommermonate konzentriert sich in diesem Gebiet neben der autochthonen Bevölkerung von 4,03 Mio eine Urlaubsbevölkerung von über 3 Mio, die sich besonders am Küstenstreifen ballt. Trotz stark verbesserter Verkehrsbedingungen führt dies auch heute noch zu teilweise erheblichen Engpässen, und die Belegung der vorhandenen Sandstrände erreicht während der

Hauptferienmonate Juli und August einen geradezu beängstigenden Höhepunkt.

6.2.2. Schwerpunktverlagerung in der Biscaya-Bucht

Der atlantische Küstensaum zwischen der spanischen Grenze und der Girondemündung wird im allgemeinen in einen südlichen Abschnitt, die Côte Basque, und einen nördlichen Abschnitt, die Côte d'Argent, unterteilt.

Die baskische Küste am Westabfall der Pyrenäen ist nur kurz, setzt sich aber auf der spanischen Seite noch etwas fort. Der Küstencharakter mit den abwechslungsreichen Steilküsten und den eingelagerten Stränden in Küstenhöfen, die sich direkt anschließende Gebirgszone und die vielfältige Vegetation im Übergang von der Küste in die höher gelegenen Stufen hinein kontrastiert sehr stark mit der monotonen Feinsandküste, die sich nach Norden hin anschließt und die lediglich durch den Golf von Arcachon unterbrochen wird. Das Hinterland dieses nördlichen Küstenabschnittes ist das größte zusammenhängende Waldareal Frankreichs: die „Landes". Ausgedehnte Kiefernwälder haben sich auf den sandigen Ablagerungen des Meeres und der Garonne gebildet. Von einem ehemals anderen Küstenverlauf zeugen die eingelagerten Binnenseen, Reste alter Meeresbuchten, die durch die ausgleichende Strömung des Biscayastromes gegen das Meer hin abgeschnürt wurden. Allein die Bucht von Arcachon hat diese Öffnung bis heute erhalten.

Die historische Entwicklung des Tourismus im Golf von Biscaya beginnt, wie an der Riviera, im 19. Jahrhundert. Sie steht im Zusammenhang mit der Gründung zahlreicher Seebäder auf dem europäischen Kontinent, die schon gegen Ende des 18. Jahrhunderts in England, dann seit Beginn des 19. Jahrhunderts in Deutschland, Frankreich und den übrigen Mittelmeerländern erfolgte. Im Vergleich zu den nordfranzösischen Seebädern, etwa Deauville, wurde die Biscaya jedoch erst um die Mitte des 19. Jahrhunderts für den Kurverkehr entdeckt. Ausschlaggebend war die Wahl Napoleons III., der Biarritz zu seiner Sommerresidenz machte.

Die Ansätze zu einem mondänen Badeleben, die in Biarritz schon seit dem frühen 19. Jahrhundert bestanden hatten, wurden damit schlagartig belebt. Seit den 30er Jahren des 19. Jahrhunderts waren bereits Wege zum Strand angelegt worden, und der Grundstücksverkauf im Küstenabschnitt wurde reglementiert, um der Spekulation Einhalt zu gebieten. Selbst für die einheimischen Bewohner wurden die Grundstücksgrößen limitiert.

Der Aufstand der spanischen Carlisten im Jahre 1838 hatte einen ersten entscheidenden Impuls für die Entwicklung des Badelebens in Biarritz bedeutet, da San Sebastian, der schon traditionelle Sommeraufenthaltsort reicher spanischer Familien, von vielen Kurgästen gemieden wurde. Diese kamen über die Grenze nach Biarritz und begründeten damit die Beziehungen zwischen den beiden Nachbarländern, die bis heute im Tourismus der Biscayabucht eine wichtige Bedeutung behalten haben.

Biarritz war sehr abgelegen, bis der Ort 1855 an die Bahnlinie Bordeaux-Paris angeschlossen wurde. Damit war der Zugang nach Paris hergestellt, und neben das Großbürgertum aus Madrid trat nun schon bald auch das von Bordeaux und aus der Hauptstadt hinzu. Im gleichen Jahr erbaute Napoleon III., dessen Gattin, die spanische Eugenie de Montijo, wohl den Ausschlag für die Wahl von Biarritz gegeben hatte, seine Sommerresidenz in dem Badeort. In den folgenden Jahren wurde die „Villa Eugénie" zum alljährlichen Urlaubsort des Kaiserpaares, was das Renommee von Biarritz sehr steigerte und fast schlagartig den ganzen europäischen Hochadel nach hier führte. Bereits im Jahre 1859 sollen sich über 4000 Badegäste in Biarritz aufgehalten haben. Zahlreiche Villen und die ersten größeren Hotels entstanden um diese Zeit.

Zu einem erneuten Aufschwung von Biarritz kam es nach dem Sturz des Zweiten Kaiserreiches in den Jahren nach dem deutsch-französischen Krieg. Große Parkflächen und zahlreiche Villen, die vom Hofstaat beansprucht worden waren, wurden für die Anlage neuer Hotels oder weiterer Villen frei. Biarritz entwickelte sich zum berühmtesten und exklusivsten Atlantikseebad des 19. Jahrhunderts, das seinen Ruf durch die Gründung zahlreicher Luxushotels, Spielcasinos, Golfplätzen, Pferderennbahnen und Luxusgeschäften ständig verbesserte. Biarritz war damit in der Frühphase der Entwicklung mit der französischen Riviera nicht vergleichbar. Es hatte eine ausgesprochene Sommersaison, so lange der Hofstaat nach hier verlegt wurde, während die französische Riviera von Beginn an ein Winterkurgebiet war.

Erst nachdem Königin Victoria von England Biarritz im Jahre 1889 zu ihrem Winteraufenthaltsort gewählt hatte und eine große Zahl englischer Kurgäste aus dem Hochadel nachzog, verzeichnete der Ort auch im Winter Kur- und Erholungsaktivitäten. Nunmehr hatte der Ort eine Sommer- und eine Wintersaison mit durchaus unterschiedlichen Gästen. Während der Sommersaison waren es vor allem die Franzosen und Spanier, die den größten Anteil an Besuchern stellten, während der Wintersaison waren es Engländer und Russen, die das Leben prägten. Die klimatischen Nachteile, vor allem das unbeständige Wetter während des Winters, versuchte man durch zahlreiche Veranstaltungen auszugleichen. Die Temperaturen waren jedoch auch in Biarritz sehr mild. Durch die Eröffnung der Thermalquellen im Jahre 1893 gewann die Stadt zusätzlich an Attraktivität. Die „thermes salins" wurden ganzjährig betrieben und garantierten somit eine ganzjährige Saison.

Mit dem Aufschwung von Biarritz verknüpfte sich auch die Entwicklung weiterer baskischer Küstenorte. Das alte Fischerstädtchen Saint Jean de Luz nahm eine ähnliche Entwicklung wie das benachbarte Weltbad, auch hier entstanden Luxushotels und Casinos, zahlreiche Ferienvillen und Sportanlagen. Hendaye und Guéthary erlangten zwar nicht den gleichen weltweiten Ruf, entwickelten sich aber ebenfalls zu bedeutenden Fremdenverkehrsorten im Bereich der Côte Basque.

Die Probleme des Fremdenverkehrs an der Biscayabucht entstanden zu dem Zeitpunkt, als sich die übrigen Fremdenverkehrsgebiete der französischen Küste schwunghaft weiterentwickelten. Die zunehmende Bedeutung der französischen Riviera als Sommerfremdenverkehrsgebiet machte der Biscayabucht viele Gäste streitig. Auch der weitere Ausbau der normannischen und bretonischen Seebäder wirkte sich stark aus, da ein großer Teil der Engländer diese Orte dem wesentlich entfernteren Biarritz vorzog. Dies wirkte sich vor allem auf die Wintersaison aus, während die Sommersaison durch die Entwicklung an der französischen Mittelmeerküste negativ belastet wurde. Diese veränderte Situation löste ein schnelles Absinken der wirtschaftlichen Bedeutung des Fremdenverkehrs aus, was sich auch in einer Verlangsamung des Bevölkerungswachstums niederschlug. Während die Bevölkerung von Nizza im Zeitraum zwischen 1921 und 1931 um 56% zunahm, in Cannes immerhin eine Steigerung um 40% und selbst in den normannischen Seebädern um 25–30% verzeichnet wurde, nahm die Bevölkerung von Biarritz nur noch um 12% zu. Trotz einer gewissen Belebung des Fremdenverkehrs durch neue Bevölkerungsschichten, vor allem den neu entstehenden Geldadel, waren doch die Anzeichen eines Niedergangs in den Luxusbadeorten der baskischen Küste unverkennbar.

Bereits zwischen den beiden Weltkriegen traten dann neue, weniger finanzstarke Gäste hinzu, für die die Luxuseinrichtungen nicht

217

mehr in Frage kamen. Noch vor Ausbruch des Zweiten Weltkrieges hatte das letzte Luxushotel seine Pforten geschlossen.

Die eigentliche Ära des Massentourismus, die nach dem Zweiten Weltkrieg einsetzte, wirkte sich für Biarritz und die übrigen Orte der Côte Basque noch nachteiliger aus. Sämtliche Fremdenverkehrseinrichtungen von Biarritz waren auf die Klientele der Vorkriegsjahre, ja gar des ausgehenden 19. Jahrhunderts, zugeschnitten gewesen. Veränderungen in Zahlungsfähigkeit, Urlaubsdauer, Urlaubsgewohnheiten, Flexibilität und Mobilität sind gleichermaßen Kennzeichen, die dem modernen Massentourismus anhaften und die mit den traditionellen Gepflogenheiten der Luxusbäder nicht in Einklang zu bringen waren. Die steigenden Touristenzahlen nach dem Zweiten Weltkrieg können nicht darüber hinwegtäuschen, daß das durch den Tourismus erwirtschaftete Kapital rückläufig ist, wobei vor allem die ehemaligen Luxuseinrichtungen fast ausschließlich defizitär waren. So hat sich Biarritz allmählich zu einem Museum des Fremdenverkehrs des 19. Jahrhunderts entwickelt, in dem zum Teil die alten (leerstehenden) Palasthotels noch erhalten sind und die Villen mit ihren Parkanlagen noch von einem vergangenen Glanz Zeugnis ablegen; es sind jedoch nur wenige Einrichtungen hinzugetreten, die den Bedürfnissen des modernen Fremdenverkehrs angepaßt sind. Lediglich die Spielbank hat einiges von ihrer Attraktivität erhalten und wird besonders stark von Spaniern besucht, die über die Grenze kommen, um ihr Glück zu versuchen, da in Spanien Glücksspiele verboten sind. So hat Biarritz heute eine Rolle übernommen, die Monte Carlo im 19. Jahrhundert zu höchster Blüte verholfen hatte, als in Frankreich Geldspiele noch nicht öffentlich gewagt werden durften.

Die Côte d'Argent hat dagegen eine völlig andere Entwicklung genommen. Ihr fehlten Siedlungskerne als Ansatzpunkte. Während des Winters war die Küste in sehr viel stärkerem Maße den rauhen Atlantikstürmen ausgesetzt als der südliche Küstenabschnitt, das Hinterland zeigte sich in einer ermüdenden Monotonie, der Sandstrand entsprach nicht dem Ideal, das den Kurgästen des 19. Jahrhunderts vorschwebte, als der Badebetrieb praktisch noch keine Rolle spielte.

Während des 19. Jahrhunderts waren lediglich einige Snobs der bordelaiser Aristokratie in den alten Fischerkaten zu finden; auch aufgrund der schwierigen Verkehrsverhältnisse kam es zunächst zu keiner bedeutenden Fremdenverkehrsentwicklung. Im Jahre 1823 entstand am Strand von Arcachon ein erstes kleines Hotel, dem bald ein weiteres folgte. Der Ausbau einer Straßenverbindung nach Bordeaux verkürzte die Entfernung auf eine Reisezeit von 15 Stunden gegenüber zwei bis drei Tagen vorher. Mit der Eisenbahnverbindung, die in den Jahren 1857 fertiggestellt wurde, wurden die Verkehrsmöglichkeiten dann entscheidend verbessert. Sie hatten einen wachsenden Besucherstrom zur Folge und verhalfen Arcachon zu einem relativ raschen wirtschaftlichen Aufschwung. Um die Mitte des vorigen Jahrhunderts werden für Arcachon etwa 3000 Sommergäste angegeben, an Sonn- und Feiertagen soll sich die Zahl bis auf 10 000 erhöht haben. Der Charakter einer ,,Strandsiedlung von Bordeaux" wird durch diese Zahlen dokumentiert und unterstreicht die völlig andere Funktion im Vergleich zu Biarritz. Während der Badesaison wurden die Mietpreise bereits monatlich differenziert.

Somit entwickelte sich Arcachon von Beginn an als Sommerfremdenverkehrsort. Erst in die zweite Hälfte des 19. Jahrhunderts fallen Versuche, die Saison auch auf den Winter auszudehnen. Vor allem die günstigen klimatischen Bedingungen und die anerkannt heilklimatische Wirkung der Küstenlage waren Grund für die Anlage von Sanatorien, Ferienheimen, Erholungsheimen und Kureinrichtungen, wobei besonders die Meerwassertherapie mit Meerwasserbädern, Unterwassermassagen etc. eine hohe Bedeutung erlangte. Arcachon avancierte damit ebenfalls zu einer „ville d'hiver", zahlreiche Kureinrichtungen blieben das ganze Jahr hindurch geöffnet.

Trotz dieser Ausweitung der Saison verlief die Entwicklung Arcachons zwar stetig, jedoch nicht entfernt vergleichbar mit dem rasanten Aufschwung von Biarritz im letzten Viertel des 19. Jahrhunderts. Dies lag vor allem daran, daß auch die Einrichtung der Kurbetriebe nichts an der Herkunft der Gäste änderte. Bordeaux blieb nach wie vor der wichtigste Pol für die Entwicklung, während Biarritz schnell eine internationale Bedeutung erlangte. Dies spiegelte sich auch in der Bausubstanz deutlich wider. In Biarritz dominierten die Luxushotels, während in Arcachon zahlreiche Villen des gehobenen bordelaiser Bürgertums vorherrschten. Private Sommerhäuser waren in der Mehrzahl, ein großer Teil von ihnen wurde zur Vermietung angeboten.

Bereits um die Jahrhundertwende standen in Arcachon über 1000 Sommerhäuschen der Vermietung zur Verfügung. Auch im Bereich der übrigen Strandabschnitte innerhalb der Bucht und entlang der Côte d'Argent nahmen seit dieser Zeit die Feriengäste zu. La Teste und Andernos, ehemals unbedeutende Fischerdörfer, entwickelten sich zu kleinen Ferienzentren, die Gemeinden Arès und Lanton verzeichneten ebenfalls die ersten Gäste. Allerdings entwickelten sich diese Orte nicht so rasch weiter wie Arcachon selbst.

Entlang der Dünenwallküste kam es seit 1890 zu ersten Ansätzen des Fremdenverkehrs, als etwa in Lancanau eine Immobiliengesellschaft den Ort Lacanau-Océan anlegte. Es dauerte aber noch bis zum Jahre 1906, bis die Verkehrsverbindungen hergestellt und einige Hotels und Villen angelegt waren, die die ersten Fremden aufnehmen konnten. Ohne daß sich besondere Schwerpunkte herausbildeten, entstanden verstreut Ferienhäuser und kleinere Hotels in zahlreichen weiteren Orten: Ste Eulalie-Plage, Contis, Capbreton, St. Girons-Plage, Vieux-Boucau-les-Bains, Mimizan-Plage u.a. Einzig Soulac, wo schon 1846 eine Badeanstalt errichtet worden war, hatte zu diesem Zeitpunkt schon eine gewisse Bedeutung erlangt. Neben einem kleinen Casino waren hier 300 Ferienhäuser entstanden, als besondere Attraktion galt die aus den Dünen freigelegte romanische Basilika.

Die Entwicklung nach dem Ersten Weltkrieg führte zwar nicht zu einem bedeutsamen Aufschwung der Küstensiedlungen, bezog aber die Binnenseen stärker in den Fremdenverkehr mit ein. Vor allem um den See von Hossegor entstanden seit den 20er Jahren zahlreiche Ferienhäuser und Villen, die nun nicht mehr ausschließlich von bordelaiser Bürgern, sondern überwiegend von Künstlern aus Paris bewohnt wurden, und in denen sich die High Society aus der Hauptstadt ein Stelldichein gab. Hier entstanden auch schon bald ein Casino, mehrere Hotels und zahlreiche Sommervillen, die den See zu einem touristischen Schwerpunkt werden ließen, der fast wie ein Fremdkörper in der übrigen Fremdenverkehrslandschaft wirkte.

Im Gegensatz zu der eher rückläufigen Entwicklung in Biarritz verzeichnete besonders Arcachon eine relativ starke Ausweitung, wobei die Käufer aus Bordeaux immer zahlreicher wurden. Um den Ort herum entstanden mehrere Vororte wie Pyla sur Mer, Pilat-Plage u.a. Das Cap Ferret wurde innerhalb weniger Jahre völlig parzelliert und mit Ferienhäusern bebaut.

Arcachon und die Feriensiedlungen innerhalb der Bucht wiesen somit von Beginn an eine Struktur auf, die auch nach dem Zweiten Weltkrieg von Bestand blieb. An den Grundstrukturen hat sich bis heute nichts wesentliches geändert. Große Hotels und moderne Appartementshäuser fehlen bisher noch weitgehend. Auch im Bereich der Dünenwallküste zeigt sich eine kontinuierliche Weiterentwicklung nach dem Zweiten Weltkrieg, wobei diese Orte wesentlich stärkere Zunahmen aus anderen Landesteilen erfuhren als das Gebiet um Arcachon, das nach wie vor seine Lokalbedeutung für die Stadt Bordeaux beibehalten hat.

Insgesamt entsteht aber der Eindruck, daß der Fremdenverkehr an der aquitanischen Küste nicht in gleichem Maße vom modernen Massentourismus profitierte wie andere Fremdenverkehrszentren und daß vor allem die ausländischen Touristen weniger von der französischen Atlantikküste angezogen wurden als dies beispielsweise an den Mittelmeerküsten Italiens oder Spaniens der Fall ist. Die Übernachtungszahlen von Biarritz stagnieren praktisch seit 1950, und auch von den Einnahmen her hat sich das Volumen nicht wesentlich erhöht. Die relativ stagnierenden Zahlen in der Bucht von Arcachon sind als Beweis für den nach wie vor deutlich sichtbaren Lokalcharakter dieser Fremdenverkehrsgebiete zu interpretieren. Nur die Fremdenverkehrsorte, die ihre Planung stärker auf den Massentourismus einzustellen versuchten, so vor allem Saint Jean de Luz, entwickelten sich relativ schnell weiter.

Ein wesentliches Kennzeichen der jüngsten Entwicklung ist die Zunahme der Campingmöglichkeiten sowie die Umgestaltung von Hotels, namentlich höherer Kategorien, in Appartementblocks. Zahlreiche ehemalige Luxushotels an der Côte Basque haben diesen Wandel bereits vollzogen, während die Aktivierung des Campingtourismus vor allem die Côte Landaise betrifft. Bis 1983 waren im Littoralbereich fast 500 Campingplätze mit über 200000 Stellplätzen angelegt worden. Heute entfallen auf eine Hotelübernachtung in der Region bereits knapp 10 Campingübernachtungen, dazu kommen Beherbergungsformen wie Zweitwohnungen, Appartementvermietung und Feriendörfer, die ebenfalls einen stetigen Ausbau erfahren

haben. Insgesamt ist der Ausbau der touristischen Infrastruktur entlang der aquitanischen Küste jedoch weniger dynamisch als in anderen Küstenabschnitten des Landes.

6.2.3.
Die normannische Küste – Badestrand von Paris

Die touristische Erschließung der normannischen Küste verlief weniger spektakulär als die der französischen Riviera oder die der aquitanischen Küste. Die klimatischen Bedingungen waren hier zwar nicht ungünstig, im Vergleich zu jenen beiden Kerngebieten aber wesentlich unsicherer, auch wenn der Badetourismus in der frühen Phase touristischer Entwicklung zunächst kaum eine Rolle spielte. Daß sich trotz dieser Beeinträchtigungen in mehreren Zentren touristische Schwerpunkte bildeten, war der geringen Entfernung zu mehreren Großstädten im Hinterland zu verdanken. Paris liegt nur etwa 180 km entfernt, und der Ausbau der Verkehrsmöglichkeiten in die Küstengebiete im Verlauf des 19. Jahrhunderts brachte von hier aus wichtige Impulse für die Entwicklung. Brüssel befindet sich in etwa der gleichen räumlichen Distanz zu den normannischen wie zu den flämisch-picardischen Küsten. Für London bedeuten die normannischen Küsten die am nächsten liegenden Strände in Frankreich.

Auch an den normannischen Küsten sind es die Engländer, die in der ersten Hälfte des 19. Jahrhunderts den Grundstein für die touristische Erschließung legen. Dies fällt in eine Zeit, in der durch französische Literaten und Künstler das Wesen der Normandie beschrieben und im Lande eine regelrechte „normannische Bewegung" ausgelöst wurde. Zu den bedeutendsten dieser Literaten, wenngleich zu ihrer Zeit nicht rückhaltlos akzeptiert, gehören Alexandre Dumas, Gustave Flaubert und Guy de Maupassant, deren Beschreibungen die Normandie als ein derbes, aber doch noch unverfälschtes Land zeigen.

Die Entwicklung der normannischen Seebäder fällt in den gleichen Zeitraum, in dem sich auch an der Riviera und Biscaya die Bäder entwickeln. Vor allem in Trouville steigt die Zahl der Fremdenverkehrsgäste schon vor 1850 stark an, und hier setzt auch der geplante Ausbau ein. Im Jahre 1862 erwirbt der Arzt der englischen Botschaft Oliffe gemeinsam mit dem Grafen von Morny ein 240 ha großes Gelände, auf dem sie in der Folgezeit Hotels und Villen anlegen. Aus dieser Ansiedlung entwickelte sich Deauville, das schon bald Trouville den Rang ablief, da es aufgrund seiner offenen Lage und seines weitläufigen Strandes günstigere Entwicklungsmöglichkeiten hatte. Gleichwohl wurde auch Deauville erst zu Beginn des 20. Jahrhunderts zum eigentlichen Luxusbad durch die Einrichtung eines Casinos, von Pferderennbahnen, Hotels, Golfplätzen usw. Trouville mußte schon früh, eingeengt durch die sich unmittelbar anschließenden Kreidefelsen, auch die Grünflächen innerhalb der Stadt, Parkanlagen aus dem 19. Jahrhundert, bebauen und verlor damit an Großzügigkeit und Attraktivität.

Gleichwohl hatte Trouville an der mondänen Entwicklung von Deauville seinen Anteil. An den Talhängen des Touques entstanden über 1600 Villen und Appartements. Deauville seinerseits wuchs in südlicher Richtung weiter. Auch hier entstanden etwa 1000 Villen. Dominierend blieben hier aber die großen Luxushotels. Ihr Anteil an der Hotelkapazität beträgt 67% und liegt damit heute im Vergleich zu den übrigen Luxusbädern am höchsten in ganz Frankreich.

Bis heute hat sich der mondäne Charakter der Doppelstadt Trouville – Deauville, die über einen gemeinsamen Bahnhof (in normannischem Stil) und Flugplatz verfügt, erhalten. Höhepunkt der Saison ist der Grand Prix von Deauville, nach dem Grand Prix von Paris die bedeutendste Galopprennveranstaltung in Frankreich. Vom Massentourismus ist hier weniger zu spüren. Dies liegt einerseits an der geringen Ausdehnungsmöglichkeit, ist andererseits aber auch das Ergebnis einer bewußten Politik der Verantwortlichen dieser Stadt. Für Paris als bedeutendstem Bevölkerungspotential auch der höheren sozialen Kreise bietet sich mit Deauville in nur 180 km Entfernung die Möglichkeit exklusiver Weekends. Durch den Ausbau der Autobahnverbindung ist dies heute noch günstiger als in den vergangenen Jahrzehnten.

Deauville und Trouville sind zwar die mondänsten Badeorte an der normannischen Küste, sie sind indessen nicht die einzigen touristischen Schwerpunkte dieses Raumes. Nördlich unmittelbar an die Côte-Fleurie anschließend hat die Côte de Grace landschaftlich einen besonderen Reiz. Hier reichen große Laubwälder unmittelbar bis an die Küste, die in einem Steilabfall zur Seinemündung hin erreicht wird. Zahlreiche Landsitze, in jüngerer Zeit auch eine Vielzahl von Campingmöglichkeiten, sind hier entstanden. Herzstück der Côte de Grace ist das alte Fischerstädtchen Honfleur mit seiner berühmten Holzkirche Sainte Catherine und dem alten Hafenbecken, das heute zu einem Zentrum für Künstler aus aller Welt geworden ist.

Unweit von Honfleur überspannt die Brücke von Tancarville die Seine und stellt damit die Verbindung zu der normannischen Nordküste her. Hier ist die Landschaft weniger reizvoll. Kahle Plateauflächen reichen bis unmittelbar ans Meer und ermöglichten nur an einigen Buchten die Anlage kleiner Siedlungen. Ursprünglich lag die Bedeutung dieser Küstensiedlungen im wesentlichen in der Fischerei. Aber auch hier ist es zur Ausbildung des Fremdenverkehrs gekommen. Zentren sind Etretat, das durch seine berühmten Felsen (Elefantenfelsen) eine besondere Anziehungskraft hat, und Fécamp, das neben einem reizvollen Stadtbild auch den berühmten Bénédictine als Besonderheit aufzuweisen hat.

Heute sind fast alle kleinen Buchten in der Kreideküste des Pays de Caux in die touristische Entwicklung einbezogen, die ehemalige Bedeutung der Fischerei ist stark zurückgegangen. Dabei haben die kleinen Zentren der obernormannischen Küste nicht das internationale Gepräge, das die Badeorte der Côte-Fleurie kennzeichnet. Zwar sind auch hier rund 7% der Feriengäste Ausländer, aber der Anteil der Besucher aus dem unmittelbaren Hinterland, aus den beiden Großstädten Le Havre und Rouen, dominiert doch eindeutig. Demgegenüber liegt der Ausländeranteil in Deauville bei rund 20%, die Hälfte davon sind Engländer. Stark beeinträchtigend an der obernormannischen Küste sind die Strandverhältnisse. Nur an wenigen Stellen hat sich ein kleiner Sandstrand ausgebildet, meistens verhindern grobe Schotter ein bequemes Sonnenbaden. Auch hier liegen deutliche Unterschiede zu den Stränden der Niedernormandie, wo auf 5 km Länge zwischen Trouville und Cabour/Houlgate ein bis zu 50 m breiter Sandstrand mit einer breiten Promenade anzutreffen ist.

Auch wenn man die kleinen Touristenzentren der obernormannischen Küste kaum mit denen unterhalb der Seinemündung vergleichen kann, so haben sie dennoch gerade durch ihre Originalität und durch ihre noch kaum überprägte Bausubstanz, ihre überschaubare Dimension, das typisch Normannische am besten erhalten. Sie gelten daher heute oft als Geheimtip für Kenner und als Urlaubsort für diejenigen, die abseits vom Trubel der Massentouristenzentren ihre Erholung suchen. Die Seebäder der Niedernormandie pflegen demgegenüber wie ehedem das Image des mondänen Luxusbades, das nur geringe lokale Bedeutung hat und das größeren Wert auf den Besuch der finanzstarken Kreise aus der Hauptstadt oder der englischen High-Society legt. Der Massentourismus hat hier kaum Zugang gefunden und wird wohl auch in den nächsten Jahren nicht an Bedeutung gewinnen, da neue Zentren im Bereich der Halbinsel Cotentin und vor allem auch in der Bretagne entstanden sind, die stärker auf den Familientourismus zugeschnitten sind. So bleibt Deauville-Trouville zweifellos eines der traditionellen Zentren Frankreichs, das am stärksten seine ursprüngliche Bedeutung hat erhalten können.

6.3. Moderne Bestrebungen zur Aktivierung des Fremdenverkehrs

6.3.1. Die Languedoc-Küste, Fremdenverkehrslandschaft aus der Retorte

Im Zeitraum von 1960 bis 1962 sank das Devisenaufkommen durch ausländische Touristen in Frankreich um fast 25%, da diese Spanien oder Italien bevorzugten, die im Preisniveau wesentlich günstiger waren und sich auch stärker den Bedürfnissen vor allem der nordeuropäischen Touristen angepaßt hatten. Selbst die Franzosen verbrachten immer häufiger ihren Urlaub im Ausland, wobei Spanien das bevorzugte Ziel darstellte. Die Côte d'Azur hatte sich zwar teilweise auf die Anforderungen des modernen Massentourismus umgestellt, dabei jedoch den mondänen Charakter nicht ganz abwerfen können, was sich vor allem in einem relativ hohen Preisniveau niederschlug. Trotz der starken Ausweitung der Beherbergungskapazität fehlte es dort an billigen Unterkunftsmöglichkeiten und an freien Strandflächen, da die frei zugänglichen Abschnitte während der Sommermonate hoffnungslos überfüllt waren. Die Küsten des Languedoc für den Tourismus erschließen hieß, einige Vorteile dieses Gebietes durch die sehr aufwendige Beseitigung der Nachteile zu nutzen. Die Vorteile bestanden zweifellos in einem etwa 160 km langen, wenig genutzten Sandstrand, der nur an wenigen Stellen durch eine Felsenküste unterbrochen wird. Dieses Potential war nur an wenigen Stellen, vor allem im Bereich Le Grau du Roi/Port Camargue oder in Palaves und Carnon, durch Wochenendtourismus aus den benachbarten Städten Montpellier und Nimes genutzt.

Gravierend waren dagegen die Nachteile, die vorwiegend durch die insektenverseuchten Binnenseen hervorgerufen wurden. Daneben fehlt es den Küsten des Languedoc weitgehend an landschaftlichem Reiz. Die Küstenebenen sind durch ihre vorherrschende landwirtschaftliche Nutzung im Vergleich zur Côte d'Azur oder der Costa Brava wenig attraktiv. Schließlich besteht ein wesentlicher Nachteil darin, daß eine Wald- oder Baumvegetation weitgehend fehlt, die an der Côte d'Azur sehr zum Reiz der Landschaft beiträgt und die vor allem für die Entwicklung des Campingtourismus unerläßlich ist.

Die Arbeit der am 18.6.1963 gegründeten interministeriellen Kommission zur touristischen Erschließung des Littorals konzentrieren sich somit zunächst auf die Aufgabe, Maßnahmen zur Entseuchung und Sanierung der Binnenseen einzuleiten und ein Aufforstungsprogramm zu erstellen, das ca. 50 000 ha Küstenfläche umfaßte. Daneben mußte die infrastrukturelle Erschließung des Litorals erfolgen, wobei einerseits die Verkehrsverbindung, andererseits aber vor allem die Einbeziehung der Versorgungsnetze im Mittelpunkt standen. Diese Versorgung stellte sich als sehr problematisch heraus, insbesondere für die Zuführung von Süßwasser, da aus dem örtlichen Grundwasser keine Entnahme möglich war.

Wesentliches Anliegen bei der Erschließung der Stationen des Languedoc/Roussillon war die Schaffung eines breiten touristischen Angebotes, das nicht a priori eine Selektion der Besucher verursachte. Neben der Anlage von Appartementhäusern, Hotels und der Erschließung von Gelände für Villen wurde auf die Bereitstellung von Campinggelände Wert gelegt. Außerdem wurden Feriendörfer mit eingeplant, die sozial schwächeren Schichten oder Kinderfreizeiten zur Verfügung stehen sollen.

Insgesamt wurden 6 touristische Einheiten (Unités touristiques = U.T.) vorgesehen. (Abb. 37) *La Grande Motte* ist in der endgültigen Ausbaustufe für eine Bettenkapazität von 42 000 geplant, von denen 20 000 in Appartementhäusern, 4700 in Hotels (3000 Zimmer), 9100 in Einzelvillen (1820 Bauplätze mit durchschnittlich 420 m² Fläche) und 3500 in Feriendörfern verwirklicht werden sollen. Auf einem 24 ha großen Terrain für Camping und Caravaning werden außerdem 4600 Betten der Campingkategorie 3 und 4 Sterne bereitgestellt. Ein Einkaufszentrum mit 30 000 m², Spielplätze (insgesamt 13 ha) und 140 ha Waldfläche sollen den Touristen zur Verfügung gestellt werden. Der Hafen verfügt über eine Kapazität für 1000 Boote, sämtliche Anlegeplätze sind mit Versorgungsleitungen ausgestattet, außerdem ist eine Reparaturwerkstatt vorgesehen.

Am *Cap d'Agde* entsteht eine Fremdenverkehrseinheit, deren Aufnahmekapazität La Grande Motte noch übertrifft. Insgesamt ist der Ausbau für 58 000 Gäste vorgesehen, 21 000 davon in Appartementhäusern, 6000 in Hotels, 15 000 in Feriendörfern, auf Camping- und Caravaningplätzen und 16 000 in Einzelvillen. Touristisches Zentrum mit Wassersportmöglichkeiten wird dabei der Etang de Thau sein. Der Hafen im Etang de Luno ist für 2000 Anlegeplätze geplant.

Die Verwirklichung der Fremdenverkehrseinheit im *Mündungsgebiet des Aude* ist geplant, jedoch zunächst zurückgestellt worden. Vorgesehen war eine originelle Aufreihung „hünengrabähnlicher" Behausungen zu beiden Seiten des Aude, der Hafen sollte sich in die Flußmündung hinein erstrecken, so daß von jeder Wohnung der Zugang zu

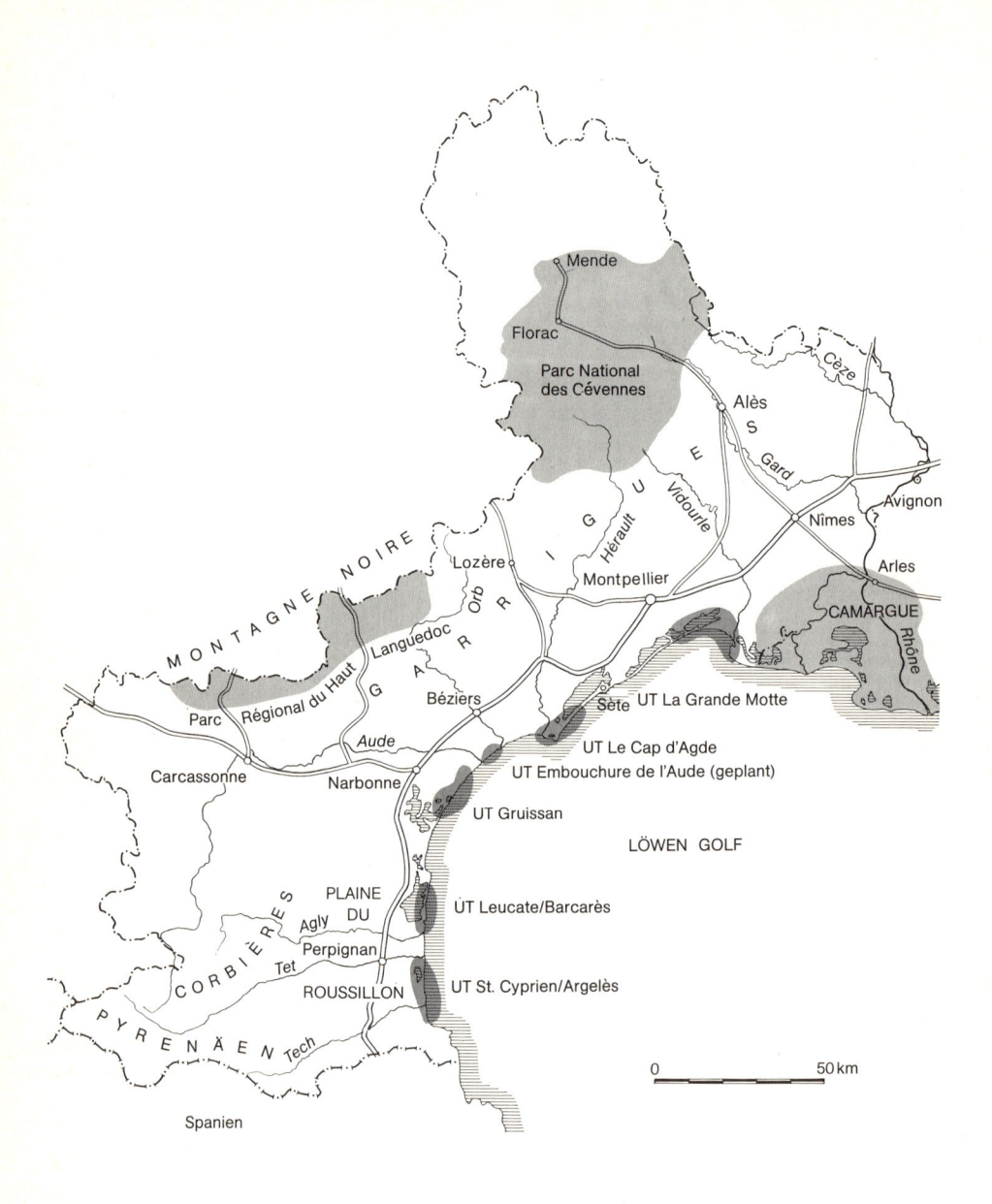

Abb. 37: Die touristische Erschließung des Languedoc Quelle: eigener Entwurf

224

einem eigenen Anlegeplatz möglich gewesen wäre.

Gruissan ist für eine Kapazität von 55 000 Touristen geplant. Die bereits vorhandenen Stationen mit lokaler Bedeutung von St. Pierre-sur-Mer und Narbonne-Plage werden in den Ausbau mit einbezogen. Auf dem Bergstock der Clape sollen fünf Dörfer entstehen (Villenviertel), die eine Bettenkapazität von 22 000 haben werden. Appartementhäuser sind rund um das Hafenbecken geplant, ihre Kapazität wird 25 000 Betten betragen. Im Hafenbecken wird Platz sein für 1500 Boote. Außerdem sind auch in Gruissan Feriendörfer und Campingplätze vorgesehen.

Der Ausbau der Fremdenverkehrseinheit von *Leucate-Barcarès* umfaßt ein Gebiet von 750 ha mit einem Strand (Lido) von 8 km Länge. Leucate wurde als Hafen für größere Yachten ausgebaut, während Port Barcarès kleineren Schiffen und Fischerbooten vorbehalten ist. Die beiden Hafenbecken haben durch den Etang de Leucate Kanalverbindung. Die ideale Lage auf dem Lido zwischen dem Etang de Salses und dem offenen Meer mit vielen touristischen Möglichkeiten hat die Planung veranlaßt, hier eine Kapazität von 75 000 Betten vorzusehen, von denen die Hälfte in Appartementwohnungen, ein Viertel in Hotels und ein weiteres Viertel auf Campingplätzen geplant ist.

Die südlichste Fremdenverkehrseinheit umfaßt bereits drei bestehende kleinere Städtchen, deren Hafenbecken insgesamt Anlegeplätze für 1800 Boote bieten werden. Zentrum ist *St. Cyprien Plage*, allerdings wird auch noch im Süden der Ausbau der Stationen Collioure, Port Vendres und Banyuls sur Mer geplant. Bei einer Gesamtkapazität von rund 25 000 Betten wird hier Abstand genommen von dem Monumentalcharakter, der den übrigen Stationen teilweise anhaftet. Entsprechend der starken Ausrichtung auf Appartementwohnungen und Campingtourismus spielen die Hotelübernachtungen und Ferienlager eine unbedeutende Rolle. Der Anteil der Hotels an den Übernachtungsformen liegt bei durchschnittlich 3%, Ferienlager und Freizeitzentren erreichen rd. 6,5% der Inanspruchnahme. Demgegenüber ist der Anteil der Appartementübernachtungen bei fast 50% noch bedeutender als der Campinganteil mit ca. 40%.

Bei der Frage nach den Herkunftsgebieten der Touristen in den Stationen ist zweifellos ein anderes Ergebnis festzustellen als es in den Planvorstellungen erwartet worden ist. Diese Zielvorstellungen gingen davon aus, daß ein größerer Teil der Touristen aus den nördlichen Landesteilen und vor allem auch aus dem Ausland kommen würde. Die Herkunftsanalysen zeigen jedoch eine deutliche Lokalisierung der großen Masse auf das eigene Hinterland und somit auf eine Konsumentenschicht, die kaum von außen her Kapital in die Programmregion einbringt. Betrachtet man die Situation zu Beginn der 1970er Jahre, so ist besonders in La Grande Motte die Dominanz der Touristen aus dem Languedoc nachweisbar, was vor allem auf die enge Nachbarschaft zu den beiden Städten Nîmes und Montpellier im unmittelbaren Hinterland dieser Station zurückzuführen ist. (Tab. 85)

Das Fehlen einer größeren Stadt im Hinterland hat die Verhältnisse in den übrigen Stationen stark beeinflußt, jedoch auch eine wesentlich schleppendere Entwicklung verursacht, die sogar zur teilweise vorläufigen Einstellung der Projekte geführt hat.

Das zweite auffällige Merkmal, und hierbei ist sicherlich von einem Scheitern der Planvorstellungen zu sprechen, ist der äußerst geringe Anteil ausländischer Touristen. Die Voruntersuchungen bei der Planung hatten sich vor allem auf das Käuferverhalten ausländischer Interessenten in Spanien gerichtet, wo dieser Anteil sehr hoch liegt. Eine ähnliche Investitionswelle wurde im Languedoc erwartet, jedoch stellte sich schon sehr bald heraus, daß die Preise an der Küste des

Tab. 85: Herkunft der Touristen in FV-Zentren des Languedoc 1974 (in %)

Herkunftsgebiet	La Gd. Motte	Leucate/B.	St. Cyprien	Languedoc Ges.
PR Languedoc	40,4	11,3	20,7	31,9
PR Paris	12,5	24,5	4,0	22,8
PR Rhône – Alpes	14,1	5,8	3,7	8,6
PR Midi – Pyrénées	5,3	17,4	3,0	9,1
PR Provence – Côte d'Azur	9,9	1,7	36,7	4,6
PR sonstige	13,6	30,1	25,0	18,6
Ausland	4,2	9,2	6,9	4,4

Quelle: INSEE, Montpellier

Tab. 86: Übernachtungszahlen und Ausländeranteile in der PR Languedoc-Roussillon 1977–1982

	Übernachtungen in Tsd. in den Depts.					Gesamt
	Aude	Gard	Hérault	Lozère	Pyr. Ortls	
Gesamt 1977	7 196	9 393	25 159	4 536	20 061	66 545
Ausländer	7,9%	13,9%	15,3%	4,9%	13,1%	12,9%
Gesamt 1980	9 278	12 431	29 572	4 531	24 870	80 682
Ausländer	8,5%	16,4%	22,3%	11,3%	14,8%	16,7%
Ausländer (Camping)	23,0%	46,0%	39,0%	35,0%	25,0%	35,0%
Gesamt 1982	11 391	13 257	32 718	5 256	22 659	85 281
Ausländer	7,4%	13,4%	18,1%	8,2%	12,3%	13,8%
Ausländer (Camping)	20,0%	42,0%	34,0%	29,0%	27,0%	32,8%

Quelle: zusammengestellt aus: INSEE Languedoc-Roussillon 1984

Löwengolfes selbst bei knappster Kalkulation nicht mit dem niedrigeren Preisniveau im Nachbarland Spanien konkurrieren konnten. Zudem liegen die Lebenshaltungskosten in Frankreich trotz günstiger Wechselkurse in den letzten Jahren nach wie vor hoch.

Der vergleichsweise geringe Ausländeranteil bleibt auch in der jüngeren Entwicklung kennzeichnend (Tab. 86). Diese weist zwischen 1977 und 1982 für alle Departements der Programmregion Zunahmen der Übernachtungszahlen zwischen 20 und 30% auf. Regionale Unterschiede sind in erster Linie in der Ausstattung mit Strandsiedlungen, vor allem aber mit Campingmöglichkeiten in Strandnähe begründbar. Rund ein Drittel aller Campingübernachtungen der Region entfallen auf Ausländer.

Umgekehrt bedeutet dies jedoch, daß bei den übrigen Übernachtungsformen der Ausländeranteil zwangsläufig auch heute noch relativ gering sein muß. Dies gilt insbesondere für die Appartementsbelegungen in den neuen Fremdenverkehrszentren. Die große Zahl der Appartementbesitzer aus der Programmregion selbst wirkt sich hierbei besonders aus. Sie hat zur Folge, daß eine Frequentierung auch vom Erstwohnsitz aus erfolgen kann, d. h. vorwiegend an Wochenenden, oder daß während der Sommermonate der Hauptwohnsitz an die Küste verlegt und zur Arbeit in die Städte des Hinterlandes gependelt wird. Lediglich ein Viertel bis ein Drittel der Appartements stehen in der Hauptsaison Juli und August für Vermietungen zur Verfügung.

Ein weiteres ökonomisches Handicap, das vor allem die Arbeitsplatzbeschaffung beeinflußt, ist der saisonale Charakter des Tourismus in den Stationen des Languedoc. Der Badebetrieb beschränkt sich im wesentlichen auf die beiden Monate Juli und August. Die Bemühungen der Fremdenverkehrsbehörden zielen darauf hin, eine Ausweitung der Saison bzw. eine gleichmäßigere Frequentierung zumindest innerhalb der vier Sommermonate zu erreichen. Auf die beiden Monate Juli und August entfallen im Durchschnitt rund 85% der Appartementübernachtungen, bei den Campingübernachtungen liegt der Anteil sogar bei fast 90%. Aus diesen Besonderheiten leiten sich auch zahlreiche Schwierigkeiten für die Dienstleistungsbetriebe, die Versorgung und die Erhaltung der Anlagen und Versorgungssysteme ab. Der größte Teil der Arbeitsplätze steht nur saisonal zur Verfügung, die Schaffung von Dauerarbeitsplätzen ist bisher nur in geringem Maße erfolgt. Die Nachteile des Küstentourismus im Languedoc wurden schon bald erkannt. Neben der landschaftlichen Vielfalt, die den Reiz der Côte d'Azur ausmacht, fehlte in den meisten Fällen auch die romantische Originalität der neuen Stationen, die als moderne Touristenzentren für kommende Generationen konzipiert sind. Unter diesem Aspekt lag es nahe, im gebirgigen Hinterland einen touristischen Komplementärbereich zur Küste zu sehen, der in erreichbarer Distanz eine Abwechslung bieten könnte. Die Einbeziehung des südlichen Zentral-Massivs in die touristische Erschließung des Languedoc bedeutete gleichzeitig eine Reihe von Förderungsmaßnahmen für die landwirtschaftliche Restbevölkerung, der unter diesem Aspekt die wesentliche Aufgabe des Landschaftspflegers zufällt. Ein zweiter Aspekt, der vor allem die Pyrenäen, aber auch das Aigoualmassiv oder andere hochgelegene Bereiche des südlichen Zentralmassivs und der Cevennen betrifft, ist die Entwicklung von Wintersportmöglichkeiten. Hierbei steht auch die Überlegung eines regionalen Austausches der Arbeitskräfte mit im Vordergrund, wenngleich sicherlich die Kapazitäten des Küstenbereiches und der potentiellen Wintersportgebiete der südfranzösischen Gebirgsbereiche sehr verschieden sind. Ein erfolgversprechender Ausbau der Wintersportmöglichkeiten ist im Grunde genommen nur für die Pyrenäen möglich, wo im Bereich der Cerdagne für 4 bis 5 Monate Schneesicherheit besteht. In den Cevennen weisen der Mont Aigoual und der Mont de Lozère nur während 2 bis 3 Monaten eine Schneedecke auf, die jedoch nicht durchgängig für Wintersport geeignet und interannuellen Schwankungen sehr stark ausgesetzt ist. Im Bereich der Montagne Noire und der Cevennen wurde daher ein „Programm zur Erhaltung der Landschaft" entworfen, das durch die Schaffung von zwei Naturparks realisiert werden soll. Im Bereich der Montagne Noire handelt es sich dabei um den „Parc Régional du Haut Languedoc", in den Cevennen um den „Parc National des Cévennes".

Das Plankonzept sieht dabei nicht die ausschließliche Erhaltung der traditionellen Gegebenheiten vor, sondern untergliedert die Cevennen in einen Kernbereich, den eigentlichen Naturpark, und in eine periphere Zone (zone périphérique), in der eine Reihe touristischer Infrastrukturmaßnahmen und -einrichtungen die Attraktivität steigern soll. Insgesamt umfaßt der Park ein Gebiet von 320 972 ha Fläche, von denen 84 200 ha den eigentlichen Naturpark, 236 772 ha die periphere Zone darstellen. Innerhalb dieses Gesamtgebietes liegen 125 Gemeinden mit einer Bevölkerung von rd. 40 000 Personen in der peripheren Zone, 52 Gemeinden mit insgesamt ca. 500 (!) Einwohnern im Naturpark selbst. Als städtische Zentren sind Florac und Le Vigan mit 2100 bzw. 4600 Einwohnern anzusehen.

Einen zweiten Förderungsbereich stellt die Forstwirtschaft dar. Die periphere Zone des Parc National des Cévennes ist zu 66% bewaldet. Eine Aktivierung der Nutzung scheint möglich, wobei zunächst die Aufforstung von rund 54 000 ha Fläche geplant ist. Auf Dauer bedeutet dies die Möglichkeit eines Zuerwerbs für die verbliebene landwirtschaftliche Bevölkerung. Gleichzeitig wird diese Förderungsmaßnahme der im Zusammenhang mit dem Tourismus wichtigen Landschaftserhaltung gerecht. In diesem Zusammenhang ist der umfangreiche Ausbau von Zweitwohnsitzen für die Stadtbevölkerung der umliegenden Agglomerationen von Lyon, der Städte des Rhônetales bis Marseille und des Languedoc geplant. Die relativ günstige regionale Lage der Cevennen im Einzugsbereich von zwei Großstädten (Lyon und Marseille) und einer Reihe kleinerer und mittlerer Städte birgt ein großes Potential von Interessenten an Zweitwohnungen, zumal die Investitionskosten im Gebirge oft erheblich niedriger liegen als an der Küste. Gerade die Entwicklung der Zweitwohnsitze weist in den letzten Jahren geradezu spektakuläre Zunahmen auf. In den 1960er Jahren begann die Entwicklung gerade im Gebirge zunächst schleppend, da die Umstellung auf eine neue Einkommensmöglichkeit, verbunden mit Investitionen zur Erhaltung und Modernisierung der Bausubstanz, die verbliebene ältere Bevölkerung oft überforderte. Zwischen 1962 und 1968 vermehrte sich die Zahl der Zweitwohnsitze in der Gesamtregion lediglich um ca. 30%. Anfang der 1970er Jahre wirkten sich dann aber die verschiedenen Förderungsprogramme rasch aus. Viele der leerstehenden alten Bauernhäuser wurden, oft mit Hilfen aus der öffentlichen Hand, renoviert und als Appartements verkauft oder vermietet. Darüber hinaus fanden sich immer mehr Käufer, die die alten Häuser günstig kauften und sich dann entsprechend einrichteten. Hinzu kamen die Appartements, die im Küstenbereich zu diesem Zeitpunkt zum Verkauf angeboten wurden. Zwischen 1968 und 1975 rückte die Programmregion bei der Zunahme der Zweitwohnsitze mit 63,0% an zweite Stelle in der nationalen Statistik hinter die Programmregion Provence-Alpes-Côte d'Azur, um dann bis 1982 nochmals eine Zunahme von 73% zu verzeichnen. Dies war mit Abstand die stärkste Veränderung innerhalb Frankreichs, sieht man vom Sonderfall Korsika einmal ab (vgl. auch Tab. 74).

Eines der Hauptprobleme schien zu Beginn der Entwicklung die ungünstige Verkehrserschließung der Gebirgsgegenden zu sein. Inzwischen zeigt sich jedoch, daß gerade hierdurch die Ruhe und Abgeschiedenheit, die von vielen Käufern gesucht wird, am ehesten garantiert ist. Ursprünglich geplante Maßnahmen zum infrastrukturellen Ausbau wurden inzwischen größtenteils zurückgestellt.

Bei einer allmählichen Überfüllung des Litorals und dem relativ hohen Bevölkerungspotential im Umland der Gebirge wird es in den kommenden Jahren sicherlich noch stärker als bisher zu einer touristischen Erschließung des Gebirges kommen, wenn sich hier auch noch Wintersportmöglichkeiten bieten. Über die lokale oder nationale Frequentierung hinaus haben gerade die Cevennen in den letzten Jahren einen deutlichen Touristenzustrom aus dem Ausland, besonders den Beneluxländern, verzeichnet. Der Fremdenverkehr scheint zu einer allmählichen wirtschaftlichen Gesundung des Gebirges beitragen zu können.

6.3.2. Zunehmende Bedeutung des Wintertourismus und des Wintersports

Einen wichtigen Anteil an der Bedeutungszunahme des Fremdenverkehrs als Wirtschaftsfaktor hat in Frankreich, wie in anderen Ländern, der Wintertourismus. Dabei spielt der Wintersport eine zunehmende Rolle, aber auch andere Formen des Winterurlaubs haben deutlich zugenommen. Neben einer generell verbesserten Einkommenssituation waren hierfür die höhere Flexibilität bei der Urlaubszuweisung und der gestiegene Urlaubsanspruch wichtige Gründe. Seit Mitte der 1970er Jahre entfallen 25% aller Urlaubsbuchungen auf den Wintertourismus.

Innerhalb des Landes zeigen sich deutliche regionale Unterschiede. Am auffälligsten ist (Tab. 87), daß die Bevölkerung von Paris

(Ile-de-France), gemessen an der Gesamtbevölkerung, mit Abstand den höchsten Anteil an Winterurlaubern aufweist. Weit unter dem Durchschnitt liegen demgegenüber die Regionen an der nördlichen und westlichen Peripherie des Landes.

Die Urlaubsziele der Winterurlauber liegen ganz überwiegend im eigenen Lande. Rund 85% aller Buchungen entfallen auf Zielgebiete innerhalb Frankreichs, wobei sich mit der Alpenregion (PR Rhône-Alpes) und der Riviera (PR Provence-Alpes-Côte d'Azur) zwei deutliche Schwerpunkte herauskristallisieren.

Deutliche Beziehungen lassen sich im Winterurlaubsverhalten auch mit der Wohnortgröße der Urlauber herstellen (Tab. 88). Rein statistisch ergibt sich eine eindeutige Zunahme der Winterurlaubsbevölkerung mit steigender Größe des Wohnorts, wobei der Großraum Paris, v.a. aber die Stadt Paris selbst, den nationalen Mittelwert deutlich übersteigt. Dies gilt im übrigen auch für die durchschnittliche Dauer des Winteraufenthaltes.

Schließlich ergeben sich deutliche Unterschiede in Abhängigkeit von den Einkommensstrukturen. Tab. 89 macht deutlich, daß die Bevölkerung mit einem durchschnittlichen Jahreseinkommen von weniger als 30000 FF lediglich zu knapp 15% am Winterurlaubsvolumen beteiligt ist. Mit zunehmendem Einkommen nimmt der Anteil der Winterurlauber erwartungsgemäß stetig zu.

Der eigentliche Wintersporturlaub beträgt am Gesamtvolumen der Winterurlauber knapp ein Drittel. Er betrifft naturgemäß überwiegend die Hochgebirgsregionen, wobei die französischen Westalpen mit Abstand am häufigsten aufgesucht werden. Sie sind statistisch unterteilt in den nördlichen Teil (Alpes du Nord) und den südlichen Teil (Alpes du Sud). Allein auf den nördlichen Teil mit den Departements Savoie, Haute-Savoie und Isère entfielen 1984 82% der Übernachtungen, auf die Südalpen (Depts. Hautes-Alpes, Alpes-de-Haute-Provence, Alpes-Maritimes und Var) weitere 10%. Alle übrigen französischen Wintersportgebiete (Pyrenäen, Zentralmassiv, Jura und Vogesen) erreichten gemeinsam nur 8% der Übernachtungskapazitäten im Wintersportfremdenverkehr.

In den Nordalpen hat sich der Wintertourismus im Zusammenhang mit der verbesserten Verkehrserschließung durch die Anlage mehrerer Bahnlinien seit Beginn des 20. Jahrhunderts allmählich entwickelt. Vorher spielte der Sommertourismus (Bädertourismus, sommerlicher Alpinismus) eine wichtigere Rolle, ohne jedoch eine überragende Bedeutung zu haben. Immerhin sollen die Bäder Savoyens um 1865 bereits 15000 Besucher registriert haben, allein Chamonix zählte 12789 Sommerurlauber. Im Jahre 1901 wurde eine elektrische Schmalspur- und Zahnradbahn zwischen St. Gervais und Chamonix eingeweiht, die für die Entwicklung zum Wintersportort in der folgenden Zeit eine große Bedeutung erlangte. Nach dem Ersten Weltkrieg wurde durch den Bankier Rothschild in Megève ein Erschließungsprojekt für Wintersportanlagen finanziert. In den Folgejahren entwickelte sich die Stadt zu einem der bedeutendsten Wintersportorte der Westalpen und überflügelte bald Chamonix, das durch die Winterolympiade im Jahre 1924 weltweit bekannt geworden war. Sowohl in Megève als auch in Chamonix, dem ältesten Wintersportort der Nordalpen, spielte während der Wintersaison zunächst nur der Wochenendtourismus eine größere Rolle. Organisierte Busfahrten oder Zugfahrten brachten die Wintersportler aus dem nahegelegenen Genf oder aber auch aus entfernteren Großstädten wie Lyon.

Der Sommertourismus verlor nach dem Ersten Weltkrieg ständig an Bedeutung und wurde in den Nordalpen in den 30er Jahren durch den Wintertourismus überflügelt. Zahlreiche neue Stationen entstanden:

Tab. 87: Das Winterurlaubsverhalten der Franzosen 1982/83 (%)

	Anteil der Bevölkerung mit Winterurlaub 1982	1983	Anteil Wintersport 1983	Urlaubsziel der Winterurlauber (Tsd)[1]	regionaler Anteil in %
Ile-de-France	42,2	42,0	16,4	697	4,4
Champ.-Ard.	21,2	16,8	10,9	163	1,0
Picardie	23,0	17,1	6,7	207	1,3
Hte.-Normandie	25,2	25,1	11,8	258	1,6
Centre	26,2	27,1	12,3	502	3,2
Bse.Normandie	14,4	12,5	5,9	280	1,8
Bourgogne	20,6	22,9	7,4	410	2,6
Nord-P.d.C.	17,9	14,4	4,8	340	2,1
Lorraine	17,5	18,5	6,4	573	3,6
Alsace	16,7	16,9	10,8	178	1,1
Franche-Comté	16,5	14,6	5,9	432	2,7
Pays d.l.Loire	18,1	16,9	7,0	597	3,8
Bretagne	20,5	23,2	6,9	1026	6,4
Poitou-Char.	13,1	15,2	6,2	486	3,1
Aquitaine	18,1	19,9	4,8	767	4,8
Midi-Pyrén.	18,2	16,8	4,0	975	6,1
Limousin	9,3	12,3	2,0	175	1,1
Rhône-Alpes	22,1	24,1	8,9	3852	24,2
Auvergne	19,1	20,6	6,3	444	2,8
Languedoc-R.	26,4	25,3	9,2	977	6,1
Prov.-A.-C.d.'A. Corse	27,4	27,3	9,8	2594	16,2
Gesamt	24,6	24,3	9,2	15933[2]	100,0

[1] = registrierte Urlaubsaufenthalte in den Regionen.
[2] = Zuzüglich 2667 Buchungen außerhalb Frankreichs

Quelle: zusammengestellt aus:
INSEE 1984a und L'économie du Tourisme, 1983

Tab. 88: Winterurlaubsverhalten der Franzosen nach Wohnortgröße

Einwohnerzahlen des Wohnorts	1983 % der Bev.	1983 ∅ Tage	Bevorzugte Urlaubsziele (%)				
			Meer	Wintersport	Ländl. Geb.	Städte	Sonst.
Ländl. Gem. < 20000 Ew.	15,4	13,9	18,6	31,7	22,9	17,6	9,2
Städte < 20000 Ew.	19,8	13,6	18,5	27,3	29,4	15,9	8,9
20–100000 Ew.	19,6	15,1	15,2	27,8	27,1	20,9	9,0
> 100000 Ew. (o. Paris)	27,5	13,7	17,0	32.7	23,8	16,6	9,9
Großraum Paris (o. Paris)	39,5	14,2	18,5	31,6	33,7	7,6	8,6
Paris-Stadt	51,1	18,5	30,1	22,1	29,0	8,2	10,6
Gesamt	24,3	14,4	18,9	30,0	27,3	14,4	9,4

Quelle: Zusammengestellt aus: L'économie du Tourisme 8, 1983

Tab. 89: Winterurlaubsverhalten in Abhängigkeit von Einkommensverhältnissen
(Winter 1982/1983, Angaben in %)

Jahreseinkommen	Anteil an Bevölkerung	Pers./Haushalt mit Winterurlaub				
		0	1	2	> 2	Gesamt
< 30000 F	10,7	85,5	11,5	2,4	0,6	100,0
30000– 45000 F	11,8	85,0	10,8	3,3	0,9	100,0
45000– 60000 F	16,2	78,9	10,5	6,9	3,7	100,0
60000– 80000 F	18,2	75,7	10,1	8,9	5,3	100,0
80000–100000 F	15,9	70,2	9,6	10,3	9,9	100,0
100000–120000 F	12,1	60,4	7,9	16,0	15,7	100,0
120000–240000 F	13,1	41,5	9,4	18,3	30,8	100,0
> 240000 F	2,0	24,9	5,2	25,4	44,5	100,0
Gesamt	100,0	70,2	9,8	9,9	10,1	100,0

Quelle: L'économie du Tourisme. Nr. 8, 1983

Courchevel, Pralognan, Valloire, Tignes, Val d'Isère und andere.

In den 30er Jahren wurde auch die technische Ausstattung wesentlich verbessert. Schlepplifte, Seilbahnen, Teleskis etc. wurden in den meisten Wintersportorten eingeführt, und mit der verbesserten Infrastrukturausstattung, zu der auch die Elektrifizierung der Alpendörfer zählt, wurden die Voraussetzungen für eine moderne Entwicklung geschaffen, durch die sich der französische Alpenraum zu einem der bekanntesten Skigebiete der Welt herausbildete.

Einer der bedeutendsten französischen Wintersportorte ist zweifellos Megève im Mont-Blanc Massiv. In über 90 Hotels stehen hier allein mehr als 4000 Hotelbetten zur Verfügung. Mehrere Faktoren haben die günstige Entwicklung gleichermaßen beeinflußt. Das Hauptskigebiet verfügt aufgrund günstiger Expositionsverhältnisse im Winter über eine lange Sonnenscheindauer (7 Stunden), Pisten sämtlicher Schwierigkeitsgrade stehen zur Verfügung. Durch die Verbindungen zu Nachbarstationen, die teilweise höher gelegen sind, ergibt sich eine relativ lange Skisaison. Megève ist heute internationale Drehscheibe des Skisports in den französischen Alpen.

Unter dem Einfluß des Wintersports hat sich die wirtschaftliche Grundlage der Alpengebiete völlig gewandelt. Während sie im vorigen Jahrhundert häufig durch Bevölkerungsabwanderung gekennzeichnet waren, brachte der Fremdenverkehr des 20. Jahrhunderts zum Teil ein sehr starkes Bevölkerungswachstum mit sich. Val d'Isère kann als typisches Beispiel dieser Vorgänge gesehen werden. Im Zeitraum zwischen 1822 und 1926 verringerte sich die Einwohnerzahl von 655 auf 177 Personen. Bis 1982 wurde dann aber ein Anwachsen auf über 1650 Einwohner verzeichnet. Während der Saison erreicht die Bewohnerzahl des Ortes oft das 10fache. Der Hauptboom setzte hier erst in der Zeit nach dem Zweiten Weltkrieg ein.

Val d'Isère ist ein Beispiel für zahlreiche weitere Wintersportorte, die sich aus alten dörflichen Siedlungen heraus entwickelt haben. Daneben finden sich Stationen, die geplant entstanden sind, ohne sich an einen vorhandenen Ort anzulehnen. Dazu gehören beispielsweise Flaine, La Plagne, Val Thorens und Super-Tignes. Einer dritten Gruppe wären die stadtnahen Wintersportgebiete zuzuordnen, die vor allem durch den Wochenendtourismus geprägt werden. Ganz extrem gilt dies für Chamrousse bei Grenoble und La Clusaz bei Annecy. Daneben gibt es zahlreiche kleinere Skiorte, die teilweise noch ihr dörfliches Gepräge erhalten haben.

Bis heute unbedeutender, vor allem auch bei weitem nicht auf dem gleichen technischen Stand wie die Wintersporteinrichtungen in den Alpen sind die Wintersportzentren in den Pyrenäen. Auch die infrastrukturelle Erschließung durch Straßen und Schienenwege ist wesentlich ungünstiger als in den Alpen. Schließlich sind die Oberflächenformen der Pyrenäen mit ihren wuchtigen, gerundeten Gipfellagen weniger für die Ansprüche des modernen Wintersports geeignet. Auch die Nachbarschaft des wenig skibegeisterten Spanien wirkt sich nicht gerade stimulierend auf die Entwicklung der Wintersportgebiete aus. So verfügen heute nur etwa 25 Wintersportorte über ausreichende technische Einrichtungen.

Im Zentralmassiv weist einzig das Mont-Dore-Gebiet eine längere Tradition als Wintersportzentrum auf. Bereits vor dem Zweiten Weltkrieg gehörte es statistisch zu den bedeutendsten Skigebieten Frankreichs und folgte nach Megève und Chamonix auf dem dritten Platz. Der große Vorteil lag in der relativ geringen Entfernung zur Hauptstadt (430 km). Mit der Verbesserung der Verkehrsverbindungen und dem Ausbau der Alpenstationen reduzierte sich die Bedeutung jedoch stärker auf die Bevölkerung der Städte im Randgebiet des Zentralmassivs. Die beiden neuen Stationen Superbesse und

Tab. 90: Ausgewählte Wintersportorte in den Hochgebirgslandschaften Frankreichs

Stationen	Höhenlage[1]	Stationen	Höhenlage[1]
Nordalpen		**Südalpen**	
Bellecombe Cres.-V.	1130–1800	Auron	1600–2410
Bourg-Saint-Maurice-Arcs	1600–3000	Montgenèvre	1860–2600
Chamonix	1030–3850	Orcières-Merlette	1820–2650
La Chapelle d'Abondance	1010–1750	Le Sauze	1400–2400
Châtel	1200–2080	Serre-Chevalier	1350–2500
La Clusaz	1100–2600	Valberg	1700–1880
Combloux	980–1760	Vars	1850–2580
Les Contamines-Montjoie	1160–2480		
Courchevel	1850–2700	**Pyrenäen**	
Flaine	1600–2480	Ax-les-Thermes	1400–2300
Flumet-Praz-sur-Arly	1000–1600	Barèges	1250–2000
Les Gets	1170–2800	Cauterets-Lys	950–2300
La Grand Bornand	950–1800	Front-Romeu	1800–2250
Les Houches	1000–1900	Gourette-Eaux-Bonnes	1400–2400
Megève	1100–2040	La Mongie	1750–2360
Les Ménuires-Belleville	1800–2900	Saint-Lary-Soulan	830–2300
Méribel	1550–2700	Superbagnères	1430–2260
Morzine–Avoriaz	1000–2270		
La Plagne	2000–2500	**Zentralmassiv**	
Pralognan-la-Vanoise	1410–2260	Le Mont-Dore	1050–1850
Saint-Gervais	900–1950	Superbesse	1350–1850
Samoëns	720–2120	Super-Lioran	1160–1820
Tignes	2100–3350		
Val Cenis	1450–2540	**Franz. Jura**	
Val-d'Isère	1850–3250	Métabief	1000–1430
Valloire	1430–2430	Les Rousses	1120–1680
Dauphiné		**Vogesen**	
Alpe d'Huez	1860–3350	La Bresse	630–1350
Chamrousse	1650–2250	Gérardmer	666–1113
Les Deux-Alpes	1650–3420		
Villard-de-Lans (Vercors)	1020–1930		

[1] Niedrigster und höchster Punkt der Abfahrten

Tab. 91: Die Entwicklung des Wintersports in Frankreich 1972–1983

	1972/73	1973/74	1974/75	1975/76	1982/83
Personen, die mindestens einen 4- oder mehrtägigen Wintersportaufenthalt buchten	1 600 000	1 700 000	1 950 000	2 250 000	2 928 400
Wintersportaufenthalte	2 150 000	2 300 000	2 800 000	3 350 000	5 880 000
davon im Ausland	240 000	240 000	210 000	220 000	446 400
Übernachtungen	21 300 000	20 800 000	27 500 000	32 800 000	56 400 000
davon im Ausland	2 400 000	2 500 000	2 100 000	2 500 000	5 600 400
Aufenthaltsdauer (Durchschn.)	9,9 Tage	9,1 Tage	9,8 Tage	9,8 Tage	14,3 Tage

Quelle: Statistique du Tourisme, 12, 1976 und L'économie du Tourisme 8, 1983

Super-Lioran wurden erst aufgrund der steigenden Bedeutung des Wintersports in den 60er Jahren ergänzt.

Auch die Wintersportorte des französischen Jura und der Vogesen haben eine überwiegend lokale Bedeutung. In der Nähe größerer Städte gelegen sind sie vor allem an Wochenenden stark frequentiert. Daueraufenthalte spielen dagegen eine relativ geringe Rolle. Eine Aktivierung erhofft man sich durch die verstärkte Belegung mit Kinderfreizeiten, Ferienkolonien und Billigangeboten.

Der rapide Ausbau der Wintersportzentren wird von einer ständig steigenden Nachfrage getragen. Wurden 1953 noch 500 000 aktive Wintersportler in Frankreich gezählt, so stieg ihre Zahl bis 1984 auf fast 5 Mio an.

In der Saison 1982/83 wurden fast 56,5 Mio Übernachtungen in den Wintersportstationen allein von Franzosen, die längere Aufenthalte buchten, registriert (Tab. 91). Hinzu kommen rund 12 Mio Übernachtungen durch Kurzaufenthalte und 3,5 Mio Übernachtungen durch Ausländer, insgesamt also über 72 Mio. Unter den Auslandstouristen stehen die Wintersportler aus der Bundesrepublik mit Abstand an der Spitze.

Die Beobachtung der letzten Jahre zeigt deutliche Verschiebungen innerhalb der einzelnen Wintersportgebiete. Durch den verstärkten Ausbau der Stationen im südlichen Alpenabschnitt ergibt sich hier eine stärkere Frequentierung, während sie im nördlichen Abschnitt leicht rückläufig ist. Der prozentuale Anteil der Auslandsaufenthalte ist in den letzten Jahren deutlich gefallen, was zweifellos mit der schwachen Stellung des Franc gegenüber anderen europäischen Währungen zusammenhängt.

Die Beherbergungsformen in den Wintersportgebieten unterscheiden sich grundlegend von den Sommerferienzentren. In der Frequentierung liegen Hotel, Vermietung von Appartements und Benutzung einer Zweitwohnung mit je einem Viertel der Gesamtübernachtungen fast gleich. Allerdings ist die Frequentierungsdauer innerhalb der Saison unterschiedlich. Während Hotels und Appartements praktisch eine Dauerbelegung aufweisen, ist für die privaten Zweitwohnungen die Wochenendbelegung typisch.

Zweifellos wird der Wintertourismus auch in den kommenden Jahren noch Zunahmen erfahren. Allerdings sind den Entwicklungsmöglichkeiten aufgrund der zahlenmäßig begrenzten Interessentenschicht und der geringen Bereitschaft, den gesamten Jahresurlaub auf den Winter zu verlegen, gewisse Grenzen gesetzt. Nur bestimmte Altersklassen und Einkommensschichten werden die Wintersportgebiete auch in Zukunft frequentieren können. Erste Anzeichen einer Verlangsamung nach dem Boom der 60er Jahre und frühen 70er Jahre sind in den französischen und in den übrigen europäischen Wintersportgebieten zu beobachten.

Veränderungen sind u. U. dadurch zu erwarten, daß seit 1983 fünf Wochen (vorher 4) Mindesturlaub für die französischen Arbeitnehmer garantiert sind. Diese können im allgemeinen von den Betrieben aus nicht in einem Block während des Sommers gewährt werden, so daß von daher die Splittung des Jahresurlaubs notwendig ist. Allerdings stellen gerade für den teuren Wintersporturlaub die Einkommensverhältnisse derzeit noch einen stark limitierenden Faktor dar.

Als Wirtschaftsfaktor spielt der Wintersport in den Hochgebirgsregionen jedoch heute bereits eine sehr große Rolle, wenngleich er vom Volumen her bei weitem nicht mit dem Sommertourismus konkurrieren kann. Dort, wo der Wintersport an Bedeutung gewonnen hat, wurde der demographische Entleerungsprozeß im allgemeinen aufgehalten bzw. umgekehrt. Problematisch bleiben jedoch der saisonale Charakter sowie die starken Schwankungen innerhalb der Saison in Abhängigkeit von Schulferien und Urlaubsregelungen. Auch hierin liegen Wachstumsschranken, die eine Entwicklung zum Massenphänomen verhindern.

6.4.
Touristische Besonderheiten im ganzen Land

Der Tourismus beschränkt sich in Frankreich zweifellos nicht auf die Küstengebiete und das Hochgebirge, wenngleich hier die Schwerpunkte der Entwicklung liegen. Auch das Binnenland verfügt über Zentren des Fremdenverkehrs, deren Besucherzahlen oft über denen der bekannten Küstenorte liegen. Als Drehscheibe des internationalen Tourismus ist Paris anzusehen, dessen Stellung seit dem 19. Jahrhundert unumstritten ist. Mehr als die Hälfte aller Ausländerübernachtungen Frankreichs entfallen allein auf die Hauptstadt, wobei das Motivationsspektrum sehr breit ist: Kongresse, Geschäftsreisen, Ausstellungen, Museen, Messen, Festivals etc. Der fast unvergleichliche Reichtum an Sehenswürdigkeiten und nicht zuletzt das besondere Flair, das sich mit Quartier Latin, mit Montmartre, mit der Theaterwelt verbindet, stellen die Stadt in die Reihe der international am meisten aufgesuchten Ferienziele der Welt. An der Spitze der Besucher stehen seit Jahrzehnten die Amerikaner mit über einem Viertel der Ausländerübernachtungen, mit Abstand folgen die Engländer (ca. 10%), deren Anteil etwa mit dem der Touristen aus der Bundesrepublik Deutschland gleich ist. Mit über 6900 Hotels aller Kategorien übertrifft Paris alle übrigen Programmregionen Frankreichs bezüglich der Beherbergungskapazität beträchtlich.

Ein zweiter Schwerpunkt ist das Loire-Tal, besonders in seinem mittleren Abschnitt zwischen Orléans und Angers. Die oft verwendete Bezeichnung „Garten von Frankreich" gründet sich nicht zuletzt auf die historische Bedeutung, die dieses Gebiet über vier Jahrhunderte hin seit dem 15. Jahrhundert innegehabt hat. Die Verlegung des gesamten Hofstaates seit dem 17. Jahrhundert während der Sommermonate in die zahlreichen Schlösser an der Loire und ihren Nebenflüssen, die Konzentration der gesamten französischen Noblesse in dieser von der Hauptstadt aus nur ein paar Tagesreisen entfernten reizvollen Landschaft hat hier eine in Europa und in der Welt sicherlich einmalige Parklandschaft entstehen lassen, die heute eines der beliebtesten Touristenziele des Landes geworden ist. Ähnlich wie in Paris handelt es sich hier jedoch kaum um einen Tourismus zu Erholungszwecken, sondern im allgemeinen um einen „Bildungstourismus", dessen Ziel die „Schlösser an der Loire" darstellen. Schwerpunkte bilden dabei die berühmtesten dieser Schlösser: Chambord, Chenonceaux, Blois, nicht weniger reizvoll, oft sogar schöner, sind die fast nicht zählbaren kleineren Schlösser mit ihren kunstvollen Parkanlagen. Trotz der hohen Touristenfrequenz ist das Loire-Tal noch keine moderne Fremdenverkehrslandschaft geworden, wenngleich die Zahl der Besucher ständig steigt. Meistens handelt es sich um organisierte Besichtigungsfahrten aus der Hauptstadt oder den nahe gelegenen Küstengebieten, oder die Schlösser werden vom Individualtourismus „en passant" mitbesucht. So ist die Tatsache, daß nur relativ wenig Hotelkapazität zur Verfügung steht, nicht überraschend. Einzig in den größeren Städten, die als Etappenziele angefahren werden, ist ein gewisser Ausbau der Hotelkapazität erfolgt. Tours und Orléans nehmen dabei eine besondere Stellung ein.

Auch der Westen Frankreichs weist neben den Küstengebieten zahlreiche touristisch interessante Gebiete auf, die freilich nicht mit den großen Zielgebieten Schritt halten können. Die Normandie hat in weiten Teilen einen unberührten Charakter bewahrt. Die hektische Entwicklung der nahen Hauptstadt scheint an dieser Landschaft vorbeigegangen zu sein. Besonders der südliche Teil der Normandie mit der sogenannten „Suisse normande" erfreut sich steigender Beliebtheit. Im Übergangsgebiet des armorikanischen Massivs zu der zentralfranzösischen

Schichtstufenlandschaft hat sich hier ein bizarres Relief herausgebildet, das inmitten einer waldreichen Bocagelandschaft und umgeben von einigen sehenswerten kleineren Städtchen (etwa Domfront, Villedieu les Poëles, Argentan etc.) zu den touristischen Besonderheiten zählt. Auch hier spielt der moderne Erholungstourismus weniger eine Rolle, für den auch keinerlei Kapazitäten vorhanden wären. Allerdings wächst die Zahl interessanter Fremdenverkehrsangebote. Besonders die Erschließung dieser Landschaft mit dem Planwagen (mit organisierten Relaisstationen) erfreut sich zunehmender Beliebtheit.

Diese Art der Entdeckung einer Landschaft wird auch für das Innere der Bretagne zunehmend angeboten. Auch hier ist der besondere Landschaftscharakter einer der Trümpfe, die man für die Ausweitung des Tourismus in den kommenden Jahrzehnten in der Hand zu halten glaubt. Die Besonderheiten der bretonischen Architektur, die noch sehr lebendige Folklore, die gastronomischen Feinheiten, die weitgehende Unberührtheit einer atlantischen Küstenlandschaft, die in bizarre Formen des armorikanischen Gebirges übergeht, all das trägt dazu bei, daß die Bretagne als Touristenziel immer beliebter wird. Spuren aus der historischen Vergangenheit finden sich dabei auf Schritt und Tritt (besonders sehenswert das Schloß von Fougères). Die sagenumwobene Vergangenheit (König Artus, Tristan etc.) verbindet sich mit einer tiefen Religiosität der Menschen, häufig mit heidnischen Elementen vermischt, die in der sakralen Architektur ihren Niederschlag findet (besonders sehenswert St. Thegonnec im Leon). Im Westen der Bretagne ist die typisch bretonische Granitbauweise am besten erhalten (sehenswert Locronan nördlich von Quimper).

Für die touristische Erschließung weniger geeignet scheinen der Norden und Osten des Landes zu sein. Die flachen, waldarmen Gebiete der Picardie und der Champagne haben nur geringen landschaftlichen Reiz. Insofern finden sich hier auch keine besonderen Schwerpunkte des Tourismus mit Ausnahme einiger Städte, die aufgrund eines besonderen Renommees stärker von den Touristen als Ziel gewählt werden. Zweifellos gehört Reims als Zentrum der Champagne, berühmt durch seine Kathedrale, in der die meisten französischen Könige gekrönt wurden, und durch seine zahlreichen Champagnerkellereien hierzu. Besonders für die ausländischen Besucher ist Reims auf dem Weg nach Paris beliebter Etappenort.

In Lothringen spielt erst in den letzten Jahren der Fremdenverkehr außerhalb der städtischen Zentren eine etwas bedeutendere Rolle. In zunehmendem Maße werden alte lothringische Bauernhäuser oder Gehöfte als Zweitwohnsitz oder Ferienwohnungen gekauft, wobei besonders aus dem angrenzenden Saarland eine immer stärkere Nachfrage spürbar ist.

Anders dagegen ist die Rolle des Fremdenverkehrs im Elsaß, landschaftlich reizvoller und aufgrund seiner Grenzlage auch beliebtes Ziel von Kurzurlauben aus der Bundesrepublik. Die elsässischen Weindörfer am Fuße der Vogesen tragen dabei in gleichem Maße wie die berühmte elsässische Küche zum guten Ruf der Gegend bei.

Dieses Kriterium der guten Küche ist auch für Burgund eine Hauptattraktion. Dijon wird oft als die Hochburg der französischen Gastronomie bezeichnet. Die Stadt ist ebenso wie Reims ein beliebter Etappenort. Von hier aus sind die berühmten Weinanbaugebiete der Côte des Nuits oder der Côte de Beaune leicht erreichbar. Lange Zeit vom Fremdenverkehr ausgenommen schien das Zentralmassiv. Die großen Fremdenverkehrsströme liefen entweder durch das Rhônetal an die mediterrane Küste oder aber westlich des Gebirges an die atlantische Südwestküste des Landes oder nach Spanien. Erst in jüngerer Zeit wird auch im Zentralmassiv stärker für den Fremdenverkehr geworben, wobei die Schönheit der Landschaft in den Vordergrund gestellt wird. Aber auch unter kunsthistorischen Gesichtspunkten ist das Zentralmassiv nicht uninteressant. Besonders der nördliche Teil, die Auvergne, gehört zu den Gebieten Frankreichs, wo der romanische Baustil in den Kirchenbauten am reinsten ausgeprägt und erhalten ist. Von Clermont-Ferrand aus mit seiner berühmten romanischen Basilika Notre Dame du Port unternehmen zahlreiche Touristen Rundreisen in die sogenannte „Auvergne Romane" (z. B. romanische Kirchen in Orcival, St. Nectaire, Issoire oder Brioude) oder aber in die in Europa einmalige Vulkanlandschaft des Puy de Dome. Im südlichen Zentralmassiv wurden die Bestrebungen zur Aktivierung des Fremdenverkehrs in den letzten Jahren besonders aktiviert. Hier werden Kinderfreizeiten, Ferien auf dem Bauernhof, organisierte Wanderungen und Sportveranstaltungen etc. angeboten, um neue wirtschaftliche Impulse in diesen Raum hineinzutragen.

Abgesehen vom Wintertourismus, der in den Alpen in den letzten Jahren stark an Bedeutung zugenommen hat, wurde auch der Sommertourismus im Hochgebirge aktiviert. Er stand schon am Beginn des Hochgebirgstourismus in Form des Bädertourismus, wurde dann aber stärker durch den Wintersport verdrängt. Die Probleme, die mit der kurzen Saison für die Wintersportgebiete auftauchten, versucht man durch verstärkte Werbung für den Sommeraufenthalt im Gebirge zumindest teilweise zu beseitigen. Im gesamten französischen Alpenbereich sind in den letzten Jahren relativ starke Zunahmen des Sommertourismus zu verzeichnen.

Problematisch scheint die touristische Entwicklung im Hinterland der touristischen Schwerpunkte. Besonders ausgeprägt ist der Gegensatz zwischen touristisch überlaufener Küstenlandschaft und weitgehend unberührtem Hinterland in der Provence, aber auch im Languedoc oder im Bereich der atlantischen Küstengebiete. Zwar erfolgt aufgrund der Überfüllung im unmittelbaren Küstenbereich in der Provence eine allmähliche Expansion in die entlegenen Dörfer des Hinterlandes, regelrechte touristische Schwerpunkte sind dadurch jedoch bisher kaum entstanden. Lediglich an historischen oder landschaftlich besonders interessanten Stellen ergeben sich Konzentrationspunkte. In der Provence gehören hierzu zweifellos die Gorges du Verdon, die gemeinsam mit den Tarnschluchten am Südrand des Zentralmassivs zu den eindrucksvollsten Schluchten Frankreichs gezählt werden (hier sollten jedoch auch die Schluchten im Vercors-Massiv erwähnt werden). Als besondere Konzentrationspunkte in der Provence sind aber auch Arles, Avignon oder Aix-en-Provence zu nennen, ebenso wie Les Baux, jene Schloßruine in den Alpilles, von der aus man das gesamte Rhônedelta überblickt, und deren Namen sich mit mittelalterlicher Kulturwelt (Troubadours, Trouvères) aufs engste verbindet.

Touristisches Durchgangsland ist in weiten Teilen der Südwesten Frankreichs. Im Übergangsbereich zwischen dem mediterranen und dem atlantischen Frankreich stellt die alte Festungsstadt Carcassonne ein besonders oft angesteuertes Touristenziel dar. Am Nordrand der Pyrenäen verläuft eine bei Touristen immer beliebter werdende Straße, von der aus der Zugang in die Pyrenäentäler erfolgt. Eine besondere Stellung nimmt Lourdes als Wallfahrtsort ein. Die Stadt zählt heute neben Rom zu einer der bedeutendsten Wallfahrtsstätten der katholischen Welt.

Zu den touristisch nicht weniger reizvollen, jedoch bisher wenig erschlossenen Gebieten gehört der Südwesten des Landes mit den Teillandschaften Armagnac, Pays de la Garonne und Perigord. Über weite Strecken sind hier die Rebkulturen kennzeichnend, die den weltbekannten Ruf Aquitaniens begründeten. Sie wechseln oft ab mit landschaftlich sehr reizvollen Tallandschaften. So kann das Dordognetal als touristische Sehenswürdigkeit besonders hervorgehoben werden, und das Schloß und die Stadtanlage von Rocamadour im oberen Talabschnitt zählen zu Frankreichs großen Attraktionen. Ganz in der Nähe befinden sich aber auch die berühmtesten prähistorischen Fundstellen Europas, namentlich im Vézère-Tal mit dem Zentrum Les Eyzies-de-Tayac und den Lascaux-Grotten, die zwar nicht im Original, inzwischen aber in einer getreuen Nachbildung museal besichtigt werden können.

Eine ganz neue Art, die Schönheiten des Landes zu erschließen, hat sich im Laufe der letzten Jahre entwickelt. Unter dem Stichwort: „La France au fil de l'eau" (Frankreich entlang seiner Gewässer) sind seit Beginn der 1970er Jahre über 8000 km Kanal- und Flußläufe für den Tourismus geöffnet worden. Das Netz ist im Norden und Osten besonders dicht mit den außerordentlich stark frequentierten Rundfahrten auf den Kanälen Burgunds. Aber auch die Bretagne kann man sich vielerorts mit gemieteten Booten über die Kanäle erschließen. Den diesbezüglichen Leckerbissen stellt jedoch der Canal du Midi mit der Verlängerung über den Canal du Rhône à Sète dar, über die man die Verbindung zwischen Rhône und Garonne herstellen kann.

Neben einem sicherlich ungewohnten, aber auch unvergeßlichen Landschaftserlebnis sind Touren dieser Art auch immer ein Blick in die Geschichte Frankreichs. Ein großer Teil der Kanäle wurde bereits zwischen dem 16. und 18. Jahrhundert angelegt. Die beidseitigen Treidelwege sowie, besonders im Süden, die flankierenden Platanen- oder Pappelalleen stellen bezeichnende Charakteristika dar. Im Zuge der modernen Entwicklung der Verkehrswege wurden diese Kanäle teilweise ausgebaut. Zum größeren Teil verkörpern sie jedoch noch den Zustand ihrer ursprünglichen Anlage vor 200–300 Jahren.

Ebenfalls wachsender Beliebtheit erfreut sich der „Inseltourismus". Korsika hat dabei bereits eine längere Tradition, und käme es nicht immer wieder zu politisch motivierten Aktionen, die den Fremdenverkehr beeinträchtigen, so wäre u. U. die Frequentierung der Insel noch stärker. Eine relativ lange Tradition besitzen auch die atlantischen Inseln (Noirmoutier, Oléron, Ile de Ré u. a.), wenngleich ihnen die große „Überfüllung" bis heute erspart geblieben ist. Relativ starke Zunahmen, insbesondere des Ausflugstourismus, verzeichnen die bretonischen Inseln, die in ihrer landschaftlichen Vielfalt eine beliebte Abwechslung während eines nicht immer wettersicheren Badeurlaubs bieten.

Gerade die landschaftliche Vielfalt und Besonderheit wird sowohl beim Wasserstraßentourismus als auch für die Inseln immer wieder in den Vordergrund gestellt. Dies gilt aber auch ganz allgemein, wenn man sich die regionalen und nationalen Entwicklungsprogramme für den Fremdenverkehr ansieht. Frankreich setzt auf die Originalität seiner Teillandschaften, die in ihrer historisch gewachsenen, aber auch durch die physische Raumstruktur begründeten Vielfältigkeit innerhalb Europas ihresgleichen sucht. Die Chancen für die zunehmende wirtschaftliche Bedeutung des Tourismus in Frankreich sind dabei besonders in den letzten Jahren gewachsen, seit die Stellung des Franc gegenüber anderen europäischen Währungen schwächer geworden ist. Allerdings ist gerade die Labilität der internationalen Währungszusammenhänge auch ein großes Risiko für die touristische Entwicklung.

Die Vielfalt der touristischen Entwicklung Frankreichs ist damit sicherlich nur angedeutet. So lange das Rad der internationalen Konjunktur noch einigermaßen läuft, hat das Land zahlreiche Möglichkeiten, mit dem Tourismus einen bedeutsamen Faktor seiner Wirtschaft weiter auszubauen und im internationalen Touristengeschäft zunehmend an Bedeutung zu gewinnen.

7. Die Stellung Frankreichs in der internationalen Wirtschaft

Frankreich hat sich in den letzten Jahrzehnten ganz eindeutig vom Agrarstaat zu einem Industriestaat entwickelt, der in der Weltwirtschaft eine bedeutende Stellung einnimmt. Unter den OECD-Staaten lag das Land, gemessen an seinen Außenhandelsbeziehungen, an vierter Stelle nach den Vereinigten Staaten, der Bundesrepublik Deutschland und Japan. Besonders in den letzten Jahren hat sich das Außenhandelsvolumen sprunghaft entwickelt, nachdem zwischen 1960 und 1970 noch eine sehr langsame Zunahme zu verzeichnen war. (Tab. 92)

Bei einem relativ starken Anwachsen des Außenhandelsvolumens fällt jedoch die ständig zunehmende Negativ-Bilanz auf, die sich besonders durch die Ölkrise der 1970er Jahre stark ausgeweitet hat. Das Handelsbilanzdefizit erreichte seinen Kulminationspunkt im Jahre 1982 mit einem Negativsaldo von 152 Mrd. FF. Gerade in der Anfangsphase der Ära Mitterrand schnellten die „roten Zahlen" in die Höhe, weil unter der sozialistischen Regierung als eine der ersten Wirtschaftsmaßnahmen Preisreglementierungen, für viele Produkte sogar Preisstops verfügt wurden. Gleichzeitig wuchsen die Belastungen der Betriebe aufgrund der um über ein Drittel angehobenen Sozialleistungen. Gegen eine längst fällige Abwertung des Franc wehrte sich die neue Regierung zunächst mit allen Mitteln, um nicht gleich in der Anfangsphase die Probleme ihrer Politik offenkundig werden zu lassen. Gleichwohl war es nur eine Frage der Zeit, bis eine solche Abwertung erfolgen würde. Gerade die exportabhängige Industrie erlitt innerhalb der ersten beiden Jahre der Regierungszeit Mitterrands Milliardenverluste. Investitionen waren praktisch nicht möglich, weder im verstaatlichten, noch viel weniger im privaten Sektor, zumal gerade die Privatunternehmer der neuen Regierung großes Mißtrauen entgegenbrachten.

Mit einem ganzen Bündel restriktiver Regelungen versuchte dann die Regierung Mitterrand ab Sommer 1982, die Situation in den Griff zu bekommen. Wirtschaftspolitisch bedeutete dies einen entscheidenden Kurswechsel. Für den Importbereich wurden durch entsprechende Zoll- und Schutzbestimmungen Erschwernisse geschaffen, um das Volumen zu drosseln. Die längst überfällige Abwertung des Franc erfolgte im Juni 1982, um damit vor allem den exportorientierten Wirtschaftszweigen, allen voran der Automobilindustrie, dem Stahlsektor und dem Maschinenbau, bessere Chancen auf dem internationalen Markt einzuräumen. Die Bemühungen führten bereits innerhalb kurzer Zeit zum Erfolg. Bereits im Jahre 1983 konnte das Defizit wieder auf den Stand zurückgeschraubt werden, den die konservative Regierung im Jahre 1981 ihren Nachfolgern hinterlassen hatte. 1984 wurde nochmals eine Halbierung des Außenhandelsdefizits erreicht.

In den folgenden Jahren wurden die Bemühungen der französischen Regierung dann entscheidend auch durch die Entwicklung des Ölpreises begünstigt. Dessen Stagnation im Jahre 1985 und schließlich der völlige Zerfall des OPEC-Preiskartells im Jahre 1986 führten dazu, daß Frankreichs Außenhandelsbilanz 1986 nach einer fast 30jährigen Durststrecke wieder positiv wurde.

Tab. 92: Die Außenhandelsbilanz der französischen Wirtschaft 1958–1984 (Angaben in Mrd. Francs)

	Gesamtwirtschaft			Landwirtschaft		
	Import	Export	Bilanz	Import	Export	Bilanz
1958	24	22	− 2	7,3	3,5	− 3,8
1965	51	50	− 1	10,7	8,4	− 2,3
1970	106	100	− 6	16,4	16,0	− 0,4
1971	118	114	− 4	17,4	20,3	+ 2,9
1972	136	132	− 4	19,4	24,3	+ 4,9
1973	166	160	− 6	24,3	30,6	+ 6,3
1974	255	220	− 35	28,0	38,0	+10,0
1975	254	219	− 35	29,0	39,0	+10,0
1976	308	266	− 42	28,8	38,9	+10,1
1981	654	550	−104	76,0	99,0	+23,0
1982	785	606	−152	91,0	106,0	+15,0
1983	800	695	−105	103,0	124,0	+21,0
1984	909	851	− 58	116,0	141,0	+25,0

Quellen: 1958–1973: Bull. Inf. d'Agriculture, Nr. 637 vom 11. 5. 1974, 1974: INSEE, 1976, 1975: INSEE, 1977, 1976: Min. Econ. et Fin.: Statistique du Commerce Extérieur de la France
1981–1984: INSEE: Tableaux de l'économie française 1983, 1984, 1985

Tab. 93: Außenhandelsgüter und Deckungsgrad der französischen Wirtschaft 1984

Produkt	Export Mrd. F.	%	Import Mrd. F.	%	Bilanz Mrd. F.	Deckungsgrad[1] %
Agrar, Forst, Fischerei	66,2	7,8	52,2	5,7	+ 14,0	126,9
(davon pflanzliche Produkte)	(54,3)	(6,4)	(21,9)	(2,4)	(+32,9)	(247,3)
Nahrungsmittelindustrie	75,6	8,9	64,0	7,0	+ 11,6	118,2
(davon Milch u. Milchprod.)	(15,4)	(1,8)	(3,3)	(0,4)	(+12,1)	(466,9)
Energieprodukte	29,3	3,4	216,6	23,8	−187,3	13,5
(davon Erdöl und Erdgas)	(22,9)	(2,7)	(204,3)	(22,4)	(−181,3)	(11,2)
Mineralische Rohstoffe	2,0	0,2	10,7	1,2	− 8,7	18,8
Metallproduktion	97,5	11,5	84,4	9,3	+ 13,1	115,5
(davon Stahlproduktion)	(30,2)	(3,5)	(20,9)	(2,3)	(+ 9,3)	(144,5)
Chemieprodukte	129,1	15,2	123,9	13,6	+ 5,2	104,2
(davon Grundstoffe)	(72,2)	(8,5)	(61,8)	(8,6)	(+10,4)	(116,8)
(davon Gummi/Plastik)	(23,0)	(2,7)	(20,8)	(2,3)	(+ 2,2)	(110,8)
Verarbeitungsprodukte	235,9	27,8	176,6	19,5	+ 59,2	142,8
(davon Maschinen/Geräte)	(67,1)	(7,9)	(52,4)	(5,8)	(+14,7)	(128,0)
(davon Elektrogeräte)	(23,9)	(2,8)	(12,5)	(1,4)	(+11,4)	(191,0)
(davon Flugzeugbau)	(30,7)	(3,6)	(14,9)	(1,6)	(+15,8)	(206,3)
(davon Schiffsbau)	(5,5)	(0,6)	(1,4)	(0,2)	(+ 4,1)	(385,9)
(davon Rüstungsindustrie)	(37,1)	(4,4)	(5,5)	(0,6)	(+31,6)	(677,4)
Automobilindustrie	94,0	11,0	61,1	6,7	+ 32,9	150,0
(davon PKW)	(42,6)	(5,0)	(30,2)	(3,3)	(+12,4)	(140,9)
(davon LKW/Bus etc.)	(10,0)	(1,2)	(10,0)	(1,1)	~	(100,3)
(Ersatzteile, Ausstattung)	(37,4)	(4,4)	(18,9)	(2,1)	(+18,5)	(198,3)
Verbrauchsgüter	112,7	13,2	117,2	12,9	− 4,5	96,2
(davon Parachem./Pharm.)	(35,0)	(4,1)	(19,6)	(2,2)	(+15,4)	(178,4)
(davon Textil, Bekl.)	(42,0)	(4,9)	(48,4)	(5,3)	(− 6,4)	(86,8)
(davon Leder, Schuhe)	(8,0)	(0,9)	(12,7)	(1,4)	(− 4,7)	(63,0)
Sonstige	8,6	1,0	2,8	0,3	+ 5,8	198,6
Gesamt	850,9	100,0	909,6	100,0	− 58,7	93,6

[1] errechnet sich aus Division des Exportvolumens durch das Importvolumen

Quelle: INSEE 1985

Tab. 94: Die wichtigsten Außenhandelspartner Frankreichs 1973 und 1984

Land/Ländergruppe	Import 1984 Mio. FF	%	Rang	% 1973/1984	Export 1984 Mio. FF	%	Rang	% 1973/1984
EG (10 Länder)	455 065	50,4		54,9	398 066	48,9		56,6
davon:								
Bundesrep. D.	(147 444)	(16,3)	1.	(22,5)	(119 464)	(14,6)	1.	(19,4)
Italien	(89 180)	(9,9)	2.	(9,0)	(88 617)	(10,9)	2.	(11,8)
Belg./Lux.	(74 384)	(8,2)	3.	(11,5)	(69 834)	(8,6)	3.	(11,5)
Niederlande	(55 101)	(6,1)	6.	(6,0)	(38 655)	(4,7)	6.	(5,5)
Gr.-Britannien	(72 888)	(8,1)	4.	(4,7)	(64 402)	(7,9)	5.	(6,4)
Irland	(5 687)	(0,6)	25.	(0,3)	(3 801)	(0,5)	31.	(0,3)
Dänemark	(6 072)	(0,7)	22.	(0,6)	(6 261)	(0,8)	20.	(0,8)
Griechenland	(4 309)	(0,5)	34.	(0,3)	(7 032)	(0,9)	17.	(0,9)
Spanien	30 744	3,4	7.	2,1	26 219	3,2	8.	2,9
Schweiz	18 062	2,0	13.	2,6	31 625	3,9	7.	5,2
USA	69 694	7,7	5.	8,2	65 950	8,1	4.	4,7
Japan	23 845	2,6	9.	1,4	8 972	1,1	13.	1,2
OPEC-Länder	99 621	11,0		9,7	74 030	9,1		4,8
COMECON	37 358	4,1		3,1	29 152	3,6		4,1
Sonstige	169 729	18,8		18,0	179 815	22,1		20,5
Gesamt	904 118	100,0		100,0	813 829	100,0		100,0

Quelle: INSEE 1985

Zweifellos kam diese „Schützenhilfe von außen" willkommen, aber unerwartet. Gerade der Import von Primärenergieträgern, allen voran von Erdöl und Erdgas, stellte bei der Entwicklung der französischen Wirtschaft schon traditionell ein großes Handicap dar. Da der Eigenanteil an Primärenergieträgern gering ist, mußte das Land in den vergangenen Jahrzehnten teilweise bis zu 50% seines Energiebedarfs aus Importen decken. Es ist erstaunlich, daß dem Ausbau des Energiesektors über einen so langen Zeitraum zu wenig Beachtung geschenkt worden ist. Erst seit den 1960er Jahren wird durch Großmaßnahmen im hydroelektrischen Bereich (etwa Rhônekanalisierung) und vor allem durch den Ausbau des Atomenergiesektors versucht, dieses chronische Leiden der französischen Wirtschaft zu beheben. Trotz auch in Frankreich vorhandener Opposition gegen die Nuklearenergie ist gerade dieser Sektor in den letzten Jahren erheblich ausgebeutet worden, so daß heute bereits 65% der nationalen Energieproduktion auf diesen Bereich entfallen. Durch diesen Ausbau hat das Land seine Erdöl- und Erdgasimporte deutlich drosseln können.

Auch die sozialistische Regierung setzte diesen Kurs der Energiepolitik fort, obwohl die Abkehr von der Atomenergie eines der Hauptthemen des Wahlkampfes gewesen war. Mitterrand sah jedoch schnell ein, daß der Stop des Kernenergieprogramms für die französische Wirtschaft eine Belastung bedeutet hätte, die ihr im internationalen Wettbewerb jede Chance verwehrt hätte. Diese Erkenntnis führte dann sogar zu einer Forcierung des Nuklearenergie-Programms.
Zweifellos sind die Erfolge der Stabilisierungsbemühungen der Regierung Mitterrand im Außenhandelsbereich somit sehr rasch sichtbar geworden. Dennoch scheint es, daß das Vertrauen sowohl der Bevölkerung als insbesondere der Unternehmen dadurch nicht besonders gefestigt wurde. Der Schock der ersten zwei Regierungsjahre saß sehr tief, und die Sozialisten sind der Auffassung, daß der Aufschwung zu spät einsetzte. Vor allem aber hielten sich die Unternehmen nach wie vor mit Investitionen zurück, so daß auch keine spürbare Belebung des Arbeitsmarktes erfolgte. Hierin sehen die Sozialisten die Ursache, daß sie bei den Parlamentswahlen im März 1986 eine emp-

findliche Niederlage haben einstecken müssen, die der bürgerlichen Mehrheit wieder die Parlamentsmehrheit einbrachte.

Die neue Regierung unter dem Gaullisten Chirac wird sicherlich neue Akzente zu setzen versuchen. Vor allem will sie das Vertrauen der Industrie gewinnen, um damit einen neuen Investitionsschub auszulösen. Als eine der ersten außenwirtschaftlich wirksamen Maßnahmen setzte Frankreich eine erneute Franc-Abwertung im April 1986 durch, um damit die Exportwirtschaft weiter zu stabilisieren. Gleichzeitig wurde dabei eine Aufwertung der DM gegenüber dem Franc vollzogen, um die stark negative Außenhandelsbilanz mit der Bundesrepublik Deutschland zu entlasten.

Die Bedeutung Frankreichs als internationaler Handelspartner betrifft sowohl den agrarischen wie den industriellen Bereich (Tab. 93). Bei den Exporten stellen die Agrarprodukte gemeinsam mit der Nahrungsmittelindustrie bereits knapp 17% dar, ein Anteil, der in den letzten Jahren ständig gewachsen ist. Kennzeichnend ist dabei, daß das Land besonders im Bereich der Milcherzeugung und der Milchprodukte einen erheblichen Überschuß produziert, zum Leidwesen vieler Partnerländer innerhalb der EG. Hauptexportprodukt sind jedoch die pflanzlichen Erzeugnisse, insbesondere Getreide, Wein, Gemüse und Obst.

Trotz der Veränderungen im Energiebereich bleibt die Belastung der Handelsbilanz durch die entsprechenden Importe noch gravierend. Knapp ein Viertel des gesamten Importvolumens betrifft wertmäßig diesen Bereich, zumindest vor dem Verfall der Erdölpreise 1986.

Traditionell sowohl am Import wie am Export stark beteiligt ist die verarbeitende Industrie, wobei prozentual für den Schiffsbau und insbesondere für den Bereich der Rüstungsindustrie das Übergewicht der Exportzahlen hervorsticht. Zu den wichtigen Exportgütern gehört außerdem die Fahrzeugindustrie, insbesondere die PKW-Produktion, die sich weltweit bedeutende Marktanteile hat sichern können.

Unter den Außenhandelspartnern steht die Bundesrepublik Deutschland mit Abstand an der Spitze (Tab. 94). 1984 betrug das Außenhandelsdefizit allein gegenüber diesem EG-Partner knapp 30 Mrd. Francs, das waren rund 50% des Gesamtdefizits des französischen Außenhandels.

Vor diesem Hintergrund ist verständlich, warum die neue bürgerliche Regierung unter Premierminister Chirac als eine erste währungspolitische Maßnahme die Notbremse der Franc-Abwertung zog, die mit einer DM-Aufwertung gegenüber dem Franc gekoppelt wurde. Daß der Wertanteil der Bundesrepublik bei den Importen 1984 deutlich geringer war als 1973 erklärt sich vor allem mit der Entwicklung des Erdölpreises. Alarmierender waren jedoch die Exportzahlen, die anteilmäßig einen Rückgang um 5% erfuhren.

Von den übrigen EG-Ländern stellen Italien und die Benelux-Länder die wichtigsten Partner. Aber auch Großbritannien hat sich inzwischen in den Außenhandelsbeziehungen auf einen der vorderen Plätze geschoben und dabei inzwischen die USA überflügelt. Ingesamt macht Tab. 94 aber gerade die starke Ausrichtung Frankreichs auf die EG deutlich. Insofern ist verständlich, daß die Regierungen immer, ob konservativ, sozialistisch, bürgerlich, auf eine besondere Berücksichtigung der französischen Verhältnisse gedrängt haben. Trotz dieser Bemühungen fiel der Anteil der EG-Länder im Laufe des Jahrzehnts 1973–1984 um gut 5%, so daß die Bemühungen der neuen Regierung auch vor diesem Hintergrund verständlich werden. Bis Anfang der 1970er Jahre hatte sich das Land an ständig steigende Ausfuhrzahlen innerhalb der damaligen Sechser-Gemeinschaft gewöhnt. Dies betraf insbesondere auch den Agrarmarkt.

Tab. 95: Die Außenhandelsbeziehungen der Programmregionen Frankreichs 1969–1982 (Importe)

Programmregion	Menge in 1000 t			Wert in Mio. FF		
	1969	1975	1982	1969	1975	1982
Ile-de-France	15 596	15 297	20 650	32 263	65 058	203 118
Champagne – Ardenne	1 841	1 682	3 834	1 692	4 002	12 076
Picardie	1 842	2 234	3 768	2 370	6 241	21 461
Haute-Normandie	36 462	45 719	39 074	6 279	23 478	73 266
Centre	507	920	1 561	1 667	4 379	16 005
Basse-Normandie	1 774	1 837	2 335	774	1 926	6 811
Bourgogne	607	910	1 426	1 160	3 464	9 936
Nord – Pas-de-Calais	29 012	49 315	47 887	10 363	28 555	81 349
Lorraine	14 635	20 093	20 204	4 372	12 556	35 528
Alsace	10 799	10 523	10 326	5 031	13 122	43 029
Franche-Comté	379	606	2 399	868	2 170	7 328
Pays de la Loire	7 610	9 979	13 350	1 947	7 733	31 265
Bretagne	1 514	2 250	4 626	1 040	3 049	12 159
Poitou – Charentes	1 587	1 381	2 130	707	1 659	6 076
Aquitaine	5 838	9 835	8 986	2 213	7 738	22 666
Midi – Pyrénées	599	800	936	1 246	3 414	12 936
Limousin	95	143	257	279	602	1 952
Rhône – Alpes	7 929	9 634	9 983	6 359	14 870	55 017
Auvergne	347	339	571	947	1 814	5 930
Languedoc – Roussillon	3 940	5 431	6 516	1 622	4 915	21 944
Prov.-Alpes-C. d'Azur incl. Corse	28 899	37 290	41 171	6 743	21 601	76 912
Gesamt IMPORT	171 812	226 218	241 988	89 942	232 346	756 764

Quelle: INSEE, 1977 und 1984a

Tab. 96: Die Außenhandelsbeziehungen der Programmregionen Frankreichs 1969–1982 (Exporte)

Programmregion	Menge in 1000 t			Wert in Mio. FF		
	1969	1975	1982	1969	1975	1982
Ile-de-France	6 984	7 972	8 987	21 740	58 418	137 570
Champagne – Ardenne	2 807	3 310	5 212	2 301	6 225	17 068
Picardie	3 278	3 781	5 294	3 379	8 943	23 211
Haute-Normandie	5 839	7 447	11 678	2 963	12 007	38 624
Centre	2 446	1 325	1 854	1 928	4 726	13 632
Basse-Normandie	1 374	1 068	1 167	1 117	3 678	8 663
Bourgogne	1 273	1 629	2 125	2 073	5 884	16 827
Nord – Pas-de-Calais	8 430	10 449	13 970	7 290	22 235	60 820
Lorraine	26 571	27 525	19 575	4 173	12 690	29 613
Alsace	16 174	19 853	16 754	3 714	12 105	34 181
Franche-Comté	918	1 104	1 387	2 698	8 021	17 778
Pays de la Loire	1 591	2 278	2 107	1 800	6 640	18 196
Bretagne	822	1 004	1 824	1 006	3 821	13 122
Poitou – Charentes	1 396	1 546	2 180	1 641	4 319	12 425
Aquitaine	3 414	3 529	4 428	2 640	6 753	20 522
Midi – Pyrénées	1 090	1 090	1 477	1 773	4 992	24 825
Limousin	107	133	210	272	711	2 395
Rhône – Alpes	3 544	4 570	6 177	7 967	22 226	58 304
Auvergne	425	633	817	1 354	3 923	10 658
Languedoc – Roussillon	1 583	2 132	3 227	1 355	3 419	12 095
Prov.-Alpes-C. d'Azur incl. Corse	6 301	6 896	12 512	3 692	11 795	35 142
Gesamt EXPORT	96 367	109 274	132 440	76 876	223 531	605 673

Quelle: INSEE, 1977 und 1984a

Tab. 97: Der Außenhandel der agrarischen und industriellen Produktion in den Programmregionen Frankreichs 1975 und 1983 (in Mio. FF)

Programmregion	Importe Agrarprod. 1975	1983	Importe Industrieprod. 1975	1983	Exporte Agrarprod. 1975	1983	Exporte Industrieprod. 1975	1983
Ile-de-France	7 826	23 625	64 012	179 493	4 309	10 975	50 198	141 264
Champagne – Ardenne	251	853	4 541	11 222	2 593	10 735	3 489	4 382
Picardie	594	1 737	6 821	19 723	2 476	6 178	7 050	12 927
Haute-Normandie	2 210	6 016	22 943	67 250	3 382	5 260	9 166	50 437
Centre	364	1 250	4 093	14 755	1 136	2 383	3 672	10 526
Basse-Normandie	160	1 046	2 047	5 765	1 093	3 568	2 330	3 462
Bourgogne	425	1 513	3 352	8 423	1 731	3 256	4 102	5 827
Nord – Pas-de-Calais	4 236	12 972	26 421	68 377	3 846	11 529	18 375	53 735
Lorraine	654	1 856	13 487	33 672	1 302	3 478	12 576	24 088
Alsace	940	3 451	14 079	39 578	999	4 282	11 392	29 146
Franche-Comté	107	630	2 037	6 697	246	846	7 675	4 916
Pays de la Loire	1 202	4 447	6 902	26 817	1 719	7 439	4 237	19 454
Bretagne	1 099	5 922	1 902	6 237	1 796	9 821	1 820	4 807
Poitou – Charentes	152	935	1 645	5 140	3 165	9 902	1 426	341
Aquitaine	1 597	3 924	6 569	18 742	2 745	2 977	4 180	15 066
Midi – Pyrénées	184	1 658	3 329	11 278	979	2 216	3 750	8 392
Limousin	57	359	657	1 593	171	551	551	1 180
Rhône – Alpes	1 132	4 138	14 748	50 880	1 607	3 546	19 984	38 035
Auvergne	133	672	1 925	5 258	502	1 838	3 061	3 520
Languedoc – Roussillon	1 282	4 422	3 497	17 523	1 222	1 460	2 414	15 152
Prov.-Alpes-C. d'Azur	4 158	9 572	20 453	67 164	1 865	3 361	8 945	53 681
Corse	27	22	44	154	15	7	13	123
Gesamt	28 790	91 022	225 504	665 741	38 899	105 608	180 406	500 458

Quelle: INSEE, 1977 und 1984a

Der Absatz in diesen Ländern betrug im Jahre 1963 nur 38%, stieg seitdem jedoch stetig an und erreichte im Jahre 1973 bereits 66%. Demgegenüber verlor die Francs-Zone für die Agrarexporte im betrachteten Zeitraum an Bedeutung. Von 21% im Jahre 1963 fiel der Anteil auf 5% im Jahre 1973 ab. Bei den Agrarimporten lag die Europäische Gemeinschaft mit 39% im Jahre 1973 (1963 17%) zwar ebenfalls deutlich an der Spitze, hier waren jedoch die außereuropäischen Länder stärker beteiligt. Besonders hervorzuheben ist aber auch hier der schwindende Anteil der Länder der Francs-Zone von 48% im Jahre 1963 auf 13% im Jahre 1973, ein deutliches Zeichen für die zunehmende wirtschaftliche Lösung Frankreichs von den ehemaligen Kolonialländern. Dies betrifft in erster Linie die früheren französischen Besitzungen in Nordafrika, mit denen während der rund 100jährigen Kolonialgeschichte ein intensives Handelsnetz aufgebaut worden war. Nachdem dann in Algerien die großen Ölfelder im Gebiet von Hassi Messaoud erschlossen wurden, avancierte dieses Land nach der Unabhängigkeit im Jahre 1962 zu einem der bedeutendsten Außenhandelspartner. In der Importstatistik nahm Algerien noch Mitte der 1970er Jahre den 5. Rang ein. Heute liegt es nur noch an 8. Stelle unter den Importländern.

Auch in der Exportstatistik nehmen die nordafrikanischen Länder heute nicht mehr den bedeutenden Rang vergangener Zeiten ein, da die politischen Blockbildungen mit ihren wirtschaftspolitischen Konsequenzen die Handelsbeziehungen teilweise recht stark beeinträchtigt haben. Algerien nimmt mit 2,9% des Exportvolumens Frankreichs lediglich noch den 9. Rang ein, Marokko

und Tunesien liegen inzwischen gar unter 1%.
Als allgemeines Kennzeichen der wirtschaftlichen Entwicklung in den verschiedenen Programmregionen Frankreichs kann festgehalten werden, daß die heterogene Wirtschaftsstruktur trotz einer gewissen Anpassungstendenz auch heute noch erhalten ist. Die unterschiedlichen natürlichen Voraussetzungen, die historische Entwicklung und letztlich auch die Planungskonzepte der französischen Politiker machen eine solche Anpassung schwierig.
So ist auch der Anteil der einzelnen Programmregionen am Außenhandelsvolumen Frankreichs recht unterschiedlich, wobei die überragende Stellung der Region Ile-de-France einmal mehr dokumentiert ist.
Bei der Betrachtung der einzelnen Teilregionen ist zu berücksichtigen, daß durch die Erdölimporte hohe Importraten in den Programmregionen Haute-Normandie und Provence-Alpes-Côte d'Azur ausgewiesen werden. Ohne den Erdölanteil betrug beispielsweise die Importtonnage in der Region Haute-Normandie lediglich 5,9 Mio. t bei einer Gesamttonnage von über 39 Mio. In der Region Nord – Pas-de-Calais spielen neben den Erdölimporten auch die Erzimporte eine wichtige Rolle, ebenso wie in Lothringen, wo die Erz- und Kohleeinfuhren die bedeutendsten Anteile stellen. (Tab. 95)
Die wertmäßige Steigerung der Exporte aus den einzelnen Programmregionen ist vor dem Hintergrund mehrfacher Franc-Abwertungen im Verlauf der letzten 20 Jahre zu relativieren. Tonnagemäßig ergaben sich weniger bedeutende Zunahmen, auch wenn eine stetige Steigerung zu verzeichnen ist. Allerdings liegt das Exportvolumen tonnagemäßig heute nur wenig höher als vor der Ölkrise 1973, als bereits fast 130 Mio. t erreicht wurden. Die Ile-de-France, die unter Ausklammerung des Erdölanteils bei den Importen mit Abstand an der Spitze steht und damit ihre Stellung als Verbrauchs- und Verarbeitungszentrum des Landes unterstreicht, gehört auch in der Exportstatistik zu den führenden Programmregionen des Landes. Sicherlich wäre diese Bedeutung noch größer, wenn nicht im Zuge der Dezentralisierung zahlreiche Industriebetriebe in andere Programmregionen verlagert worden wären. Als wichtigste Exportregion werden die Schwerindustriegebiete im Norden und Nordosten des Landes ausgewiesen, deren Schlüsselstellung für die französische Industrie auch heute noch, trotz teilweiser Verlegung der Schwerindustrie in andere Landesteile, ungebrochen ist. (Tab. 96)
Interessant ist schließlich die Gegenüberstellung der agrarischen und der industriellen Außenhandelsbeziehungen der Einzelregionen, die eine Einordnung der Wirtschaftsstruktur der verschiedenen Teilregionen ermöglicht. Hierbei zeigt sich, daß die traditionellen agrarischen Kerngebiete der Ile de France auch heute noch, trotz großer Intensivierungsbestrebungen in den Meliorationsgebieten des Südens mit einer Ausweitung des Sonderkulturanbaus und gezielter Absatzwerbung im Ausland, wertmäßig im Export von Agrargütern dominieren. (Tab. 97)
Gerade das Phänomen, daß bei Fleisch und Obst Frankreich noch heute seinen Eigenbedarf nicht abdeckt und dadurch erhebliche Devisenverluste hinnehmen muß, stimmt nachdenklich, wenn man die Produktionsmöglichkeiten einerseits, andererseits die teilweise spektakulären Maßnahmen der Wein- und Obstbauern Südfrankreichs vor Augen hat, die ihre Produkte nicht zu einem kostendeckenden Preis verkaufen. Die Konkurrenz aus den anderen obstproduzierenden Ländern, vor allem Italien, ist an diesem Dilemma ebenso schuld wie die mangelnde Vermarktungsorganisation in Frankreich. Bisher ist es nicht gelungen, ein straff organisiertes Genossenschaftswesen auf nationaler Ebene einzurichten. Die Gründe für die Mängel, die die französische Landwirtschaft

bis heute kennzeichnen, sind vielseitig, jedoch nicht ausschließlich historisch bedingt. Bis in die ersten Jahre nach dem Zweiten Weltkrieg gehörte Frankreich zweifellos noch zu den unterentwickeltsten Agrarländern Europas, wobei die Tendenz für die Entwicklung zu einem zweiten Armenhaus Europas neben Italien in vielen Teilbereichen durchaus vorgezeichnet schien.

Die Wende wurde mit der Entwicklung des Landes zu einem Industriestaat eingeleitet. Hier war die Nationalisierung großer Teile der Wirtschaft am Ende des Zweiten Weltkriegs von nicht unerheblicher Bedeutung. Die traditionellen Industriestrukturen waren veraltet, die Investitionsbereitschaft der Privatunternehmer war häufig nicht vorhanden. Mit dem Aufschwung einer demokratischen Planwirtschaft, die sich auf die Industrialisierung des Landes konzentrierte, schrumpfte der agrarische Sektor schnell zusammen, was teilweise zu unerwünschten Extensivierungserscheinungen führte. Aufgelassenes Kulturland, zerfallene Siedlungen, Schädigungen der Natur waren Zeugen eines schnellen Wandels in den Gebirgsbereichen, besonders im Zentralmassiv und in den Alpen.

Erst allmählich erkannte man die Gefahren der wirtschaftlichen Konzentrationsprozesse, der – historisch vorgezeichnet – durch die Planwirtschaft der Nachkriegszeit zunächst noch beschleunigt wurde. Um die Entleerung weiter Landesteile zu verhindern, um die ungewollte Konzentration der Wirtschaft an wenigen Punkten des Landes abzuwenden, wurde seit den beginnenden 60er Jahren durch die administrative Regionalisierung und die Dezentralisierung der Wirtschaft ein Versuch zur flächenhaften Strukturwandlung der französischen Wirtschaft unternommen. Die Erfolge dieser Bemühungen sind zweifellos nicht überall positiv. Sie sind sicherlich punktuell nachweisbar, jedoch bleibt als größter Nachteil die administrative Konzentration in Paris und die starke dirigistische Beeinflussung durch eine streng hierarchisierte Behördenmaschinerie bestehen. Die Vorstellung, Paris sei Frankreich und Frankreich sei Paris, war vielleicht schon immer nur ein Klischee. Jedoch ist insofern etwas Wahres an dieser Aussage, als auch heute noch nur wenige wirtschaftliche Veränderungen im Lande vor sich gehen können, die nicht von der Hauptstadt aus geprüft und akzeptiert worden sind.

Diesen schwerfälligen Verwaltungsstrukturen hat Frankreich seit langem den Kampf angesagt. Seit März 1986 gibt es nun innerhalb der Programmregionen Parlamente mit weitgehenden Eigenkompetenzen für die wirtschaftliche Entwicklung. Es bleibt abzuwarten, ob dadurch der Grundstein für mehr regionale Eigenständigkeit gelegt wurde, die zum Abbau der traditionellen Disparitäten beitragen könnte.

8. Literaturverzeichnis

Albrecht, V.: Der Hopfenanbau im Unterelsaß, Freiburger Geogr. Mitt. 1973, Heft 2, S. 11-38.

Ammann, G.: Beiträge zum Reisanbau im mittelmeerischen Frankreich, Diss. Zürich 1970.

Ammon, G.: Analyse der Strukturkrise einer Gesellschaft – das Languedoc-Roussillon, Morstadt internatonal, Band 3, Kehl 1983.

Ardagh, J.: Rural France, London 1983.

Armand, G.: Villes, centres et organisation urbaine des Alpes du Nord, Grenoble 1974.

Bachelard, J.: L'artisanat dans l'espace français, Paris 1982.

Baecker, K.: Die französische Schwerindustrie, Diss. Köln 1941.

Baguenard, J.: La décentralisation territoriale, Paris 1980.

Balducci, D.: Le répartition des actionnaires de la parfumerie de Grasse, Annales de Géogr. LXIX, 1960.

Baleste, M.: L'économie française, Paris, Masson 1976^4.

Baltzer, C.: Trois communes du nord de l'Alsace: Drusenheim, Herrlisheim, Offendorf. Leur évolution socio-économique. Un second Fos en Alsace? Strasbourg 1973.

Barbier, B.: Villes et centres des Alpes du Sud. Etude du réseau urbain, Gap, 1969.

Barrère, P. u.a.: La région du Sud-Ouest, Coll. France de Demain Bd. 6, Paris 1962.

Barrère, P. und M. Cassou-Mounat: Les villes françaises, Paris 1980.

Bartels, D.: Das Maures-Bergland. Ein nordmediterranes Mittelgebirge in seinen Wandlungen, Wiesbaden 1964.

Bastié, J.: La croissance de la banlieue parisienne, Paris 1964.

Bastié, J.: Die jüngste Entwicklung der Agglomeration Paris, Frankfurter Wirtschafts- und Sozialgeogr. Schriften 5, 1969.

Bastié, J.: Paris und seine Umgebung, = Geokolleg 9, Kiel 1980.

Baumgratz, G. und R. Picht (Hrsg.): Perspektiven der Frankreichkunde II. Arbeitsansätze für Forschung und Unterricht, Tübingen 1978.

Beaujeu-Garnier, J.: La population française, Paris 1969.

Beaujeu-Garnier, J.: Paris et la région parisienne, Paris 1972.

Beaujeu-Garnier, J.: Le relief de la France, Paris 1972.

Beaujeu-Garnier, J.: La population française après le recensement de 1975, Paris, 1976.

Beaujeu-Garnier, J.: Atlas et géographie de Paris et la région d'Ile-de-France (2 Bde), Paris 1977.

Beaujeu-Garnier, J. (dir.): La France des villes, 6 Bde, Paris 1980.

Beaux, J.P.: La Culture du Riz en Camargue, in: Méditerranée 3, 1975, S. 53-68.

Berger, A. u.a.: Bilan économique et démographique du Languedoc-Roussillon, L'Economie Meridionale XVII, n°70, Serie Etudes et Enquêtes, Montpellier 1970, 39 p.

Beteille, R.: La France du vide, Paris 1981.

Beumann, H. (Hrsg.): Beiträge zur Bildung der französischen Nation im Früh- und Hochmittelalter, Sigmaringen 1983.

Biard, R.: Les Mines de Fer de Lorraine, Paris 1966.

Birner, U.: Regionalisierung und Dezentralisierung in Frankreich. Die Entwicklung faktischer Dezentralisierung auf regionaler Ebene, Konstanz 1982.

Blanc, A.: Les régions de l'Est, Coll. France de Demain Bd. 3, Paris 1960.

Blanchard, R.: Les Alpes Occidentales, 7 Bde, Paris 1944-56.

Blohm, E.: Landflucht und Wüstungserscheinungen im südöstlichen Massiv-Central und seinem Vorland seit dem 19. Jahrhundert, Trierer Geogr. Studien, Heft 1, Trier 1976.

Bonnamour, J.: Le Morvan, la terre et les hommes, essai de géographie agricole, Paris (PUF), 1966.

Brücher, W.: Ziele und Ergebnisse der industriellen Dezentralisierung in Frankreich, Raumforschung und Raumordnung, 29. Jg. Köln 1971, S. 265-273.

Brücher, W.: Facteurs de localisation de l'industrie en Limousin, Norois No. 80, Poitiers 1973, S. 633-645.

Brücher, W.: Die Industrie im Limousin, Geogr. Zeitschrift, Beihefte Nr. 37, Wiesbaden 1974.

Brücher, W.: Strukturprobleme und Fördermaßnahmen in der zentralfranzösischen Wirtschaftsregion Limousin, in: H. Grees (Hg): Die europäische Kulturlandschaft im Wandel (Festschrift für Karl-Heinz Schröder), Kiel 1974, S. 195-211.

Brugger, E.-M.: Côte Basque – Côte d'Argent. Wandlungen der aquitanischen Küstenlandschaft durch den Fremdenverkehr, Diss. Bonn 1969.

Brun, A.: Comportements régionaux en matière de propriété foncière agricole, Cahiers de statistique agricole 4, 1983, S. 15–24.

Brunet, R.: Les campagnes toulousaines, Toulouse 1965.

Brunet, P.: Carte des mutations de l'espace rural français 1950–1980, Caen 1984.

Bruyelle, P.: Lille et sa Communauté urbaine, La Doc. Franç. Notes et Etudes Documentaires Nr. 4297-4299, Paris 1976.

Burnet, L.: Villégiature et tourisme sur les côtes de France, Paris 1963.

Callot, H.-J.: La plaine d'Alsace, = Publ. de l'Univ. de Nancy II, Nancy 1980.

Calmes, R. et al.: L'espace rural français, Paris 1978.

Carreno, J. u. a.: Facteurs urbains de l'adaptation des immigrés maghrébins, Institut national d'études démographiques – Travaux et Documents 79, Paris, PUF, 1977.

Carrère, P. et Dugrand, R.: La région méditerranéenne, Coll. France de Demain, Bd. 5, Paris 1967².

Carrière, F. et Pinchemel, Ph.: Le fait urbain en France, Paris 1963.

Castells, M. u. a.: Crise du logement et mouvements sociaux urbains. Enquête sur la région parisienne, = La recherche urbaine 14, Paris/ La Haye 1978.

Chabot, G.: Géographie régionale de la France, 2 Bde, Paris 1975³.

Choffel, J.: Le problème pétrolier français, La Doc. Franç. – Notes et Etudes Documentaires Nr. 4279, Paris 1976.

Clout, H.D.: Industrial Relocation in France, in: Geography 55, 1970, S. 48-63.

Clout, H. D.: Problem Regions of Europe. The Massif-Central, London 1973.

Coppolani, J.: Toulouse au XXe siècle, Toulouse 1963.

Cultiaux, D.. L'aménagement de la région Fos-Etang de Berre, La Doc. Franç. Nr. 4164-66, Paris 1975.

Dalichow, F.: Die Gebiete der Teichwirtschaft in Frankreich, Diss. Freiburg 1970.

Dalschen, F.: Die französischen Atlantikinseln Groix, Belle-Ile, Houat, Hoedic, Noirmoutier und Yeu, Diss. Freiburg 1965.

Degener, C.: Abwanderung, Ortswüstung und Wandel der Landnutzung in den Höhenstufen des Oisans, Gött. Geogr. Abhdlg. Heft 32, Gött. 1964.

Demangeon, A.: Géographie économique et humaine de la France, 2 Bde, Paris 1946/48.

Demangeon, A.: La Picardie et les régions voisines: Artois, Cambrésis, Beauvaisis, 4. Ausgabe erweitert von Aimé Perpillon, Paris 1973.

Dion, R.: Histoire de la vigne et du vin en France des origines au XIX siècle, Paris 1959.

Dion, R.: Essai sur la formation du paysage rural français, 2. Aufl. Paris 1981.

Diry, J.: L'industrialisation de l'élevage en France – géographie des filières avicoles et porcine, Bron 1984.

Dodt, J.: Neuere Strukturwandlungen der Landwirtschaft in der Bretagne, Zeitschr. für Agrargeographie 2, 1984, S. 220–255.

Dodt, J.: Der Gemüseanbau in der Nordbretagne – Intensivkulturen als Faktor agrarräumlicher Entwicklung, in: J. Nebel und A. Pletsch (Hrsg.): Der Ländliche Raum in Frankreich..., Braunschweig 1985, S. 197–211.

Duby, G. et R. Wallon (dirs): Histoire de la France rurale, 4 vols., Paris 1975–1977.

Dugrand, R.: Villes et campagnes en Bas-Languedoc. Le réseau urbain du Bas-Languedoc méditerranéen, Paris 1963.

Duffaud, J.: Les équipements d'hébergement touristique, La Doc. Franç.-Notes et Etudes Documentaires Nr. 4100-4101, Paris 1974.

Edelmann, P.W.L.: Möglichkeiten und Grenzen der französischen Planifikation. Ein Beispiel staatl. Rahmenplanung in der Marktwirtschaft (Europäische Hochschulschriften Reihe 5, Bd. 29), Bern, Frankfurt 1971.

Ehrig, F. R.: Der Wald im Departement Seealpen/Südfrankreich – Waldbelastung, Konsequenzen und Waldfunktionsgliederung, = Regensburger Geogr. Schriften 16, Regensburg 1980.

Eisert, W.: Die Limagnes, ein Aktivraum in der Wirtschaftsregion Auvergne, Geographische Rundschau 28. Jg., 1976, S. 415–424.

Erbe, M.: Geschichte Frankreichs von der Großen Revolution bis zur 3. Republik, Stuttgart 1983.

Estienne, P.,: Villes du Massif Central, Paris 1963.

Estienne, P.: La région industrielle de Clermont-Ferrand, in: Festschrift L. G. Scheidl, 1965.

Faidutti-Rudolph, A. M.: L'immigration italienne dans le Sud-Est de la France, Gap. 1964.

Faucher, D.: L'homme et le Rhône, Paris 1968.

Flatrès, P. et Trébert, J.: La région de l'Ouest, Coll. France de Demain, Bd. 7, Paris 1964.

Frécaut, R. (dir.): Géographie de Lorraine, Nancy 1983.
Friedmann, G.: Villes et campagnes – Civilisation urbaine et civilisation rurale en France, Paris 1970.
Fritsch, A.: Planifikation und Regionalpolitik in Frankreich (Schriften des Dt. Instituts für Urbanistik, Bd. 42), Stuttgart 1973.
Froment, R. und S. Lerat: La France en 1974, 2 Bde, Montreuil, 1974.
Füllenbach, G. und A. Pletsch: Der Canal du Midi im Kartenbild des 18. Jahrhunderts, Kartographische Nachrichten 31, 1981, S. 212–223.

Gascar, P.: Im Schatten Robespierres. Eine subjektive Geschichte der Französischen Revolution, Düsseldorf 1982.
Geiger, R.: Rechtsformen der Wirtschaftslenkung als Mittel der französischen Planifikation, Berlin 1972 (Schriften zum Öffentlichen Recht, Bd. 186).
George, P.: La région du Bas-Rhône, Paris 1935.
George, P.: Die Binnenwanderung der Bevölkerung und die Veränderung der sozialen Strukturen in Frankreich seit dem 2. Weltkrieg, in: Münchener Studien zur Sozial- und Wirtschaftsgeographie 4, 1968 (Festschrift Wolfgang Hartke), S. 29-35.
George, P.: La France, Paris 1975[4].
George, P. et Randet, P.: La région parisienne, Coll. France de Demain, Bd. 1, Paris 1959.
Ginier, J.: Géographie touristique de la France, 2. veränderte Auflage, Paris 1974.
Godard, F.: La rénovation urbaine à Paris, Paris 1973.
Graf, I. und R. Jätzold: Junge Kulturlandschaftsentwicklungen in der Camargue, Die Erde, 112, 1981, S. 217–229.
Gravier, J. F.: Paris et le désert français. Décentralisation, Equipement, Population, Paris, 1947.
Gravier, J. F.: L'aménagement du territoire et l'avénir des régions françaises, Paris 1964.
Gravier, J. F.: Paris et le désert français en 1972, Paris 1972.
Guellec, A.: L'assiette rurale des départements français, = Actes du colloque de Poitiers 1981, Poitiers 1981.
Guerin, J. P.: L'aménagement de la montagne, Grenoble 1983.

Habicht, W.: Dorf und Bauernhaus im deutschsprachigen Lothringen und im Saarland, = Arbeiten aus dem Geogr. Inst. der Univ. des Saarlandes 72, Saarbrücken 1980.
Haby, R.: Les houillères Lorraines et leur région, Paris 1965.

Haensch, G. u. a.: Frankreich Bd. 1: Geschichte, Staat und Verwaltung, = Beck'sche Schwarze Reihe 805, 2. neubearbeitete und erweiterte Auflage, München 1985.
Hänsch, K.: Frankreich – eine politische Landeskunde, Schriften der Bundeszentrale für politische Bildung – Serie: Zur Politik und Zeitgeschichte, Heft 26/27, Berlin 1967.
Hänsch, K. (Hrsg.): Frankreich – eine Länderkunde, Hamburg 1978.
Halmes, G.: Regionenpolitik und Regionalismus in Frankreich, Frankfurt/Bern/New York/Nancy 1984.
Hannss, C.: Val d'Isère. Entwicklung und Probleme eines Wintersportplatzes in den französischen Nordalpen, Tübinger Geogr. Studien, Heft 56, 1974.
Hannss, C.: Neue Wege der Fremdenverkehrserschließung in den französischen Nordalpen, = Tübinger Geogr. Studien 89, Tübingen 1984.
Hartke, W.: Das Land Frankreich als sozialgeographische Einheit, Frankfurt 1963.
Hartke, W.: Tendenzen der Regionalisierung in Frankreich, Berichte zur dt. Landeskunde, 48. Bd. (Festschrift für Carl Schott), Bonn-Bad Godesberg 1974, S. 249-257.
Hermitte, J. E.: L'économie industrielle des rivages mediterranéens entre Toulon et La Spezia. Gap. 1965.
Herre, F.: Deutsche und Franzosen. Der lange Weg zur Freundschaft, Bergisch Gladbach 1983.
Heßmer, R.: La Défense, eine Trabantenstadt in Paris. Geographische Rundschau 28. Jg., 1976, S. 406–414.
Houssel, J.-P.: Histoire des paysans français du XVIIIe siècle à nos jours, Roanne 1976.

INSEE: Annuaire Statistique de la France, jährlich seit 1895, Paris.
INSEE: Tableaux de l'économie française. Edition 1976, Paris 1976.
INSEE: Statistiques et indicateurs des régions françaises, Les Collections de l'INSEE, R 23-24, Paris 1977.
INSEE/CRCI Centre: Centre, l'économie d'une région, Orléans 1976.
INSEE: Statistiques et indicateurs des régions françaises, Les Collections de l'INSEE, R. 55–56, Paris 1984a.
INSEE: Tableaux de l'économie française 85, Paris 1984b.
INSEE-Aquitaine: Les tableaux économiques de l'Aquitaine 1983, Bordeaux 1984.
INSEE-Bourgogne: Tableaux de l'économie bourgignonne 83, Dijon 1986.

INSEE-Bretagne: Bilan Annuel Bretagne 1984, Rennes 1985.
INSEE-Centre: Indicateurs de l'économie du Centre – bilan annuel éd. 1984, Orléans 1985.
INSEE-Champagne-Ardenne: Tableaux de l'économie champenoise 84, Reims 1985.
INSEE-Franche-Comté: L'année économique et sociale en Franche-Comté 1983. Besançon 1984.
INSEE-Ile-de-France: Tableaux économiques de l'Ile-de-France 84, Paris 1985.
INSEE-Languedoc-Roussillon: Tableaux de l'économie du Languedoc-Roussillon 84, Montpellier 1985.
INSEE-Limousin: Données pour le Limousin, Limoges 1985.
INSEE-Lorraine: Annuaire statistique de la Lorraine 1985, Metz 1986.
INSEE-Midi-Pyrénées: Tableaux économiques de Midi-Pyrénées 85, Toulouse 1985.
INSEE-Nord-Pas-de-Calais: Disparités des Zones d'études du Nord-Pas-de-Calais 1962–1984, Lille 1985.
INSEE-Basse-Normandie: Bilan annuel Basse-Normandie 1984, Caen 1985.
INSEE-Haute-Normandie: Données statistique pour la Haute-Normandie 1984, Rouen 1985.
INSEE-Picardie: Tableaux de l'économie picarde 1985, Amiens 1986.
INSEE-Pays de la Loire: Bilan annuel Pays de la Loire 1985, Nantes 1985.
INSEE-Poitou-Charentes: Tableaux de l'économie du Poitou-Charentes 1984, Poitiers 1985.
INSEE-Provence-Alpes-Côte d'Azur: Données économiques et sociales Provence-Alpes-Côte d'Azur, Ed. 1986, Marseille 1986.
INSEE-Rhône-Alpes: Tableaux de l'économie Rhône-Alpes 1984, Lyon 1985.
Itzin, U.: Das ländliche Anwesen in Lothringen, = Tübinger Geogr. Studien 86, Tübingen 1983.

Johnson, H.: Der große Weinatlas. Die Weine und Spirituosen der Welt, Stuttgart 1972.
Joly, R. et Estienne, P.: La région du Centre, Coll. France de Demain, Bd. 8, Paris 1961.
Juillard, E. et Meynier, A.: Die Agrarlandschaft in Frankreich, Münchener Geogr. Hefte 9, 1955.

Kimpel, D.: Paris. Führer durch die Stadtbaugeschichte, München 1982.
Klasen, J.: Frankreich, Geogr. Taschnebuch 1970/71, S. 146–176.
Klasen, J.: Der Weinbau im mittleren Elsaß, in: Festschrift Kurt Kayser (Kölner Geogr. Arbeiten, Sonderband), Wiesbaden 1971, S. 226-237.
Klasen, J.: Urbanisierung in Frankreich, in: Münchener Studien zur Sozial- und Wirtschaftsgeographie, Bd. 8, Regensburg 1972, S. 109-115.
Kleemann, G.: Geplante Fremdenverkehrssiedlungen an der Côte d'Azur, in: C. Schott: Beiträge zur Kulturgeographie der Mittelmeerländer II, Marb. Geogr. Schriften, Heft 59, Marburg 1973, S. 121–143.
Klingebiel, A. und J.-B. Marquette (dirs.): La grande Lande, histoire naturelle et géographie historique, Bordeaux 1985.
Krier, H. et Ergan, L.: Bretagne de 1975 à 1985, Paris 1976.
Kroemer, D.: Die Agrarlandschaft der Beauce, Aachener Geogr. Arbeiten, Heft 10, Aachen 1976.

Labosse, J.: Die Entwicklungskrise der Städte in Frankreich, in: Münchener Studien zur Sozial- und Wirtschaftsgeographie 4, 1968 (Festschrift W. Hartke), S. 43-56.
Labasse, J. et Laferrère, M.: La région lyonnaise, Coll. France de Demain, Bd. 4, Paris 1960.
Laget, M.: L'industrialisation de Fos, L'Economie Méridionale XVIII, No. 74, Serie Etudes et Enquêtes, Montpellier 1971.
Lamorisse, R.: Recherches géographiques sur la population de la Cévenne languedocienne, Montpellier, 1975.
Lanversin, J. de: La région et l'aménagement du territoire, Paris 1979.
Lasserre, R. (Hrsg.): La France contemporaine. Guide bibliographique et thématique, Tübingen 1978.
Lecaillon, J.: Les industries textiles dans le Nord et le Pas-de-Calais, Lille 1958.
Le Gallo, Y.: Bretagne, Rennes 1968.
Le Lannon, M.: Les régions géographiques de la France, 2 Bde, Paris 1967[4].
Lenain, J.: Démographie Régionale, Sud Information Nr. 4, 1976.
Lepidi, J.: Le Charbon en France, La Doc. Franç. – Notes et Etudes Documentaires Nr. 4280-4282, Paris 1976.
Leroux, D.: La production fruitière en France, La Doc. Franç. – Notes et Etudes Documentaires Nr. 4321-4322, Paris 1976.
Le Roy-Ladurie, E.: Die Bauern des Languedoc, Stuttgart 1983
Lichtenberger, E.: Die Agrarkrise im Französischen Zentralmassiv im Spiegel seiner Kulturlandschaft, Mitt. Österr. Geogr.Ges. 108, 1966, S. 1-24.
Livet, R.: Les nouveaux visages de l'agriculture française, Paris 1980.
Lojkine, J.: La politique urbaine dans la région parisienne 1945-1972, Paris 1972.

Lojkine, J.: La politique urbaine dans la région lyonnaise 1945-1972, Paris 1974.
Lücke, H.: Ostkorsika – Untersuchungen zum Kulturlandschaftswandel einer insularen Region, Mainzer Geogr. Studien, Heft 5, 1976.
Lücke, H.: Korsika – eine unterentwickelte Mittelmeerinsel, Geogr. Rundschau 32, 1980, S. 444–452.
Lücke, H.: Beobachtungen zur Verbreitung, Gestalt und zum Wandel traditioneller Orts- und Hausformen auf Korsika, in: A. Pletsch und W. Döpp (Hrsg.): Beiträge zur Kulturgeographie der Mittelmeerländer IV, = Marburger Geogr. Schriften 84, 1981, S. 45–74.
Lücke, H.: Persistenz und Umwertungserscheinungen in der Agrarlandschaft Korsikas, Zeitschrift für Agrargeographie 1, 1983, S. 351–394.

Marres, P.: La vigne et le vin en France, Paris 1950.
Mathey, H.: Funktionswandel und Strukturveränderungen ländlicher Siedlungen im Hinterland der westlichen Côte d'Azur, in: C. Schott, Beiträge zur Kulturgeographie der Mittelmeerländer II, Marburger Geogr. Schriften 59, Marburg 1973, S. 101-120.
Matti, W.: Strukturen und Funktionen in der Agglomeration Paris mit besonderer Berücksichtigung der Trabantenstädte, in: Studium zum Problem der Trabantenstadt (2. Teil); Untersuchungsergebnisse aus Agglomerationsräumen im Ausland. Hannover 1969 (Veröffentl. der Akad. für Raumforschung und Landesplanung. Forschungs- und Sitzungsberichte, Bd. 40, Raum und Bevölkerung 6).
Melot, G.: L'irrigation en France, Cahiers de statistique agricole, 2/6, 1983, S. 17–29.
Menais, G. P.: Géographie industrielle de Lyon, Paris 1958.
Menyesch, D. und H. Uterwedde: Frankreich. Wirtschaft, Gesellschaft, Politik, Opladen 1982.
Meyer-Kohl, M.-L.: Der Kulturlandschaftswandel durch den Tourismus im Pays des quatre montagnes (Vercors), Diss. Konstanz 1983.
Meyzenq, C.: Hautes-Alpes, Ubaye, Haut-Drac, Préalpes drômoises – pays de transition entre Alpes du Nord et Alpes du Sud, Grenoble 1984.
Mieck, I.: Die Entstehung des modernen Frankreich 1450 bis 1610, Stuttgart 1982.
Ministère des Economies et des Finances: L'économie et le budget de la France en quelques chiffres, Paris 1977.
Ministère de l'Equipement: Rapport d'Activité 1975 de la Direction des Ports Maritimes et des voies navigables, Paris 1976.

Ministère de l'Equipement: Résultats de l'Exploitation des Ports Maritimes-Statistiques 1975, Paris 1976.
Ministère de l'Industrie et de la Recherche: Annuaire de Statistique Industrielle (seit 1947).
Ministère de l'Industrie et de la Recherche: Les structures industrielles françaises 1973, Paris 1974.
Ministère de l'Industrie et de la Recherche: L'Industrie Française, 2 Bde, Paris 1975/76.
Möller, H.-G.: Zur Agrargeographie des Roussillon (Französisch-Katalonien), Zeitschrift für Agrargeographie 2, 1984, S. 256–298.
Möller, H.-G.: Agrarwirtschaftliche Probleme der Modernisierung der südfranzösischen Landwirtschaft, Zeitschrift für Agrargeographie 3, 1985, S. 207–241.
Moll, P.: Das lothringische Kohlenrevier, Veröffentl. des Inst. für Landeskunde des Saarlandes, Bd. 18, Saarbrücken 1970.
Monheim, F.: Kulturgeographische Skizze des unteren Rhônetales, Geogr. Rundschau 6, 1954, S. 281-291.
Müller, W.: Raumforschung, -ordnung und -politik in Frankreich, in: Informationen des Instituts für Raumforschung, Heft 15, 1961.
Müller-Ohlsen, L.: Strukturwandlungen und Nachkriegsprobleme der Wirtschaft Frankreichs, Kiel, 1952 (Kieler Studien 22).
Musset, R.: La Normandie, Paris 1960.

Nagel, F. N.: Burgund, Hamburg 1976 (Mitt. Geogr. Ges. Hamburg, Bd. 65).
Nebel, J. und A. Pletsch (Hrsg.): Der Ländliche Raum in Frankreich und in der Bundesrepublik Deutschland, (= Studien zur internationalen Schulbuchforschung, Bd. 41), Braunschweig 1985.
Nickel, H.: Die regionale Strukturpolitik in Frankreich, Diss. Köln 1965.
Noin, D.: Géographie démographique de la France, Paris 1973.
Noin, D.: L'espace français, Paris, 1976.

Ockenfels, H. D.: Regionalplanung und Wirtschaftswachstum, dargestellt am Beispiel Frankreichs, Köln 1969, Abhdlg. zur Mittelstandsforschung Nr. 42.
Oizon, R.: L'évolution récente de la production énergétique française, Paris, 1973.

Pabst, W.: Das Jahrhundert der deutsch-französischen Konfrontation, Hannover 1983.
Paillard, B.: La damnation de Fos, Paris 1979.
Papy, L. (dir.): Atlas de géographie de la France moderne, 16 Bde, Paris 1976–1983.

Parisse, M. (dir.): Lothringen – Geschichte eines Grenzlands. Deutsche Ausgabe besorgt von H. W. Herrmann, Saarbrücken 1984.

Pierrein, L.: Marseille et la région marseillaise, Marseille 1965.

Perroux, F.: Note sur la notion de „pôle de croissance", Economie appliquée, Jg. 8, Nr. 1-2, 1955, S. 307 ff.

Phlipponneau, M.: Debout Bretagne, Saint Brieuc 1970.

Pinchemel, P.: Géographie de la France, Paris 1966².

Pinchemel, Ph.: France. A Geographical Survey, London 1969.

Pinchemel, Ph.: La France (2 Bde.) 1. Les conditions naturelles et humaines; 2. Les milieux: campagnes, industries et villes, Paris 1969/1970.

Pletsch, A.: Planung und Wirklichkeit von Fremdenverkehrszentren im Languedoc-Roussillon, in: Tijdschrift voor economische en sociale geografie 66, 1975, S. 45-56.

Pletsch, A.: Agrarräumliche Neuordnung in Südfrankreich, Raumforschung und Raumordnung, 33. Jg. 1975, S. 30-41.

Pletsch, A.: Moderne Wandlungen der Landwirtschaft im Languedoc, Marburger Geogr. Schriften, Heft 70, Marburg 1976.

Pletsch, A.: Entwicklungshemmnisse und Entwicklungsimpulse in der Bretagne, Z. f. Wirtschaftsgeographie 5/1977, S. 129-140.

Pletsch, A.: Die Anlage des Canal du Midi und ihre kulturgeographischen Folgewirkungen. In: A. Pletsch und W. Döpp (Hrsg.): Beiträge zur Kulturgeographie der Mittelmeerländer IV, = Marburger Geogr. Schriften 84, 1981, S. 21–44.

Pletsch, A.: Südfrankreich – wirtschaftlicher Schwerpunkt oder Problemgebiet der EG?, Geogr. Rundschau 34, 1982, S. 288–299.

Pletsch, A.: Die französische Landwirtschaft an der Neige des 20. Jahrhunderts, Zeitschrift für Agrargeographie, 2, 1984, S. 197–219.

Pletsch, A.: 25 Jahre moderne Bewässerung in Südfrankreich. Versuch einer kritischen Bilanz, in: H. Popp und F. Tichy (Hrsg.): Möglichkeiten, Grenzen und Schäden der Entwicklung in den Küstenräumen des Mittelmeergebietes. = Erlanger Geogr. Arbeiten Sb. 17, 1985a, S. 29–52.

Pletsch, A.: Die Landwirtschaft in Frankreich, in: J. Nebel und A. Pletsch (Hrsg.): Der Ländliche Raum in Frankreich... Braunschweig 1985b, S. 89–114.

Pletsch, A.: Die Landwirtschaft im mediterranen Frankreich – Strukturwandel und Probleme, in: J. Nebel und A. Pletsch (Hrsg.): Der Ländliche Raum in Frankreich... Braunschweig 1985c, S. 135–152.

Pletsch, A.: Maßnahmen zur Verbesserung der Agrarstruktur in Frankreich, in: J. Nebel und A. Pletsch (Hrsg.): Der Ländliche Raum in Frankreich... Braunschweig 1985b, S. 239–253.

Poupon, P. und Forgeot, P.: Die Weine Burgunds, Paris 1971.

Précheur, C.: Les industries françaises à l'heure du marché commun, Paris 1969.

Premier Ministre: La Région d'Ile de France, Paris 1976.

Prévot, V. u.a.: La France et l'Outre Mer, Paris 1965.

Pumain, D./Saint-Julien, Th.: Fonctions et hiérarchies des villes françaises. Etude du contenu des classifications réalisées en France entre 1960 et 1974, in: Annales de Géographie, No. 470, S. 387-440.

Reitel, F.: Les régions de la France de l'Est et leur environnement géographique, Strasbourg 1966.

Renucci, J.: Corse traditionelle et Corse nouvelle; la géographie d'une île, Lyon 1974.

Rideau, E.: Essor et problèmes d'une région française; Houillères et sidérurgie de Moselle, Paris 1956.

R.G.A. (Recensement Général de l'Agriculture), Paris 1955, 1970.

Rinschede, G.: Die Transhumanz in den französischen Westalpen und in den Pyrenäen, 40. Dt. Geogr. Tag Innsbruck 1975; Tagungsbericht und wissenschaftl. Abhandlungen, Wiesbaden 1976, S. 809-830.

Roudié, Ph.: La France – agriculture, fôret, pêche, Paris 1983.

See, H.: Französische Wirtschaftsgeschichte, 2 Bde., Jena 1930/36.

Simonetti, J. O.: L'administration de l'espace. L'exemple français, in: Annales de Géographie, Nr. 474, 1977, S. 129-163.

Soulier, A. (dir.): Le tourisme en Languedoc-Roussillon, Bull. de la Société Languedocienne de Géographie, 106 Jg., No 3–4, Montpellier 1983.

Schott, C.: Die Entwicklung des Badetourismus an den Küsten des Mittelmeeres, Geographische Zeitschrift Beihefte 34, Wiesbaden 1973, S. 302-322.

Schott, C.: Strukturwandlungen des Tourismus an der französischen Riviera, in: C. Schott, Beiträge zur Kulturgeographie der Mittelmeerländer II, Marburger Geogr. Schriften, Heft 59, Marburg 1973, S. 73-99.

Schmidt, B. u. a.: Frankreich-Lexikon. Schlüsselbegriffe zu Wirtschaft, Gesellschaft, Politik, Geschichte, Kultur, Presse- und Bildungswesen, Grundlagen der Romanistik, Bde 7 und 13, Berlin 1981, 1983.

Schmitgens, R.: Raumordnung als Koordinierungsaufgabe – das französische Modell, = Sozialwissenschaft und Praxis, Schriften des Wissenschaftszentrums Berlin 9, Königstein/Ts. 1980.

Schroeder, M.: Die Neuordnung des französischen Staatsgebietes. Ein Beispiel moderner Entwicklungsplanung im Zentralstaat, Berlin 1974 (Schriften des öffentl. Rechts, Bd. 234).

Schwab, R.: De la cellule rurale à la région: l'Alsace 1925–1960, Strasbourg 1980.

Spindler, F.: L'élevage en France, La Doc. Franç. Notes et Etudes Documentaires Nr. 4341-4342, Paris 1976.

Stadelbauer, J.: Lothringische Agrarlandschaften, Freiburger Geogr. Mitt. 1972, Heft 2, S. 63-123.

Staub, H. O.: Unbekannter Nachbar Frankreich, Aarau 1983.

Stirn, M.: Principales Orientations du Ve Plan en Bretagne, La Vie Bretonne N⁶ 87/88, Rennes 1965.

Stoller, H. M.: Die französische Landwirtschaft und die Europäische Wirtschaftsgemeinschaft, Nürnberger Wirtschafts- und Sozialgeograph. Arbeiten, Bd. 4, Nürnberg 1964.

Talha, L. u. a.: Maghrébins en France – emigrés ou immigrés?

Thompson, J. B.: Modern France. A social and economic geography, London 1970.

Thumm, K.: Die Regionalpolitik als Instrument der französischen Wirtschaftspolitik, Berlin 1968 (Schriften zu Regional- und Verkehrsproblemen in Industrie- und Entwicklungsländern, Bd. 3).

Treiber, W.: Agrarpolitik und Agrarsektor in Frankreich, = Agrarpolitische Länderberichte der EG-Staaten 6, Kiel 1983.

Verlaque, C.: L'industrie dans le Languedoc – Roussillon, Bull. Soc. Languedocienne Géo. 94. Jg. Montpellier 1971, S. 169-264.

Veyret-Verner, G.: Vers une vaste région économique du Sud-Est français: Le Grand Delta, Revue de Géogr. Alpine 58, Grenoble 1970, S. 593-618.

Voss, T. Die algerisch-französische Arbeitsmigration, = Materialien zur Arbeitsmigration und Ausländerbeschäftigung 8, Königstein/Ts. 1981.

Wackermann, G.: Raumordnung und Landesplanung in Frankreich, Raumforschung und Raumplanung, 26. Jg., Heft 1, Bonn-Bad Godesberg 1968, S. 16-22.

Weber, P.: Vitrolles: Entwicklungsprobleme einer Kommune auf dem Weg zur „ville nouvelle" in der Region Marseille, Marburg 1977 (in: C. Schott Hg., Beiträge zur Kulturgeographie der Mittelmeerländer III, Marburger Geogr. Schriften, Heft 73).

Weimann, M.: Wirtschaftsplanung in Regionen. Französische Planungssystematik und Wachstumspolitik der EWG, Baden-Baden 1967 (Schriftenreihe, 7. Handbuch für Europäische Wirtschaft, Bd. 35).

Weinstock, U.: Regionale Wirtschaftspolitik in Frankreich, Hamburg 1968.

Werner, K. F.: Vom Frankenreich zur Entfaltung Deutschlands und Frankreichs, Sigmaringen 1984.

Winkler, J.: Die Camargue, Geographische Rundschau 3, 1951, S. 370–373.

Woschek, H.-G. und P. Galant: Die Weine Frankreichs, München 1981.

9. Verzeichnis der Tabellen

Tab. 1: Der französische Kolonialbesitz 1914 S. 22

Tab. 2: Die „Zones d'Etudes et d'Aménagement du Territoire" (ZEAT) – Fläche und Bevölkerung S. 27

Tab. 3: Die Geburtenrate in Europa seit 1871 S. 31

Tab. 4: Die Bevölkerungsentwicklung Frankreichs seit 1851 S. 33

Tab. 5: Die Bevölkerungsdichte seit 1820 S. 40

Tab. 6: Stadt- und Landbevölkerung Frankreichs S. 40

Tab. 7: Die zehn größten Städte Frankreichs nach Einwohnern 1975 und 1982 S. 40

Tab. 8: Die aktive Erwerbsbevölkerung Frankreichs seit 1906 S. 47

Tab. 9: Erwerbsstrukturelle Wandlungen in Frankreich im 20. Jahrhundert S. 47

Tab. 10: Die Erwerbsstruktur einiger Industrienationen im Vergleich zu Frankreich 1975 und 1982 S. 47

Tab. 11: Erwerbsstrukturelle Entwicklung in den „Zones d'Etudes et d'Aménagement du Territoire" (ZEAT) seit 1954 S. 48

Tab. 12: Die Wachstumsraten der französischen Wirtschaft seit 1847 S. 52

Tab. 13: Die Entwicklung der aktiven Erwerbsbevölkerung Frankreichs nach Branchen seit 1896 S. 52

Tab. 14: Die Erwirtschaftung des Bruttoinlandprodukts der Jahre 1974 und 1983 nach Wirtschaftssektoren S. 52

Tab. 15: Industriebeschäftigte in den Programmregionen 1971 und 1982 S. 54

Tab. 16: Regionaler Anteil der Industriebeschäftigten in ausgewählten Industriezweigen 1982 S. 54

Tab. 17: Die Konzentration der Industriebetriebe > 100 Erwerbstätige im Jahre 1982 S. 54

Tab. 18: Die Bevölkerungsentwicklung in der Région Parisienne seit 1962 S. 60

Tab. 19: Die Bevölkerungsentwicklung in den Stadtarrondissements von Paris 1962–1982 S. 60

Tab. 20: Die Erwerbsbevölkerung in der PR Ile-de-France 1982 S. 70

Tab. 21: Der Warenumschlag in den wichtigsten Häfen Frankreichs im Zeitraum 1965 bis 1982 S. 70

Tab. 22: Die Kohleförderung Frankreichs 1850–1929 S. 77

Tab. 23: Die Kohleförderung Frankreichs nach dem Zweiten Weltkrieg S. 77

Tab. 24: Die Bevölkerungsentwicklung in den Randsiedlungen von Lille in der ersten Hälfte des 19. Jahrhunderts S. 77

Tab. 25: Die Bevölkerungsentwicklung in den Gemeinden über 10 000 Einwohner in der Agglomeration Lille 1968–1982 S. 81

Tab. 26: Änderungen in der Industriestruktur der PR Nord – Pas-de-Calais seit dem Zweiten Weltkrieg S. 81

Tab. 27: Beschäftigtenzahlen und Fördermengen in den lothringischen Kohlegruben 1859–1982 S. 88

Tab. 28: Die Eisen- und Stahlerzeugung in Lothringen 1913–1984 S. 88

Tab. 29: Die Bevölkerungsentwicklung in der PR Provence-Alpes-Côte d'Azur seit 1962 S. 102

Tab. 30: Die Bevölkerungsentwicklung in der PR Provence-Alpes-Côte d'Azur im Vergleich zu anderen Regionen S. 102

Tab. 31: Das Wachstum der Städte in der PR Provence-Alpes-Côte d'Azur 1962–1982 S. 102

Tab. 32: Erdölverarbeitung in Fos/Etang de Berre 1970 und 1974 S. 110

Tab. 33: Die Struktur der Erwerbsbevölkerung in der PR Midi-Pyrénées 1954–1982 S. 115

Tab. 34: Die Struktur der Erwerbsbevölkerung in der PR Pays de la Loire 1962–1982 S. 115

Tab. 35: Die Industriebeschäftigtenentwicklung in der PR Pays de la Loire nach Branchen 1962–1985 S. 115

Tab. 36: Industrielle Arbeitsplätze in der Bretagne nach Branchen 1962–1985 S. 117

Tab. 37: Industrielle Arbeitsplätze in der PR Limousin nach Branchen 1968–1982 S. 120

Tab. 38: Industrielle Arbeitsplätze in der PR Alsace in den Jahren 1974 und 1984 S. 121

Tab. 39: Die land- und forstwirtschaftliche Nutzfläche Frankreichs 1909, 1976 und 1982 S. 127

Tab. 40: Nutzflächenanteile und Bewässerung in den Programmregionen 1982 S. 127

Tab. 41: Die Betriebsgrößenstrukturen der französischen Landwirtschaft in der zweiten Hälfte des 19. Jahrhunderts S. 127

Tab. 42: Die Betriebsgrößen in der französischen Landwirtschaft 1955, 1970 und 1982 S. 129

Tab. 43: Die regionalen Unterschiede der Betriebsgrößenstrukturen Frankreichs im Jahre 1981 S. 130

Tab. 44: Die Nutzflächenanteile der Betriebsgrößenklassen im Jahre 1981 S. 130
Tab. 45: Der Stand der Flurbereinigung und Kooperationsformen in Frankreich 1965–1981/82 S. 134
Tab. 46: Die Bewirtschaftungsformen in der französischen Landwirtschaft 1929 bis 1980 S. 138
Tab. 47: Anteile der pflanzlichen und tierischen Produktion der französischen Landwirtschaft 1980 S. 139
Tab. 48: Der erwerbsstrukturelle Wandel in der PR Centre seit 1962 S. 142
Tab. 49: Die Betriebsgrößenstrukturen in den Departements der PR Centre 1975/1982 S. 142
Tab. 50: Die Getreideproduktion in der PR Centre 1971–1982/83 S. 142
Tab. 51: Pachtlandanteil in der Beauce 1970 S. 143
Tab. 52: Die Betriebsgrößenklassen in der Beauce 1970 S. 144
Tab. 53: Schafhaltung im Dep. Eure-et-Loire seit 1862 S. 145
Tab. 54: Die Betriebsgrößenklassen in der Picardie im Vergleich zu Frankreich 1976 und 1982 S. 149
Tab. 55: Die Wertanteile der Agrarprodukte in der Picardie im Vergleich zu Frankreich 1976 und 1983 S. 150
Tab. 56: Betriebsgrößenstrukturen in der bretonischen Landwirtschaft 1955–1983 S. 153
Tab. 57: Die Produktion der bretonischen Landwirtschaft 1984 S. 154
Tab. 58: Die Veränderung der Betriebsgrößenklassen im Languedoc–Roussillon 1955–1982 S. 159
Tab. 59: Die Beziehung zwischen Betriebsgrößen und Weinbau im Languedoc 1970 S. 159
Tab. 60: Die landwirtschaftliche Bodennutzung im Bereich der Costières du Gard 1960 und 1970 S. 159
Tab. 61: Veränderungen in der landwirtschaftlichen Bodennutzung im Languedoc–Roussillon seit 1946 S. 159
Tab. 62: Die Wandlungen der Bodennutzung im ostkorsischen Meliorationsgebiet 1957–1970 S. 167
Tab. 63: Die Entwicklung des Agrumenanbaus in Ostkorsika 1970–1975 S. 167
Tab. 64: Bodennutzungsveränderungen in Korsika 1960–1980 S. 167
Tab. 65: Programm zur Förderung benachteiligter Agrarzonen S. 172
Tab. 66: Staatliche Hilfsprogramme in der PR Auvergne S. 173
Tab. 67: Rebflächen und Weinproduktion in Frankreich 1960–1980 S. 180
Tab. 68: Export von Qualitäts- und Tafelwein nach Herkunftsgebieten S. 181
Tab. 69: Exportvolumen (1973–1984) und Exportländer (1984) für Weine aus Burgund S. 181
Tab. 70: Die landwirtschaftliche Bodennutzung im unteren Rhônetal 1984 S. 191
Tab. 71: Die Agrarstrukturen im unteren Rhônetal 1979 S. 191
Tab. 72: Produktionsmengen einiger Sonderkulturen im unteren Rhônetal 1984 S. 191
Tab. 73: Die Hotelstruktur Frankreichs 1976 und 1983 S. 200
Tab. 74: Die Entwicklung der Zweitwohnsitze in Frankreich 1962–1982 S. 201
Tab. 75: Camping-Plätze und ihre Kapazität in Frankreich 1968–1983 S. 202
Tab. 76: Das Sommerurlaubsverhalten der Franzosen 1965–1983 S. 204
Tab. 77: Das Winterurlaubsverhalten der Franzosen 1973–1983 S. 204
Tab. 78: Die Ferienziele der Franzosen im Ausland 1964–1983 S. 204
Tab. 79: Das Urlaubsverhalten der Franzosen 1983 S. 204
Tab. 80: Beanspruchung der Beherbungsarten in Frankreich 1984 S. 206
Tab. 81: Frequentierung ausgewählter Besuchsziele Frankreichs 1981/1982 S. 206
Tab. 82: Entwicklung des Privatjachtbestandes in Frankreich 1979–1984 S. 213
Tab. 83: Privatjachten in den Seeamtsbezirken der DAM Marseille 1984 S. 213
Tab. 84: Hotelstruktur und Campingplätze in der PR Provence-Alpes-Côte d'Azur 1984 S. 213
Tab. 85: Herkunft der Touristen in FV-Zentren des Languedoc 1974 S. 226
Tab. 86: Übernachtungszahlen und Ausländeranteile in der PR Languedoc-Roussillon 1977–1982 S. 226
Tab. 87: Das Winterurlaubsverhalten der Franzosen 1982/83 S. 230
Tab. 88: Winterurlaubsverhalten der Franzosen nach Wohnortgröße S. 230
Tab. 89: Winterurlaubsverhalten in Abhängigkeit von Einkommensverhältnissen (Winter 1982/1983) S. 230
Tab. 90: Ausgewählte Wintersportorte in den Hochgebirgslandschaften Frankreichs S. 232
Tab. 91: Die Entwicklung des Wintersports in Frankreich 1972–1983 S. 232
Tab. 92: Die Außenhandelsbilanz der französischen Wirtschaft 1958–1984 S. 239
Tab. 93: Außenhandelsgüter und Deckungsgrad der französischen Wirtschaft 1984 S. 239

Tab. 94: Die wichtigsten Außenhandelspartner Frankreichs 1973 und 1984   S. 240
Tab. 95: Die Außenhandelsbeziehungen der Programmregionen Frankreichs 1969–1982 (Importe)   S. 242
Tab. 96: Die Außenhandelsbeziehungen der Programmregionen Frankreichs 1969–1982 (Exporte)   S. 242
Tab. 97: Der Außenhandel der agrarischen und industriellen Produktion in den Programmregionen Frankreichs 1975 und 1983   S. 243

10. Verzeichnis der Abbildungen

Abb. 1: Die Oberflächenformen Frankreichs   S. 11
Abb. 2: Florenregionen und Klimabereiche Frankreichs   S. 12
Abb. 3: Die historische Entwicklung des französischen Territoriums   S. 15
Abb. 4: Die administrative Gliederung Frankreichs   S. 24
Abb. 5: Die Sprachgebiete Frankreichs   S. 30
Abb. 6: Die regionale Integration der algerischen Kolonialbevölkerung   S. 34
Abb. 7: Zahl der Geburten und der Sterbefälle der französischen Bevölkerung seit 1850   S. 35
Abb. 8: Die Bevölkerungsdichte Frankreichs im Jahre 1851   S. 37
Abb. 9: Die Bevölkerungsdichte Frankreichs im Jahre 1982   S. 39
Abb. 10: Bevölkerungsveränderung Frankreichs 1975–1982   S. 41
Abb. 11: Die Wanderungsbilanz der aktiven Erwerbsbevölkerung Frankreichs 1975–1982   S. 42
Abb. 12: Paris – Innenstadt. Funktional-räumliche Gliederung   S. 61
Abb. 13: Raumordnungsplan des Großraums Paris 1976   S. 64
Abb. 14: Raumordnungsplan „Unteres Seinetal"   S. 72
Abb. 15: Der Wirtschaftsraum Elsaß-Lothringen   S. 85
Abb. 16: Schema der Rhône-Kanalisierung und Standorte von Atomkraftwerken   S. 99
Abb. 17: Das Pipeline-Verbundnetz Südeuropas   S. 108
Abb. 18: Fos – Etang de Berre – Raumnutzung 1975   S. 109
Abb. 19: Die landwirtschaftlichen Betriebsgrößen in Frankreich im Jahre 1955   S. 131
Abb. 20: Die landwirtschaftlichen Betriebsgrößen in Frankreich im Jahre 1982   S. 132
Abb. 21: Der Stand der Flurbereinigung in Frankreich 1982   S. 135
Abb. 22: Anteil der Selbstbewirtschaftung (Fairevaloir direct) 1979   S. 136
Abb. 23: Veränderung des Selbstbewirtschaftungsanteils in der Landwirtschaft Frankreichs 1946–1979   S. 137
Abb. 24: Teilgebiete der Beauce   S. 141
Abb. 25: Bewirtschaftungsformen in der Beauce   S. 141
Abb. 26: Flurbereinigung in der Picardie   S. 148
Abb. 27: Landwirtschaftliche Nutzung in der Picardie   S. 149
Abb. 28: Die Entwicklung des Gemüseanbaus an der bretonischen Nordküste   S. 155
Abb. 29: Landwirtschaftliche Nutzung auf dem Plateau von Beaucaire im Jahre 1960   S. 160
Abb. 30: Landwirtschaftliche Nutzung auf dem Plateau von Beaucaire im Jahre 1976   S. 161
Abb. 31: Die Weinbaugebiete Frankreichs   S. 182
Abb. 32: Der Reisanbau in der Camargue 1975   S. 192
Abb. 33: Reisanbau in der Camargue: Flächenentwicklung und Produktionszahlen   S. 192
Abb. 34: Die französische Teichwirtschaft   S. 194
Abb. 35: Marina Baie des Anges   S. 212
Abb. 36: Cannes Marina   S. 215
Abb. 37: Die touristische Erschließung des Languedoc   S. 224

Klett – Länderprofile
Geographische Strukturen, Daten, Entwicklungen

Eine Reihe moderner geographischer Länderkunden, die viele Länder in ihren Entwicklungsprozessen, mit ihren Raumstrukturen und ihrer individuellen Problematik vorstellt. Zahlreiche Karten, Übersichten und Tabellen in den einzelnen Bänden erleichtern den Überblick.

Bähr, Jürgen
Chile
Klettbuch 928751, 1979, 204 S., kart.

Böhn, Dieter
China
Volksrepublik China
Taiwan
Hongkong und Macao
Klettbuch 928892, 1987, 320 S., kart.

Breuer, Toni
Spanien
Klettbuch 928831, 1982, 259 S., kart.

Büschenfeld, Herbert
Jugoslawien
Klettbuch 928821, 1981, 264 S., kart.

Eckart, Karl
DDR
Klettbuch 928811, 1981, 212 S., kart.

Frankenberg, Peter
Tunesien
Ein Entwicklungsland im maghrebinischen Orient
Klettbuch 928741, 1979, 172 S., kart.

Freund, Bodo
Portugal
Klettbuch 928761, 1979, 149 S., kart.

Fuchs, Gerhard
Die Bundesrepublik Deutschland
Neubearbeitung
Klettbuch 922191, 1983, 296 S., kart.

Gläßer, Ewald
Dänemark
Klettbuch 928781, 1980, 180 S., kart.

Hahn, Roland
USA
Klettbuch 928721, 1981, 287 S., kart.

Heineberg, Heinz
Großbritannien
Klettbuch 928801, 1983, 247 S., kart.

Kullen, Siegfried
Baden-Württemberg
Klettbuch 928851, 1983, 312 S., kart.

Kühne, Dietrich
Malaysia
Tropenland im Widerspiel von Mensch und Natur
Klettbuch 928771, 1980, 187 S., kart.

Lamping, Heinrich
Australien
Klettbuch 928895, 1985, 182 S., kart.

Leser, Hartmut
Namibia
Klettbuch 928841, 1982, 259 S., kart.

Möller, Ilse
Hamburg
Klettbuch 928891, 1985, 248 S., kart.

Müller, Jürg
Brasilien
Klettbuch 928881, 1984, 278 S., kart.

Röll, Werner
Indonesien
Entwicklungsprobleme einer tropischen Inselwelt
Klettbuch 928711, 1979, 206 S., kart.

Scholz, Fred (Hrsg.)
Die kleinen Golfstaaten
Reichtum und Unterentwicklung – ein Widerspruch?
Klettbuch 928894, 1985, 240 S., kart.

Wiebe, Dietrich
Afghanistan
Ein mittelasiatisches Entwicklungsland im Umbruch
Klettbuch 928861, 1984, 195 S., kart.